U0711539

# OSSERVATORIO SULLA CODIFICAZIONE E SULLA FORMAZIONE DEL GIURISTA IN CINA NEL QUADRO DEL SISTEMA GIURIDICO ROMANISTICO

"Sapienza" Università di Roma

Università di Roma "Tor Vergata"

Università della Cina di Scienze Politiche e Giurisprudenza(CUPL)

Dipartimento Identità Culturale ----C.N.R. di Italia

**Centro degli studi sul diritto romano e italiano presso Università della Cina di Scienze Politiche e Giurisprudenza(CUPL)**

**Volume pubblicato con il contributo dello stesso Osservatorio e di Centro**

本册的出版获得中央高校基本科研业务专项资金资助

本卷的编辑活动由下列机构组织和提供资金支持：
中国政法大学罗马法与意大利法研究中心
罗马法体系背景下的中国法典化和法学人才培养研究中心
（由意大利罗马第一大学、意大利罗马第二大学、意大利国家
科研委员会文化遗产部、中国政法大学共同组建）

# 罗马法与学说汇纂

## （第8卷）

中国政法大学罗马法与意大利法研究中心

主　编◎费安玲

本卷执行主编◎陈　汉

中国政法大学出版社

2017·北京

# 罗马法与学说汇纂

## （第8卷）

主　　　　编：费安玲

本卷执行主编：陈　汉

本卷副主编：翟远见　陶　乾　乌　兰
Stefano Porcelli

本　卷　编　辑：汪　源　李　殊　江楚填

# 卷首语

　　2017 年的 5 月时节，在前往意大利进行学术交流与博士生指导的旅途中，在经德国法兰克福前往阿根廷参加学术会议的 15 个小时的漫长飞程中，对执行主编陈汉副教授负责编辑的本卷书稿电子版的阅读和调整工作，伴随了我一路。但这样的工作并不枯燥，且知识的汲取与传播实在是一件令人愉悦之事。

　　本卷问世之年，即 2017 年，对中国法学界尤其是民法学界而言，这是极值得纪念的一年。2017 年，在中国法律发展史的记载中，亦是值得特别书写的一年。因为中华人民共和国民法典的第一部分《民法总则》经过数代法学志士的努力，终于在这一年问于世间。

　　我国作为一个不断追求法治发展的国家，民法典是我国自 20 世纪 50 年代以来民事立法"碎片化"状态的终结器。现代意义的法典，旨在将一个部门法或程序法的规则内容按一定的逻辑体系进行完整的、系统化的编纂。民法典以法典化的方式彰示出我国依法治国的理念并使之制度化。从国家法治建设的角度看，我国作为一个经济快速发展的国家，需要法律来保驾护航。但是，在缺乏民法典的经济发展环境中，不仅显现出立法水平徘徊不前的状态并影响经济发展的顺利前行，更无法令依法治国的理念得到制度保障。因此，编纂民法典不仅是法学界的使命，更是承载着提升我国整体的法治建设水平的重任，是对法治信仰的践行。

　　民法法典化的精髓就在于其体系性。民法典的问世将有助于推进我国民商事立法建构出一个科学的、较为完备的民商事立法体系，在该体系中形成术语的统一性、内容的协调一致性和准确性，从而实现从根本上推进我国法治建设进程的目标。

　　民法典不仅使人们的社会生活和司法机构的法律实务活动具有了规范化、体系化、科学化、精准化的法律规范，更是通过其规则令法律展示出其对善良与公正的孜孜追求。

本卷在收稿与编辑过程中，在坚持本年刊自身特点的同时，同样亦将关注的视线锁定在与民法典研究相关的议题上。

就民法典研究而言，本刊将《论当前中国制定民法典的基本体系之选择》和陈汉副教授撰写的《民法典视野下的〈婚姻法〉之回归——以隐性共有人为视角》展示在读者面前。该两篇文章均在民法典建构体系上阐释了作者的思考，值得一读。阿根廷《民商法典》起草组成员之一、著名的法官和学者 Aída Kemelmajer de Carlucci 教授给本刊的论文《阿根廷家庭法改革的新动向》从阿根廷最新立法方面给我们介绍了阿根廷家庭法的立法动态。作为拉美国家中颇具影响力的国家，阿根廷在 2015 年颁布了最新编纂的《阿根廷民商法典》，其中在家庭法方面有着诸多变化。在这篇文章中，作者对此作了较为详细的介评。当然，我们亦期待着《阿根廷民商法典》的中文译本能够早日问世，以便我们对该法典有着更加全面的了解。与此同时，我们将意大利著名罗马法学家桑德罗·斯奇巴尼教授（Sandro Schipani）在第五届"罗马法·中国法与民法法典化"国际研讨会上发表的《走向民法法典化的中国民法》和《民法典制定中法学家的贡献》收录于本刊中，虽然是致辞性质的，但颇具学术色彩。

"罗马法原始文献摘要"是本刊的特色栏目，旨在针对特定主题，将有关的罗马法原始文献的中文译文择要呈现给读者，不仅能够初步满足读者希望了解该主题下的罗马法原始文献的部分纳入之需求，而且给读者进一步阅读罗马法原始文献以必要的指引。感谢"恢复原状"和"返还原物"主题下部分译文的提供者窦海洋副教授和陈汉副教授，他们为该译文的问世付出了辛勤劳动。

"理论研究"栏目是本刊的重点栏目之一。在该栏目下，我们刊发了张新宝教授和葛鑫博士撰写的《中国个人信息保护法治发展现状、问题及展望》、竺效教授和丁霖硕士撰写的《论解决经济社会与环境协调发展的立法理论——兼论中国经验对金砖国家的启发》、胡静副教授和胡曼晴硕士合作撰写的《2014 年中国环境司法的进展、评价和对未来的展望》。这三篇文章与"法学教义"栏目中杨震教授所撰写的《金砖国家金融监管体制比较与中国选择》一文，是诸位作者向"金砖诸国法律前景国际研讨会"提交的学术论文。该会议由《中国法学》编辑部、中国政法大学罗马法与意大利法研究中心、黑龙江大学、意大利罗马第一大学、意大利国家科研委员会"Giorgio La Pira"研究会、俄罗斯"Scuola Superiore di Economia"科学研究大学（圣彼得堡校区）法学院联合举办。

此外，该栏目还刊发了年轻学者的文章，包括李琳博士的《论身体健康权救济中的非财产损害概念之演进》、曾嬙博士的《论以物抵债之效力》、范钰硕士的《非同居通奸行为的离婚损害赔偿问题探析》、陈慧佳硕士的《婚外同居在离婚诉讼案件中的认定与处断》、王雅菲硕士的《无效抑或撤销：婚姻登记行为于行政诉讼程序中的裁判乱象与规制路径》。这些文章展示出年轻学者们对相关法律理论问题的严肃思考和严谨的论证。尤其是李琳博士的文章，其汇集了大量法国立法中的最新资料和学者们的研究成果，运用比较方法对身体健康权救济中的非财产损害概念的演进进行了深入的讨论，颇有启发。

"法学教义"栏目亦是本刊重点栏目之一。除前面已经提到了杨震教授的《金砖国家金融监管体制比较与中国选择》一文外，本刊还发表了两位意大利教授授权本刊翻译和刊出的文章，即 Aldo Petrucci 教授的《欧洲法律传统视角下的数字化单一市场》和 Elena Bellisario 教授的《食品安全与主管机构——消费者的纵向与横向保护》。该两位意大利教授都是对该领域内的法律问题颇有研究的专家。李一娴博士、白纶博士和章杰超博士分别贡献的各自文章即《意大利侵权法"损害"概念的发展》和《论合同目的之概念》堪具较高学术水准。上述文章，或从比较法领域、或从深入剖析法学术语的角度，就其文章所讨论的主题给我们开拓了新的思考空间。

本刊于本卷中开设了一个临时性栏目"比较公法视野下的环境保护专题笔谈"，刊发了 6 位意大利行政法和环保法学者就环境保护与行政法的相关问题发表的笔谈。文章短小精悍但信息丰富。感谢该栏目的主持人罗智敏教授为组织这些文章所作出的努力。

时光流逝如梭。国家立法机构制定的民法典全面问世的预计时间已经进入最后的 3 年倒计时阶段，而民法典编纂的理论与立法实践却不断地给法学界和立法机构"抛出"新问题，尤其是民法典立法体系的架构之理论争鸣、法学理论与司法实践经验的有机契合、本土法律文化、合乎公序良俗特性的习惯如何与彰示善良与公正的西方法学理念和成功规则相融合等，均是我们在民法典立法中不能回避的问题。制定出一部得以传世的中国民法典，不仅是立法技术的问题，更是我们这一代法学同仁们的历史使命和责任。

我们应确立的目标是：不要辜负了历史赋予我们的使命和责任！

费安玲

2017 年 6 月 10 日于京城静思斋

# 目　录

# 罗马法原始文献中有关恢复原状、返还原物的部分内容摘要

窦海洋<sup>*</sup>　陈　汉<sup>**</sup>译

## 一、恢复原状

（一）恢复原状的措施

**D. 4，1，1　乌尔比安：《论告示》第 11 卷**

本题的用途就无需介绍了，因为它本身就已经表明了。事实上，在该题中裁判官以多种方式帮助失误的或者被欺骗的人们，他们【之所以如此】，或者是由于【自身的】恐惧，或者是由于【他人的】诡计，或者是由于年龄，或者是由于不在场。

**D. 4，1，2　保罗：《裁判录》第 1 卷**

或者是由于状况的改变，或者是由于一个情有可原的错误。

**D. 4，1，3　莫德斯丁：《潘德克顿》第 8 卷**

所有恢复原状的措施都由裁判官来对其原因进行预先审查，为的是检查它们的原因是否与正义相符，也就是说裁判官所引据的恢复原状的原因是否

　　* 中国社会科学院法学所民法室副研究员，意大利罗马第二大学法学博士。本部分有关恢复原状的内容摘自其翻译的罗马法原始文献第 4 卷《恢复原状与责任的承担》，中国政法大学出版社 2012 年版。更为详细的内容请阅读该书。

　　** 中国政法大学民商经济法学院副教授，意大利罗马第二大学法学博士。罗马法与意大利法研究中心私法研究室主任。本部分有关返还原物的内容摘自其翻译的罗马法原始文献第 6 卷《原物返还之诉》，中国政法大学出版社 2009 年版。更为详细的内容请阅读该书。

成立。

### D. 4，1，4　卡里斯特拉特：《论训诫告示》第1卷

我知道一些人是这样认为的：当某人要求对一个几乎微不足道的物或金额进行恢复原状的时候，如果这样做会危及相当大价值的物或金额，那么，不得对其进行救济。

### D. 4，1，5　保罗：《论告示》第7卷

没有人会被视为不能获得该物，倘若裁判官对他授予了恢复原状。

### D. 4，1，6　乌尔比安：《论告示》第13卷

经常有这样的规定：不仅未成年人的继受人而且因公共利益缺席者的继受人都可以获得恢复原状，同样，所有那些可以亲自获得恢复原状的人的继受人也都是可以的。因此，继承人、已经获得遗产信托的受益人、身为军人的家子的继受者，都可以进行恢复原状。因此，一个未成年人重新沦为奴隶或女奴，在不超过规定时间的限度内，将授予他们的主人以恢复原状的措施。不过，如果这个未成年人在接受遗产方面被骗了，尤里安在《学说汇纂》第17卷中写道：主人也可以实施避免【将遗产归为己有】的权能，这不仅是由于与年龄相关的利益，而且实际上这也可以不受年龄利益的保护：因为主人们不是为了占有遗产，而是以惩罚为目的才去利用法律的恩惠的。

### D. 4，1，7　马尔切勒：《学说汇纂》第3卷

被尊为神的安东尼奥·皮尔在给裁判官马勒乔·阿维托的批复中，通过以下的措辞确立了如何救济由于缺席而丧失财产的人：即使在庄重的程序中没有什么是可以轻而易举改变的，然而，只要是明显出于公正的要求，那么就应当给予帮助。因此，如果某人被传唤，而他却没有应诉，对此，按照习惯应当进行宣判，但是，旋即在庭审时他出现在法庭上，可以考虑的是，如果缺席并非因其过错，而是由于传唤者的声音很不清楚，那么，对此可以授予恢复原状。

这类救济手段并不仅仅适用于这样的特别情况。事实上，对于那些没有自己的过错而被骗的人，特别是有对方欺诈的介入，应当【通过恢复原状】来给予救济，而这通常也属于诈欺之诉。事实上，称职的裁判官可以更适当

地对诉争授予恢复原状，而不是授予不名誉之诉，【因为】这个诉讼应当仅适用于不能进行【恢复原状】救济手段的情况。

（二）请求恢复原状的主要原因之一：因遭受暴力、因恐惧实施的行为

**D. 4，2，3 乌尔比安：《论告示》第 11 卷**

【告示的】这一条款中既包括暴力又包括恐惧，并且，如果某人被暴力所强迫做了某件事情，他可以通过这一告示获得恢复原状。

不过，暴力应当被认为是那些严重的且违反善良风俗的【暴力】，而不是执法官正当做出的，也就是说，【他这样做】是通过法律的正当【适用】并且是依据他的职权的。此外，如果罗马人民的执法官或行省的长官通过不法行为做了某事，彭波尼写道，可适用这一告示。他说，如果【他们】以死亡或鞭打的恐怖向某人勒索金钱，【即属这种情况】。

**D. 4，2，7 乌尔比安：《论告示》第 11 卷**

佩丢斯在第 7 卷中说：在这个告示中不包括对不名誉的害怕，而且【某人】不可以通过该告示对因任何一种欺负而产生的害怕进行恢复原状。因此，如果胆小的人无根据地害怕子虚乌有的事情，那么，他不可以通过该告示获得恢复原状，因为没有任何事情是因暴力或恐惧而做出来的。

**D. 4，2，9 乌尔比安：《论告示》第 11 卷**

……

2. 彭波尼还写道：一些人正确地认为，某人被迫做出的奴隶的解放或者建筑物的拆毁，应当将该告示规定的恢复原状扩展到【这些情况】。

……

7. 基于该告示，【审判员】依其评判应当作出这样的恢复原状，即恢复到原来的状况：如果物是因暴力而交付的，要加以返还；而且如同已经说过的，通过担保的【要式口约】来允诺不存在诈欺，也就是说物还没有变质；如果通过正式的免除使得【债务人】得以解脱，债务应当被恢复到先前的状态，直到像尤里安在《学说汇纂》第 4 卷中所写到的那种程度；如果通过暴力使得一笔金钱债务得以正式免除，当这笔金钱并没有得以支付或者在债务被恢复的情况下【相关的】审判并没有被接受，那么，那个【债务人】应当被判处四倍的罚金。不过，倘若因暴力我通过要式口约作出了承诺，那么，要式口约【所产生的债】将被正式地免除。同样，倘若【由于暴力】用益权

或地役权丧失了，那么，它们必须被恢复原状。

8. 而且，由于这种诉讼是对事情本身进行规定的，并不对实施暴力的人进行强制，但他决定对不管是谁因恐惧而做的事情都进行恢复原状。尤里安【的观点】得到了马尔切勒批评性的注释，【尤里安】写道：如果保证人为了从债务中正式解脱而实施暴力，那么，不得恢复对主债务人的诉讼。不过，保证人应被判处四倍的罚金，除非他也恢复对主债务人的诉讼。但是，马尔切勒所作的注释更为正确：这一诉讼也可以对主债务人行使，因为它是对事情本身进行规定的。

### D. 4，2，10　盖尤斯：《论行省告示》第 4 卷

这是正确的，即由于已经引起了债权人恐惧的债务人的行为，如果保证人通过正式的免除而被免责，那么，也可以起诉保证人，为的是让他们重新承担他们对于债的保证人的身份。

1. 如果由于恐惧，我被你强迫正式地免除了你已缔结的债，根据这个告示起诉他，审判员的评判不应仅仅包括这个，即债被恢复到由他的人来承担，而且还包括你应提供保证人，可以是原来的那些人也可以是另外的其他人，【只要】是同样合适的；另外【还包括】你在同样条件下恢复已经提供的质押。

### D. 4，2，11　保罗：《对尤里安〈学说汇纂〉的注释》第 4 卷

如果某个其他人，没有与保证人共谋，为了通过正式免除让该保证人【免责】而实施了暴力，那么，该保证人将不对主债务人之债的恢复承担责任。

### D. 4，2，12　乌尔比安：《论告示》第 11 卷

还应当返还女奴的孩子、家畜的幼仔、孳息以及所有与此相关的东西：不仅要返还那些已经获得的东西，而且还要返还那些本来可以获得，但是由于恐惧而没有获得的东西。

1. 会提出这样的问题，即根据该告示，裁判官是否也打算针对遭受暴力之后又实施暴力的人进行转让物的返还？彭波尼在【《论告示》】第 28 卷中写道：裁判官不应对其进行救济。他说以暴制暴是允许的，他所做的这个就是他所遭受的。因此，如果他胁迫你作出了对他的允诺，随后我又胁迫他解除了你对他所作的允诺，那么，也就没有什么要返还给他的了。

2. 尤里安主张，为了使自己的债务人履行债务而对他进行胁迫的人，不依该告示的规定承担责任，因为出于恐惧的诉讼的本质需要损害的【存在】。然而，不能否认的是他【要根据】《关于暴力的尤利法》承担责任并因此丧失债权。

（二）请求恢复原状的主要原因之二：受到恶意诈欺

### D. 4，3，1　乌尔比安：《论告示》第 11 卷

通过这个告示，裁判官帮助我们对抗那些反复无常的、狡猾的人，这些人以某种诡计损害了他人，为的是使前者的诡计不会给他们自己带来好处，且后者的单纯不会对他们自己造成损失。

1. 告示上的话是这样的："对于被视为是由于恶意诈欺而发生的，如果对此没有其他的诉讼，而且这被认为有正当的理由，那么我将授予诉讼。"

2. 塞尔维尤斯将恶意诈欺界定为一个以欺骗他人为目的的阴谋，它假装成一件事情而实际上却是在做另一件事情。相反，拉贝奥却【认为】，为了欺骗某人而做了某件事情，这也可以是没有假装的；某人做一件事情且伪装成做另一件事情，也可以是没有欺诈的，这就像某人为了保护自己的或他人的财产而利用一种伪装所做的事情一样；因此他自己对诈欺的界定是这样的：用于蒙蔽、误导、欺骗他人的任何骗局、阴谋和诡计。拉贝奥的定义是正确的。

3. 此外，裁判官并不满足于只讲"诈欺"，并且还在诈欺前面加上"恶意"，因为，古代【法学家们】也说过善意诈欺，而且通过这一术语意指精明，尤其是指为对付敌人或强盗而设计出的计谋。

……

### D. 4，3，5　乌尔比安：《论告示》第 11 卷

如果一个被监护的未成年人受到了第修斯和被授权的【未成年人的】监护人通谋欺骗，那么，不应授予他针对第修斯的诈欺之诉，因为他享有监护诉权，藉此他将恢复他的利益。显然，如果监护人支付不能，那么就应当说要授予他【被监护的未成年人】诈欺之诉。

### D. 4，3，17　乌尔比安：《论告示》第 11 卷

如果多数人实施诈欺，而其中的一人作了恢复原状，那么所有的人都应被免除【责任】。如果其中的一人就遭受的损害作了清偿，我认为其他人应被

免除【责任】。
……

### D.4，3，18　保罗：《论告示》第 11 卷

依审判员的裁量，这一诉讼也包括了恢复原状，而且，如果不进行恢复原状的话，将随之就所遭受的损害作出判决。因此，不仅在这种诉讼中，而且在因恐惧的诉讼中，都不规定确定的金额，为的是拒绝出庭的被告可以被判处原告在诉讼中以宣誓所确定的金额。但是，根据审判员的职责，在这两种【诉讼中】，他应使经宣誓作出的估价得到控制。

1. 在这类审判中，并非总是应当根据审判员的裁量而进行【恢复原状】的：事实上，应当如何处理【这种情况】，即倘若不能进行恢复原状是一目了然的（比如奴隶由于诈欺而被转让，随后又死亡），并因此应当在原告的利益范围内直接进行审判？

2. 一套房屋的使用收益已经作为遗赠授予他人，如果该房屋的所有权人纵火烧之，那么这不适用诈欺之诉，因为从此行为产生了其他的诉讼。

3. 针对明知卖方是用来给买方称量商品而出借不标准秤砣的人，特雷巴蒂说，应当授予欺诈之诉来对抗他。如果他借出的秤砣重于标准砣，售出的商品多于应售商品，那么，可以适用请求返还之诉；如果该秤砣轻于标准砣，为了请求给付短少部分的商品，则可依据买卖合同本身提起买卖之诉，除非这些商品是在这种条件下出售的，即它们是根据不标准的秤砣称量交付的，而【卖方】为了欺诈却宣称自己使用的是标准秤砣。

4. 由于某人的诈欺，一项诉争因规定期间的白白经过而消灭了，特雷巴蒂说，必须授予诈欺之诉，这不是为了根据审判员裁量而获得恢复原状，而是为了让原告获得倘若此事未发生他将取得的利益，以使得对于其他遵守法律的人来说，【关于期间】的法律不会被规避。
……

## 二、返还原物

### （一）船东、旅店主以及马厩主的返还责任

### D.4，9，1　乌尔比安：《论告示》第 14 卷

裁判官主张：如果船员、旅店主、马厩主以保管为目的而接收了那些不管是谁的物品，但是【他们】却没有将其归还，那么，针对他们，我将授予

诉讼。

1. 这个告示的用途非常大，因为一般而言，是有必要信任他们并将物品交于他们保管的。而且没人会认为这种规定对于他们来说是非常严苛的：因为他们自己就可以决定不接受该物，并且，如果不这样规定，会给予【他们】针对那些【交付物品给】他们接收的人而与窃贼相勾结的机会，尽管现在也不可避免类似的欺诈。

2. 因此，需要看一下谁是那些应当【基于这个告示】承担责任的人。裁判官说"船员"。关于船员，应该理解为经营航海事务的人，尽管称为船员的可以是所有在船上工作的人，但是，裁判官指的仅仅是船东。事实上，彭波尼说，他不应对一名桨手或者一名低级船员承担责任，而仅应当对其本身或船长【承担责任】；然而，当他本人命令将某物交给其中的一个船员时，那么，毫无疑问，他应当承担责任。

3. 此外，在船上有着一些人，他们为了保管而被使用，也就是船只的保管人以及船舱的保管人。因此，如果他们中的某人接收了物品，我认为应当授予针对船东的诉讼，因为他赋予了他们类似的职权，允许物品可以交给他们，尽管这是船东本人抑或船长通过授权手势发出指示的。但是，如果他没有这样做，船东仍然要对接收的物品承担责任。

4. 【在告示中】并没有规定涉及木筏或河中小艇的经管人，但是，拉贝奥写道对此需要确定同样的规定，而且我们要利用这个法律。

5. 同样，对于旅店主和马厩主，我们将其理解为经管旅店和马厩的人，或者他们的主管。相反，如果从事低微职位的人，比如看门人、厨师或其他类似的人，则不包括在其中。

6. 裁判官规定了"以保管为目的接收了那些不管是谁的物品"：也就是他们接收到的任何的物品或商品。因此，韦维阿诺提到：这个告示也涉及那些商品的附属物，就像在船上使用的衣物以及所有其他日常使用的物品。

7. 同样，彭波尼在《论告示》第34卷中写道，我们装载到船上的是我们的物品还是他人的物品，这并不重要，只要它们被看管是我们的利益所在：事实上，它们应当被交付给我们，而不是交付给那些物品所属的人。因此，如果由于海上租借，我将收到质押的商品，船东要对我负责，而不是对债务人，假如这些物品是从我这里接收的。

8. 另外，接收物品为的是保管它们，这是指它们被交付并置于船上，还是即使没有被交付，而将它们放置于船上的行为本身就可以视其为已经接收？

我认为他要承担所有装载在船上的物品的保管【责任】，而且不仅应当对船员的行为负责，还要对乘客的行为负责，

**D. 4，9，2　盖尤斯：《论行省告示》第 5 卷**

也正如旅店主对旅行者【负责】一样。

**D. 4，9，3　乌尔比安：《论告示》第 14 卷**

对于乘客的行为，彭波尼在《论告示》第 34 卷中也是这样写的。【彭波尼】主张，即使被接收的物品不放置在船上，而是被丢在了岸上，但是，一旦接收了，风险及危险都将由船东来承担。

1. 裁判官规定："如果他们不返还，针对他们，我将授予诉讼"。从这个告示产生了一个事实之诉。但是，需要审视它是否是必需的，因为，对于这个起因，可以通过市民法提起诉讼：事实上，如果涉及了一种酬金的支付，那么，【可以提起】出租之诉或承租之诉，也就是说，如果整条船被出租了，承租人也可以因这涉及丢失的物品而通过承租之诉提起诉讼；相反，如果是承运货物的船东，那么，他将是出租之诉的被告；但是，如果物品是免费接收的，彭波尼主张，可以通过寄托之诉提起诉讼。于是，令其诧异的是为什么在已经存在市民法诉讼的情况下还引入了荣誉法诉讼。他说，除非可能是裁判官想要让人知道他对制止这类人的不诚信很在意，而且这因为在租赁中对过失负责，而在寄托中只对故意负责。并且，通过这个告示，【为了保管某物】已经进行了接收的人在任何情况下都要负责，即使物品丧失或被损害毫无自己的过错，除非这是因为厄运而产生的一起致害事件。对此，拉贝奥写道，如果某物在一次海难中或者由于海盗的暴力【袭击】而丧失，给他们一项抗辩并非是不公正的。如果在马厩或旅店中发生了不可抗力，那么，也同样如此。

2. 旅店主以及马厩主也应当以同样的方式承担责任，当他们在他们的经营活动中接收【为了保管的某物】，但是，如果他们在此之外所接收【的某物】，则不负责。

3. 如果一个处于家父权之下的儿子或一个奴隶接收了【为了保管的某物】，而且存在着家父或主人的【为了经营事业的】意志，那么，后者应当单独作为被告。同样地，如果船东的奴隶盗窃或损害【在船上接收的物品】，【对这些行为的】损害投偿之诉不得适用，因为主人应当对于他接收了被保管

的物品而自己作被告。相反，如果他们在没有【家父或主人的】意志【介入】的情况下做这些事情，那么，将在特有产范围内授予诉讼。

4.【从这个告示所产生的诉讼】是损害赔偿之诉，这就像彭波尼所主张的一样。【因此】该诉也可以针对继承人而且没有时间的限制。

5. 最后要审视的是对于同一情况，是否既可以因为接收【要保管的东西】而通过荣誉法诉讼进行起诉，还可以通过盗窃【诉讼】进行起诉。彭波尼对此表示怀疑，而更可取得则还是某人，或者借助于审判员的职权或者借助于诈欺抗辩，通过其中一个获得满足。

### D.4，9，4　保罗：《论告示》第13卷

盗窃之诉也属于船东本人，因为对于他，要承受【物品丢失的】风险，除非他本人将其窃走，随后它又被盗，也就是说被另外一个人窃去，他无归还能力。

1. 如果一个船东将从另一个船东处收到【要保管的物品】，如果马厩主从另一个马厩主那里收到【要保管的物品】，如果一个旅店主从另一个旅店主那里收到【要保管的物品】，都同样要负责。

2. 韦维阿诺说这个告示也涉及那些要运输的商品被装载且交付之后而被带到船上的物品，即使对于它们没有支付费用，比如衣服和每日饮食，因为它们对于其他物品的租赁来说是附属物。

### D.4，9，5　盖尤斯：《论行省告示》第5卷

船东、旅店主以及马厩主收取酬金不是为了保管【某物】，而船东收取它则是为了运输乘客，旅店主则是为了同意旅客在旅店中住宿，马厩主则是为了允许要运输的动物【被放】在他的马厩中，但是，他们仍然要以保管的名义承担责任。事实上，染坊主和裁缝店主也不是为了保管，而是为了他们的劳动活动而收取酬金的，但是，他们仍然要基于出租之诉以保管的名义承担责任。

所有上述的盗窃同时也意指不法损害：事实上，无需怀疑接收某件要保管的物品的人，应当被视为不仅是【为了避免】盗窃而且还是【为了避免】不法损害。

### D.4，9，6　保罗：《论告示》第22卷

你免费乘坐一条船或免费入住旅店，尽管如此，如果你遭受了不法损害，那么，并不否认你可以提起事实之诉。

1. 如果在一条船上或在一家旅店里，你雇用了我的一个奴隶，并且他导致了我的损害或【对我】实施了偷盗，虽然盗窃之诉和不法损害之诉都可以针对我（因为我是奴隶的所有人，并因此这些诉讼不能被提起），然而由于这个诉讼是事实之诉，因此也可以因为我的奴隶【的这种行为】而提起针对你的【这种不法损害或盗窃的事实之诉】。同样，在【奴隶】是共有的情况下也可以这样说。不过，由于你因他的原因而向我支付，我将对你承担责任，这或者通过共有物分割之诉，或者通过有利于成员之诉，以及通过租赁之诉，如果你将他的全部或部分出租的话。

2. 但是，我的奴隶遭到处于同一条船或旅店的另一个人致害而受伤，对此，裁判官通常【根据其他的诉讼进行】裁判，彭波尼认为这个【针对船东、旅店主的不法损害的事实】诉讼不能出于他的原因而被提起，【也就是不能因为这个致害行为人的行为而被提起】。

3. 根据这个事实之诉，旅店主应当对定居在旅店里的人负责；因此，这个【告示】并不涉及那些短期客居的人，比如，旅行者。

4. 此外，我们也可以针对船员提起【市民法上的】盗窃或不法损害之诉，只要我们证明了一个确定的人的行为，但是，我们应当只能通过一个【诉讼】获得满足，并且如果我们【以不法损害或盗窃的事实之诉】对船东提起了诉讼，我们必须向他交付我们的诉权，尽管针对船东本身，【已经】有针对他们的【劳动活动的】承租之诉。不过，如果船东已经从这个诉讼中豁免，随后他又对船员【以不法损害或盗窃之诉】起诉，那么，将被授予抗辩，【这】为的是不对同一个人的行为进行多次调查。相反，如果先因一个确定的人的行为而被提起【不法损害或盗窃】诉讼，随后他提起事实之诉，那么，将被授予抗辩。

### D.4，9，7　乌尔比安：《论告示》第18卷

船东应当对其所有船员的行为负责，不管是自由人还是奴隶，而且为他们的行为负责并非不当，因为他本人使用他们就有其自身的风险和危险。但是，如果损害并非发生在本船上，那么，他就对此不负责；相反，如果损害是由船员导致的，但是，这发生在船只以外，那么，他也不负责。同样，如

果他事先宣布每一个乘客都应当对自己物品的安全采取措施，并宣布他对损害不负责，而且乘客同意此宣告，那么，他不能成为被告。

1. 这种【针对船东的不法损害的】事实之诉是双倍罚金的。

2. 但是，如果船员之间导致了某个损害，那么，这就与船东无关了。不过，如果某人既是船员又是商人，那么，他就应当被授予【这个诉讼】。因此，如果涉及被称为"船员乘客"的其中一人，那么，船东既要对他这个人承担责任，又要对这个人的行为负责，因为他也是船员。

3. 如果一个船员的奴隶导致了损害，虽然这个奴隶并非船员，但是，与公平十分相符的是授予针对船东的扩用之诉。

4. 此外，通过这个诉讼，船东要以自己的名义负责，很明显【这是因为】使用了这种人的人存在自己的过错；并且，因此，即使他们死亡了，他也不会被豁免。相反，对于他的奴隶们，他只能以损害投偿的方式承担责任：因为当他使用了他人的【奴隶】时，他必须调查他们的忠诚度以及可信任性；而对于他的奴隶们，他应当得到宽赦，假如他是为了装备船只而抛开他们的品性使用他们的。

5. 如果一条船有多个船东时，每一个人都可以因为他在船只中的份额而成为被告。

6. 这些【针对船东的不法损害或盗窃】诉讼，虽然是荣誉法上的，然而它们却没有时间的限制；只不过不能对抗继承人。因此，如果一个奴隶是一条船的船东并且已经死亡，不能针对他的主人提起特有产之诉，即使是在一年内。不过，如果是根据主人或家父的意愿，一个奴隶或一个家子运营一条船或一家旅店或一个马厩，那么，我认为他们【主人或家父】应当完全应对这个诉讼，就像对在那些地方发生的所有事情，他们都应完全承担责任一样。

（二）返还的范围

D. 6，1，1，3　乌尔比安：《论告示》第 16 卷

通过本诉，不但可以要求返还单个物，而且可以要求返还一羊群：这是彭波尼在《诸课程》第 25 卷中的论述；同样，应当说对于牛群、马群以及所有那些蓄养的其他动物也一样：事实上只要羊群本身属于我们就足够了，即使有个别的不属于我们：因为要求返还的是羊群而不是单个的动物。

D. 6，1，2　保罗：《论告示》第 21 卷

如果两人曾经【对羊群】拥有相同数目的羊，他们中的任何一位都不能

要求返还整个羊群，也不能要求返还羊群的一半。但是如果两位中的一位对
【羊群】拥有大部分的份，即便是除去那些属于他人的那些牲畜，他仍然可以
要求返还羊群，而那些属于他人的不在返还之列。

### D. 6, 1, 3 pr.　乌尔比安：《论告示》第 16 卷

马尔切罗在《学说汇纂》第 4 卷中写道：某人曾经拥有 300 头羊的羊群，
丢失了 100 头，他又重新购买了相同数量的羊，无论出售人是真正的所有权
人还是【所出售羊群的】善意占有人，【马尔切罗】说这些【新购买的】也
无疑被包括在要求返还的羊群之列。实际上，即使【该羊群】只剩下那些后
来重新购买的羊了，他仍然可以要求返还羊群。

### D. 6, 1, 3. 1　乌尔比安：《论告示》第 16 卷

对于轮船的设备应该单独地要求返还；小艇也要被单独地请求返还。

### D. 6, 1, 3. 2　乌尔比安：《论告示》第 16 卷

彭波尼写道：如果某类同一性质的物被融合或者混合在一起以致不能将
之区分或者分割开来，那么不能要求对整个物进行返还，而只能对【相应的】
部分要求返还：如果我的银块和你的银块被熔为了一个银团，那么它将是属
于你与我的共有物，我们中的任何一位都只能根据我们的重量【决定的份额】
被授予要求返还的诉权，即使在每个人的份额不能确定的情况下也是如此。

### D. 6, 1, 4　保罗：《论告示》第 21 卷

在这种情况下，也可以提起共有物分割之诉。如果有人故意地将银块熔
合，既可以向其提起盗窃之诉，也可以向其提起出示之诉（actio exhiben-
dum）：这样在出示之诉中应该考虑物的价值，【而】在返还之诉和共有物分
割之诉中可以考虑哪一位的银块价值大。

### D. 6, 1, 5 pr.　乌尔比安：《论告示》第 16 卷

彭波尼写道：两个人的小麦并非出于其的意愿而被堆了一起，任何一
位都有权就他认为在混杂而成的那堆麦子中属于他的那部分提起对物之诉。
但是如果混合是出于其意愿而形成的，那么只能将这些麦子视为共有物，只
能提起共有物分割之诉。

### D. 6，1，5.1　乌尔比安：《论告示》第 16 卷

彭波尼写道：如果我的蜂蜜和你的葡萄酒合成了蜜酒，有些【法学家】认为在这种情况下的混合也构成共有。然而我则持另外一种观点，正如【彭波尼】自己也声称道，即蜜酒应该归那个制作者所有，因为它已经不再是原先的那种形式状态了。但是如果将铅和铜熔合在一起，由于它们还是可分的，所以两者合为一体不会构成共有，也不能因为它们可以分离而适用共有物分割之诉：相反应该适用要求原物返还的对物之诉。但是，他说道，如果不能【将最初的物】分离出来，比如说铜与金被熔合在一起了，那么应该要求返还其原本应有的那部分；这也不适用上述蜜酒的规则，因为这两种物质，虽然被合为一体了，但是还是保持其原来的性质不变。

### D. 6，1，5.2　乌尔比安：《论告示》第 16 卷

彭波尼写道：如果你的雄马使我的母马受孕，因此所生的【小马】不归属于你的而属于我。

### D. 6，1，5.3　乌尔比安：《论告示》第 16 卷

对于被移植到他人土地上的树木，已经扎根长出根须了，瓦鲁斯（Varus）和涅尔瓦（Nerva）赋予树的主人扩用的对物之诉诉权：因为如果还没有扎根，则还是属于我的，【因而我可依据市民法提起对物诉讼】。

### D. 6，1，5，4　乌尔比安：《论告示》第 16 卷

在提起【要求原物返还的】对物之诉之时，即使弄错了【要求返还之物的】名称，如果清楚具体对象，一般认为诉讼被正确地提起了。

### D. 6，1，6　保罗：《论告示》第 6 卷

如果有人提起对物之诉，则应该指明该物并且【说明】是要求通过诉讼返还【物之】全部或者一部分或者多少；因为，这里所说的"物"，不是指种类物，而是指特定的物。渥塔维诺（Octavenus）这样明确表述道：对于未定型的物应当指出其重量；对于做过记号的指出其数目；对于加工过的指出其形状；然而如果物的尺寸很重要则应该指明其尺寸大小。如果我们诉称衣服是我们的，或者要求【将衣服】交付给我们，我们只要说明其数量还是也要求说明其颜色？最好是将两者都说明。相反，如果要求我们说明【衣服】

是破旧的还是新的就可能不合适了。同样对于餐具，如果只是说"盘子"，即使说明了是方的或者是圆的，或者是光滑的，或者是雕刻的，但依然很难说你需要多少；所有这些都很难纳入在要求中。同样在这种情况下也不能要求得过分【详细】：这样，在要求返还奴隶之时，无疑应该指明其名字，是幼儿还是青少年，是多个还是一个；但是如果我不知道他的名，则应该作出一项指示：比如说，【那个属于某份遗产的】；【那个由某位奴隶生的】。同理，那些通过诉讼途径要求某块土地的人，应该说明土地的名字以及其所处的方位。

### D. 6, 1, 10　保罗:《论告示》第 21 卷

如果通过诉讼要求返还一件动产，应当在哪里返还之，比如说当该物不在现场之时？如果针对善意占有人提出本诉，要求要么在物之所在地返还，要么在起诉地返还将是一个不错的主意；【在第二种情况中】由原告承担所发生的旅行、航运费用，但是伙食费除外。

### D. 6, 1, 13　乌尔比安:《论告示》第 16 卷

不仅仅应该返还原物，而且如果该物已被损坏，法官应该计算【该损失】。假设，交还一个身体虚弱的或者抽打过的或者受伤的奴隶：无疑，通过法官，要计算所恶化贬值的值，尽管占有人还可以被提起阿奎利亚法之诉。由此产生的问题是：法官是否只在放弃提起阿奎利亚法之诉的时候才能评估损害？拉贝奥认为原告应该保证其将不再提起阿奎利亚法之诉；这一观点是正确的。

### D. 6, 1, 15, 1　乌尔比安:《论告示》第 16 卷

如果某人出于必要而出售了某物，那么可以由法官按照其职权予以救济，这样【出售人】应当返还所得不应多于其出售价格。另外，若他为了不至于让果实变质而出售了所收集到的果实，那么他所应当返还的不应多于其出售价格。

### D. 6, 1, 15, 2　乌尔比安:《论告示》第 16 卷

如果诉讼涉及的土地是通过微薄的对价以奖金的名义分配给军人的，这【对价】也应当返还？我认为应当返还。

**D. 6, 1, 23 pr.   保罗:《论告示》第21卷**

【要求原物返还的】对物之诉诉权属于依万民法或者市民法取得物之所有权的人。

**D. 6, 1, 23, 2   保罗:《论告示》第21卷**

如果有人将他人之物添加到自己的物之上,以至于前者成了后者的一部分,比如说有人将属于他人【雕像的】一个胳膊或者一只脚加到自己的雕像之上,或者将一个把手或者底座添加到一个杯子之上,或者将浮雕添加到一个烛台之上,或者将一个垫子添加到桌【腿】之上,大部分【法学家】正确地认为他成为整个物体的所有权人,并且可以正确地说是他的雕像和他的杯子。

**D. 6, 1, 23, 3   保罗:《论告示》第21卷**

但是在我的纸上所写的或者在【我的】木板上所画的,就马上变成我的;虽然对于绘画有些【法学家】考虑到画的价值而持不同的意见。但是,没有另一个物便不能存在之物,必须被该另一个物吸收。

**D. 6, 1, 23, 4   保罗:《论告示》第21卷**

在所有这些【情况中】,即我的物占优势,它吸收了他人之物并且使之归属于我,如果我返还该物,那么我将因对方的欺诈抗辩[1]而不得不支付那些添附【到我的物上的】这个物的价金。

**D. 6, 1, 23, 5   保罗:《论告示》第21卷**

同理,所有那些与他物合并或者添加到他物之上的物,都像添附物合为一体。只要两者保持合并状态,所有权人不得要求返还,但是可以提起出示之诉,使得两者分离开来,这样【才能够】被要求返还。毫无疑问的是,卡西(Cassius)所写的关于焊接融合的情况则属于例外:因为他说如果通过焊接将【他人雕像的】一条胳膊接到他自己的雕像上,随着被整合到大的部分之上,【胳臂的所有权】消灭;并且它一旦成为他人之物,即使【后来】脱落下来,也不能重新归于第一个所有权人。对于用铅焊的则不适用该规则,

---

[1]   意指:我为了避免因恶意抗辩而卷入新的诉讼,而不得不支付价金。——译者注

因为通过同一材料的焊接产生了混合（confusionem），【相反】铅焊则没有此效果。因此，在所有这些既无法适用出示之诉和【要求原物返还】的对物之诉的情况，有必要【赋予】事实之诉诉权。对于那些由各独立的物组成的合体，各单独部分还保持其特殊性，比如若干奴隶或者若干母绵羊；因此我可以要求返还某一羊群，即使中间掺杂了你的一头公绵羊；同样你也可以要求返还那头公绵羊。这一规则不适用于由各部分结合而形成的物：如果我将他人雕像上的一条胳臂加到了我的雕像之上，不能说手臂还是你的，因为整个雕塑在意念上是被当作一个整体的。

### D. 6, 1, 23, 6　保罗：《论告示》第21卷

根据《十二表法》被架入建筑物的他人的木梁是不能被要求返还的，也不能因此提起出示之诉（actio exhibendum），除非被起诉者是明知还将木梁架入建筑物。但是关于被架入的木梁存在着一项古老的诉权，是【木梁价金的】双倍计算，这起源于《十二表法》。

### D. 6, 1, 23. 7　保罗：《论告示》第21卷

同理，如果某人用他人的材料在他的土地上建造房屋，无疑他可以要求返还这建筑物；然而一旦为善意的购买者所占有，即使房子在时效取得后拆除了，第一位所有权人可以要求返还那些因为拆除而分离开来的材料：因为【即使】经过时效取得房子已经变成我们的了，对于各单独的材料不能时效取得。

### D. 6, 1, 27, 5　保罗：《论告示》第21卷

如果占有人在争讼之前为被要求返还的物而开支了一定的费用，如果原告坚持不偿还此费用而要求返还，占有人可通过恶意抗辩请求归还该笔费用。这一规则还适用这样的情形：【占有人】在损害投偿之诉中因奴隶而做了被告，被判败诉并为此支付了罚金；或者在属于原告的土地上出于错误而建造了一楼房，如果原告不同意他拆除该楼房。【部分法学家】认为这一规则也应适用于有关法官确定作为嫁资的土地归为妻子所有的情况。但是如果你在占有我的年轻奴隶之时培训了该奴隶，普罗库勒认为不应该适用同一办法，因为我既不能失去该奴隶，也不能适用上述谈到赠与妻子的土地之时赋予同样的救济措施。

### D. 6，1，33　保罗：《论告示》第21卷

不仅要计算那些已经收取的孳息，而且还要包括那些原本可以合理地收取的孳息。因此，如果被要求返还的物由于占有人的故意或过失而灭失，彭波尼认为特雷巴蒂的观点非常正确，后者认为要如同物没有灭失之时所能收取的孳息额，也就是说【计算】到该物被判决之时；尤里安也赞同这一观点。据此，如果空虚所有权人通过诉讼要求返还【某物】，在此期间【该物的】用益权停止，则从用益权重新归于所有权之时开始计算孳息。

### D. 6，1，34　尤里安：《学说汇纂》第7卷

这一规则也适用于冲击地添附到土地的情形。

### D. 6，1，35 pr.　保罗：《论告示》第21卷

与此相关的是，一旦争讼开始，如果原告通过遗赠【对该物】设立了用益权，有些【法学家】正确地认为在用益权从所有权分离出去之后不能再计算孳息。

### D. 6，1，35，1　保罗：《论告示》第21卷

当我通过诉讼主张一块他人的土地，法官在判决中判定是属于我的，同时应该判决占有人归还孳息；在同一错误的基础之上，应当就孳息也作出判定，因为如果占有人败诉，就不能将孳息留给他；否则，正如马乌里查努斯（Mauricianus）所言，【如果没有这些孳息】法官就不能认为物之返还完全完成；有什么理由能让占有人获得那些如果他马上返还就占有就不能取得的【利益】呢？

### D. 6，1，44　盖尤斯：《论行省告示》第29卷

未采摘的果实被认为是土地的一部分。

### D. 6，1，49 pr.　杰尔苏：《学说汇纂》第18卷

我认为地基是建筑物的一部分；因为它并不是如海处于船之下的方式处于【建筑物】之下。

**D. 6，1，49，1  杰尔苏：《学说汇纂》第 18 卷**

从我所有的物中剩下之物是我的，因此我有权请求返还。

**D. 6，1，52  尤里安：《学说汇纂》第 55 卷**

当占有人在争讼之前故意停止对某一土地的占有，他的继承人不能被提起对物之诉，但是应该授予事实之诉来起诉他们，通过该诉【继承人】被判处在他们从该物中所获利益的范围内返还。

**D. 6，1，53  彭波尼：《论萨宾》第 31 卷**

如果占有人已经在一块土地上耕种或者播种了，随后土地被人追索之时他就不能再将所种之物取回。

**D. 6，1，59  尤里安：《评米尼奇》第 6 卷**

住在他人房屋中的人安装了窗和门，房屋的所有权人在一年之后拆除了它们。我提出疑问，安装者能否要求返还？答复说可以：因为那些被结合到他人建筑物之上的物，在保持结合状况之时属于该建筑物，但是，一旦被拆除就不属于了，马上回复到最初的法律状态了。

**D. 6，1，64  帕比尼安：《问题集》第 12 卷**

当提起对物之诉时，对于那些在使用中获益但不【直接】产生孳息的物的孳息也无疑应当被返还。

# 走向民法法典化的中国民法

## ——在第五届"罗马法·中国法与民法法典化"
## 国际研讨会开幕式致辞

[意] Sandro Schipani\* 著

翟远见\*\* 译

尊敬的中国政法大学校长黄进教授、尊敬的意大利驻华大使白达宁先生、尊敬的会议主席费安玲教授、各位领导、同仁、同学们：

非常荣幸能够代表"罗马法体系框架下中国法典编纂与法学人才培养研究中心"向诸位致以真诚的问候。

首先，请允许我特别问候江平教授。在黄风教授的协调沟通下，江平教授25年前访问罗马，并参加了学术会议和学术沙龙。当时我们签署了一项合作协议。该协议我们仍在付诸实施，今天的会议便为例证。我还要特别感谢中国政法大学校长，他代表学校续签了"中心"的合作协议。很多工作我们正在开展，不少合作我们即将启动。

除古代文献以外，我们的研究对象还自然而然地扩大到了当代法律体系。我们每次会议的题目都会提及民法典。优士丁尼《市民法大全》的编纂促进了体系的完善，推动了制度间的和谐（Imperatoriam 谕令第2条）和罗马共同法的统一。《市民法大全》并未消灭不同制度的多样性，而是以制度内部的一致性为其目标追求。

---

\* 意大利罗马第一大学教授，"罗马法体系框架下中国法典编纂与法学人才培养研究中心"主任。

\*\* 中国政法大学比较法学研究院讲师，罗马第二大学法学博士。

　　经过 25 年的合作，虽然自己不敢冒昧提什么建议，但是在这个已是第五届且仍与民法典编纂相关的会议上，我想就中国正在进行的法典化运动谈些粗浅的看法。

　　优士丁尼《市民法大全》与近世法典之编纂方式不同；它的每部法典都有其特殊的历史。

　　在今日之中国，通过私法领域和行政法等公法领域中一些举足轻重的法律的制定，通过实力日益增强、成就不断得到认可的法学界的贡献，通过一代又一代法学家新生力量的培养，通过法学家对"掌管法律"重任的承担（D. 1，2，2，13 及 D. 1，2，2，35 ss.[1]，其中强调许多法学家曾被选举担任共和国的重要职务），法律制度建设事业取得了长足的进步。

　　在我看来，借助法律，中国人民在如火如荼的变革中已经取得了伟大的成绩。我认为，应当百尺竿头、更进一步，即编纂中国的民法典。为此目的，着手开展准备性的法律汇编工作不无裨益。

　　我认为，现在可以做的一件非常有意义的事情或许是，让一位能担重任的权威法学家负责，当然最好在两三位助手的配合下，结合法学界的不刊之论及最高人民法院的审判经验，将民商事领域的法律规定和谐地收集于一个文件之中。

　　这个按照一定顺序汇编在一起的文件，其内容是"具有连续性的法"。它近于一部民法典。

　　这个文件之编纂要求编者具备相当的能力与十足的谦逊，易言之，不要塞进一些"私货"。

　　这个文件要将法律和最高人民法院发布的最具一般性的司法解释之规则汇集在一起，使它们成为"具有连续性的法"，而不对它们作任何修改。

　　在这个文件中，应当以注释之形式为每一条文标明其直接及间接渊源。

　　这个文件还应使涵盖其中的法律与相应的司法解释之间，以及与其他领域的所有相关法律，特别是位阶更高的规范如宪法之间，和谐统一。

　　它还要充分利用罗马法体系之财富，并使之符合中国的具体情况，以填补现存的漏洞。

　　专家们虽然不是官方指定的，但他们对这些"具有连续性的法"所作的科学汇编，将保留收集于其中的法律和最高人民法院司法解释的效力。同时，由

---

　　[1]《学说汇纂》第一卷已由罗智敏译成中文，于 2008 年由中国政法大学出版社出版。

于它是一个协调连贯的体系，其内部的一致性及其与国家整体法律制度间的和谐，还会使它具有额外的功能，即可对个别规范之解释起到指引作用。[1]

汇编工作将描绘出民商法之全景。然而，此项工作并不取消特别立法；与之相反，前者是后者的基础与体系参照。

汇编工作也许是法学界可以做出的重大贡献。它不会阻止创新，恰恰相反，它可以成为便于创新、巩固协调已有制度的手段：的确，"对具有连续性的法的法典化"，可以构成推进、提高以及补充相关部分（例如至为粗略的人格权和付之阙如的债法总论）的基础，或者相反，可以构成更好甄别哪些是需要舍弃或修改的制度之基础。

在 19 世纪，巴西泰西特拉·德·弗莱塔斯（Teixeira de Freitas）发表于 1858 年的《民事法律汇编》非常著名。[2]该汇编为制定 1917 年的民法典争取了必要的时间。现在，1917 年的法典已被 2003 年的民法典所取代。此种方法是所有法典化运动的潜在前提。它不是仅属于过去。比如，在今天的法国，尽管存在争议，但在有多部法律、却没有一部法典作为更新和修改基础之领域（比如行政法），以及在某些 19 世纪便已编纂法典、然而迄今又有不少新的法律出台之领域（典型的例子就是商法典），[3]上述方法也被明确采用。在

---

〔1〕 "具有连续性的法之汇编"这一表述在法国是在"规范内容基本具有连续性的立法文件"之意义上被使用的，详见下文。

〔2〕 Cfr. A. Teixeira de Freitas, *Consolidação das Leis Civis*, 3 ed., Rio de Janeiro, 1876. 对此参见桑德罗·斯奇巴尼为齐云翻译的《巴西新民法典》所写的"序言"。在弗莱塔斯的《汇编》中，每一条文均有其注释。这些注释相当准确地指出了条文的渊源。在注释问题上，有意思的是，《阿根廷民法典》也有注释，不过其注释构成正式文件的一部分。1917 年《巴西民法典》的注释是法典的起草者撰写的，这些注释虽然不是正式文件，但是对于了解与法条相关的古代和近代渊源至关重要。

〔3〕 1989 年法国政府组建了一个法典编纂高级委员会。该委员会的职责是对某些领域"具有连续性的法"进行法典形式的编纂。但是这些工作由于议会投票的需要而被延缓。后来，人们认为可以避免上述投票。1999 年的 1071 号法律授权政府，可以基于《宪法》第 38 条之规定，开展纯粹的"整理"工作。2000 年生效的《商法典》即为通过这一方式编纂而成的法典之一。实际上，在法国"对具有连续性的法进行法典化"意思是对于已经生效的法的重新整合，包括体系化调整法律规范的先后顺序，以及修改它们的文字表述。及到条文表述，只有基于法律规范的位阶要求以及整合在一起的条文之文字上的连贯性的考虑，有必要明确规范内容之时方可予以修改。这一概念颇具争议。此处我是在具有科学性的工作之意义上使用它。正如前文所述，规范内容只是"基本上具有连续性"，因为解释性、体系化与和谐化的作业，会使内容更加完善和清晰。相应的法之修改，仅在指导上述作业的科学正确的意义上具有法之生成的价值。正如我所强调的，这里我不是用它来指一个类似的程序或者结果，而是用它来指一项具有科学性质的作品。

意大利，类似的方法在制定所谓的"法律汇集"（testi unici）时亦被采用。[1]
依我之见，对中国而言，非由立法机关完成的对既有法律规范之汇编，将深
具科学价值。

　　本次会议我们讨论的有些话题在上几届会议中还没有讨论过。我们认为，
有必要更好地调整对共用物、公有物、集体或私人所有的物的使用：如空气、
水源、海滩、土地等（cfr. J. 2，1，pr. – 11；D. 1，8）。所以，我们将认真
审视能源、环境、食品安全等问题（这些问题不断丰富着我们继承下来的法
律遗产）；我们将用新的眼光认真审视悠久的制度是否还能适应如下社会现实
的问题：遗产继承，债的担保，以及更具一般性且与宪法上的平衡相关的问
题，如法学和法官所扮演的角色。

　　展望未来，我们坚信民法典的制定会带来重大的革新。在法律制度中，
法典是体系和谐的关键，它可以使每个人的法律地位更加平等，且在对所有
人和每个人都有益的事情上，更大程度地实现平等。

　　罗马法体系国家期待着中国民法典对该体系做出自己的贡献。

---

　　[1]　扎诺比尼（G. Zanobini）认为："人们使用的'法律汇集'一词意指一部正式文件。该文
件包括了某一领域的不同立法规范。文件中的这些规范已被体系化，且删去了多余的部分。一般而言，
法律汇集是在部长建议和国务院同意的基础上让有权部委编纂的，且以法令之形式批准和通过。此类
文件不具有立法的效力：其中的规定之效力与它们原来出处之效力完全相同；如有出入，不得适用。
然而，在一些情况中，法律汇集的编纂可以导致法律渊源的更新：如法律汇集是同一立法者颁布的，
或者在另外一种更为常见的情况中，行政机关取得了如下立法授权，即它们不但可以编纂，而且可以
协调某一法律内部以及该法与其他法律之间的不同规定。在此情形中，法律汇集具有立法之效力，就
如同任何其他以法律或授权立法之形式而颁布的文件那样。"

# 论当前中国制定民法典的基本体系之选择

费安玲<sup></sup>*　陈范宏<sup></sup>**

## 一、引　言

中国民事立法之展开滥觞于内忧外患之清季，是我国实现法制近代化与富国强兵的重要工程。民国时期，在兼收并蓄的基础上并略有所成于20世纪30年代完竣编纂的《中华民国民法典》，现仅实施于台湾地区。新中国成立后，废除"六法全书"，新政府决定"另起炉灶"，取全盘苏化策略重新编纂社会主义之民法典，先后历经四次民法典之起草，期间波折，自不待言。由此可见，以高度体系化的民法典统合杂芜的民事规范一直是我国立法者与学界关切的主题。十八届四中全会之决议更是提出了民法典编纂之目标。[1]因此，虽然晚近与法典化杯葛的"解法典化"与"反法典化"讨论甚嚣尘上，但就我国目前民事立法与研究来看，已不再是法典化与否的问题，而是制定一部何种体例民法典的问题。

时至今日，在民法典编纂提上日程的背景下，镜鉴何种法典体系又一次摆在了立法者与法学研究社群面前。民法学界围绕法典体例与结构展开激烈争论，主张四编制者，有之；推崇五编制者，有之；开创七编制者，亦有之，不一而足。关于具体内容安排，有主张效仿德国者，有赞赏转学英美者，有师法意大利、法国者以及提议博采众长、兼收并蓄者。

远溯清季，我国即面临民法典体例选择之难题，如今经社实践皆去当日

　*　中国政法大学民商法学教授。

　**　暨南大学知识产权研究院讲师，中国政法大学民商法学博士生。

　〔1〕　2014年10月23日中国共产党第十八届中央委员会第四次委员会通过的《中共中央关于全面推进依法治国若干重大问题的决定》中明确指出：加强市场法律制度建设，编纂民法典，制定和完善发展规划、投资管理、土地管理、能源和矿产资源、农业、财政税收、金融等方面法律法规，促进商品和要素自由流动、公平交易、平等使用。

甚远，"旧曲重弹"是否需要作出些许调试以及如何调试？过去 10 年民法学者提出了具有影响力的四部民法典建议稿，这或许在某种程度上左右着未来中国民法典编纂的基本格局。其体例之选择是否适切？何者为影响体例选择的重要因素？这些皆为民法典编纂中殊值关切的问题。为此，本文拟以清末民初多部代表性民法典体例考察为起点，概述我国在民法典继受过程中的取舍之道；同时，对新中国历次民法典草案体例略抒一二；最主要者，想搜罗爬梳近 10 年来民法学者所提之民法典建议稿，详尽分析其体例及其选择理路。藉以减少当下法典编纂的"试错"成本，为民法典体例之认知与我国民法典体例之选择提供些许参照。

### 二、中国民法典基本体系选择之历史观察

诚然，我国法典编纂之传统源远流长，至晚清集历朝法典之大成，却未曾有过民法典编纂之实践与经验。数千年的法制长廊里，帝姓罔替，立法频仍，却从未有一部独立之《民法典》。自春秋时期李悝之《法经》迄至清季《大清现行刑律》，以现代法律部门分类标准论，皆系刑法典，通说认为是"诸法合体、民刑不分"。由此观之，视我国民法典之概念与知识体系纯属一"舶来品"当不为过，无论从规范精神到编纂技术皆取"拿来主义"。这一继受的过程，可谓一波三折，先后经历了帝制中国时期的《大清民律草案》、北洋时期的《民律第二次草案》、南京政府时期的《中华民国民法典》以及1949 年后的四次民法典编纂。

（一）《大清民律草案》之选择

1901 年，狼狈西狩的慈禧集团一改祖宗之法不可变的顽固，宣布："世有万古不易之常经，无一成罔变之治法……总之，法令不更，锢习不破，欲求振作，当议更张。"[1]自此拉开了清末修律的序幕。为移植最适切我国之法制计，清廷多次派员出国考察欧美诸强政治，1905 年，五大臣出国考察后得出结论：唯德国之政治、人民习俗与中国最为相似，而且中国所歆羡之日本明治维新，溯始穷原，亦是以德国为借镜。[2]是故，清末修律虽以日为师，却并未师法日本之民法，而是直接嫁接德国民法。沈家本奏准聘请日本法学家松冈义正负责民法典之编纂，其没有钟情于法国色彩浓厚的日本民法，而是

〔1〕《光绪政要》第二十六卷，第 28 页。
〔2〕故宫博物院明清档案部编：《清末筹备立宪档案史料》（上），中华书局 1979 年版，第 10 页。

采用了逻辑更为严密、体系更加完备的潘德克顿体系。囿于修律需"不戾乎我国历世相沿之礼教民情"之指导原则，一方面，于 1908 年至 1911 年，当局启动了全国大规模的民事习惯调研以供立法参酌；另一方面关涉礼教民情最殷之亲属、继承两编由法律修订馆与礼学馆共同起草，保留了嫡长子继承制等与民法基本理念相悖之制度。具体而言之，《大清民律草案》共五编，总则、物权、债权三编由松冈义正起草；亲属编由章宗元、朱献文负责；继承编由高种、陈箓担纲。共 36 章，1569 条。容分述之：

第一，总则编由 8 章构成，共 323 条，揭橥了民律基本原则与基本制度。章节依次按照法例、主体（第二章人、第三章法人）、客体（第四章物）、法律行为、期间、时效、权利行使与担保排开。通过对总则具体规则之检讨，不难发现：总则编内容对德国民法有所损益。如法例第 1 条规定："民事本律所未规定者，依习惯法；无习惯法者，依条理。"通说认为该条为镜鉴 1907 年瑞士民法第 1 条之结果。至于何为习惯法以及如何认定习惯法典未作细化安排，从法律适用的角度观之，这一衡酌的任务留待推事们来行使。再如，第 2 条将诚实信用原则冠于整部法典，处于统领各分则之地位。而德国民法中，并未确立诚实信用原则贯穿始终的基本原则，主要适用于契约法领域。[1] 草案显然比德国民法更进了一步，取瑞士民法之范例[2]，使诚实信用原则君临整个民法典。

第二，第二编为债权编，共 8 章，计 654 条，取德国民法"总则－分则"体例。第一章为债法总则，规定债权之标的、让与、责任、效力等基本内容。分则以债之发生原因为主线依次排开再次，分别规定了契约之债、不当得利之债、无因管理之债和侵权之债。比较有特色者，在于债法分则中将广告（第三章）、发行指示证券（第四章）、发行无记名证券（第五章）等也规定在分则与其他债只发生原因并列。证券之发行因为商法规定之内容，而清末修律时，立法者最终采取的是民商分立模式，而且商法之制定先行，所以将商法之内容夹杂于债法分则中，逻辑很难自洽，这或许是《民律第二次草案》作出损益之原因。

---

〔1〕 关于诚实信用原则在欧陆法系之演变进程，参阅黄源盛：《民初大理院与裁判》，元照出版有限公司 2011 年版，第 238～241 页。

〔2〕 《瑞士民法典》第 2 条规定："无论何人，行使权利，履行义务，均应依诚实及信用而为之。权利显然滥用者，不受法律之保护。"

第三，物权编计7章，共339条。取"通则–分则"之体例，分则由所有权、地上权、永佃权、地役权、担保物权、占有组成。具体制度之设计几为日、德两国民法之翻版。然而，对于我国固有之物权制度——典权却未着一词。此究竟为起草者松冈义正不谙熟我国固有民法制度而疏忽，还是立法者有意为之，唯有等待更多立法史料之发现，方能作出准确之判断。但是，北洋时期的《民律第二次草案》重拾了固有法上的典权制度。需要指出的是，物权编突出了对私有财产之保护和土地所有制度的强化，从某种程度上而言，草案所预设理念之革命意义远大于其实际效果。

第四，亲属、继承两编，虽然嫁接了潘德克顿法学的"外壳"，其内在质地与精神则承袭了我国封建法律传统，旨在维护封建礼教及家庭关系。继承编亦突出身份继承之地位，这与欧陆国家身份继承从继承法中剥离开来大异其趣。如明确嫡长庶之分、继续宗法家长制、宗祧继承等帝制中国时期的亲属、继承制度。

此次修律直接动因在延续国祚与收回治外法权，草案未及颁行，武昌首义，清廷既覆，尚未完成立法程序之民法草案也沦为史料。民国甫经成立，北洋政府也因各方审酌，决议在民事规范不完不备之际，继续沿用《大清现行刑律》"民事有效部分"[1]，民律草案所引进之概念与知识体系以及操作唯存在于深沐欧美的推事们潜用于民事判决之中。从外在编纂体例来看，《大清民律草案》无疑乃《德国民法典》五编制体例的忠实拥趸，但从法典内容观之，并非简单的"拿来主义"。亲属、继承两编自不必说，固有法之惯性展露无遗。纵使完全仿行大陆法系之总则、债权、物权三编也并非简单翻译德国民法，当时之立法者在规则之设计与制度移植时遵循了"兼采近世最新之学说"原则，将瑞士、法国、日本等国民法中的先进制度一并纳入彀中。综上可知，以形式观之，《大清民律草案》严格遵从了德国潘德克顿法学之体例；以内容观之，其毋宁说是当时世界最先进民法之制度（前三编）与我国固有传统（后两编）之结合。

（二）《民律第二次草案》之发展

诚如前述，《大清民律草案》乃统治危机日亟之情势开展，除亲属、继承

---

[1] 临时大总统于1912年3月11日颁令：现在民国法律未经议定颁布，所有从前实行之法律及新刑律，除与民国国体抵触各条，应失效力之外，余均暂行援用，以资信守，此令。参见黄源盛：《民初大理院与裁判》，元照出版有限公司2011年版，第160页。

两编因国体问题而保留较多封建残余外，总则、物权、债权三编则兼收并蓄，汲取了德国、瑞士、日本、法国等最新之立法成果，然而"兼采近世最新之学说"使得法典超前性地外溢，而忽略了对固有习惯的尊重。民国建立后，已无清廷所面对之社会危机，故而《民律第二次草案》的编纂显得更加从容，也预留了对我国固有法审慎衡酌的空间，诚如曾任修订法律馆总裁的江庸先生即指出："前案（民律一草）多继受外国法，于本国固有法源，未甚措意……而此次草法典之得失，于社会经济消长盈虚，影响巨大，未可置之不顾"[1]。具体而言之，《民律第二次草案》在《大清民律草案》的基础上补缀，体例未作实质性变更，对个别章节有所调整，仍由总则、债编、物权、亲属、继承五编构成，计1420条。

第一，总则共5章，计223条，相较于第一次草案，变动较大：①取消了"法例""权利之行使与担保"章节，"法人"不再单独作为一章，而是以逻辑更为严谨的方式将之于"人"统合在民事主体章节之下。②放弃师法瑞士民法将诚实信用原则贯彻法典始终之做法，重新取德国民法之体例，仅适用于契约领域。③仅仅规定了消灭时效，而将取得时效移入物权编。

第二，债权编共4章，计521条。体例上仍取"总则－分则"模式，但在具体内容安排上有所损益：①在通则中增加了债发生之原因一节，具体分为：契约之债、侵权行为之债、不当得利之债。②删除了"发行指示证券""发行无记名证券"等商法内容，鉴定民商分立立法模式。③将悬赏广告、无因管理与契约并列规定于分则中作为债之一种，而通则第一节债发生原因中对前二者未着一词，体系上如此安排似有逻辑不清之嫌，因未能找到当时起草之理由书，故立法者之思虑无从得知，但从体系完备、逻辑严密角度论，这样安排似有不妥。

第三，物权编共9章，计310条。在格局上最大之变动莫过于单列第八章，将我国固有法上的典权制度加以规定，这体现了镜鉴西方制度的同时，立法者也审慎考量本国实际，体现了自己的特色。另外，将之前规定于总则编的取得时效移入物权编中，盖因取得时效制度非分则各章之"公因式"，其仅仅适用于物权法领域，故体系上更加自洽合理。

第四，亲属、继承编，并未多少改变，仍然沿袭了《大清民律草案》的制度与内容，并且第一次草案中力图模糊亲属、继承编中与世界潮流背驰之

---

〔1〕 谢振民编著：《中华民国立法史》（下册），中国政法大学出版社2000年版，第748页。

宗法遗迹，在法条中刻意规避了"宗祧继承"等用语，然而《民律第二次草案》匪特对宗法制度照单全收，而且大张旗鼓设专章加以规定。这不得不说是民法典继承编编纂体例上的一个倒退。

综上可知，形式上，《民律第二次草案》承袭了《大清民律草案》的编纂模式，即继续师法德国潘德克顿法学体系，即由总则、债编（有别于前案所用的"债权"）、物权、亲属、继承五部分构成。然而，通过对第二次草案规范内容之检讨，相较于第一草案，其有以下几个特征：①在移植欧陆民法之同时，不再如清末修律时忙迫，而是更多地兼顾我国固有法中的民法制度，如规定了我国源远流长的典权制度（第三编物权之第八章）；②亲属、继承两编革弊最少，而且旧曲重弹明确规定帝制中国所沿袭罔替的宗祧继承制度，这与第一次草案试图淡化宗法的做法背道而驰，同时也去欧陆近代民法理念甚远；③债法与物权体系更加严密与适切。如债法通则中增设债发生之原因一章；将原总则中所规定之取得时效回归到物权编；等等。

可惜适值政变，国会解散，该草案也未能完竣立法程序成为正式民法典。唯一值得庆幸的或许是，与《大清民律草案》被废弃之命运不同，南京政府赋予《民律第二次草案》条理之地位并准予适用。[1]

（三）《中华民国民法典》之兼蓄

自清季以来的法制近代化历程，在磕绊中，到南京国民政府时期，可谓集修律之大成，基本构筑了我国的法律体系。具体到民事立法而言，《中华民国民法典》的问世无疑乃我国民事立法史上的里程碑。民国初年，政潮汹涌，国会断续，一直未能完成民法典的立法程序。南京国民政府肇建，法制废弛，当局决定沿用北洋时期之民事规范、判例以及民间习惯处理民事纠纷。[2]然而，衡诸世界潮流，固有规范往往多有背驰；揆诸修律原则，民间习惯尤多有龃龉。为统一民法之适用，民国十八年（公元1929年）立法院决议指定委员傅秉常、史尚宽、焦易堂、林彬、郑毓秀组织民法起草委员会。[3]此次一

---

〔1〕 民国十六年（公元1927年）8月12日，南京国民政府发布《从前施行之一切法令除与党纲主义或国民政府法令抵触者外暂准援用令》，规定民律草案可作为条理适用，直至民法典生效为止。
〔2〕 张晋藩主编：《中国民法通史》（下），福建人民出版社2003年版，第1199页。
〔3〕 谢振民编著：《中华民国立法史》（下册），中国政法大学出版社2000年版，第755页。

改第一、二民律草案民商分立之立法传统，而取民商合一体例[1]，债编体例之安排也作对应之调整。从 1929 年至 1931 年间，分编草拟，分期公布并实施了《中华民国民法典》之五编：总则、债编、物权、亲属、继承，计1125 条。

第一，总则全编共分 7 章，凡 152 条。分别规定了法例、主体、客体、法律行为、期间期日、消灭时效及权利之行使。相较于《民律第二次草案》，不难发现：①恢复了法例之设置，而且在《大清民律草案》基础上有所扩充和完善。如法例第 1 条规定：民事，法律所未规定者，依习惯；无习惯者，依法理。鉴于民间陋习与近代民法理念多有龃龉，故于第 2 条明确规定：民事所适用之习惯，以不背于公共秩序或善良风俗为限。②关于诚实信用原则仍然沿用《民律第二次草案》模式仿行德国，并未将之规定于总则中，而是在分则契约一节中加以规定，某种程度上而言，调低了诚信原则在法典中的位阶。③第一次草案中，由于受民情礼法束缚更兼日本民法影响殊深，故仿行日本体例将女子作为限制行为能力人对待，而在此次编纂中取男女平等主义。④与第二次民律草案不同，恢复了第一次民律草案仿行德国体例"权利之行使"一章，不过因缘权利之担保系物权之内容，故将之调整到物权编中。

第二，债编共分总则、分则两编，计 604 条。将编名由"债权"改为债编因缘于立法者为彰显对债权人与债务人同等保护之意旨。[2]通则由 6 节构成，依次规定了债之发生、债之标的、债之效力、多数人债务与债权人、债之转移、债之消灭。债之发生相较于第二次民律草案有所扩充，除了契约、不当得利、侵权行为外，增加了无因管理与代理权之授予，此为效仿最新立法例之结果。[3]分则规定各种之债，共 24 节，诚如前述，本次民法典编纂顺应世界之潮流取民商合一体例，故分则中规定了不少商法之内容，如指示证券、无记名证券、经理人与代办商等。另外，民法典仿行瑞士立法例，规定了第一、二次民律草案所不曾涵盖的出版规定并作专节详加厘定。总之，债

---

[1] 民国十八年（公元 1929 年）5 月，中央政治局会议委员兼立法院院长胡汉民、副院长林森提议编订民商统一法典。在提案中指出考社会实际之状况与世界立法之潮流为此一选择之原因。参见谢振民编著：《中华民国立法史》（下册），中国政法大学出版社 2000 年版，第 758 页。有关我国清季民初商立法体例的选择与学说争论，请参见聂卫锋："中国民商立法体例历史考——从晚清到民国的立法政策与学说争论"，载《政法论坛》2014 年第 1 期，第 112～130 页。

[2] 谢振民编著：《中华民国立法史》（下册），中国政法大学出版社 2000 年版，第 762 页。

[3] 谢振民编著：《中华民国立法史》（下册），中国政法大学出版社 2000 年版，第 763 页。

编在注重个人权利保护的同时,更加关注公益之维护。而且在通则中明确诚实信用原则为行使债权、债务履行的准绳贯穿于债编始终。[1]

第三,物权编分 10 章,计 210 条。按照通则、所有权、地上权、永佃权、地役权、抵押权、质权、典权、留置权与占有之顺序排列。此次法典编纂继承了第二次民律草案将继受西法与传承固有法相结合之理念,继续规定了典权制度。然而,数值玩味的是典权在物权体系中的定位问题。《民律第二次草案》中,"典权"规定于物权编第八章,处于"质权"章与"占有"章之间。而本次修律,立法者鉴于对留置权立法例之考察,最终认可将之规定于物权编为宜,增加了留置权一章,[2]并将"典权"章置于"留置权"章与"质权"章之间,审查其立法理由书[3]可知,当时立法者认为典权不同于质权,但于不动产质权又有相似之处,故而于"质权"章中取消不动产质之规定,而另辟专章规定典权。这一处理方式,充分展现立法者在借鉴西法与尊重固有传统问题上的成熟。此外,关于取得时效之规定,第一次草案将之规定于总则编中;第二次草案仿行瑞士民法,分别规定于不动产与动产之取得章节中;此次修律,则技高一筹,仿行德国民法,直接规定于所有权取得一节中,使法典更具体系性。

第四,时至南京国民政府时期,清季沉重的传统包袱与北洋时期的复古之分已日渐式微,与现代民法私法自治、平等等理念扞格之宗法思想也日臻凋零。亲属、继承两编彻底涤荡了第一、二次民律草案中的封建残余基因之影响,而代之以欧陆诸国通行之准则。[4]如亲属编中确立男女平等;废除嫡子、庶子、嗣子、私生子分野之规定,划一权义之享有与分担;等等。继承编中明确取消宗桃继承制;不因性别而权义有所轩轾;等等。

(四)1949~1982:三次民法典编纂体例之回顾

1949 年,政权易手,国民党败退大陆,新当政的共产党宣布废除国民党

---

[1] 该法典第 219 条规定:行使债权,履行债务,应依诚实及信用方法。参见杨立新主编:《中国百年民法典汇编》,中国法制出版社 2011 年版,第 412 页。

[2] 立法理由书中依次分析了不设留置权、于债法中规定留置权、于物权法中规定留置权三种立法例,并采择了第三种模式。参见谢振民编著:《中华民国立法史》(下册),中国政法大学出版社 2000 年版,第 774 页。

[3] 谢振民编著:《中华民国立法史》(下册),中国政法大学出版社 2000 年版,第 774 页。

[4] 具体制度之设计与安排,请参见谢振民编著:《中华民国立法史》(下册),中国政法大学出版社 2000 年版,第 794~801 页。

"六法全书"，另起炉灶。[1]主政者基于国际国内形势，决议取"一边倒"之政策，全面建构起苏联的政治经济体制，进行社会主义革命。继受苏联法学学说与法典编纂体例，强调阶级斗争与计划经济，法律的规则技术沦为政治统治之工具。而且，这一时期的法学着力对西方民法学说的彻底否定与批判，民法所固有的人文主义精神内核：所有权理论、意思自治等，皆以糟粕弃之，民法原初所承担的规范交易秩序与规制市场的功能也无落脚的制度空间。立法的政治问题一直如幽灵一般困扰着我国立法工作的进程，私法的设计亦不能幸免于难，甚至影响至今。立法在很大程度上是为党的政策的体现，党的政策与法律常常是交杂在一起，发挥着规范的作用。[2]尽管如此，当政者却一直试图编纂一部社会主义性质的民法典。虽然 1982 年前的三次法典编纂皆无疾而终，但其体例之选择、制度之设置、编纂之经验等对于当下编纂一部社会主义市场经济体制之下的民法典多少有些许镜鉴意义。

1. 1954～1956：新中国第一部民法典草案

废除国民党"伪法统"后，拉开了全面移植苏联法制的序幕。虽然早在《共同纲领》时期就有制定民法典之提议，但窒碍于当时战争戡乱，直到 1954 年宪法颁布后，民法典的制定才正式提上日程，历时两年完成民法典之总则、所有权、债、继承各编，除继承编为一稿外，其他皆数易其稿，所有权编甚至前后 7 次修订。[3]易言之，新中国第一部民法典草案分总则、所有权、债、继承四编，共 525 条。显然，该草案的蓝本即 1922 年《苏俄民法典》。[4]亲属编被取消，所有权单独一编，突出对公共财产的保护。

虽然，最后因 1957 年政治运动而中道夭折，未能完竣立法程序，但是其立法理念以及制度设计却对以后立法产生深远影响。如取消"自然人"概念，而代之政治性较强的"公民"在《民法通则》中沿用至今。另外，需要指出的是，1922 年《苏俄民法典》系师法《德国民法典》的产物，只是苏联立法者在继受潘德克顿法学基本体系的同时，结合自身的经社体制作出了调整，

〔1〕 1949 年毛泽东宣布"废除伪法统"之后一个多月，中共中央发出《关于废除国民党六法全书和确定解放区司法原则的指示》。据当年中共中央法律委员会的工作人员介绍和相关档案，这个文件出自当时担任中共中央法律委员会主任王明之手。参见熊先觉："废除《六法全书》的缘由及影响"，载《炎黄春秋》2007 年第 3 期。

〔2〕 柳经纬："我国民事立法的回顾与展望"，载《厦门大学法律评论》2003 年第 2 期，第 4 页。

〔3〕 张新宝、张红："中国百年民法变迁"，载《中国社会科学》2011 年第 6 期，第 71 页。

〔4〕 郑华译：《苏俄民法典》，法律出版社 1956 年版。

所以从这个意义上而言，我们在废除了清季至民国以来继受欧陆法系（主要是德国）法典体系成果后，又重新透过苏联重拾潘德克顿法学。

2. 1964：新中国第二部民法典草案

1964 年，全国人大常委会重新成立民法研究小组，鉴于与苏联关系的恶化，此次民法典起草的基本思路迥异于 1956 年，即力图肃清苏联民法学说与制度之影响，又不愿重走资本主义国家民法典体系的老路，故开创一套新的民法典体系成为当时立法者的追求目标。勇气诚然可嘉，但收效实寥。该草案分总则、财产所有权、财产流转三编，计 262 条。检讨其内容不难发现[1]，此一时期，由于公有制的全面建成以及法学的全盘苏化，再加上政潮汹涌，国家的一切重心皆以阶级斗争是从，作为上层建筑的民法典编纂也当然成为政治宣传的工具。如继承编、亲属编完全排除在法典之外；将预算、税收、财政等内容大量挹注于民法，从体系上肢解了法典的逻辑性；而且民法的基本概念"物权""债权""权利""义务"等皆被弃之不用。事实上，因五六十年代之政治环境与计划经济模式，作为调整交易活动的民法无存之必要性，更无民法具体制度的落脚空间。甚至可以说，该草案乃对近代民法基本理念与知识体系的"反动"，其本身也随着 1964 年开始之政治运动而再次胎死腹中。

3. 1979～1982：新中国第三部民法典草案

1979 年开始，民法起草小组着手拟定民法典草案，四易其稿。1982 年的第四稿草案分为民法的任务和基本原则、民事主体、财产所有权、合同、智力成果权、财产继承、民事责任、其他规定。共 8 编，计 465 条。显然，本次草案既未蹈事苏联民法的体例，在回填欧陆民法体例的道路上走得也并不是很远，易言之，该草案试图开辟一新的法典编纂模式。其一，该草案取消了总则编的设置。与 60 年代草案不同，第一编民法的基本任务和基本原则，明确将国家财政、税务等行政方法调整的财产关系从民法中剥离，但是该编仍然强调社会主义制度以及计划经济体制的属性。其二，第二编民事主体，其最大特色即将国家作为特殊民事主体加以规定。其三，财产所有权编以主体为标准区隔所有权，分为国家财产所有权、集体财产所有权、个人财产所有权。这一理念直接影响了之后的《民法通则》等法律之规定，甚至 2007 年《物权法》亦承袭，由于以主体之区分对所有权作不同之规定有违民法平等保

---

〔1〕 何勤华、李秀清、陈颐编：《新中国民法典草案总览》（下），法律出版社 2003 年版。

护之意旨，这也是其广受诟病之处。其四，草案的一大创新在于将智力成果独立成编，这也成为之后学界主张知识产权独立成编的先声。其五，与前两次草案一样，亲属编仍被排除在法典之外，可见苏联影响之深。其六，草案专设第七章民事责任，直接影响了《民法通则》关于民事责任的体例安排，当下有学者推动将《侵权责任法》从债法中剥离，独立成编与本次草案之体例不乏异曲同工之妙。其七，第八章规定了诉讼时效与期间。

通过对建国后历次民法典编纂运动之检讨，不难发现：社会主义民法非私法理念在民事立法中的影响。如否认意思自治、私权神圣，代之以服从国民经济计划与公有财产神圣不可侵犯或阶级斗争等原则。再如，以公民概念取代自然人概念、强调共有财产神圣不可侵犯，等等。这些无疑乃对民法基本精神的悖反。单就法典体例而言，也经历了"全盘苏化——去苏化——创建新体系"的过程。

虽然，1949~1982年的30多年中，经历了三次民法典的编纂，或因政治运动、或因立法思路的调整均未产生最终成果，但是，其编纂之经验与教训对当下民法体例之选择，还是能减少我们"试错"的成本，足资为训。

### 三、学者建议稿中关于基本体系的争论

2002年，全国人民代表大会下属的法律委员会向大会提交了一份民法典草案，该草案在2002年12月23日第九届全国人民代表大会第三十一次会议上进行了"一读"[1]。该草案的基本体系为第一编总则、第二编物权法、第三编合同法、第四编人格权法、第五编婚姻法、第六编收养法、第七编继承法、第八编侵权责任法、第九编涉外民事关系的法律适用。这个草案的基本体系较为混乱，并且充斥着相互冲突或矛盾的内容，遭到许多学者的批评。此外，这个草案被认为其形式大于内容，具有明显的以提交大会讨论为目的的功利主义色彩，如同时任委员长的李鹏所述："起草民法典，……争取提交本届人大常委进行一审，留给下届人大完成"，[2]故而，该草案在象征性地提交大会讨论后即寿终正寝了。

笔者认为值得关注的是学者们设计的不同民法典草案。在中国民法学界，有关民法典的讨论有众多著述。有数据表明，从1998年到2008年8月，在中

---

〔1〕 即在人民代表大会常务委员会上对草案进行第一次讨论。

〔2〕 李鹏：《立法与监督——李鹏人大日记》，新华出版社2006年版，第737页。

国期刊全文数据库中可以搜索到以"民法典"为主题的论文4027篇，专著119本。学者编纂的民法典草案主要有四个：①王利明教授为首的中国人民大学法学院研究组的建议稿；②梁慧星教授为首的中国社会科学院法学所研究组的建议稿；③厦门大学法学院徐国栋教授的建议稿；④中国政法大学民法研究所研究组的建议稿。

以下笔者即针对此四个民法典建议稿，从基本体系的角度逐一阐释。

（一）中国人民大学稿[1]

其采取八编制的基本体系（总则、人格权、婚姻家庭、继承、物权、债法总则、合同、侵权行为）。

该建议稿的特点是：

（1）在体系上采德国潘德克顿式的"总则－分则"模式，在总则中设计了自然人、法人与合伙、客体制度、法律行为制度、代理、期间与期日、诉讼时效等内容。在分则中，则规定了各种民事主体参与正常社会生活和经济交往所必备的权利和尚未被权利化的利益。故而，人格权、亲属权、继承权、物权、债权等权利就成为设计分则的主线[2]。

（2）强调人格权优于财产权，不仅将人格权单列一编，而且将其放置于民事权利体系之首。其理念是民法的最高理念是人和人的尊严的实现。亲属权和继承权放置在财产权之前也是由于这两个权利与人身不可分离。

（3）强调物权优于债权。因为物权是财产归属法，债权是财产流转法，归属法理应优于流转法。

（4）强调侵权行为法在体系中的定位是权利保护法，故而放置在民法典的最后以彰示其权利保护法的本质。

（二）社科院法学所稿[3]

其采取七编制的编纂体系（总则、物权、债权总则、合同、侵权行为、亲属、继承）。

该建议稿的特点是[4]：

（1）在体系上采用的是潘德克顿式的"总则－分则"模式，将规范民事

---

[1]　王利明主编：《中国民法典草案建议稿及说明》，中国法制出版社2004年版。

[2]　王利明主编：《中国民法典草案建议稿及说明》，中国法制出版社2004年版，第272页。

[3]　梁慧星：《中国民法典草案建议稿》，法律出版社2003年版。

[4]　梁慧星：《中国民法典草案建议稿》，法律出版社2003年版，序言第2页。

生活关系的有关规则，以法律关系为主线，划分为物权、债权、亲属、继承四部分；把该四部分中的共同规则包括权利主体、法律行为、代理、诉讼时效、期间期日等抽出来构成总则的内容。

（2）由于现代经济发展中产生了各种新的合同类型与侵权行为类型，导致债权编条文数量剧增而与其他各编条文数量不成比例，故把债权编分为债权总则、合同、侵权行为三编。这参考了《荷兰民法典》债编体系。

（3）其编纂体系、章节安排、制度设计都强调法律的逻辑性、体系性和可操作性，以确保法院裁判的公正性、统一性和公众对自己行为法律后果的可预测性。

（4）在草案的价值取向上，编纂者以权利本位为主，同时兼顾社会公共利益，兼顾个人物质生活条件的保护与人格尊严的尊重，兼顾社会正义与经济效益，兼顾交易安全与交易便捷；强调意思自治原则的重要性，强调民事权利非基于公共利益并依合法程序不得限制，强调对劳动者、消费者、妇女、儿童、老人和残疾人实行特殊保护。

（5）该草案中没有规定知识产权的内容。

（三）厦门大学稿[1]

其采取四编体系（序编——总则；人身关系法编——自然人法、法人法、婚姻家庭法、继承法；财产关系法编——物权法、知识产权法、债法总则、债法分则；附编）。

该建议稿的特点是：

（1）在体系上推崇罗马法的人法、物法、诉讼法的体系，故而列出以人为主线的人身关系法和以财产为主线的财产关系法，旨在突出人在前物在后的立法指导思想。同时，编纂者将人身关系法与财产关系法中的共同规则如时效等单列为序编内。

（2）在结构设计上，该草案采用的是法学阶梯体系，反映出编纂者对民法调整对象的认识；在分编的层次上，采用的是以《荷兰民法典》和《俄罗斯民法典》为代表的新潘德克顿体系，以彰示《德国民法典》创立的潘德克顿体系在本世纪的发展。

（3）条文数量庞大。该草案设计了5000多个条文，在目前全部学者建议草案中是条文最多的一部。按照编纂者的解释，其旨在将"从摇篮到坟墓，从物

---

〔1〕 徐国栋主编：《绿色民法典草案》，社会科学文献出版社2004年版。

质生活到精神生活"的人类民事生活的全部方面都通过民法典加以规定。[1]

（四）中国政法大学稿[2]

其采取五编的基本体系（序编；人法编——自然人、法人和法人的团体、法律行为和代理、婚姻家庭、继承；物权编——通则、所有权、用益物权、担保物权；债权编——通则、合同之债、无因管理之债、侵权行为之债、不当得利之债；附编）。

该建议稿的特点是：

（1）在体系上颇有罗马法的人法与物法的体系风格，将以人为主线的相关内容放置在一编里。而以财产为主线的物法内容较为庞大，故而将其分为物权与债权两编。

（2）其采取知识产权独立立法的观点，将知识产权的内容放置在民法典之外。

（3）在序编中主要包括的是立法目的、法律适用、基本原则和一些主要概念的解释，如自然人、法人、行为、民事权利与法益、不可抗力、不真正义务等。这有些类似教科书的特点。

## 四、影响学者建议稿对基本体系选择的几个主要理论问题

民法典编纂的过程中，对民法典体系的选择言人人殊，争鸣不断，究其实，乃一些理论观念上的差异使然。直接影响学者建议稿基本体系的理论问题主要涉及如下几点：

第一，民法典是否需要逻辑化的基本体系。

有一种观点认为[3]，民法典不需要特别强调其体系性和逻辑性。按照这种观点，在中国已经颁行的《民法通则》《合同法》《担保法》《婚姻法》《继承法》及后来颁行的《物权法》《侵权责任法》等单行法的基础上，将这些内容编辑在一起即可以形成中国民法典。无需按照严格的逻辑关系，也无需要求完整的体系。这个思路被批评为明显带有英美法的痕迹。在全国人大常务委员会任命民法起草工作小组的9名成员中，有3人即持有这样

---

〔1〕　徐国栋主编：《绿色民法典草案》，社会科学文献出版社2004年版，序言第1页。

〔2〕　中国政法大学民法典研究小组获得司法部重点项目资助经费，于2007年完成了此稿，但是鉴于国家立法计划的改变，该草案并未公开发表。

〔3〕　梁慧星："当前关于民法典编纂的三条思路"，载《律师世界》2003年第2期。

的观点[1]，2002 年 12 月的官方稿受到该观点的影响较大。

但是，在学界和司法界，多数观点认为，民法典需要逻辑严密的基本体系。

笔者亦认为，中国古代的诸律例虽然均以刑法内容为核心，但是都强调立法的逻辑与体系。中国自 19 世纪末开始的民法立法，在继受欧陆法制传统的基础上，更为强调法律的逻辑性与体系性。因为对中国而言，通过法律的逻辑性和体系性来保证裁判的公正性和统一性，这是中国走向法治社会很重要的路径。正如著名的美国法学家庞德所言："法典化的目的主要是尽可能为法律救济提供一个完整的立法阐述，以便为法学及司法沿现代化道路发展提供立法基础。"[2]

第二，民法典是否应当采纳"民商合一制"。

自 1930 年民法典问世，在民法典基本体系上最终采纳了民商合一的立法体系，但是，公司法、票据法、破产法、保险法等依然单独编制。

在当代中国民法典的制定过程中，则有相当多的商法学者对民商合一的体系提出了异议，认为应当单独编制商法典，将全部有关商事活动的法律规则均纳入商法典中。不过，包括笔者在内的多数学者认为民商合一模式比较适宜中国国情，当然，可以将为满足市场需要而制定的部分规则以单行法的形式加以规定，例如票据法、破产法、保险法等。

第三，民法典是否应当"回到罗马法"。

在现代中国，伴随 20 余年的罗马法知识与理论的介绍与研究[3]，罗马法是近现代民法典的共同基础已经完全被中国法学界所接受。但是，就民法典基本体系而言，是否应当"回到罗马法"则成为一个颇有争论的问题。有学者认为不一定要采用罗马式体系，因为罗马法中的人法与现代意义上的人法有本质不同，应当更多地借鉴德国潘德克顿法学所建立的民法典体系[4]。

---

　　[1]　民法起草工作小组的 9 名成员为王家福、江平、魏振瀛、王保树、梁慧星、王利明、费宗祎、肖峋、魏耀荣，其中费宗祎、江平和魏耀荣持有该观点。参阅梁慧星："当前关于民法典编纂的三条思路"，载《律师世界》2003 年第 2 期。

　　[2]　[美] 罗斯科·庞德著，余履雪译：《法理学》（第 1 卷），法律出版社 2007 年版，第 54 页。

　　[3]　在此特向 Sandro Schipani 教授和意大利国家科研委员会罗马法传播研究组的各位教授致以敬意。

　　[4]　可以参阅魏振瀛："中国的民事立法与民法法典化"，载《中外法学》1995 年第 3 期；梁慧星："当前关于民法典编纂的三条思路"，载《律师世界》2003 年第 2 期；王利明："论中国民法典的体系"，载徐国栋编：《中国民法典起草思路论战》，中国政法大学出版社 2001 年版，第 106～107 页。

但是，在厦门大学和中国政法大学的建议稿中，都比较明显地受到罗马法中的"人法"与"物法"的体系影响。有学者对此批评为不分历史与现实地"回到罗马法"[1]。

在笔者看来，罗马法中对法的基本认识直接影响着中国学者。虽然这两个建议稿直接受到《法国民法典》的三编制即"人、财产和财产的取得方式"的立法体系的启发，但是，它更是对罗马法中分别以人和财产构成其主线的价值判断给予完全的认可和继受。我们必须注意到，虽然这两个建议稿的编纂者并不否认是对罗马法中人法与物法体系的直接继受，但与此同时，这两个建议稿也并不拒绝对其他国家现代法典体系的借鉴。因此，它们有一个比较明显的特点，即部分地接受了《德国民法典》将一些共同规则加以提炼并放置在法典第一部分的做法，部分地接受了《意大利民法典》依各编主题的不同分别提炼一些共同性规则放置在各编的首部的做法。

第四，民法典应当如何体现对人的关注。

鉴于在中国漫长的历史发展过程中，形成了对人、人格、人的自由极为忽视的法律文化，故而在当今学者建议稿中，把人作为民法典首要考虑的立法因素是中国法学界的共识，但是，如何在民法典中体现对人的关注却颇有争议。

以王利明教授为代表的一些学者强烈呼吁将人格权内容单独成编，其主要理由是：①有助于突出人格权作为民事基本权利的属性，并且如果人格权单独成编，能够同单独成编的具有财产权性质的物权和债权形成体系的和谐；②有助于在法律上确认一种价值取向，即人格利益应当放置在首位，当人格利益与财产利益发生冲突时应当优先保护人格利益；③有助于完善民法的内在体系，在民法上建立一个完善的人格权法体系。[2]

以梁慧星教授为代表的一些学者则强烈反对人格权独立成编，其主要理由是：①所谓人格权是自然人作为民事主体资格的题中应有之义，没有人格权就不是民事主体；②人格即人格权与自然人本身不可分离；③从权利性质及权利与主体的关系看，财产权和身份权具有"法定性"，可以独立于主体而

---

〔1〕 梁慧星："当前关于民法典编纂的三条思路"，载《律师世界》2003 年第 2 期。

〔2〕 可以参阅王利明："关于我国民法典体系的再思考"，载王利明等主编：《中国民法典基本理论问题研究》，人民法院出版社 2004 年版，第 21～24 页；薛军："人格权的两种基本理论模式与中国的人格权立法"，载陈小君等：《民法典结构设计比较研究》，法律出版社 2011 年版，第 128 页等作品。

存在，但是，人格权具有"自然性"，存在于主体之中。故而，将人格权放置在自然人一章中较为妥当。[1]

在笔者看来，人格权可以不必单独成编，因为：①人格权属于自然人固有的权利。笔者完全同意当人格利益与财产利益发生冲突时应当优先保护人格利益的主张，如果在体系上把人格权放置在自然人一编内，更容易让公众理解人格权对自然人的重要性，法律借此彰示出其立法的价值取向，因此，人格权不单独成编不会影响到对人格利益的优先保护。②在现代社会，虽然出现了不少新的人格权类型，但是，相比较作为财产权的物权和债权而言，其内容要少得多，如果单独成编，在内容上与较为庞大的物权和债权编难以形成和谐体系。

第五，民法典是否应当将知识产权纳入自己的体系中。

知识产权在民事权利体系中是最年轻的一类权利，就知识产权是否应当纳入民法典中，如果看 1986 年的《民法通则》，似乎这个问题已经解决。因为在《民法通则》的"民事权利"一章中，知识产权是其中的独立一节。但是，在制定民法典的过程中，这个却成为学者争论的理论问题之一。

主要有三种不同的观点：

（1）法典中不规定知识产权编，但是在民事权利中应当用一定的条款对知识产权作出原则性规定。知识产权独立在民法典之外，以民事单行法的形式出现。其主要理由是知识产权制度本身是一个内容庞杂的规范体系，全部放入民法典中会导致内容的不和谐。但是知识产权是私权的一部分，不能以知识产权有其特殊性而拒绝承认它是民法的一部分，应当将知识产权的原则性规定放置于民法典中。[2]包括笔者在内的多数学者持此观点。

（2）知识产权应当独立在民法典之外。该观点认为知识产权制度不宜放置于民法典中，其主要理由是专利法、商标法、著作权法等法律规范都是以无形财产为客体，无形财产不能与有形财产置于同一法律体系而只能置于一系列独立的、不同的体系。虽然 20 世纪以来《意大利民法典》《荷兰民法典》

---

〔1〕 可以参阅梁慧星："当前关于民法典编纂的三条思路"，载《律师世界》2003 年第 2 期；柳经纬："制定民法典需要解决的两个基本问题"，载王利明等主编：《中国民法典基本理论问题研究》，人民法院出版社 2004 年版，第 98 页等作品。

〔2〕 可以参阅费安玲等：《知识产权法学》，中国政法大学出版社 2007 年版，第 32 页；王利明：《我国民法典重大疑难问题之研究》，法律出版社 2006 年版，第 47～48 页；梁慧星："当前关于民法典编纂的三条思路"，载《律师世界》2003 年第 2 期等作品。

《俄罗斯民法典》等以不同体例和方式规定了知识产权编。但是，由于知识产权的自身特性和立法技术的诸多困难，民法典难以将知识产权融入其体系之中。此外，如果把知识产权放进民法典，就要有大量行政程序条款进入民法典里，会直接影响民法典的私法性质[1]。

（3）民法典中应当设置知识产权编。该观点认为在民法典中设计知识产权编有助于民法典的体系结构，也是民法典对知识经济时代的响应，不仅能够使知识产权进一步完善，而且使传统民法的具体制度和理论研究得以丰富。[2]

笔者不仅持有第一种观点，并进一步认为，知识产权是民法典中应当规定的民事权利，在这一重要前提下，可以根据民法典的立法技术特点即民法典的逻辑和体系，将知识产权的一般规则放置于民法典内，将对知识产权给予详细规制的单行立法内容依然独立于民法典之外，形成民法典与单行法并存之状。

### 五、代结论：踏进河流虽异，游水之方不易

#### （一）罗马法的体系性与逻辑性仍是未来法典编纂的航标

古希腊哲学家赫拉克利特曾言：人不能两次踏进同一条河流。阐释万事万物皆"变"的辩证法思想。虽然，现今经社实践丕变，当下立法者所面临之生活万象，既非德、法民法典捉刀人所能臆测，亦非清季民初修律者思虑所及。这是否意味着初创于罗马法、传承深化于德、法民法之立法技术、知识体系既已成昨日黄花呢？恐怕不尽然。历史经验表明，罗马法的特质，从国法大全开始即展现了惊人的超越体制特质。以近代民法典编纂运动为例，其继受罗马法而孕育于19世纪的法国、德国、瑞士到日本；从苏联民法一直到19世纪我国民法，文化、历史差异不可谓不大，有的甚至是极端对立的社会体制，然而罗马法的衣钵皆得以传承与移植。正是罗马法学发展出的这样一套高度精粹、技术性的语言，才使得其可能抽离于各种社会的生活条件与世界观，放之四海而皆准。[3]如果取实用主义之原则，淡化法典之体系化与

---

〔1〕 参阅吴汉东："知识产权制度不宜编入我国民法典"，载中国民商法律网，2002年9月29日；郑成思在中国政法大学民商经济法学院举办的"民法典论坛"上的发言，载《中国民法典论坛》（2002~2005），中国政法大学出版社2006年版，第158页等作品。

〔2〕 韦之："论知识产权制度纳入未来民法典的理由"，载《电子知识产权》2004年第6期；徐国栋："民法典草案的基本结构——以民法的调整对象理论为中心"，载《法学研究》2000年第1期。

〔3〕 苏永钦：《走入新世纪的私法自治》，中国政法大学出版社2002年版。

逻辑性，汇编式法典面对经社变迁之事实，不可避免需要不断补缀。而在民主社会，立法不再是一言堂式的威权模式，而是论斤称两式的讨价还价，一部鹑衣百结的民法典是否具有长远的实效殊值商榷。

（二）以潘德克顿体系为主轴仍为未来法典体系的选择

自清季以降，师法潘德克顿体系着手民法典之编纂与 20 世纪 30 年代民法典编纂之完成，虽说新中国成立后，废除"六法全书"，取对苏联民法全盘接受政策，晚近更是有三次民法典编纂以及学者建议稿的迭出。我们是否还有民法典基本体系的选择空间？笔者以为，从务实的角度观之，可以说"有"，亦可说"没有"。

一方面，"有"缘于人类理性的局限于经社生活的无限，任何时代的任何立法者、学者皆无法穷尽一切生活实践的可能性，更遑论对未来的精确预测，所以民法典亦需要因势求变。以财产为例，法、德民法制定于实体经济主导时期，而如今知识产权、金融衍生品、股权等在社会财产体系中之比重日益加码，成为社会财产的主体部分。作为规制财产之交易与保护的民法典如果对此熟视无睹，恐怕有违法典精神的理念，而这些情势非德、法立法者目力所及，所以法治后起国家民法典之编纂在体系上"有"因地制宜的选择空间，我国学者提出的"七编制、八编制"皆为"有"之具体化表征。

另一方面，选择空间之"没有"缘起于将诸如知识产权、土地法、劳动法、涉外民事适用法等捆注到民法典也好，为彰显人格权而将之独立成编也罢，抑或侵权责任法另立门户也好，似乎是对法典理想的过分奢望。诚然，理性启蒙以来，试图制定一部包罗万象之法典以划定权义界限之法典理想从未中断。然而，法典的理想与事实之间的距离，似乎从未弥隙。以《意大利民法典》为例，虽然条文数多达 2969 条，以尽可能搜罗所有民商事规范，但却不得不面对单行法在法典外另立门户的事实。[1]

纵观我国法制近代化进程，由清末修律开其先河，民国时期扬其余波，法律体系初备。民法典的编纂实践也躬逢其盛，清季民初，先后有《大清民律草案》《民国民律草案》《中华民国民法典》问世；政权鼎革后，历次法典编纂运动，从其内容来看，或可归纳为："废除清末来的继受成果——全盘苏化——去苏联化——自创体系（仍能找到不少欧陆法系，尤其是苏联民法的

---

〔1〕 费安玲、丁玫译：《意大利民法典》，中国政法大学出版社 1997 年版，前言中有关乡村土地租赁与城市不动产租赁法令的出台。

烙印甚深)"。通过前文对法典文本的检讨可知,《大清民律草案》《民国民律草案》是通过借鉴日本民法, 见解师法德国民法并且兼学瑞士民法的先进体例;《中华民国民法典》在继受清末民初修律成果外, 又汲取了最新的苏俄、暹罗民法之经验, 不失为当时世界一先进法典;建国后所殷鉴的苏联民法则完全脱胎于德国潘德克顿法学;本文所讨论的四部学者建议稿, 大体为潘德克顿体系与罗马法法学阶梯模式的结合, 因此某种程度上, 或可说皆未能外溢于潘德克顿体系的"窠臼"。甚至可以说中国民法的继受历史是一部潘德克顿法学"引进——衰落——复兴"的历史。[1]

从我国民法继受历史的视角观之, 潘德克顿体系乃我国当下民法典编纂不可逾越的山峰, 任何特色的创制, 也不得不站在它的肩膀之上。因此, 笔者认为, 在基本体系不易之情况下, 审慎利用"内设与外接"[2]的方法来完成五编制的升级不失为上乘选择。如, 为彰显人之重要性及对人之尊重, 并非一定要将人格权独立成编不可, 利用总则中一般人格权之条款赋予司法官衡酌的空间以应万变之社会生活 (内设法) 似乎乃更为务实之选择;再如, 知识产权亦可抽象出基本的原理在民法典中加以规定, 而将具体规定完全可委诸单行法 (外接法), 因此未来民法典的制定过程其实可以说是一个回填法典编纂基底与重整民事单行法的合一过程。具体编章之设计不妨遵循此以路径, 既可防免法典臃肿不堪而弱化其体系性与逻辑性, 又可解决因"规范饥渴"而导致的操作适用难题。

面对变动不居的多元社会现实, 试图以有限的条文去规制无穷的生活, 只能是立法者一个浪漫的幻想。更务实的做法毋宁是反刍古今中外历史上积累的丰富经验的基础上, 借鉴甚至提炼出一些科学、客观的规则, 以此为基础再去响应一定的文化与政治经济条件。或许可以说尽管经社实践这一"河流"瞬息万变, 过往立法者"游水"的技术却不会过时。

---

〔1〕 孙宪忠:"中国民法继受潘德克顿法学:引进、衰落和复兴", 载《中国社会科学》2008 年第 2 期, 第 88 ~ 103 页。

〔2〕 民法典修订过程中"内设与外接"方法的取舍之道苏永钦先生有过比较详实的论述。参见苏永钦:《走入新世纪的私法自治》, 中国政法大学出版社 2002 年版, 第 1 ~ 54 页。另参见苏永钦:《寻找新民法》, 北京大学出版社 2012 年版, 第 97 ~ 114 页。

# 民法典视野下的《婚姻法》之回归

## ——以隐性共有人为视角

陈　汉*

### 一、畸形的"隐性共有人"

"隐性共有人"的形成与我国婚姻法对夫妻财产制的规定直接相关。婚姻法规定的夫妻财产制度包括法定财产制和约定财产制两种。除个人单独所有的财产外，夫妻在婚姻关系期间所得的财产，在没有特殊约定的情况下，均推定属于双方共有财产。据此，即使不动产如房屋仅登记在一方名下，也应推定为是双方共有的财产。这种规定的法理基础是夫妻间的"协力"。[1]并且，《婚姻法》第19条对约定财产制作了规定，夫妻可以约定婚姻关系存续期间所得的财产以及婚前财产归各自所有、共同所有或部分各自所有、部分共同所有。该规定体现了意思自治优先于法律规定的私法原则。与一般财产契约的效力不同，夫妻财产制契约直接发生夫妻财产法的效力，即当事人选定的财产制度替代法定财产制适用，无需再采取其他财产变动行为。[2]即是说，即使未被登记在不动产登记簿上，基于夫妻双方对共有的特别约定，法律仍承认其为物权人。

《房屋登记办法》第13条第1款规定："共有房屋，应当由共有人共同申请登记。"可知，一般情况下，夫妻双方共有房屋的所有权登记应经双方共同提出申请，并登记在双方名下。并且，根据该办法第18条的规定，登记机关在进行登记前也需对申请登记房屋是否为共有房屋进行询问。但是实践中共

---

　*　陈汉，中国政法大学副教授。
　〔1〕　薛宁兰、许莉："我国夫妻财产制立法若干问题探讨"，载《法学论坛》2011年第2期。
　〔2〕　薛宁兰、许莉："我国夫妻财产制立法若干问题探讨"，载《法学论坛》2011年第2期。

有房屋仅登记在一方名下的情形仍时有发生，未经登记的一方则成为"隐性共有人"。

隐形共有人是一项具有中国特色的法律制度，是《中华人民共和国婚姻法》（以下简称为《婚姻法》）与《中华人民共和国物权法》（以下简称为《物权法》）分别立法并且不处于一部体系化的民法典而引起的"畸形儿"。

《最高人民法院关于适用〈中华人民共和国婚姻法〉若干问题的解释（三）》（以下简称为《婚姻法司法解释（三）》）的第 12 条事实上已经注意到隐性共有人的保护问题了，赋予了隐形共有人在离婚之时的损害赔偿请求权。但是在该种情形下，如果经登记的一方权利人擅自将共有房屋进行处分，登记机关是否负有对隐性共有人的审查义务？

严格来说，隐性共有人的产生并不限于《婚姻法》的规定，隐性共有人的遗产发生继承但尚未分割的时候往往也会产生更多的隐性共有人[1]。但此类隐性共有往往时间较短，继承人要求分割为常态。因此不属于本文的详细讨论范畴。

## 二、登记机关的审查义务

下文我们检讨几个典型案例。

1. 案例一：陈某甲诉瑞安市房产管理局行政登记案[2]

原告陈某甲与第三人陈某乙系夫妻关系，诉争房屋所有权原登记在第三人陈某乙名下时，未注明共有人情况。2003 年 1 月 5 日，第三人陈某乙与案外人章某某订立房地产买卖协议书，约定第三人陈某乙将诉争房屋出卖给章某某。2003 年 3 月 12 日，章某某与第三人彭某某订立房地产买卖协议书，约定章某某将上述房屋出卖给彭某某所有，并约定房屋所有权证、土地使用权证直接由原房屋所有权人即第三人陈某乙协助办理。2003 年 3 月 25 日，第三人彭某某与第三人陈某乙订立了一份房地产买卖契约，约定诉争房屋出卖给彭某某，并共同向被告瑞安市房产管理局提出房地产交易申请。被告于 2003 年 4 月 30 日作出房屋所有权转移登记。后陈某甲以"陈某乙未经原告同意擅自处分夫妻共同财产，被告在原告未到场签字，手续不完备的情况下，未尽

---

〔1〕 典型的如：登记在夫妻一方名下的财产，另一方去世后，其遗产根据法定继承的话，则为父母、配偶、子女所继承。如果未做变更登记，那么这些人就成了隐性共有人。

〔2〕 浙江省瑞安市人民法院行政判决书（2010）温瑞行初字第 93 号。

严格审查义务"为由，提起行政诉讼。另外，2010年8月25日，彭某某向法院提起民事诉讼，请求判决确认其与章某某之间的房屋买卖合同有效，并要求判决章某某、黄某某（章某某之妻）、陈某乙、陈某甲协助办理诉争房屋国有土地使用权证过户手续。法院生效的判决支持了彭某某的诉讼请求。

法院审理认为，"第三人陈某乙与章某某之间及章某某与第三人彭某某之间关于诉争房屋的买卖合同均被生效的民事判决书确认有效，而诉争房屋原登记在第三人陈某乙名下，原告陈某甲并没有作为共有人进行登记，第三人彭某某与陈某乙向被告申请办理诉争房屋所有权过户手续，被告据此予以办理诉争房屋所有权转移登记，没有侵犯原告的合法权益。"法院因此驳回原告诉讼请求。

相似的判决并不罕见。例如在"邢某甲诉青岛市国土资源和房屋管理局登记案"[1]中，邢某乙（原告邢某甲之女）持公证的《委托书》（内容为原告授权其女儿邢某乙办理涉案房屋的抵押登记手续和代签订民间借款合同等，其中《委托书》上的"邢某甲"的签名和指印均系他人冒名实施，后该《委托书》被公证机关撤销），以邢某甲的名义与第三人签订借款合同并将登记在邢某甲名下的房产抵押（后法院认定该抵押有效），该房产实际为邢某甲和妻子牟某某的共有财产。

法院认为，"虽然被告在办理涉案抵押登记时已尽到了审查义务，但因上述公证撤销行为，被告作出抵押登记的基础事实已发生变化，故被告核发涉案他项权证主要证据不足，认定事实不清。"因此认定被告为第三人核发房地产他项权证的行为违法。但由于第三人对抵押权构成善意取得，因此对登记行为不予撤销。

针对原告提出的"涉案房屋系夫妻共有财产，原告无权处分"的主张，法院则认为，"涉案房屋的产权证上登记权利人仅原告一人，未登记共有人，根据房地产登记的公示和公信效力，被告只需根据登记权利人的申请作出抵押登记符合法律规定"，所以法院对原告主张被告未对涉案房屋的权属尽到严格审查的义务便办理了抵押登记的理由不予支持。在本案中，法院明确了登记的公示和公信效力，对登记机关也是适用的。

从以上两个案例中可以看出，房屋登记在一方名下，那么在对房屋进行处分时，登记机关对房屋是否存在共有人并不进行实质性审查，而法院也认

---

〔1〕 山东省青岛市市南区人民法院行政判决书（2013）南行初字第52号。

可了登记机关并无过失。

现实中也存在登记机关对共有情况进行审查的案例，如在"崔某某诉北京市住房和城乡建设委员会抵押权登记案"[1]中，法院在认定登记机关尽到了审查义务时，其证据也包括认定登记机关在办理登记前履行了询问程序。法院在"查明事实部分"写道：据市住建委询问殷某某（无权处分房屋的夫妻一方）的笔录记载，市住建委询问殷某某"申请登记房屋是否为共有房屋（包括夫妻共有）"，殷某某回答"否"。该询问笔录上有"殷某某"的签名。从以上登记机关出具的询问笔录来看，尽管部分登记机关对房屋共有状况进行询问，但该询问程序仍体现为一种形式上的询问，并不能达到对是否存在隐性共有人进行实质审查的作用。

2. 案例二：杨某某诉沈阳市房产局登记行政纠纷案[2]

第三人于某某将登记在其个人名下的但实际与原告杨某某共有的房屋在原告不知情的情况下出卖给了第三人孙某某，被告沈阳市房产局为该房屋办理了所有权转移登记。本案的特殊之处在于：虽然原产权证上记载的产权人仅有于某某一人，但在办理房屋所有权转移登记时，买卖双方提交被告的买卖协议中明确表明该房屋是夫妻共同共有。

被告沈阳市房产局在庭审中主张，涉诉房屋办理房屋所有权转移登记时，原产权证上记载的产权人仅有于某某一人，不能证明该房屋存在共同共有人，被告没有告知本案原告的义务。

法院审理后认为，"涉诉房屋在办理房屋所有权转移登记时，买卖双方提交被告的买卖协议中明确表明该房屋是夫妻共同共有，因此对被告免于共有人审查义务的主张不予支持。""原告及第三人于某某均承认办理房屋所有权转移登记时，原告并未到场。而被告提供的证据中也无原告合法的委托手续，因此被告在房屋共有人未到场且无授权委托情况下办理房屋所有权转移登记，属程序违法，应予撤销。但因第三人孙某某在购买诉争房屋时支付合理对价并实际居住使用多年，撤销该具体行政行为会对第三人孙某某合法权益造成损失，因此对于该具体行政行为应当确认违法。"最终法院判决确认被告沈阳市房产局为房屋办理所有权转移登记行为违法，但不予撤销。

---

　　[1]　北京市大兴区人民法院行政判决书（2014）大行初字第61号，北京市第二中级人民法院行政判决书（2014）二中行终字第1448号。
　　[2]　辽宁省沈阳市沈河区人民法院行政判决书（2014）沈河行初字第132号。

相似的判决如，在"张某某诉河源市房地产管理局登记行政纠纷案"[1]中，虽然共有房屋登记在丈夫霍某某名下，但在房屋买卖合同中出卖方却有夫妻双方的签名（原告张某某的签名系其丈夫霍某某代签），而在申请登记的材料中没有原告的委托授权书，法院认为，"被告明知原告应是案涉房产交易当事人，且在房地产交易合同中有'张某某'的签名字样，却不审查房地产交易合同中'张某某'签字是否为原告所为，在本案中没有证据证明'张某某'的签名是原告本人所为，在原告不到场交易且无授权委托人的情形下，未尽到房产交易中应对当事人身份是否真实及买卖是否自愿的审查，因此案涉房产的转移登记中存在当事人意思表示不真实、买卖关系不确定的事实。"

对于法院的判决理由，虽然表述并不完全一致，但是可以总结归纳为两点：

第一，尽管原房屋产权证上未登记共有人，但在办理房屋所有权转移登记时提交的材料中显示该房屋为夫妻共有，则房产局未进一步审查的行为构成违法。登记机关的基本义务就是审查申请人提交的材料是否齐全，内容是否一致，如果购房合同上记载的所有权人与房屋产权证上的所有权人不一致，则应引起登记机关合理的怀疑，进而通过对当事人进行询问或要求当事人提交补充材料等手段以进一步确认房屋的权属状况。而登记机关未进行任何的审查，因此难以认定登记机关尽到了审查义务。因此，法院认定登记机关的行为违法，理由充分。

第二，登记机关的登记行为违法，该行为应当被撤销，除非买受人构成善意取得。但在案例二中，法院直接以"第三人孙某某在购买诉争房屋时支付合理对价并实际居住使用多年，撤销该具体行政行为会对第三人孙某某合法权益造成损失"为由，认定该登记行为不予撤销。从本案的案情来看，于某某未经共有人杨某某同意出售房屋的行为构成无权处分，而第三人孙某某在与于某某签订的房屋买卖协议中明确记载房屋实为夫妻共有，因此孙某某明知于某某的行为构成无权处分，其不符合善意取得的构成要件，故不能取得房屋所有权。法院在未对第三人是否构成善意取得进行判断的情况下，直接以孙某某已支付价款并实际居住为由判决行政行为不予撤销的做法不成立。

---

[1] 广东省河源市源城区人民法院行政判决书（2013）河城法行初字第4号。

### 三、被忽视的"隐形共有人"

从以上案例的分析可以看出,在进行房屋权利移转登记、抵押登记的过程中,登记机关多数情况下并不对是否存在隐性共有人的情况进行审查,致使隐性共有人的权利很难得到保障。其原因主要为:

第一,从法律法规的相关技术性规定来说,登记机关对当事人的婚姻状况不承担审查义务。

对是否存在"隐性共有人"进行审查的最便捷方式是对申请人婚姻状况进行审查,这可以通过要求申请人提交婚姻状况证明来实现,即如果申请人在购买房屋时婚姻状况为已婚,则房屋即使仅登记在一方名下,实际上也可能为夫妻共有。尽管有实务部门的人员认为:婚姻登记的目的也是公示,房屋登记机关在受理房屋登记申请时,应属于利害关系人,审查申请人婚姻状况属于依职权行为,合法合理合情。[1]现实中也存在部分登记机关在办理登记时要求申请人提供婚姻状况证明的情形。如在贵州省遵义市绥阳县住建局公布的《房屋登记婚姻状况证明须知》中规定:"根据《房屋登记办法》的相关规定,共有房产申办登记需要共有人共同申请。当您要申办登记时,需要提供婚姻状况的相应资料,请您根据各自情况进行提供。一、结婚证或结婚证明由婚姻登记部门出具……二、未婚证明由婚姻登记部门出具。三、离婚证明由婚姻登记部门或人民法院出具……"[2]

但根据相关法律法规的规定,婚姻证明并非法定的申请材料。《房屋登记办法》对各项登记申请类型需提交的申请材料作了规定,其中"申请人身份证明"是必要材料,但"身份证明"应限于身份证明信息,例如身份证、护照、户口簿,并不包括当事人的婚姻状况证明。例如,在《北京市房屋登记工作规范》(京建法〔2014〕10号)第2.4条"身份证明"中规定:"(一)申请人申请房屋登记,应当提交下列相应的身份证明材料:1. 境内自然人:居民身份证,未成年人为居民身份证或户口簿……",而各地区新出台的相关规定中更明确规定,房屋登记不需提交婚姻状况证明。例如,《南昌市城市房屋依

---

〔1〕 王大龙:"房屋登记机关审查申请人婚姻状况的风险与对策",载《中国房地产》2012年第19期,作者单位系信阳市房地产市场管理处。

〔2〕 载中国·绥阳门户网,网址:http://www.zgsy.gov.cn/html/article/1447/35518.shtml,最后访问日期:2015年7月22日。

申请登记操作办法》（洪房字〔2015〕22号）规定："一、当事人申请房屋登记时，涉及共有房屋的，共有人应当共同申请。申请人自行申报房屋单独所有、共有及共有人所占份额等相关情况，并由申请人在询问表上签字确认。对询问结果与申请登记材料记载的情况一致的，不要求申请人提供婚姻状况证明文件。……三、房屋登记机关依据申请人提出的申请、房屋权利来源证明材料上记载的民事主体以及经申请人签字确认的询问结果确定房屋所有权人。申请登记并记载于房屋登记簿的权利人可以对登记的房屋依法办理转移、抵押、变更、注销和更正登记等手续。"相似的规定如《沈阳市房产局关于明确房屋登记询问程序有关事宜的通知》（沈房发〔2014〕59号）规定："……二、申请人因取得房屋所有权申请房屋登记的，房屋登记机关依询问结果记载房屋共有情况，不对婚姻关系进行实质审查。询问结果为申请人单独所有的，房屋登记机关登记为申请人单独所有，不收取婚姻状况证明材料。询问结果为共同共有的，申请人应提供相关证明材料。询问结果为按份共有的，申请人应提供共有份额约定书。……五、《房屋登记办法》实施后，房屋登记机关询问后记载为单独所有的房屋，房屋所有权人可以单独处分房屋。"

从以上的规定来看，共有房屋的登记主要有两种：一为申请人对房屋申请所有权登记。在这一环节，登记机关有义务对房屋登记的共有状况进行询问，即询问房屋是登记为单独所有还是共有，登记机关应根据询问结果及申请材料的记载进行登记，而不能收取婚姻状况证明材料。二为处分房屋进行的登记。在这一环节，登记机关仅需按照原登记簿上登记的权利人及合同第三人的申请办理登记即可，对于房屋隐性共有人没有审查义务。因此，登记机关要求申请人提交婚姻状况证明材料的做法与法不符。

第二，要求登记机关对隐性共有人承担审查义务的做法超出了登记机关的能力范围。一方面，尽管《婚姻法》规定以婚内财产共有制为原则，但从《婚姻法司法解释（三）》中可以看出，法院认定房屋是否属夫妻共有并不是以房屋取得的时间为标准，而是以购买房屋的财产是否属于夫妻共同财产为判断标准。[1]因此，登记机关不能简单通过房屋取得的时间以及婚姻登记的

---

〔1〕 如《婚姻法司法解释（三）》第7条规定：婚后由一方父母出资为子女购买的不动产，产权登记在出资人子女名下的，可按照婚姻法第18条第3项的规定，视为只对自己子女一方的赠与，该不动产应认定为夫妻一方的个人财产。由此可以推定，婚后取得的房产，如果并非是以夫妻共同财产购买，并且房屋所有权登记在出资人名下，应认定为是一方单独所有。

时间来判断是否属于夫妻共同财产。但如果要求登记机关对财产来源进行实质性审查，则超出了登记机关的能力范围。另一方面，夫妻双方的意思自治优先于法律的规定。由于《婚姻法》承认夫妻间未经登记的共有人的权利，而夫妻双方也可自由选择将共有房屋登记在双方或单方名下，登记机关仅能按照申请人的意思予以登记，即使申请当时能证明该房屋为夫妻共有，但如果夫妻双方选择房屋仅登记在一方名下，登记机关也无权要求进行共有登记。并且，根据"职权法定"原则，婚姻登记是民政部门的职责，而民事法律关系中财产归属的确定属法院职能，对当事人婚姻关系和财产归属的实质性审查，显然超越了房屋登记机关行政职能范围，越权审查已属"行政违法"。[1]

　　第三，物权公示公信力原则的体现。《物权法》将不动产登记簿作为不动产物权归属的唯一证明，被登记的权利人即被推定为房屋唯一的合法所有权人。除非有其他证据证明房屋的权属状况存在争议（如上文"杨某某诉沈阳市房产局登记案"），否则登记机关不负有进一步审查的义务。并且，尽管《物权法》等法律法规没有明确规定登记机关是承担形式审查义务还是实质审查义务，但从以上法院的判决中可知，法院一般倾向于认为登记机关仅承担对申请材料形式上的审查义务。也有的登记机关在进行房屋移转登记时对房屋是否存在共有人进行询问（如上文"崔某某诉北京市住房和城乡建设委员会抵押权登记案"），但该种询问也仅仅是形式上的程序，不能认为登记机关负有对共有情况的实质调查权。并且如果询问笔录中出现不实信息是否引起变更登记的效力瑕疵，也无立法明确规定。

　　第四，善意第三人的利益与隐性共有人利益的平衡问题。第三人在与夫妻一方（部分无权处分人）签订买卖合同或抵押合同过程中，仅凭对不动产登记簿的信赖即构成主观善意，对于出卖人或抵押人的婚姻状况、隐性共有人也不承担审查义务，除非有其他证据能证明第三人明知或应当知道该方的行为系无权处分。因此，从物权登记的公示公信效力出发，隐性共有人的权利不能对抗善意第三人的权利。在民事案件中涉及交易第三人利益的情形下，法院也持同样的观点。如在"刘某某与冠丰（上海）房地产发展有限公司所有权纠纷上诉案"[2]中，吴某某擅自将夫妻共有的登记在其名下的房产转让

　　〔1〕　王云云："房屋登记涉及婚姻关系的审查必须变革"，载《中国房地产》2012年第19期，作者单位系盐城市房地产交易登记中心。

　　〔2〕　上海市第二中级人民法院民事判决书（2010）沪二中民二（民）终字第1190号。

给了冠丰公司，但法院经审理认为，"有关吴某某与冠丰公司之间的房屋买卖合同，有已生效的法院判决作了确认。刘某某（即隐性共有人）对涉案房屋所享有的权利，应向侵权人（即吴某某）主张，并通过合法途径解决。"隐性共有人的权利只能通过向侵权人（即擅自处分夫妻共有房屋的一方）主张赔偿，又由于我国《婚姻法》对婚内侵权行为不予救济，因此在法律上，隐性共有人只能在提起离婚的前提下才能得到救济。对此，《婚姻法司法解释（三）》第 11 条也作了明确规定。[1]

## 四、结 论

隐性共有是基于《婚姻法》对《物权法》中不动产物权登记制度的"修正"而产生的一项制度。隐性共有人一方面给夫妻双方带来了便利，但另一方面也因此产生了诸多的诉讼争议。此类争议不仅涉及夫妻双方当事人，往往也让交易第三人、房屋登记机关涉入诉讼，造成了交易成本徒增，司法与行政资源的极大浪费。

彻底解决隐性共有人的问题，不外乎两种模式：或者在立法层面全面否认隐性共有人的物权法地位；或者加重登记机关的审查义务，在交易引起的变更登记中更好地保护隐性共有人。如果采用第一种模式，实践中只要严格执行"共有财产必须双方申请登记"的立法规范，并且作逆向拟制，即只要当事人选择由夫妻一方进行登记的，则拟制确定为个人财产，当事人不得推翻。而如果采用第二种模式，则登记机关需要增加人手，在登记过程中植入审查过程，进行实质性审查。显然第一种模式虽然给夫妻在财产方面的约定带来了比过去更多的成本，但是这些成本与对隐性登记人的保护、对交易安全的保障、对司法与行政成本的节省来看；是微乎其微的。

强调不动产物权登记的公示公信力，是《物权法》所确定的基本原则，是交易安全与低成本交易的基本保障。现行《婚姻法》的规定在夫妻财产问题上，过于考虑夫妻之间的人身关系，而忽视了其部分规定与《物权法》的规定之间的潜在冲突。这种冲突，并不损害法律的权威性，但是损害交易安

---

〔1〕《婚姻法司法解释（三）》第 11 条规定：一方未经另一方同意出售夫妻共同共有的房屋，第三人善意购买、支付合理对价并办理产权登记手续，另一方主张追回该房屋的，人民法院不予支持。夫妻一方擅自处分共同共有的房屋造成另一方损失，离婚时另一方请求赔偿损失的，人民法院应予支持。

全，扩大交易成本，最终损害的还是夫妻中的某一方。考虑到不动产通常在夫妻的财产中的数量并不多，并且登记并不频繁，强制要求共有的财产必须共同申请登记且登记在两个人名下，实践中并不会给当事人带来太多的成本，是一项具有可行性的措施。

在制定一部完整的民法典的背景下，梳理《婚姻法》与《物权法》之间的冲突，使得《婚姻法》中的财产性规定顺利回归民法典，是一项重要的工作。在这样的背景下，解决隐性共有人的问题，值得期待。

# 阿根廷家庭法改革的新动向

〔阿〕Aída Kemelmajer de Carlucci [*]　著

戴　昀[**]　薛静雯[***]　译

潘　灯[****]　校

## 一、多元文化主义下家庭权利保护的局限性

在很多欧洲国家（法国、意大利、英国），人们都会谈论"伊斯兰家庭"。不容忽视的是，一些流派认为，相较于此前的族长制、部落制下的原始社会[1]，伊斯兰教是一种进步。我们姑且不对这种观点进行评判，但可以肯定的是，在经典的伊斯兰法律中，男女具有显著差别；伊斯兰国家在面对那些反歧视女性的条约时，考虑到条约中的一些规定与伊斯兰教法相违背，他们在签订时作出的一系列保留也并非徒劳无效[2]。此外，婚姻是具有双重目的的契约：既赋予丈夫对妻子的代理权，又使得妻子拥有获得相应回报的权利（婚礼赠与和扶养）。男女之间的不平等，还表现在信奉伊斯兰教的女性不能同不信奉伊斯兰教的男性结婚，但相反，信奉伊斯兰教的男性却可以和信

---

　　* AÍDA KEMELMAJER DE CARLUCCI（阿依达·卡梅尔马赫尔·德·卡尔卢琦），阿根廷门多萨大学法学院教授，阿根廷法律和社会科学院院士，阿根廷《2015 年民商法典》编撰委员会三成员之一。

　　** 中国政法大学法律硕士学院 2016 级硕士研究生。

　　*** 中国政法大学法律硕士学院 2017 级硕士研究生；北京交通大学西班牙语系 2013 级本科生。

　　**** 中国政法大学比较法学研究院副教授。

〔1〕 GARCÍA PASCUAL, Cristina, *El veloy los derechos de las mujeres*, en Ansuátegui Roig, F. J. yotros (eds.) *Derechos fundamentales, valoresy Multiculturalismo*, ed. Dykinson, Madrid, 2005, pág. 89.

〔2〕 RODRÍGUEZ GARCÍA, *Poligamia*: *libertad religiosay discriminación de la mujer*, en A. V., *Derecho de familiay libertad de conciencia en los países de la Unión Europeay el derecho comparado*, ed. Universidad del País Vazco, San Sebastián, 2000, pág. 755.

奉基督或犹太教的女性结婚。伊斯兰教义认可的婚礼在清真寺举行，由在婚礼上代表新娘的法官或瓦利主持，新娘可以不在现场——甚至如果严格按照《古兰经》的规定，婚礼是禁止新娘在场的——因为作为缔结婚姻契约场所的清真寺是一个神圣的地方，男女不得在此结合[1]。

2003 年，挪威一致表决通过法律避免所谓"跛脚婚姻"带来的问题，或者说避免穆斯林女性在离婚中受歧视的状况——如果夫妻已经在民事上达成了离婚，但由于丈夫对此予以否认，那么在他们的宗教团体中仍然认为其处于已婚状态。这部法律规定：婚姻关系即使通过在宗教团体"注册"成立的，其婚姻状态也应当得到该国的承认，夫妻应当达成协议以承认双方享有平等的离婚权利[2]。

即使是在（信奉伊斯兰教的——译者加）世俗国家，这一问题也并不少见，并且已经滋生出不少敏感事件。例如 1997 年 10 月，一名 18 岁的摩洛哥年轻人声称，其曾在挪威被其父母绑架，父母违背其意愿将其带回摩洛哥成婚。虽然后来这位摩洛哥年轻人承认自己说谎，但该事件还是在伊斯兰教父母有可能干涉子女的宗教和婚姻这一问题上，引起了公众的广泛讨论[3]。

（依据伊斯兰教义形成的——译者加）此类（关于缔结和解除婚姻的）规范可以通过反歧视女性的国际条约，来对其是否符合该条约规定进行检验吗?[4]回答自然是否定的。尤其值得注意的是，这些国家拒绝用发展的眼光阐释问题（，它们认为——译者加）：伊斯兰国家的法律认为穆斯林女性的权利和义务是神圣的，不得因为任何理由对其进行变更；如此，这些国家不接受对此事的评论，认为自己是完全正确的；任何企图改变某项权利——姑且

---

〔1〕　REDONDO Andrés, M. J y RIBES SURIOL, A. I., *Análisis descriptivo de las minorías religiosas establecidas en la comunidad valenciana: creencias, régimen jurídico confesionaly tradiciones*, en Jordán Villacampa, M. Luisa, (directora), *Multiculturalismoy movimientos migratorios*, ed. Tirant Lo Blanch, Valencia, 2003, pág. 152.

〔2〕　FERRARI, Alessandro, Introduzione. *Una libertà per due? Oltre l'incommesurabilità, per un diritto di libertà religiosa mediterraneo*, en FERRARI, A., Diritto e religione nell'Islam mediterraneo, ed. Il Mulino, Bologna, 2012, pág. 8 nota 1.

〔3〕　相关案例参见 WIKAN, Unni, *Citizenship on Trial: Nadia's case*, en Shweder, Richard and others (editors) *Engaging Cultural Differences. The Multicultural Challenge in Liberal Democracies*, ed. Russell Sage Foundation, New York, 2002, pág. 128.

〔4〕　否定回答参见 BILANCIA, Paola, *Società multiculturale: I diritti delle donne nella vita familiare*, en Baldini, Vincenzo (a cura di) *Multiculturalismo*, Cedam, Padova, 2012, pág. 163.

可以称之为"权利"——的行为，都被认为是西方文化策反伊斯兰国家的阴谋[1]。

　　无论如何，我们应该承认，歧视女性并不仅仅存在于伊斯兰文化中。事实上，女性是宗教戒律最忠实的追随者，但宗教从来没有平等对待过女性，女性始终是被遗忘的群体和失意者[2]。

　　再来说说"殉夫自焚"吧。这是指未亡人在丈夫的葬礼上自焚，以陪伴丈夫离世。直到1829年，印度还保留着这一习俗。英国政府对这一现象予以容许的理由是"尊重印度教和穆斯林信徒的信仰"[3]。

　　"一夫多妻"应该得到容许吗？幸运的是，在伊斯兰世界，这一习俗有着明显的收缩[4]——例如突尼斯，自1956年起就禁止了一夫多妻制——尽管如此，这一制度仍然存在。例如，2004年的摩洛哥法典（称作 Moudawana，摩洛哥的《个人身份法》）规定，男性可以在婚姻契约中放弃一夫多妻制；未选择放弃的，丈夫只能基于法律或第一个妻子的同意而娶第二个妻子，并且应当将存在第一个妻子的这一事实告知第二个妻子[5]。这一制度一旦涉及某

　　〔1〕 EL HADRI, Souad, El estatuto jurídico de la mujer en el Islam. Una situación plural, en De Lucas, Martín, La multiculturalidad, ed. Consejo General del Poder Judicial, Madrid, 2001, pág. 163.

　　〔2〕 TAMAYO, Juan José, *Otra teología es posible. Pluralismo religioso, interculturalidady feminismo*, ed. Herder, Madrid, 2012, pág. 213 y ss. Aclaro que el autor desarrolla la tesis de la rebelión frente a esas pautasy el nacimiento de una teología feminista.

　　〔3〕 WALZER, Michael, *On Toleration*, Yale University Press, Madrid, 1997, pág. 60.

　　〔4〕 MOLLER OKIN, Susan (with respondent), *Is Multiculturalism Bad for Women?*, Princenton University Press, New Jersey, 1999, pág. 9. 关于多元国家不容许一夫多妻制的论证参见 PAREKH, Bhikbu, *Repensando el multiculturalismo*, trad. De Sandra Chaparro, ed. Istmo, Madrid, 2000, pág. 415 y ss; RODRíGUEZ GARCíA, *Poligamia: libertad religiosay discriminación de la mujer, en A. V. , Derecho de familiay libertad de conciencia en los países de la Unión Europeay el derecho comparado*, ed. Universidad del País Vazco, San Sebastián, 2000, pág. 745; DA CUNHA PEREIRA, Rodrigo, *Princípios fundamentais norteadores do Direito de Familia*, ed. Del Rey, Belo Horizonte, 2006, pág. 108. 在允许一夫多妻制的国家缔结的一夫多妻婚姻，应当予以承认的文献参见 GARCíA RODRíGUEZ, Isabel, *La celebración del matrimonio en una sociedad multicultural: formas e ius connubi (especial referencia a la poligamia)*, en Rodríguez Benot (director) *La multiculturalidad: especial referencia al Islam*, ed. Consejo General del Poder Judicial, Madrid, 2002, pág. 143.

　　〔5〕 CAMPIGLIO, Cristina, *La famiglia islamica in Italia*, en Bariatti, S. y Danovi, A. G. (a cura di), *La famiglia senza frontiere*, Cedam, Padova, 2008, pág. 11/50; ALENDA SALINAS, Manuel, *Derecho de familia musulmán en un país de inmigración; entre el desconocimientoy la normalidad del instituto matrimonial islámico en España*, en A. V. , *Derecho de familiay libertad de conciencia en los países de la Unión Europeay el derecho comparado*, Actas del IX Congreso Internacional de Derecho Eclesiástico del Estado, ed. Universidad del País Vasco, Bilbao, 2000, pág. 299; 此外，还可以参见在这一著作的第265页及之后的下述文章: *Family disputes involving Muslims (and Muslim women in particular) in contemporary Europe*.

些西方国家，就成了难题：据估计，在巴黎存在着 20 万个一夫多妻的家庭。自 1980 年起，法国政府就不公开地默许男性移民与其多个妻子进入法国[1]。而在英国，1972 年《关于一夫多妻的婚姻程序法案》，对在允许一夫多妻制的国家缔结的一夫多妻婚姻予以了认可。该法案的起草者强调，对于英国公民来说，重婚是一项犯罪行为，可被判处 7 年以下监禁；但与之不同的是，移民在其原国籍国建立的婚姻关系是受法律承认的，不但如此，他们还因此得到英国社会在利益方面对其予以的支持（例如财政方面的规定考虑到，家庭成员越多认可其需要居住的空间就越大）[2]。

从另一个角度来讲，多元文化主义和女性主义多次面临着相互间剑拔弩张的局面[3]。多元文化主义是否有益于女性的质疑并非空穴来风[4]，比如对待切割女性外生殖器[5]（总的说来，还有其他对女性外生殖器进行损伤的方式）这一惊悚行为的态度就体现了这一点，这种无可置疑的残忍行为后来受到了人权国际法的严惩[6]。实际上，1976 年 1 月 3 日生效的《经济、社会及文化权利国际公约》（英文缩写为 ICESCR）第 12 条第 2 项，被经济、社会

---

〔1〕 MOLLER OKIN, Susan (with respondent), *Is Multiculturalism Bad for Women?*, Princenton University Press, New Jersey, 1999, pág. 9.

〔2〕 BILANCIA, Paola, *Società multiculturale：I diritti delle donne nella vita familiare*, en Baldini, Vincenzo (a cura di) *Multiculturalismo*, Cedam, Padova, 2012, pág. 167.

〔3〕 Compulsar interesante artículo de AMORóS, Celia, *Feminismoy multiculturalismo*, en López Sáenz, My otra (editoras), *Paradojas de la interculturalidad*, ed. Biblioteca Nueva, Madrid, 2008, pág. 93. 作者强调，历史上女性"不得讨论部落规则"，并指出，相反的是，女性应当推动和鼓励各领域的跨文化交流，应当批判穆斯林女性的面纱，让她们揭开女性脆弱的地方。类似文献也可参见 KNOP, Karen, Gender and Human Rights, University Press, Oxford, 2006. 参见 PéREZ DE LA FUENTE, Oscar, *Feminismoy multiculturalismo. Una version de Ariadna en el laberinto de las identidades*, en AV, *Perspectivas sobre feminismoy derecho*, ed. Dykinson, Madrid, 2012, pág. 123.

〔4〕 MOLLER OKIN, Susan (with respondent), *Is Multiculturalism Bad for Women?*, Princenton University Press, New Jersey, 1999；CROXATTO, Guido L. , ¿*Es el multiculturalismo malo para las mujeres? Respondiendo a la famosa pregunta de Susan Moller Okin a partir de un caso argentino*, en Rev. Pensar en derecho, año 3, n° 5, pág. 137；RABBI BALDI CABANILLAS, Renato, *Universalismo vs Multiculturalismo en la encrucijada contemporánea de los derechos humanos. Algunos ejemplos jurisprudenciales argentinos*, LL 2014 – B – 923.

〔5〕 KAPLAN MARCUSáN, Adriana, *Mutilaciones genitales femeninas：entre los derechos humanosy el derecho a la identidad étnicay de género*, en De Lucas, *Martín, La multiculturalidad*, ed. Consejo General del Poder Judicial, Madrid, 2001, pág. 197.

〔6〕 这些对女童进行的骇人听闻的手术已受到国际医学会的谴责。切割女性生殖器在超过 30 个国家属于惯常习俗，同时，来自这些国家的移民将这一恶俗带到了其他国家。从人权的视角看待这一问题的文献参见 MINUNNI, Antonella, *Bambine islamiche e mutilazioni sessuali*, en Cendon, Paolo, *Trattato*

及文化权利委员会《第 14 号一般性意见（2000 年）》解释为"各国有必要采取有效且适当的措施来结束危害儿童健康，特别是女童健康的有害传统做法"，国家有义务"阻止他人胁迫女性屈从于诸如切割女性外生殖器官等传统陋习的行为"。该《意见》将其定义为"享有能达到的最高健康标准的权利"（《经济、社会及文化权利国际公约》第 12 条）。

但之后的进程充满困阻。1959 年，世界卫生组织在对联合国进行咨询后表示，其不会参与任何支持将分裂作为社会文化本体实践的活动。20 年后，世界卫生组织于 1979 年在一份研讨会文件中，建议各国政府"采取明确措施根除女性割礼"。此后，世界卫生组织和联合国儿童基金会都坚决反对这一陋习，要求各国政府采取明确的教育和说服政策。世界卫生组织和联合国儿童基金会能够意识到这一问题，很大程度上要归功于诸如 CAMS、SWDO 等众多组织的努力。很多非洲国家通过了禁止的法律，但这些法律却没有被落实，被实施的数量并未减少。埃及也立法对这一恶习进行了禁止，但某一法院却宣称"禁割"是违宪的，其理由是减少性快感可以鼓励女性选择成婚，并且在他们的社会中，除了结婚以外，很多女性没有其他可以获得经济来源的选择[1]。自相矛盾的是，有时正是作为受害者的女性，在维护这一切割女性外

---

breve dei nuovi danni, Cedam, Padova, 2001, pág. 293 y ss. 这篇文章对这一可怕的陋习进行叙述，讲述了在其主要实行国家的现状。Compulsar, igualmente, documento emitido por el Center for reproductive rights, *Mutilación genital femenina yotras prácticas nocivas. El deber de los Estados de proteger los derechos e las mujeresy las niñas*；FACCHI, Alessandra, *Los derechos en la Europa multicultural. Pluralismo normativo e inmigración*, ed. La Ley y UBA, Bs. As., 2001, pág. 63/88；de la misma autora, *Mutilaciones genitales femeninasy derecho positivo*, en De Lucas Martín；Javier（bajo la dirección de）*Derechos de las minorías en una sociedad multicultural*, ed. Consejo General del Poder Judicial, Madrid, 1999, pág. 143；KAPLAN MARCUSáN, Adriana, *Mutilaciones genitales femeninas：entre los derechos humanosy el derecho a la identidad étnicay de género*, en De Lucas, Martín, *La multiculturalidad*, ed. Consejo General del Poder Judicial, Madrid, 2001, pág. 197.；VENUTI, María Carmela, *Mutilazioni sessuali e pratiche rituali nel diritto civile*, en Canestrari ed altri（a cura di）*Il governo del corpo*, ed. Giuffrè, Milano, 2011, t. I pág. 657；SHWEDER, Richard, *What About Female Genital Mutilation? And Why Understanding Culture Matters in the First Place?* en Shweder, Richard and others（editors）*Engaging Cultural Differences. The Multicultural Challenge in Liberal Democracies*, ed. Russell Sage Foundation, New York, 2002, pág. 216；PAREKH, Bhikbu, *Repensando el multiculturalismo*, trad. De Sandra Chaparro, ed. Istmo, Madrid, 2000, pág. 405 y ss.；LONGOBARDO, Carlo, *Le mutilazioni genitali femminili*, en Cilardo, Agostino（a cura di）*La tutela dei minori di cultura islamica nell'area mediterranea. Aspetti social, giuridici e medici*, ed., Scientifiche italiane, Napoli, 2011, pág. 117.

〔1〕 MOLLER OKIN, Susan（with respondent）, *Is Multiculturalism Bad for Women?*, Princeton University Press, New Jersey, 1999, pág. 9.

生殖器的陋习。例如，《纽约时报》记者西莉亚·杜格采访了一位在科特迪瓦受过割礼的女性，她说这一习俗"有益于女性，因为能够帮助确保女性在婚前的贞洁和婚后的忠贞，减少婚姻性义务。女性在生活中的职责就是照顾孩子、家庭和做饭；如果不割除外生殖器，就会关注自己的性快感"。这位记者记录到，当 1996 年美国国会批准"禁止女割"的联邦法律，针对仍存在这一陋习的 28 个非洲国家提供上万亿美元资助的世界银行和其他金融机构，要求其停止进一步向未实施制止"女割"教育项目的国家进行资助。然而，有大量医学界人士对这一法律提出了异议，认为法律插手了本应该由医生、家庭和女童自己决定的私人问题。

西班牙最高法院坚持认为："不应当把外生殖器切割这一问题认定为文化层面的体现，而应当认定其是对女性的歧视和伤残。2005 年 7 月 8 日颁布的第 3/2005 号组织法的'立法动议'这样写道：切割女性外生殖器严重侵犯了人权，是对女性的暴力行为，直接影响其作为人的完整性。切割女童和女性青年的外生殖器官是不人道的、卑鄙的行为，同酷刑一道，为《欧洲人权公约》第 3 条所禁止……在这起案件中，上诉人当时已经在西班牙生活了 10 年，完全融入了西班牙文化……他承认（在西班牙——译者加）人人皆知女割在西班牙是不被允许的，因此应当判定孩子的父亲因女割行为构成致人伤害，应当对其处以 6 年监禁的刑罚，并处在服刑期间剥夺其选举权"[1]。

欧洲人权法院作出的认定为伤害女性的案件中，其行为有的是被其他文明所接受的。2009 年 6 月 9 日结案的一起案件中，法院在其判决中承认，对女性施暴是基于性别的歧视[2]。一名巴基斯坦男子因其妻子想要离婚而向她的脸上泼洒硫酸，以期不会再有男人愿意娶她；还有一些摩洛哥男子以遵循自己的文化传统为由，（对女性——译者加）实施暴力。欧洲人权法院认为，不能

---

〔1〕　西班牙最高法院刑事庭，2012 年 12 月 31 日，2012 年第 835 号判决。对于孩子的母亲，处以 2 年监禁的刑罚，并处在服刑期间剥夺其选举权。判决可以在最高法院网站上查询。（www. poder judicial. es.）Una reseña se publica en Doctrina Judicial año XXIX, n° 15, 10/4/2013, pág. 33.

〔2〕　对此判决的评论参见 BOIANO, Ilaria, *Il paradigma familista e la violenza di genere*, en Amram, D., y D'ángelo, A., (a cura di) *La famiglia e il diritto fra diversità nazionali ed iniziative dell'Unione Europea*, Cedam, Padova, 2011, pág. 189.

以其文化传统而对其开脱，也不能以刑法的适用范围为由对他们进行辩解[1]。

总之，保护某些群体的文化，并不等同于维护了女童和女性的最优利益[2]。

我认为，一个群体所希望（认可——译者加）的权利，应当以个人的基本权利和人权作为底线。因此，侵犯人类尊严的陋习不应当得到承认[3]。金里卡说过："自由主义的基本原则是人的自由。自由主义者只能在尊重人的自由或自主权的措施上，给予少数人特定的权利。当然，一些群体本来就不倡导自由主义，并且试图摒弃成员的自由，在这种情形下，同意少数群体的要求会公然违反个人最基本的自由。"[4]

除前文提及的困难，以及源于多元文化主义的界限，还应当意识到家庭和婚姻是属于不断变化的概念，因此应当给予不符合特定国家、特定时期传统观念和不符合最为流行的家庭形式的家庭和婚姻以更多的宽容。这种宽容与民主制度有关。有言说："宽容和被宽容，是具有民主意识的公民的职责之一。"[5]

这项宽容是在具有移民的很多国家所必需的[6]。移民打开了多元化的新

---

〔1〕 Compulsar SCIACCA, Fabrizio, *Multiculturalismo. Una questione difficile*, en Marletta, M. e Parisi, N. (a cura di), *Multiculturalismo e Unione Europea*, ed. Giappichelli, Torino, 2008, pág. 27；MOLLER OKIN, Susan (with respondent), *Is Multiculturalism Bad for Women?*, Princenton University Press, New Jersey, 1999, pág. 9.

〔2〕 Alesandra Facchi 在其著作的第五章中已经对这种现象作了细致的研究：*La escisión ritual femenina: de costumbre a crimen* (FACCHI, Alessandra, *Los derechos en la Europa multicultural. Pluralismo normativo e inmigración*, ed. La Ley y UBA, Bs. As., 2001, pág. 63/88, cuya lectura se recomienda)；参见同一作者的 *Mutilaciones genitales femeninasy derecho positivo*, en De Lucas Martín; Javier (bajo la dirección de) *Derechos de las minorías en una sociedad multicultural*, ed. Consejo General del Poder Judicial, Madrid, 1999, pág. 143；参见 NOCCO, Luca, *Circolazione delle persone e trattamenti sanitari: il caso delle mutilazioni genitali*, en Amram, D., y Dángelo, A., (a cura di) *La famiglia e il diritto fra diversità nazionali ed iniziative dell'Unione Europea*, Cedam, Padova, 2011, pág. 200.

〔3〕 TZITZIS, Stamattos, *Tutelle des Droits de l'Homme et minorité culturelles*, en Baldini, Vincenzo (a cura di) *Multiculturalismo*, Cedam, Padova, 2012, pág. 15.

〔4〕 KYMLICKA, Will, *Ciudadanía multicultural, Una teoría liberal de los derechos de las minorías*, trad. por Carme Castells Auleda, ed. Paidós, Bs. As., 1996, pág. 111.

〔5〕 WALZER, Michael, *On Toleration*, Yale University Press, 1997, pág. XI；KUKATHAS, Chandran, *Cultural Toleration*, en Shapiro, Ian & Kymlicka, W. (ed), *Ethnicity and group rights*, ed. New York University Press, New York, 1999, pág. 69.

〔6〕 不同家庭类型在跨境流动中所产生的问题参见下列文献：LA SPINA, Encarnación, *Familias transnacionales, sociedades multiculturalese integración: España, Italiay Portugal en perspectiva comparada*, ed. Dykinson, Madrid, 201；COMANDé, Giovanni, *Circolazione delle persone, fenomeni migratori e familia*, en Amram, D., y Dángelo, A., (a cura di) *La famiglia e il diritto fra diversità nazionali ed iniziative dell'Unione Europea*, Cedam, Padova, 2011, pág. 147.

大门，也产生了新的问题，甚至对现行法律带来了麻烦。例如，在中国传统中，存在"报恩"或子女孝道，规定长子应当承担赡养父母的义务。那么，这种传统会在其他法律体系中产生什么影响呢？比如，如果一起交通事故的受害者是一对生活在意大利的中国夫妇的长子，那么这对夫妇是否可以主张获得比造成其他子女受到伤害而更高的赔偿金呢？[1]

从人权的视角看待这一问题，起初的"宽容"[2]后来发展成为"接受"。

这种"接受"，示范性地体现在了阿根廷共和国的第 26618 号法律（即颁布新的《阿根廷民商事法典》的法律——译者注），该法承认了同性婚姻，对伴侣关系一视同仁。

## 二、宗教，以及家庭法世俗化的艰难道路

直到今天，在家庭法及相关规定中，世人仍无法对宗教所产生的巨大影响视而不见[3]。在拉丁美洲，有些情况下，这种宗教因素的干预令人担忧。比如，通过法律禁止售卖避孕药，因为避孕药具有堕胎的作用[4]。这无疑是痛苦、悲剧和让人无法理解的。其严重性有例可证：在 21 世纪，尼加拉瓜从法律中废除了作为堕胎除罪化原因之一的"严重危及女性生命健康"。如此荒谬之举，使得尼加拉瓜因侵犯女性生命权这一基本权利，而被控告至美洲人权体系。在拉丁美洲的大多数国家，堕胎的"入刑化"通常也伴随着禁止避孕行为，这就造成了真正的死胡同[5]。这一现象在欧洲也不例外。受罗马教

〔1〕 相应举例参见 COMANDé, Giovanni, *Circolazione delle persone, fenomeni migratori e familia*, en Amram, D., y Dángelo, A., (a cura di) *La famiglia e il diritto fra diversità nazionali ed iniziative dell'Unione Europea*, Cedam, Padova, 2011, pág. 167.

〔2〕 "宽容"是具有非常积极的价值的（特别参见 WALZER, Michael, On Toleration, ed. Yale University Press, 1997）。"接受"则又更进一步。无论如何，要避免对"宽容"的过分浮夸，比如，宽容不公正社会的毫无改变，其实就是不宽容。（MARTíNEZ DE PISóN, José, *Toleranciay Derechos fundamentales en las sociedades multiculturales*, ed. Tecnos, Madrid, 2001, pág. 15.）

〔3〕 特别参见 POULAT, émile, *Nuestra laicidad pública*, trad. Roberto Blancarte, ed. Fondo de Cultura Económica, México, 2012.

〔4〕 有关禁止销售"事后避孕药"的法律，不同意见参见 los Dres. Lorenzettiy Argibay, en decisión de la CSN del 31/10/2006, en la causa "Mujeres por la Vida", reproducidos en BARALE, Laura, *Derechos sexualesy salud reproductiva: el caso Mujeres por la vida*, en álvarez, M. y Rossetti, A. (compiladores) *Derechos de las mujeresy de las minorías sexuales. Un análisis desde el método de casos*, ed. Advocatus, Córdoba, 2008, pág. 247.

〔5〕 有关哥伦比亚的情况，参见 ORREGA HOYOS, Gloria, *La militancia conservadora contra el aborto no punible en Colombia: Constitución laica versus poder católico*, JA 2011 – II – 1271.

廷影响，意大利关于人类繁殖的法律，规定得十分保守，这种影响至今还在试图维持其霸权[1]。

法律史上的几件大事，被认为是法律世俗化道路上的里程碑式事件，体现了这一世俗化的困难，其中之一便是 1948 年 8 月 31 日意大利费拉拉法院的判决。其原因之一曾引起了巨大争议。该判决出于各种原因（有些非常具有参考价值），将夫妻二人的其中一个孩子的抚养权判给了母亲，其中有一条明确指出（这样判决的原因——译者加）："孩子的母亲是虔诚的教徒，但相反，孩子的父亲是无神论者"。沃尔特·比贾维在著名的期刊《意大利判例》中发表了一篇文章，他认为这种判决依据是可怕的，是中世纪的做法，争议由此产生。奇怪的是，当时的几位天主教法学家（阿巴斯、萨陀、斯托尔菲、卡纳斯、莱纳、奥伯）撰写文章回应了这个问题，他们"神奇巧合"般地都支持这一判决[2]。该判决后来被上诉至博洛尼亚法院，最终得到改判，使得一切回归原位。但是，这确实表明，直到不久前，宗教仍然影响着诸如"亲权义务制度"等敏感话题。

这一现象在欧洲人权法院的其他判决中也有所体现。1993 年 5 月 26 日，奥地利霍夫曼案中，法院以五票对四票的投票结果，谴责奥地利仅因母亲成为耶和华见证人，而在未成年子女抚养权问题中歧视母亲[3]。这一问题在欧洲和拉丁美洲的多个国家都被提出，并且颇为明显，当常见的情感问题加入

---

〔1〕 通过宗教价值观察意大利宪法，参见 FREZZA, Valentina (a cura di) *Gli ordinamenti delle confessioni religiose a confronto: la famiglia*, ed. Giappichelli, Torino, 2005; CECCHERINI, Eleonora (cur.) *Pluralismo religioso e libertà di coscienza*, ed. Giuffrè, Milano, 2012.

〔2〕 这种神奇的巧合在许多刊物上得到印证。例如，参见 *Lautsiy otros c/Italia*, de la Gran Sala del TEDH, del 18/3/2011 (revocatoria de la de primera instancia)。判决书指出，大多数法官的观点认为，不得损坏公立学校的耶稣受难像，这一观点刊登在 t. 242 págs. 95/125。另有 8 篇论文主张支持这一解决方法。意大利语文本刊登在 Rev. Il diritto di familia e delle persone, ed. Giuffrè, Milano, 2011 - 4 - 1527, 对此也进行了评论，这些评论都支持该决定。

〔3〕 相关判决和评论参见 Rev. General de Derecho, año LI, n° 610/611, 1995, pág. 8569 y ss. 本案中，夫妻在缔结婚姻时均为天主教徒。之后，母亲成了耶和华的见证人。欧洲人权法院认为，最高法院否认母亲抚养权的判决违背了公约精神。参见 TOMáS MALLéN, Beatriz, *La incidencia del factor religioso minoritario en el derecho al respeto de la vida familiar del convenio europeo de Derechos Humanos.* 作者与该案作出五票多数意见的法官的观点一致。作者认为，隶属于某一教派或宗教团体，不应该造成对其家庭生活权利的限制，否则就会造成宗教歧视；在一个民主、多元、人权受到尊重的社会，不可能得出其他结论。但是，应当注意到这一案件所呈现出的其他问题，例如：最高法院受理这一诉讼耗费了 6 年时间；在此期间，孩子一直在父亲身边；将孩子判决由母亲抚养显得颇为突然；法官未曾问询过孩子的意见；等等。

了宗教因素，争论便会加重[1]。

有必要来回顾一下土耳其宪法法院在 1989 年 3 月 7 日作出的判决，其中这样提到："世俗主义是指建立在国家主权、民主、自由和科学之上的政治、社会及文化生活的公民组织。世俗性是一种原则，它给个体提供自我认知的可能，以区分政治与宗教信仰间的不同，实现意识自由和宗教自由。在宗教社会，奉行宗教思想和规定，政治组织也具有宗教性质；而在世俗制度中，宗教是独立于政治的。宗教并不是用来管理国家的工具，它处于一种受尊敬的地位，用来评价每一个人的意识。"[2]

里维拉认为，民商法典并不像对人们宣称的那样宽容，他认为民商法典的起草者是具有危害性和宗教性的世俗教条主义者。他指出，"编撰者们试图强加进自己的思想，比如不接受缔结基督教义下婚约的婚姻（covenant marriage）[3]，因为（在这类婚姻中，——译者加）夫妻要接受强加更多义务的终身关系"[4]。

对提出这类批评的知识界精英，以及对他们的类似主张所造成的无法接受现实，还有待回应。

但至少，我们已经接受了这类断言实属荒谬这一现实：

（1）西方的比较法大多承认（缔结婚姻一方——译者加）具有申请离婚的权利。除了美国一些非常保守、具有严格宗教传统的州之外，大多数（西

---

〔1〕 有关普通法的问题，参见 AHDAR, Rex, *Religion as a factor in custody and access disputes*, en International Journal of Law, Policy and the Family, Vol. , 10 n° 2, August 1996, pág. 177.

〔2〕 一位作家坚持认为，常被欧洲人权法院适用的比较法，在涉及与其他国家的一般价值或原则不符的概念时，却并不那么有效。例如世俗化原则，在土耳其被认为是基本原则，而且在法国也具有基础性的宪法价值，但是这个观点不能输出到其他所有国家，因为其并没有成为世界通行的标准。（úBEDA DE TORRES, Amaya, *Democraciay derechos humanos en Europay América. Estudio comparado de los sistemas europeo e interamericano de protección de los derechos humanos*, Reus, Madrid, 2007, pág. 346.）

〔3〕 对这种形式的婚姻的描述可以参见 ARANA DE LA FUENTE, Isabel, *Conceptoy función social del matrimonio. Los sistemas matrimoniales*, en Diez Picazo Giménez, Gema (coordinadora), *Derecho de Familia*, ed. Thomson Reuters-Civitas, Pamplona, 2012, pág. 198 y ss.

〔4〕 RIVERA, Julio César, *La proyectada recodificación del derecho de familia*, en Rev. de Derecho de Familiay de las personas, Año 4, n° 6, Julio 2012, pág. 8. 另见评论 MARRAMA, Silvia, *Una sugerencia acerca de la reforma del código civil*, ED 247 – 631. （作者坚持认为，禁止婚姻可以解除的约定是违宪的。）同样的观点参见 CHIESA, Pedro, *El derecho a la protección constitucional de las opciones matrimoniales definitivas*. Una síntesis de la tesis se encuentra en ED 247 – 658.

方的法律）都倾向认定，放弃解除婚姻的权利的约定，归于无效[1]。

（2）这种趋势是可以用理论清楚地进行解释的，因为如果某个制度授予夫妻有权将其世俗婚姻转换为依据宗教仪规的婚姻，这个制度本身就是完全矛盾的：①国家必要的世俗性，决定了世俗原则需要对宗教仪规进行矫正；②法律面前人人平等原则的要求。由于宗教信仰的不同，婚姻产生的效力对不同的人来说，（对其权利的赋予，可能——译者加）是不同的[2]。

（3）不必惊讶于这是阿根廷法律中传统的解决办法。事实上，（原——译者加）《民商法典》第 199 条规定："在婚姻协议中，不得放弃向具有管辖权的法官请求离婚的权利。"这项规定在 23515 号法律第 230 条中得以完善："夫妻任何一方放弃向具有管辖权的法官请求分居或离婚的权利，该放弃归于无效。同样地，任何限制或扩大赋予分居或离婚请求权原因的条款或协定也归于无效"。1998 年 2 月 5 日[3]，联邦法院在一起案件中宣布，该规定（即原《民商法典》第 199 条的规定——译者注）合宪。在这起案件中，登记婚姻状况和能力的工作人员，拒绝提供订婚人要求的关于他们放弃申请离婚权利的相关证据。

（4）（联邦法院的——译者加）这一回应与该法典其他部分的规定是一致的。这些规定包括佩雷斯提出的，《民商法典》第 531 条第 4 款规定了关于法律行为、强迫结婚或不进行结婚、分居、离婚等的特别禁止条件。

（5）《民商法典》改革中形成其他一些原则也同样可以对这一问题进行背书。（新《民商法典》——译者加）序章第 13 条在规定"放弃"时确认："禁止对法律的一般性原则进行放弃。在具体案件中，可以对法律产生的效果作出放弃，但法律明确予以禁止的除外。"

（6）不得强迫任何人离婚，夫妻双方拥有各自的信仰并不成为对其婚姻构成的妨碍。当婚姻共同生活的基础已经破碎时，夫妻一方不得利用双方事先放弃离婚的约定，来请求束缚另一方。

---

〔1〕 ACEDO PENCO, ángely PéREZ GALLARDO, Leonardo 的合作著作所作的序言 *El divorcio en el derecho iberoamericano*, ed, Reusy asociadas, Madrid, 2009, pág. 16.

〔2〕 另外的观点参见 LLAMAZARES FERNáNDEZ, Dionisio, *Libertad de concienciay matrimonio*, en A. V., *Derecho de familiay libertad de conciencia en los países de la Unión Europeay el derecho comparado*, Actas del IX Congreso Internacional de Derecho Eclesiástico del Estado, ed. Universidad del País Vasco, Bilbao, 2000, pág. 61.

〔3〕 ED 176 - 431, 反对意见参见 BOSCA, Roberto, *Una oportunidad perdida*. Dr. Boggiano 投反对票。

（7）如果对法典改革进行批判，是为了使这些让双方忠于对方、希望共同生活的条款生效，那么批判者希望达到的结果就会和这次改革所带来的结果殊途同归。事实上，如果不能实现法典改革所达成目标，那么这些法律条文生效后产生的结果也会带来伤害的后果，而这明显与宪法规定的权利相违背，比如私生活的权利。

### 三、对无婚姻关系的结合形式的规制

　　之前提到的哥白尼式的变化，只有在家庭法世俗化进程取得较大发展的时期才具有可能，这一发展使得新的家庭形式进入到法律领域。

　　2012 年，法律对无婚姻关系的家庭形式作出规定实属不易——虽然当时在阿根廷，家庭的形式已经呈现出多样化。第 509 ~ 528 条的一些规定[1]，正是基于对下列趋势作出预见性调整：

　　（1）以婚前关系（relación previa al matrimonio）或替代婚姻关系（relación alternativa al matrimonio）为家庭生活形式的伴侣数量显著增长[2]。

　　伴侣决定不建立婚姻关系的初衷是各不相同的，可能是基于个人的自愿选择，也可能是出于法律、经济、意识形态、文化等方面的原因。

　　西班牙的法律承认三种形式的婚前关系或替代婚姻关系：①临时的试婚，这主要发生在年轻的伴侣之间，属于对婚姻的尝试；②"自助式（do it yourself）"婚姻，伴侣通过履行其自认为有效力的形式或仪式来缔结婚姻关系；③不定期同居，形成这样关系的双方不希望将自己纳入到婚姻关系中，他们来自其思想的负担拒绝他们这样做[3]，因而，他们行使了不结婚

---

　　〔1〕 有关条文的解释，参见 PELLEGRINI, Maria V. , *Las uniones convivenciales en el anteproyecto de Código civil*, en JA 2012 – II – 1255 y ss；KRASNOW, Adriana, *Las uniones convivenciales*, en Rivera, Julio C-director- y Medina, Graciela-coordinadora-*Comentarios al proyecto de código civily comercial de la Nación*, ed. A. Perrot, Bs. As. , 2012, pág. 371 y ss；SOLARI, Néstor, *Las uniones convivenciales en el proyecto*, en Rev. Derecho de Familiay de las personas, año 4, n° 6, Julio 2012, pág. 98 y ss.

　　〔2〕 这种现象在西方国家十分常见。参见 D'ANGELO, Angela, *La famiglia nel XXI Secolo：il fenomeno delle famiglie ricomposte*, en Amram, D. , y D' ángelo, A. , (a cura di) *La famiglia e il diritto fra diversità nazionali ed iniziative dell'Unione Europea*, Cedam, Padova, 2011, pág. 13. 在这篇文章中可以看见对比较法的很好概括。

　　〔3〕 GARCíA RUBIO, María Paz, *Las uniones de hecho*, en Diez Picazo Giménez, Gema (coordinadora), *Derecho de Familia*, ed. Thomson Reuters-Civitas, Pamplona, 2012, pág. 1479.

的权利[1]。

在阿根廷，还有一种占比很高的家庭生活形式是上文没有涉及的，即伴侣间没有建立婚姻关系而生活在一起。而且，结成这样的家庭生活方式是因为女方在经济、社会或文化方面处于劣势，这使得她们无法向对其提供经济来源的男方提出要求，结成一段正式的维持数年的婚姻关系。

（2）认识到如果不对法律进行适当的调整，既有法律缺乏效力的问题会导致显著不公平。

1877 年，美国联邦法院将婚姻理解为一种民事合同，（认为基于婚姻的继承属于——译者加）一项"普通的权利"[2]，继而排除了被继承人威廉·莫里的母亲享有更优的继承权，而承认其维持 8 年伴侣关系的玛丽·莫里享有更优的继承权。（事实上——译者加），威廉·莫里和玛丽·莫里没有在任何公职人员的见证下正式缔结过婚姻，但有一个女儿。

后来，迭斯·皮卡索指出："不得不说，在事实婚姻中，伴侣双方在其关系结束时，通常希望一切都是公正和得到重视的。""当时，我们中的一些人很清楚，继承关系是完全独立于人身关系的，无论作出拙劣判决所基于的理由是什么，案件中的继承关系都不应当受到影响，因为不得仅凭具有不道德动机的简单理由而否定请求权。"[3]

基于同样的理由，西班牙宪法法院在 1992 年 12 月 11 日的判决中表明，宪法并没有将受保护的家庭限定于来自婚姻关系[4]。1999 年，在针对 1988 年 11 月 22 日第 35 号"关于辅助生殖技术的法律提起的违宪诉讼"的判决中，这一主张进一步得到认可。这项规定如今已被表述为："很明显，家庭的

〔1〕 有关不结婚的权利，参见 VASSEUR-LAMBRY，Fanny，*La famille et la Convention Européenne des droits de l'homme*，ed. L'Harmattan，Paris，2000，pág 135；A. V.，*La liberté fondamentale du mariage*，ed. Presses Universitaires，Marseilles，2009（la obra contiene los trabajos presentados al coloquio realizado el 6 de Junio de 2008，organizado por la Universidad de Pau）；GUTIéRREZ DEL MORAL，María Jesús，*El derecho a no contraer matrimonio*，en A. V.，*Derecho de familiay libertad de conciencia en los países de la Unión Europea y el derecho comparado*，Actas del IX Congreso Internacional de Derecho Eclesiástico del Estado，ed. Universidad del País Vasco，Bilbao，2000，pág. 513.

〔2〕 COOPER Davis，Peggy，*Neglected Stories. The constitution and family values*，ed. Hill and Wang，New York，1997，pág. 29.

〔3〕 DIEZ PICAZO，Luis，Prólogo al libro de Roca，Encarna，*Familiay cambio social.*（*De la "casa" a la persona*），ed. Civitas，Madrid，1999，pág. 19.

〔4〕 GARCíA RUBIO，María Paz，*Las uniones de hecho*，en Diez Picazo Giménez，Gema（coordinadora），Derecho de Familia，ed. Thomson Reuters-Civitas，Pamplona，2012，pág. 1479.

概念并不具有源自婚姻的任何限制，无论婚姻家庭生活模式在我们的文化、价值观以及社会现实中有多主流。正如多元社会中，也必然存在着其他的家庭生活模式"[1]。

虽然目前关于"家庭重聚权（el derecho al reagrupamiento familiar）"的影响尚还式微，但欧盟法律在 2004 年第 38 号指令中还是最终承认了这一权利。现在，家庭不仅指夫妻，还包括根据成员方法律已经登记过的伴侣——只要该成员方能够给予其等同于婚姻关系的对待，并且符合这一成员方现行法律所规定的条件。

2007 年 5 月召开的欧洲家庭事务部长里斯本会议发表文件表示，"对新型家庭形式予以认可的需求日益增长，这表明这些新型家庭愿意承担过去由传统家庭承担的义务"[2]。

2009 年 12 月 8 日，欧洲人权法院在穆聂思·迭斯一案中对西班牙作出了谴责，因西班牙不承认根据吉卜赛宗教仪式结成的婚姻，不给一位已有 6 位孩子的母亲发放退休金。这位女士已经结婚 30 多年，此前西班牙也已经基于其婚姻关系而向其发放了"大家庭补助"（法律设立的对抚养较多子女的家庭提供的补助——译者注）。欧洲人权法院表示，虽然在承认经济、社会及文化权利方面，各国具有很大的评价空间，并且各国也可以规定少数群体也应当遵守关于规制婚姻的法律，但是某些少数情况是会影响到法律的实施形式的。吉普赛人的弱势地位要求，在一些特殊案件中实施法律时，应当特别注意弱势群体的需求[3]。

而在阿根廷，无婚姻关系的结合形式被社会保障制度（如退休金）和有关租赁的规定（长期居住着有权继续租赁）所承认。

（3）不结婚权利的存在；或者说，存在结婚的自由，也存在不结婚的自由，结婚并不是责任或义务。婚姻自由意味着没有人必须要结婚，也不必承担违背其意志的婚姻所带来的法律后果、人身后果和继承后果。也就是说，

---

〔1〕 STC 116/1999, 17 de julio, FJ 13o（recurso de inconstitucionalidad núm. 376/1989）. BOE núm. 162, 8 de julio 1999.

〔2〕 Cit. por RONFANI, Paola, *La regolazione giuridica delle relazioni personali e familiari nelle società pluralistiche*, en Bariatti, S. y Danovi, A. G.（a cura di）, *La famiglia senza frontiere*, Cedam, Padova, 2008, pág. 104.

〔3〕 有些作者认为，在欧洲，吉普赛人尤其受到歧视。参见 MANCINI, Letizia, *Diritti umani e forme della discriminazione: il caso dei rom*, en Casadei, Thomas（a cura di）*Diritti umani e soggetti vulnerabili*, ed. Giappichelli, Torino, 2012, pág. 187.

法令不能禁止人结婚，同样也不能强制人结婚[1]。

　　然而，非婚同居的权利并不意味着这类结合就不是"家庭生活"，或者不具备任何法律效力。伴侣双方一方面向国家要求其应当具有共同性（比如，在社会保障制度中希望被覆盖到退休金体系中，或者要求成为同居伙伴的法定继承人），但同时又试图不承担任何家庭生活的内部责任，这是自我矛盾的。

　　（4）既然存在着家庭生活的权利和不结婚的权利，立法者就不能把（传统——译者加）婚姻所产生的所有法律效果运用在同居关系。因为倘若对不同的结合方式都规定产生相同的法律效力，就意味着减损了不结婚的选择权和自主权。

　　因此，立法者应该根据自身的现实情况，决定哪些（对传统婚姻形式规定的——译者加）法律效力可以运用（到新型无婚姻关系的结合形式中——译者加），而哪些不适用。阿根廷的民商法改革考虑到尊重婚姻自主性（自由），也着眼于促进家庭团结和承担家庭责任，除同居伴侣间达成的协议外，还应当对扶养义务、保护家庭住房和经济补偿制度作出规定。

　　当然也不乏反对的声音。有的人认为这种保护力度明显不足——很高比例的同居关系源于其中一方处于弱势地位，而且往往是女性；但另一些人看来，这些规定已经过多，将同居关系向婚姻关系过分靠近，这实际上减损了意思自治。

　　此次改革建立在"团结一致"的价值基础上，旨在能够顾及到存在于阿根廷社会的各种家庭形式，实属妥协之举。对于"立法妥协"的评论，法国人称为"适度精神"，英国人称为"法律的妥协"，这些都为世人所熟知。两个一半的公正相加并不等同于公正。然而，正如卡尔波尼埃所说，"一半满意"的解决方法使得"共同居住"的模式得到认可，也意味着法律朝着更加公正的方向迈出了重要的一步。此外，从"没有受到任何保护的制度"实现向"受到保护的制度"转变，这一进步是不可否认的。时间或许会证明，有必要对可预见的事情给予更多的保护，或者相反，应该给予其更多的自主权。"不能指望一项法律可以把它的用途进行列表式的呈现。

---

　　[1]　GUTIéRREZ DEL MORAL, María Jesús, *El derecho a no contraer matrimonio*, en A. V. , *Derecho de familiay libertad de conciencia en los países de la Unión Europea y el derecho comparado*, Actas del IX Congreso Internacional de Derecho Eclesiástico del Estado, ed. Universidad del País Vasco, Bilbao, 2000, pág. 516.

一支战斗中的军队不排除以退为进，这是一种很好的策略。"立法有失败的风险，因为法律可能最终归于无效，而家庭法的改革既考虑到了失败的可能，又满怀着成功的希望。[1]

总之，可以说阿根廷的家庭法改革体现了卡尔波尼埃对 1972 年法国改革的评价："很多人曾期望所有家庭都具有强制的单一结构。这种期望包含了对古代法的怀念，以及严格的公民职责。与平均主义的乌托邦不同，改良主义的文章支持性情、信仰、传统的多样性和多元化。（而当今社会提供给个人的——译者加）选择已经倍增。在一些被人们（原先——译者加）认为受到公共秩序桎梏的领域，已经向个人意思自治这一多样化的工具敞开了大门。"

也就是说，（阿根廷家庭法的——译者加）改革使得不同的家庭形式登上了规范的舞台。威廉·布伦南法官在 1987 年对迈克尔·杰拉尔德的判决中秉持了少数派的观点，他认为："我们不是一个同化的、同质的社会，而是协调的、多元的社会。在这个社会中，我们应该尊重陌生人，甚至尊重那些令人反感的实践。因为这类宽容所产生的推动力，保护着我们自身的特性。"

在接受多样的家庭形式的同时，对共同居住的未成年子女的义务的制度（第 672～676 条），以及关于"重组家庭"的制度也得以建立起来[2]。

**四、生物学领域的科技进步——亲子关系钟摆的矛盾：从法律意志到遗传数据和生育意愿**

近几十年来，医学的进步对家庭关系产生了重大影响，比如人类寿命的延长，又比如老年人数量的增多，以及由此产生的对各方面的影响，例如住房需求、更高的生活成本，等等。[3]

在生物学领域，科技进步首先体现在对出生率的控制。各种科学方法使得女性得以解放和受到平等对待，女性不再必须接受自然怀孕，而是可以根

---

〔1〕 CARBONNIER, Jean, *A cada uno su familiay a cada uno su derecho*, *en Ensayo sobre las leyes*, trad. , de Luis Diez Picazo, ed. Civitas, Madrid, 1998, pág. 147 y 149.

〔2〕 这种现象存在于多数西方国家。参见 D'ANGELO, Angela, *La famiglia nel XXI Secolo：il fenomeno delle famiglie ricomposte*, en Amram, D. , y D' Angelo, A. , ( a cura di) *La famiglia e il diritto fra diversità nazionali ed iniziative dell'Unione Europea*, Cedam, Padova, 2011, pág. 13.

〔3〕 参见 BELLUSCIO, Augusto C. , *Nuevas bases para la reforma del derecho de familia francés*, LL 2000 – B – 1293；DABOVE, María y DI TULIO, Rosana, *Familias multigeneracionales y derecho de alimentos en la vejez：nuevas construcciones jurídicas para la libertad y la dignidad*, JA 2012 – III – 1440.

据自身意愿安排家庭生活和生育后代的可能性。但是，这项科技的变革也是有代价的。女性不得不承担这些方法所伴随的弊端和风险——避孕被认为是"女性的事情"，而男性应当承担的责任得以减少。[1]

同时，科学能够为血缘关系的确立提供准确证据，因而儿童能够更好地受到身份权[2]的保护。1804 年在《法国民法典》准备起草的过程中，普雷阿梅纳曾说过这样一句著名的话："自然界为人类生命传递蒙上了神秘的面纱"，但他并没有描述到新世纪的现实。如今，以最小的误差来判定一位男性是否为某个孩子的亲生父亲已成为可能[3]。

证明亲子关系无需很长的审判过程，即使存在异议，这一过程也应当是简短的，因为（基于医疗技术形成的——译者加）证据足以给予法官评判基础。几年前，联邦法院曾在迪埃斯案[4]中谴责下级法院的事实主观主义，并强调 HLA（人类淋巴细胞抗原）方法的准确率高达 99.19%，其具有充实的客观依据，放弃这一方法是不合理的。

改革后的法典结合已有的其他法律规定（第 579 条和第 580 条），对基因检测作出了规定，这具有重大的进步意义。[5]

很明显，亲子关系领域的重大变革，也体现在人类辅助生殖技术（TRHA）方面。

自被纳入传统法律框架起，区分自然血亲和拟制血亲便不再是陌生的现象[6]。但毫无疑问的是，近几十年来，在婚生子关系和非婚生子关系方面，法律改革倾向于将这两个概念进行整合，进而一致化。

谁是孩子的父亲？谁是孩子的母亲？人类辅助生殖技术几乎瞬间改变了

---

〔1〕 COOK, Rebecca y otros, *Salud reproductiva y Derechos Humanos*, ed. Profamilia, Bogotá, 2003, pág. 13.

〔2〕 FAMá, María V., *La filiación. Régimen constitucional, civil y procesal*, 2° ed., A Perrot, Bs. As., 2011, Capítulo VII, Las pruebas biológicas en el proceso de filiación.

〔3〕 QUESADA GONZáLEZ, M. Corona, *La determinación judicial de la filiación*, ed. Bosch, Barcelona, 2012, pág. 181.

〔4〕 CSN 1/9/1987, Fallos 310 – 1698, JA 1988 – II – 193, con nota de GROSMAN, Cecilia, *Valoración de las pruebas biológicas en los procesos de filiación*, y LL 1987 – E – 404 y nota de GOZAíNI, Osvaldo A., *La evolución de la ciencia y el derecho ante la estructura procesal codificada: el proceso en su hora de cambio* (pag. 657 y ss).

〔5〕 FAMá, María V., *La filiación por naturaleza en el Anteproyecto de código civil* JA 2012 – II – 1325.

〔6〕 DIEZ PICAZO, Luis, Prólogo al libro de Roca, Encarna, *Familiay cambio social. (De la "casa" a la persona)*, Madrid, ed. Civitas, 1999, pág. 17.

世界各地人们对这一传统问题的回答。[1]

实际上，不论是婚生子关系还是非婚生子关系，都不可避免地以异性间的性关系为前提。但还有另一种亲子关系，是不以性关系为起点的。在后者的情况下，第三方（医生）通过医疗技术将遗传物质导入女性体内，甚至该遗传物质可能是属于想要成为父母的其他人的。这种转变不仅涉及家庭法，还涉及个人权利领域[2]。

新的《民法典》结合现实情况，作出了规定（第 560 条和第 564 条），创设了第三种亲子关系类型，即以生育意愿为基础而非遗传数据[3]。这类亲子关系要求区分遗传学事实、生物学事实和意志性事实三者。请看以下例子：一位女性与一位缺乏生育能力的男子结婚，因此这对夫妻借助一位精子捐献者。①"意愿"这一特征维系着孩子和这位母亲的丈夫，其丈夫即是这位有"意愿"成为父亲的人。也就是说，这位丈夫愿意承担与即将出生的孩子有关的一切权利和义务。②生物学身份维系着孩子和母亲，这位母亲提供卵子、9 月怀胎，并生下孩子。③遗传学身份是唯一能够维系孩子与精子捐赠者的纽带。在这一背景下，谁是孩子法律上的父母？答案应该是这对夫妻。捐精者从未与孩子有亲子关系上的联系，因为他只有捐献精子的意愿，而没有成为

〔1〕 BAINHAM, A. and others (edited by), *What is a Parent?*, ed. Hart Publishing, Oxford, 1999; ver también BURTON, Frances, *Family Law*, ed. Routledge, London, 2012, pág. 287.

〔2〕 这些话题都引发了很大争议。例如，出生前检查能够避免残疾儿童的出生，这在很多情况下会改变家庭的生活（关于此话题，参见 KARPIN, Isabel and SAVELL, Kristin, *Perfecting Pregnancy. Law, Disability and the Future of Reproduction*, ed. Cambridge University Press, New York, 2012）。欧洲人权法院 2012 年 8 月 28 日决定，对意大利进行制裁，由于其关于人类辅助生殖技术的立法禁止在胚胎移植前进行检查（Costa et Pavan c. Italie, *Requête no* 54270/10）。技术和儿童最大利益原则的联系令人持续担忧（参见 TEBOUL, Gérard-direction-*Procréation et droits de l'enfant*, ed. Bruylant, Bruxelles, 2004）。

〔3〕 参见 LAMM, Eleonora, *La filiación derivada de las técnicas de reproducción asistida en el anteproyecto de código civil*, JA 2012 – II – 1340; FORTUNA, Sebastián, *Comentarios a la normativa sobre técnicas en reproducción humana asistida en el anteproyecto de código civil y comercial de la Nación*, en Rev. Derecho de Familia, n° 57, Nov. 2012, pág. 261. 不容忽视的是，一些作者对第三种类型的亲子关系表示了反对，参见例如 AZPIRI, Jorge, *La filiación en el proyecto de código civil y comercial*, Rev. de Derecho de Familia y de las personas, Julio 2012, n° 06, pág. 115; MIZRAHI, Mauricio, *Observaciones al proyecto en materia de filiación*, en Rev. de Derecho de Familia y de las personas, Julio 2012, n° 06, pág. 124; Sambrizzi, Eduardo, *Apuntes sobre la filiación en el proyecto, en Rev. de Derecho de Familia y de las personas*, Julio 2012, n° 06, pág. 129. 在同一杂志上刊登了 LAJE, Alejandro 的其他评论 *Las derivaciones inmediatas y mediatas del vínculo materno-filial por el proyecto* (pag. 136); BERBERE DELGADO, Jorge C., *El derecho filial en el proyecto de código civil y comercial. Nuevos paradigmas* (art. 141). 但是，导言部分，尤其是对于第 558 条和其他条文的评论，对这些批判作出了充分的回应。

父亲的意愿。

新世纪已经经过了十几年，制定人类辅助生殖相关规定的需要不容置疑。迭·比卡索认为，1988 年西班牙第一部关于应用人类辅助生殖技术的法律（1988 年第 35 号法律，后被 2006 年第 14 号法律所废止）是不成熟的。他认为，当时制定这一法律可能是源于立法者希望支持进行该技术的专业研究人员。[1]到了（需要对《阿根廷民商法典》进行改革的——译者加）2012 年，前述猜测不应当再成为立法的借口，因为人类辅助生殖出现在了医疗机构，也出现在了法院，立法者不能对此视而不见。[2]

即使该项技术使用的是个人自身的遗传物质，也应当通过法律加以规范。实际上，社会中的保守派坚持认为 FIV 技术侵犯了生命权，因为直到现在，这项技术在实施过程中需要额外的、在某一时刻会被破坏的胚胎，而这就等同于谋杀了生命。哥斯达黎加宪法法院以类似的原因禁止一切包含该风险的行为。虽然在阿根廷，关于其他情形的一些判决也援引过类似的观点[3]，但现在这一理由已不再成立——哥斯达黎加（的上述规定——译者加）被控告至美洲国家间人权体系。2012 年 11 月 28 日，在阿尔达比亚·牟利罗案中，美洲人权委员会谴责了哥斯达黎加的禁止行为，否认尚未移植的胚胎具有人的生命属性。此外，欧洲人权委员会认为，"决定成为或不成为父母是私生活权利之一，其中包括决定成为遗传学上的父母或生物学上的父母"。

## 五、家庭团结、家庭责任比家庭权威更为重要

"（家庭的——译者加）团结"是一项宪法的基本原则[4]，因此关于家庭中监护关系的条文应当作为体现这一宪法原则的一般条款。

恩卡纳·罗卡坚持认为，现如今，家庭应该从根本上履行这三种义务：①行使保护；②适应可能出现的新环境；③对最弱势的家庭成员提供

---

〔1〕 DIEZ PICAZO, Luis, Prólogo al libro de Roca, Encarna, *Familiay cambio social*. (*De la "casa" a la persona*), ed. Civitas, Madrid, 1999, pág. 16.

〔2〕 一些不认可新《法典》表述的学者也承认制定相关规定的必要性，参见 FAMA, María V., *Filiación*, en Rivera, Julio C -director-y Medina, Graciela -coordinadora-*Comentarios al proyecto de código civil y comercial de la Nación*, ed. A. Perrot, Bs. As. , 2012, pág. 419.

〔3〕 KEMELMAJER, A. , HERRERA, M. , Y LAMM, E. , *La obligación de ser padre impuesta por un tribunal*, en LL 2011 – E – 441.

〔4〕 T Coleg. Familia n° 5, Rosario, 10/5/2012, LL 2012 – D – 596.

帮助。[1]

上述三项义务正是此次（法典——译者加）改革的宗旨，即通过保护人权，实现对弱势群体的有效保护[2]。因此，上述宗旨体现在众多规定中，具体包括：

（1）夫妻间具有相互扶养的义务，这是婚姻存续期间唯一联系夫妻的法律义务（第431条）。

（2）在解除婚姻关系时，一方患病需要照顾或者没有充足生活来源，并且又具有合理理由无法获取生活来源的，需要考虑分得更多的财产；在住房归属上，应当保护最具有住房需要的一方（第443条第2款和第3款）[3]；应当对明显处于不公平的一方予以经济补偿（第441条）[4]。

（3）扩大现行法律中未涉及的住房保护，比如非家庭关系共有房屋的情况（第245条），离婚时夫妻双方未确定住房所有权人的情况（第245条第3款）；改革既有规定，对于未经配偶或共同居住者同意的债务，债权人不得强制要求债务人用住房偿付债务（第456条第2款和第522条末款）；房屋所有权人未经其共同居住者同意而转让的住房的，该共同居住者的居住权应当予以保护；等等。[5]

---

〔1〕 ROCA, Encarna, *Familiay cambio social. (De la "casa" a la persona)*, ed. Civitas, Madrid, 1999, pág. 32.

〔2〕 CASADEI, Thomas (a cura di) *Diritti umani e soggetti vulnerabili*, ed. Giappichelli, Torino, 2012.

〔3〕 参见 WAGMAISTER, Adriana, *Los alimentos en el anteproyecto de Código Civil*, JA 2012 – II – 1287；PITRAUM Osvaldo, *El derecho alimentario familiar en el proyecto de reforma*, en Rev. Derecho de Familia, n° 57, Nov. 2012, pág. 215

〔4〕 经济补偿方面最有趣的变化之一，本质上是借鉴了西班牙法律（参见对第428条、第441条和第524条的评论）。特别参见 MOLINA DE JUAN, Mariel, *Compensaciones económicas en el divorcio. Una herramienta jurídica con perspectiva de género*, en Rev. Derecho de Familia, n° 57, Nov. 2012, pág. 187；SOLARI, Néstor, *Las prestaciones compensatorias en el proyecto de código*, en Rev. de Derecho de Familiay de las personas, año IV, n° 9, octubre 2012, pág. 3.

〔5〕 有关新规范的分析参见 LEVY, Lea, *La vivienda familiar en el anteproyecto de Código civil*, JA 2012 – II – 1301；LEVI, Lea y BACIGALUPO DE GIRAR, María, *La vivienda familiar y su protección en el anteproyecto de código civil*, en Rev. Derecho de Familia, n° 57, Nov. 2012, pág. 205；PANDIELLA Molina, Juan C., *La protección de la vivienda en el proyecto*, en Rev. de Derecho de Familiay de las personas, Julio 2012, n° 06, pág. 180；同一作者的 *Bienes y protección de la vivienda*, en Rivera, Julio C -director-y Medina, Graciela -coordinadora-*Comentarios al proyecto de código civil y comercial de la Nación*, ed. A. Perrot, Bs. As., 2012, pág. 115. 其他作者也涉及该主题，参见 CAPPARELLI, Julio C., *Protección de la vivienda matrimonial en al proyecto del código civil y comercial de la Nación*, en Rev. de Derecho de familiay de las personas, año IV, n° 10, noviembre 2012, pág. 27.

（4）同居伴侣同样承担相互扶养的义务（第519条）。

（5）被继承人去世时，其具有重大残疾的继承人应当获得更多继承份额；相应地，其法定继承人应当继承的财产应当减少（第2448条）；等等。[1]

综上所述，人们不必担心在夫妻财产制中引入"自治"后可能滋生的问题，特别是在夫妻离婚清算协议的问题（中，"自治"可能带来的不公平——译者加）[2]，因为"（家庭的——译者加）团结"原则为行使"自治"可能导致的不公正现象划定了界限。

## 六、在家庭法中出现了不同于生理性别概念的社会性别概念[3]

人类社会具有男女之别。或许正因如此，千百年来婚姻关系都建立在性别区分和互补的基础之上。此外，"婚姻的首要作用并非使男性和女性间的感情神圣化，而是以法律形式规制其性结果"[4]。

这一观点已经发生了变化。"生理性别"的概念——甚至在国际文件中出现了"不承认建立在生理性别之上的差异"的说法——正逐渐被"社会性别"的概念所取代。"社会性别"涉及在社会行为方式的每一方面。1995年"北京会议"具有重要意义，因为会议通过国际法开始将"社会性别"的概念引入到国家法[5]。

事实上，"género"一词在不同意义上被得到使用：①单从语法的角度看，

---

〔1〕 这种积极的措施将弱势群体提升到真正平等的地位，有关该规定的论文参见 "*Las acciones positivas en la Reforma Constitucional* ( *art.* 75 *inc.* 23 *C. N.* )", en "La incidencia de la Reforma Constitucional en las distintas ramas del derecho", publicación de Academia Nacional de Derecho de Buenos Aires, Serie II, Obras, N° 27, 1.998, pág. 81. 有的观点坚持认为，法律的此种规定"是一种平权法案，倾向于加强血缘关系而非姻亲关系，该项规定的目的是保护家庭单位"。( POSE, Jeremías, *Apostillas sobre la ( des ) igualdad en una república*, La Ley Actualidad, 26/2/2013. ) 显然，法律倾向于保护家庭，但该话题无关乎姻亲关系和生物学关系的区分。

〔2〕 FLORES LEVALLE, Ramiro, *Los viejos convenios de liquidación de sociedad conyugal y su transformación en el nuevo código*；*la revalorización de la autonomía de la voluntad*, en Rev. Derecho de Familia, n° 57, Nov. 2012, pág. 179.

〔3〕 FRANCESCO D'AGOSTINO ( a cura di ), *Identità sessuale e identità di genere*, ed. Giuffrè, Milano, 2012.

〔4〕 NEIRINCK, Claire, *Le droit à une vie familiale pour les transsexuels et les homosexuels*, en Lemouland, Jean J. et autre ( sous la direction de ), *Le droit à une vie familiale*, Dalloz, Paris, 2007, pág. 61. 对于现行法在变性和同性恋领域有关家庭生活权利的不同，该文作者展示出其批判性视角。

〔5〕 BORRILLO, Daniel, *Pour une théorie du droit des personnes et de la familles émancipée du genre*, en A. V., *Droit des familles, genre et sexualité*, LGDJ, Paris, 2012, pág. 7.

是指阴性和阳性的区分；②从概念上讲，是指种类，也就是把人或事物按照突出的相似特征进行重新分类；③作为英语单词"gender"的西文译法，是指不同于"生理性别"的"社会性别"。

所谓"生理性别"是指，生物学、物理学意义上男性和女性的属性。从这个意义上看，生理性别由以下组成部分：基因性别、染色体性别、性腺性别、激素性别和生殖器（内、外生殖器）。

所谓"社会性别"是指，以作为男性或女性为目标的各项生理条件，如男刚女柔的性别特征的形成。此外，还指性别认同，或者说人们对社会性别的角色作用差异的内在心理感受，或者说在对外表达上男性与女性的社会分工设想，等等。

生理性别和社会性别的差异，可能算得上自然与文化、先天与后天、本能与学习等范畴之间，最广泛和最普遍的差异。[1]

区分生理性别和社会性别有助于理解"性别认同"这一概念。所谓"性别认同"，是每个人对其社会性别隐秘的、私秘的体验。性别认同可能会与生理性别不一致，但是可以从个体诸如衣着、言语、举止等多种方式表达出来。[2]

虽然如此，二元意义上的社会性别范畴是有限和不充分的。于是，就出现了"酷儿（queer）"，即认为人的性倾向是流动的、灵活的、波动的，从泛性恋、两性多型等角度反对男女二元划分。由此，"酷儿"转变了非此即彼的性别思维方式，以居中的方法化解两者的不同。我们必须承认，混合、多样、交叉的差异，取代了僵硬的分类，为等级划分和强度划分留出了空间。在这一背景下，生理模糊不清也被认为是存在二元划分之外的中间性别，或者说

〔1〕 PALAZZINI, Laura, *Identità di genere come problema biogiuridico*, en en D'Agostino, Francesco ( a cura di), *Identità sessuale e identità di genere*, ed. Giuffrè, Milano, 2012, pág. 7.

〔2〕 GUEZ, Philippe, *Identité de genre et droit international privé*, en A. V., *Droit des familles*, *genre et sexualité*, LGDJ, Paris, 2012, pág. 116; CICCARIELLO, Annamaria, *Transessualismo e discriminazioni basate sul cambiamento di genere. Affinché nella guerra tra soma e psiche non ne escano sconfitti i diritti (non solo) sociali*, en Baldini, Vincenzo ( a cura di) *Multiculturalismo*, Cedam, Padova, 2012, pág. 163; ESPíN Alba, Isabel, *Discriminación, orientación sexual y derecho privado*, en Navas Navarro, Susana (directora) *Iguales y diferentes ante el derecho privado*, ed. Tirant Lo Blanch, Barcelona, 2012, pág. 223 y ss; MADRIÑÁN VAZQUEZ, Marta, *Restricción del régimen de visitas a un padre transexual: ¿discriminación por razón de orientación sexual o interés del menor? STC 176/2008, 22 de diciembre*, en Navas Navarro, Susana (directora) *Iguales y diferentes ante el derecho privado*, ed. Tirant Lo Blanch, Barcelona, 2012, pág. 607; en la misma obra, VAZQUEZ-PASTOR JIMéNEZ, Lucía, *El transexualismo primario y su contemplación legal en el ordenamiento jurídico español* ( pág. 703 y ss).

第三种性别。这是双性人，即独立于男性与女性之外的中间状态的人群存在的条件。在此意义上，有观点建议不能将双性人视为一种病态现象，其产生并非源于混乱，而是表现出了无差别的状态，应该被人类的性形态所接受。他们认为，应当重视双性人的权利，除非双性人本人在成年后要求进行治疗，有权拒绝（通过——译者加）外科手术或激素治疗（取得男性或女性性别——译者加）的权利。此外，这派观点还认为，教育也应该保持中立，营造认可双性人作出不进行改变其性别状况的选择的氛围。[1]

从这一新的视角出发，男女二元性别划分的方法开始遇到挑战，有的学者甚至要求各种登记文书中不再把性别作为身份信息的一项，尤其是在证明文件中更不应该如此。此外，还有的人提出，在现代西方民主社会中，不应过分强调男女的差异。

不应当惊讶于同性婚姻在某些国家的合法化，也不应当惊讶于阿根廷2012 年通过第 26743 号法律承认人人都享有"性别认同的权利，都有权根据其性别认同自由发展，有权受到平等对待，特别是都有权在证明其教名、肖像、性别等身份信息的公证书中如实登记。"

而一些消极的观点认为，立法上的这些变化无异于是一场真正的"冒险"。他们用到"冒险"一词表明，"能否成功尚不确定，结果难以预料，有关性别身份的法律问题的未来道路也是如此。最近 15 年来，关于性别差异的法律演变进程显著加快，正朝着未知的方向发展"[2]。

另外一些人则以积极的视角看待此事，他们认为性别（广义上）是人类基本的表现形式之一。因此，同宪法对其他主观权利进行保护一样，自由决定性别的权利也是一项主观权利。（《阿根廷民商法典》中——译者加）这些立法的变化，使得各项新的基本权利得以具体化。[3]

---

〔1〕 PALAZZINI, Laura, *Identità di genere come problema biogiuridico*, en D'Agostino, Francesco（a cura di）, *Identità sessuale e identità di genere*, ed. Giuffrè, Milano, 2012, pág. 13 y ss. Ver CANTORE, Laura, *Intersexualidad y derechos humanos*, ed. Nuevo enfoque jurídico, Córdoba, 2012.

〔2〕 CARTABIA, Marta, *Avventure giuridiche della differenza sessuale*, en D'Agostino, Francesco（a cura di）, *Identità sessuale e identità di* genere, ed. Giuffrè, Milano, 2012, pág. 43. Compulsar, en una posición cercana, PASTORE, Analía, La ley 26.743, *Posicionamiento de nuestro país respecto del mundo*, en Rev. Derecho de Familiay de las personas , Octubre 2012 n° 9 pág. 203.

〔3〕 AMATO, Salvatore, *Orientamenti sessuali e diritti soggettivi*, en D'Agostino, Francesco（a cura di）, *Identità sessuale e identità di* genere, ed. Giuffrè, Milano, 2012, pág. 87.

### 七、法律引入 "感情" 概念

事实上，不同于遗传数据，"感情" 一词很少出现在法律规定当中。随着科学的普及，家庭几乎成为血缘关系的代名词。然而，自 1945 年以来，过度推崇血统和种族纯正的国家纷纷转型，这对后世产生了重大影响。现如今，人们认为教育具有无限的可能性，比遗传基因的力量还要强大。"家庭不仅仅是一张由血缘关系编织的无形的网，根本上，它还是一种教育方式，存在于我们生活的每一天。"[1]"在家庭当中，值得保护的利益，除了血缘关系以外，还有能够促进精神沟通和共同生活的感情。"[2]

法律的制定者们开始思考，在很多情况下，相较于生物学、遗传学或法律上的联系，家庭关系更多地体现在人与人之间的感情上。因此，感情这个似乎只存在于巴西法律中的概念[3]，开始出现在其他国家的法律文本中。"社会情感关系"反映了没有亲戚关系的人们之间的如同亲人般的联系，于是也就产生了 "去形化"的概念，弱化了亲缘或生物学要素，这有利于心理和情感因素的发展。

在意大利，保罗·森东的三卷集《情感关系相关法》[4]，虽然也特别指出了相关法律责任和可能产生的危害，但有些与情感关系相关联的法律内容却超越了对于夫妻和亲属的经典概念，甚至友情也纳入到了法律范畴中。

在阿根廷，2012 年 9 月 26 日联邦法院的一项判决或许体现了这一趋势。这是一起有关收养的案件。孩子在其收养人死亡前已经与收养人共同生活了两年半，但没有办理收养的手续。考虑到对现实生活产生的影响，联邦法院撤销了地方法院判决，确定养子是其收养人的唯一的继承人，而不是被继承人的父母。[5]

----

〔1〕 CARBONNIER, Jean, *Derecho flexible. Para una sociología no rigurosa del derecho*, trad. Luis Diez Picazo, ed. Tecnos, Madrid, 1974, pág. 180.

〔2〕 PERLINGIERI, Pietro, *Il diritto civile nella legalità costituzionale*, 2° ed., Napoli, ed. Scientifiche Italiane, 1991, pág. 474.

〔3〕 DA CUNHA PEREIRA, Rodrigo, *Princípios fundamentais norteadores do Direito de Familia*, ed. Del Rey, Belo Horizonte, 2006, pág. 179 y ss.

〔4〕 Padova, Cedam, 2005.

〔5〕 CSN 26/9/2012, LL 2012 - E - 693, Doc. Jud. Año XXVIII, n° 51, 19/12/2012, con notas de ARIAS DE RONCHIETTO, Catalina, *Adopción post mortem*, y de TAGLIANI, Sergio, *El fin de la finalidad de la adopción*; Rev. D. F y P año V, n° 1, Enero/febrero 2013, pág. 41, con nota de Basset, úrsula, *La filiación después de la muerte: un caso de adopción*; y en JA 2013 - I, boletín n° 11, pág. 11, con nota de LL-OVERAS, Nora y MIGNON, María, *Filiación adoptiva post mortem. Una sentencia sin prejuicios y enrolada en la efectividad de las mandas constitucionales*.

（在将"感情"纳入到家庭法领域，——译者加）虽然没有对继承的相关规定进行修订，但（这次修法——译者加）顺应了（某些——译者加）趋势，在某些情况下赋予某些关系以法律效力，例如规定对共同生活者的医疗同意权[1]。

同样地，也规定了对未成年人、限制行为能力人、病人或无行为能力人有看护义务的人，应该允许被看护人同与其具有"合法情感利益（interés afectivo legítimo）"的人进行交流。（第556条）

**八、平息家庭争端的积极价值意义——取消有争议的离婚，并且离婚无需达到一定时限规定**

世界各地家庭暴力的增长，已经无需用统计数据来进行佐证。虽然夫妻离婚不是总与家庭暴力事件有关，但很多情况都是受到家庭暴力的影响。

法院不应该加剧矛盾，而是应该化解争端。不准备逃避事实的法官们都承认："施暴者对家庭造成的伤害是巨大的，是家庭内部的毒药。因此，根据最权威的心理学及精神分析学的理论，由家暴导致的离婚性质恶劣，并且毁坏性强。法官应当保护家庭（宪法第14条以及《经济、社会及文化权利国际公约》第10条），也有责任保护公民必要的隐私不被侵犯（宪法第19条）。从这一视角看，（现有的法律对这一问题规定得并不妥当，因为如果妻子——译者加）希望结束一段对其充满（暴力——译者加）伤害的婚姻，而对其丈夫提出控告，但是控告的理由并非规定为《民商法典》第202条第5款所列举的范围——并且假设也不属于其他法律规定的范围的话——那么他的控诉就缺乏法律依据。"[2]

因此，最近出现了其他的替代性解决方法，但这远远不够，应当通过修订法律来减少发生不必要的这类冲突。这也就是对离婚制度进行修改的原因之一。[3]

---

〔1〕 法典第711条对言词证据的规定中也有所涉及。生物伦理学极其复杂，对于禁止性规定已有所变通，例如，允许具有亲密友情联系的双方进行活体器官捐献。（Juz. Familia n° 7, Bariloche, 2/11/25012, LL 2012 – F – 583, con nota de TINANT, Eduardo Luis, *La amistad como fundamento de la donación de órganos de vida.*）

〔2〕 CNCIV - SALA B – 27/08/2012elDial. com – AA79A2.

〔3〕 CHECHILE, Ana María, *El divorcio en el proyecto de código civil y comercial de la Nación*, en Rev. Derecho de Familia, n° 57, Nov. 2012, pág. 167.

西方世俗化社会经历了从"有因离婚（有责主义离婚）"到"离婚救济"的转变，使得离婚可以根据夫妻双方或一方的意志进行，而无需援引任何理由。有一种立法趋势在逐渐得到加强，即在解除婚姻关系时，即使任何一方都没有任何过错，但仍赋予当事人广泛的离婚自由。虽然接下来的例子颇为特殊，但美国的一些州确实规定了一种新型的婚姻模式——缔结基督教义下婚约的婚姻。这种婚姻形式在上文中有所提及，属于具有个例性质的立法现象，带有明显的宗教特征。无论从哪一个角度分析，家庭模式在情感逻辑与自由选择上正逐步变得现代化。[1]

此外，无需提出理由即可离婚的规定，也与家庭的隐私权相关。如果夫妻二人已经达成了离婚协议，法官的过度干涉就在侵犯他们的隐私权。因此，具有此种性质的相关法律的调整应该考虑到其合宪性[2]。当一方提出离婚时，为什么还要寻求其他解决方案呢？

《阿根廷民商法典》取消了"有争议的离婚"的规定，而是要求当事人申请离婚时应当提交离婚财产分配建议（第438条）。当事人通过诉讼进行离婚，不是为了叙述往事，以让法官判定谁有过错，而是对离婚可能产生的未来问题作出解决。[3]

正如格兰登在1989年所言，虽然各国已采取的各种措施起到一定作用，但还没有一个国家能完全解决婚姻失败所产生的经济纠纷问题。无论是否秉持良好的意愿或者具有良好的能力，各个法律体系都在面对着这样的结果。[4]

这句话也同样适用于今天。如今，有待解决的问题依然是以下几个方面：

---

〔1〕 VASSEUR-LAMBRY, Fanny, *La famille et la Convention Européenne des droits de l'homme*, ed. L'Harmattan, Paris, 2000, pág. 3.

〔2〕 STANZIONE, Autorino, *Studi di Diritto civile*, Napoli, ed. Scientifiche italiane, 1986, pág. 177.

〔3〕 LLOVERAS 对该法条的详细解释参见 Nora, *El divorcio en el anteproyecto de código civil*, JA 2012–II–1273；也可参见 MEDINA, Graciela, Matrimonio y disolución, en Rivera, Julio C -director-y Medina, Graciela -coordinadora-*Comentarios al proyecto de código civil y comercial de la Nación*, ed. A. Perrot, Bs. As., 2012, pág. 325 y ss. Conforme, en general, con la eliminación del divorcio contencioso y su regulación, ROVEDA, Eduardo y otros, *El divorcio en el proyecto de código civil y comercial*, en Rev. Derecho de Familiay de las personas, año 4, n° 6, Julio 2012, pág. 36；VELOSO, Sandra, *El proceso de divorcio según el proyecto de código civil y comercial*, en Rev. Derecho de Familiay de las personas, año 4, n° 6, Julio 2012, pág. 45；HOLLWECK, Mariana, *Divorcio vincular. Interpretación de los arts. 437 y 438 del proyecto*, en Rev. Derecho de Familiay de las personas, año 4, n° 6, Julio 2012, pág. 73.

〔4〕 Cit. por ROCA, Encarna, *Familiay cambio social. (De la "casa" a la persona)*, Madrid, ed. Civitas, 1999, pág. 138.

①财产分割；②住房归属；③抚养费给付；④对经济困难一方的补偿问题。

《阿根廷民商法典》旨在解决这些问题，要么是通过协议进行离婚，要么是在当事人无法达成一致时或者出现侵犯儿童权利时，交由法院判决离婚。

法典修改了有关离婚后由夫妻一方抚养孩子的规定，规定优先采取共同抚养的形式，或是继续共同抚养，或是轮流抚养（第650条）。这种方式可以避免离婚后父母与孩子间交流出现阻碍，也有助于父母理智地订立离婚协议。

出于同样的考虑，法典不再要求提出离婚一方需要举证其分居已经达到一定时限，也无需同时提交证明分居的证据。前述时限的规定不符合宪法的规定，这一点已经有理论提供支持。[1]

但是，前文所述并不意味着损害了法律人的职业活动。相反，不论是法官，还是其他法律从业者，都承担起了新的责任，以便使得司法判决可以产生更好的效力。

### 九、关于法律规定的效力

"如果创设、发布或阐述一项规定，而不去尽力实施，这只是在玩文字游戏罢了"[2]，这句话适用于任何国家。在此，我们不谈论所谓"作秀"[3]或者"安慰大众的法律（normas placebo para la opinión pública）"[4]这种极端的情况，即立法者知道该法律将归于无效，只是纯粹为了颁布而颁布。相反，令人担心的是，没有人质疑其有效性的法律，认为颁布法律就是用来实施的[5]，但现实离这种理想的状态还有一定距离——这一距离就如同药店架子上的药剂与实际用在患者身上的药剂之间的距离一样[6]。

---

〔1〕 Compulsar, por todos, GIL DOMíNGUEZ, Andrés, *La estructura constitucional del proyecto de código unificado*, en Rev. de Derecho de Familiay de las personas, año IV, n° 10, Nov. 2012, pág. 113.

〔2〕 HIERRO, Liborio, *La eficacia de las normas jurídicas*, ed. Ariel, Madrid, 2003, págs. 115/116

〔3〕 DIEZ PICAZO, Luis, *Experiencias jurídicas y teoría del derecho*, 3° ed., ed. Ariel, Barcelona, 1993, pág. 207.

〔4〕 JOFRé, Graciela D., *Normas, intención y conducta*, en La Ley Actualidad, boletín del 6/11/2012.

〔5〕 近来，关于该主题的书目有所增长。参见 FATIN-ROUGE STéFANINI, Marthe et autres（sous la direction de）, *L'efficacité de la norme juridique. Nouveau vecteur de légitimité?*, ed. Bruylant, Bruxelles, 2012.

〔6〕 BIDART CAMPOS, Germán, *La realidad, las normas y las formas jurídicas*, LL 1990 – E – 680. 有关该主题，参见 *"Reflexiones en torno a la eficacia del llamado proceso familiar"*, panamá, septiembre, 1996, tomo I, pág. 518 y Revista de Derecho Puertorriqueño, Vol. 35, n° 3, 1996, pág. 479. *Algunos aspectos referidos a la eficacia del llamado "proceso familiar"*, en Derecho Procesal en vísperas del siglo XXI. Temas actuales en memoria de los profesores Isidoro Eisner y Joaquín Salgado*, Bs. As., Ediar, 1997, págs. 79/132. Me

　　法律效力的缺失对于法治国家来说是一种危害。在此意义上，欧委会部长委员会在2003年9月9日第17号《关于司法判决执行的建议》中提醒道，不执行司法判决或造成极大的风险，会滋生非公共正义，影响到公众对法律体系的信任。[1]

　　为了使法律规定（一般规定和个别规定）得以有效实施，立法者和法官应当具有创造力。正如福尔摩斯法官所言："我们不能仅仅满足于空泛的程式在一国之内得到适用和反复。我们应该思考，而不是想怎么说出来。如果希望遵循现实，那么至少应该把我们的话变成事实"。[2]

　　当然，在适用这些方法时应当尊重受宪法保护的其他权利。例如，美国联邦法院1978年在审理一起案件时，宣布威斯康星州的一项法律违反宪法，这项法律规定，未经法律许可，尚未履行对前段婚姻中的孩子的抚养义务者，不得再次结婚，直至其证明自己已经履行义务使得前段婚姻中的孩子不会成为公共基金负担。这起案件中，瑞哈尔有一个私生女，当时是中学生，他被起诉要求负担一定份额的抚养费。瑞哈尔承认其为自己女儿，但是在他失业的两年期间，没能履行判决。后来，他提出结婚却遭到法院拒绝。债务关系已经形成，而他的女儿的抚养一直由公共基金承担。联邦法院认为人人享有结婚的基本权利。但这并不意味着任何规定了合理结婚要求的法律都是违反宪法的。

　　《民商法典》明确承认了法律规定应当具有有效性的价值，仿照西班牙宪法的程式，在规定诉讼原则时，提及了对有效司法保护原则的尊重（第706条）。其他具体规定包括：关于收养问题的第596条（收养者应该承诺确保

---

referí también a este tema en *La medida autosatisfactiva*, *instrumento eficaz para mitigar los efectos de la violencia intrafamiliar*, J. A, 1.998 – III – 693, y en *Medidas autosatisfactivas*, dirigido por Jorge Peyrano, y Rubinzal y Culzoni, 1.999, pág. 431; *La eficacia de la sentencia dictada en un proceso familiar*, Anales de la Academia Nacional de Derecho de Buenos Aires, 2011; *El turismo y la eficacia del derecho de los consumidores*, en Revista de Derecho de Daños, Santa Fe, Rubinzal Culzoni, 2012; *Efectividad de las sentencias judiciales*, publicacióndel XVII Congreso Internacional de Derecho Familiar. *Las familias y los desafíos sociales*, Mar del Plata, 22/26 Octubre 2012.

〔1〕 *Matheus c. France*, Requête no 62740/00, 31/06/2005; Ver ROSSO, Deborah, *L'efficacia dei Trattati sui Diritti Umani*, ed. Giuffrè, Milano, 2012.

〔2〕 Cit. por OLIVECRONA, Karl, *Lenguaje jurídico y realidad*, trad. de E. Garzón Valdés, ed. Fontamara, México, 1992, pág. 16.

被收养者知晓自己的身世，并在文件中注明）〔1〕；关于抚养费问题的第 553 条（确保履行抚养义务的其他方法，法官可以使用合理方式强制责任人履行义务，以确保判决的有效性）〔2〕；有关保持联系的第 557 条（类似于第 553 条）；等等。

### 十、术语的变化

有评论注意到，新的《民商法典》创造了一些新词，虽然有些词汇并不完全准确，但已经将公民的日常用语纳入阿根廷的法律语言中，如同居（concubinato）、惩罚性伤害（daños punitivos）等。〔3〕

然而，前文所述也证明，很多家庭法调整的法律内容也已经改变了其称谓。

例如，不再使用"亲权"（patria potestad）这一表达，取而代之的是"父母的责任"（responsabilidad de los padres），在 26061 号法律中也是如此使用的，其理由如下："语言具有强烈的教育价值和象征意义，因此，考虑到父母与孩子之间关系的转变，有必要用'父母的责任'取代'亲权'的表述。'支配权'（potestas）这个词来自拉丁语，与权力相联系，会让人联想到罗马法中孩子在家庭等级结构中的绝对依赖性观念。相反，'责任'一词体现的是父母履行其职责以维护儿童或青少年的更高利益，这种职责体现在一系列的权利和义务当中。专业术语的修改也发生在其他国家，有些规定将'亲权'改为'父母的权限'（autoridad parental），还有的改为'父母的责任'（responsabilidad parental）。例如，欧洲理事会 2003 年第 2201 号条例（也称为《布鲁塞尔条例 II》）提及'婚姻问题和父母责任方面的司法决议的权限、承认和实施'〔4〕；第 26061 号法律和一些地方立法在规定父母权利和义务时，也普遍接受'家庭责任'（responsabilidad familiar）的表述。这些都表明，民

---

〔1〕 在现行法律中，由法官在判决中告知，并且应当由收养人在文件中作出承诺。

〔2〕 *Alimentos y derechos humanos. Revisión crítica del sistema legal en la materia. Hacia la efectividad de la obligación alimentaria*, en LLOVERAS, Nora y HERRERA, Marisa（directoras），*El derecho de familia en Latinoamérica*, ed. Nuevo enfoque jurídico, Córdoba, 2010, pág. 469.

〔3〕 ZANNONI, Eduardo, *Género, Derecho y Justicia*, La Ley, boletín del 10/4/2013；LóPEZ MESA, Marcelo, *El daño directo y los daños punitivos en el proyecto de reformas al código civil*, en Lopez Mesa（director）*Estudios sobre el proyecto de nuevo código civil y comercial*, Resistencia, ed. ConTexto, 2012, pág. 47.

〔4〕 ESPINOSA CALABUIG, Rosario, *Custodia y visita de menores en el espacio judicial europeo*, ed. Marcial Pons, Madrid, 2007, pág. 19 y ss.

法典有必要作出改变。"[1]

这一现象具有普遍性，比如意大利法律就经历了"从支配权到义务"的转变，因为理论学说抱怨立法者太忠于"支配权"一词，有必要使用新词来响应"孩子的更高利益"等关键概念[2]。

## 十一、结 论

法律规定不是凭空建立起来的，而是建立在既有事实的基础上的。《阿根廷民商法典》的制定着眼于现实，既保留了原有家庭法中好的部分，又对于不解决现实问题[3]、激化纷争、加重不公平的规定，作出了修改。

时光不会驻足。立法者一旦忽略了这一点，那就有可能沦为摆设，沦为洛特夫人那样，不是关注未来向前看，而是回顾过去往后退。毫无疑问，本文涉及的诸多话题是复杂的，文中的观点也不可能使所有人满意。欢迎大家进行讨论。19 世纪伟大的英国哲学家斯图尔特·穆勒曾说："一个没有经过各方充分、大胆争论的观点，会很快成为死教条。"[4]《民商法典》旨在与大众共生，旨在服务于大众。

---

〔1〕 参见 ILUNDAIN, Mirta, *Responsabilidad parental*, en Rev. Derecho de Familia, n° 57, Nov. 2012, pág. 305；KRASNOW, Adriana, *La responsabilidad parental en el anteproyecto de código civil*, JA 2012 – Ⅱ – 1381. Compulsar también WAGMAISTER, Adriana, *Proyecto de código civil unificado. Parentesco. Alimentos. Responsabilidad parental*, en Rev. de Derecho de Familiay de las personas, Julio 2012, n° 06, pág. 197；在同一本杂志，DEL MAZO, Carlos G. , *La responsabilidad parental* en el proyecto（pag. 206）.

〔2〕 QUADRATO, Maria E. , *Il ruolo dei genitori. Dalla "potestà" ai "compiti"*, ed. Cacucci, Bari, 1999, pág. 120. A. 从第 131 页开始作者分析"父母的责任"的表述；在重要国际文件中具有依据，英国 1989 年《儿童法》也有所规定，但是不足以充分理解父母的权限。对于第 638 条、第 704 条的分析，参见 CATALDI, Myriam, *La responsabilidad parental*, en Rivera, Julio C -director-y Medina, Graciela -co-ordinadora-*Comentarios al proyecto de código civil y comercial de la Nación*, Bs. As. , ed. A. Perrot, 2012, pág. 463 y ss.

〔3〕 草案第 1 条提及"法典适用的情形"。借此力求消除抽象认识，解决现实问题。

〔4〕 Cit. por SINGER, Peter, prólogo al libro de Savulescu, Julian, *¿Decisiones peligrosas? Una bioética desafiante*, trad. de Blanca Rodríguez Lopez y otro, ed. Tecnos, Madrid, 2012.

# 民法典制定中法学家的贡献

—— 在第五届"罗马法·中国法与民法法典化"
国际研讨会闭幕式致辞

[意] Sandro Schipani[*] 著

程 科[**] 翟远见[***] 译

尊敬的各位同仁、亲爱的同学们:

经过两天十分紧张的研讨,在此作一个全面的总结并非易事。现在我只扼要地谈几点。

第一,关于第一个议题,即关于共用物、公有物和私有物的问题,请允许我告诉大家:10月25号,在中国政法大学将召开一个关于环境法的学术研讨会。环境法的问题,已经主要由私法问题变成了行政法的问题。在此,希望我们这几天的讨论成果能够为环境法研讨会提供些许镜鉴。

聆听中国同行对遗产继承的讨论,对我们来讲非常重要。涉及该问题,我认为,绝对应当避免个人主义所带来的危险。这些危险会使人忘记,自家庭关系开始,无论是被生育之人,还是生育抚养之人,抑或规划某些人的生活之人,只要涉及人与人之间的关系,法都应以保护复数的"人"为其宗旨(D. 1, 5, 2[1])。

债的担保议题也至关重要:债的担保主要是为了通过借助他人的财力支持,更好地使精力与劳动能力协同作用,但是担保永远不应按照自己的逻辑

---

* 意大利罗马第一大学教授,"罗马法体系框架下中国法典编纂与法学人才培养研究中心"主任。
** 罗马第二大学法学院博士研究生。
*** 中国政法大学比较法学研究院讲师,罗马第二大学法学博士。
[1] 《学说汇纂》第一卷已由罗智敏译成中文,于2008年在北京出版。

高高居于二者之上。特别是，当今中国热议的在优先为农业劳动者提供安全保障的前提下，如何担保为农业现代化助力的资金借贷这一非常重要的问题，亦深深吸引了我们。

在我们的法律体系中，法律、法典和法学家的关系核心而关键；法学家和法官的关系棘手而微妙。法学没有权力，它是处于司法案件所涉纠纷之外的中立声音，应与法官形成建设性的互动关系。不仅在与立法者的关系上，而且在与法官及其他所有法律职业者的关系上，法学均应有自己的担当；法学的责任和作用应当通过日复一日、使法更加完善的劳作而得到社会的承认。这里的法是"活"的，尤其是当人们在生活中的大多数情况下，发现法乃以实现善良和公正为目的（根据片段 D. 1，1，1 pr. 中杰尔苏的定义）而自觉地遵守它，并据之来处理他们之间的相互关系；或者，就像有些论者所言，在需要为纠纷发生之"病态"提供医治方案，而权利却不一定得到实现，以及更为常见的、单单是要找到法的不同目标之汇合点，避免利益冲突的恶化之时，亦是如此（这一目标异常关键。因此，我的发言不应理解为对法官重要作用的贬损，而应被看作是寻找建设性合作途径的努力）。[1]

除了前面提及的议题外，我们还再次讨论了债的问题。从学术的角度，我本人确信，很有必要对债进行不间断的深入研究。正如物权法的研究不应仅仅停留在物权的取得和移转模式上，债法的研究也不应因《合同法》和《侵权责任法》的出台而终止。在许多方面，债法问题更加复杂，因为债是一种复杂且精心构建起来的法律关系：债不应如格劳秀斯所言成为"对我们一部分自由的所有权"，而当是自由人之间的一种合作形式。

第二，借此机会，请允许我特别回顾一下近些年我们卓有成效地完成的翻译出版工作。

《学说汇纂》的翻译项目上，第四卷已由窦海洋译出，第九卷已由米健和李钧译出，第十二卷已由翟远见译出，第二十三卷已由罗冠男译出，第四十一卷已由贾婉婷译出。《学说汇纂》第十三、十七、二十二卷已经交给出版社，或许正在印刷。其他各卷亦在翻译过程中。

关于原始文献，李维《罗马史》第二部分的翻译亦已告竣。该项工作由王焕生先生和劳布兰诺教授合作完成。关于这部著作的相关内容，劳布兰诺教授在会上已给我们作了介绍。

---

〔1〕　另请参考我提交的讨论法学家德西蒙内的会议论文中之相关内容。

我还要特别向大家介绍薛军对德马尔蒂诺《罗马政制史》的翻译。此部作品及其翻译，均可谓鸿篇巨制！

我们已经开始着手翻译私法著作，如萨科和卡德莉娜合著的《论占有》、萨科的比较法专著《比较法导论》等。

将中国法译成意大利语的工作仍在进行。目前正在翻译的是中国修订后的《专利法》和《商标法》。

与上述工作同时开展的，是与费安玲教授达成共识后，让她协调组织的"意大利民商法丛书"的中文翻译项目。此套丛书由雷希尼奥教授和在座的加布里埃利教授任主编。

第三，我还想强调指出两点。

（1）从第一届会议开始，罗马法研讨会就并非只是一个双边性的会议。不仅中国政法大学罗马法与意大利法研究中心曾邀请亚洲其他国家的同仁参加会议，中国和意大利"法典化和法学人才培养研究中心"也邀请了欧洲的学者与会。除了意大利的同事之外，欧洲的与会者还包括来自德国、俄罗斯、匈牙利的同仁。今年我们还邀请到了一位西班牙同仁（去年在澳门举行的会议，还有葡萄牙的学者参加）。相比于欧洲国家在罗马法体系中自身法律制度的发展，我们研讨会可以体现出一种更加丰富的多样性。来自非洲的一位埃及同行也曾出席了会议。他所在的国家正处于两种法律体系的融合阶段。在拉丁美洲，出席者来自的国家常常有所不同（与会者分别曾来自哥伦比亚、墨西哥、巴西、秘鲁等）。与拉美学者的合作业已启动。此项合作的重要性一直为我所强调。

（2）经俄国同事的介绍，通过20年前的一系列学术会议的召开，亚洲与东欧的罗马法学家逐步建立了联系。从符拉迪沃斯托克（Vladivostok）会议开始，在这一领域，费安玲教授、徐国栋教授、卡尔迪利教授与卡塔拉诺教授正在精诚合作。

金砖五国罗马圆桌会议以及之后的圣彼得堡会议实现了多国学者间的另一种联系。上述两条合作主线互相交织。

作为共同法的"万民法"（ius gentium）以互相信任（fides）、诚实信用（bona fides）、主体平等（aequitas）、追求普善（bonum）为基础；而上述要素亦是中国合同法、19世纪安德雷斯·贝罗（Andrés Bello）起草的智利民法典、2003年巴西民法典、俄罗斯民法典以及意大利民法典，乃至整个罗马法体系共同追求的目标。此外，除了万民法，罗马法体系还一直囊括各个民族适用的自己特有的法。

我们需要加强学术交流和合作，以使这种共同法可以在一切具有国际要素的法律关系中被所有的国家适用，当然首先是被那些以罗马法为制度基础的国家适用。通过共同法的适用，经过不断的完善，让我们最终实现司法服务的经济以及正义的最大化。这里我们需要注意处理具有国际要素的合同所适用的法律！请允许我强调最近由纽约法官托马斯·格雷萨（Thomas Griesa）所作出的臭名昭著的判决。该判决支持了埃利奥特资本管理对冲基金（Elliot Managements）的诉讼请求。[1]此种做法与我们罗马法体系中的原则相冲突，因为根据公元506年的阿纳斯塔秀谕令，禁止向滥用政治性权力关系的主体转让债权（C. 4, 35, 22[2]）。

一个正义的共同法，用一以贯之的方式加以制定，在实现对于所有人的平等的同时，也应关注具体情况的特殊性，尤其是对弱势群体的保护。我乐于提及，债法与主体平等原则之间具有一致性；而且债法同时蕴含着下述目标，即在债的关系中，处于弱势一方的债务人不应因偿债而致赤贫状态（债务人在不使其财产减少为贫困状态的限度内进行支付：D. 50, 17, 173pr.；D. 17, 2, 63pr.）。我还乐于提及，即使面对公共利益的需求或者原始文献中提及的军事秩序，罗马法也仍致力保护穷人家里"唯一的灯盏及不多的陈设"（D. 1, 18, 6, 5）。

---

〔1〕 众所周知，这位法官于2014年7月30日判决阿根廷向对方当事人支付8.32亿美元的公债，而这些公债是原告以0.487亿美元的价格购得的。

〔2〕 在古代社会，似乎也如彭梵得所言，"债权转让被不光彩地滥用。取得债权成了一项真正的职业。有人用很少的钱买下他人的债权，然后用欺压的方法要求债务人履行全部债务"。为了防止对债权让与制度的滥用，正如布尔戴塞总结的那样，拜占庭皇帝阿纳斯塔秀规定，包括利息，"债权购买人向债务人要求支付的数额，不得超过他为受让此债权而支付的款项总额"。

# 中国个人信息保护法治发展
# 现状、问题及展望

张新宝* 葛 鑫**

## 一、引 言

人类迈入信息时代，信息的采集、处理、传输、储存成本大幅降低，生产、生活、管理等一切活动，均以信息或数据的形式被记载和利用，信息真正成为战略性资源，成为推动社会转型的决定性力量。[1]个人信息的处理也在历经数字化的转变，人们身处其中，享受着信息数字化带来的诸多便利，也面临着个人信息数字化带来的风险。近半个世纪以来，有关个人信息保护的立法已经成为全球范围内最为瞩目的立法运动之一，到目前为止，全球已经有110个国家制定了个人信息保护法。[2]中国是全球信息化浪潮中的后起之秀，与信息化进程相伴的是国家对于网络信息安全、公民对于个人信息保护与利用的强烈需求，但在拥有世界上最大数量网民的国家，[3]个人信息保护法却一直处于缺位状态。十八届三中全会以来，网络安全已经提升至国家安全的高度，依法推进互联网管理是中国的必然选择，个人信息保护法等立

 * 中国人民大学教授。
 ** 中国人民大学法学院民法学博士生。

 〔1〕 周汉华："论互联网法"，载《中国法学》2015 年第 3 期。
 〔2〕 就"个人信息"的称谓，各国立法有所不同：欧盟及其成员国将其称为"个人数据""个人资料"；美国及美国的追随者将其称之为"个人隐私"；晚近立法国家如日本、韩国采用了"个人信息"的称谓。
 〔3〕 "中国互联网之二十年：1994 – 2014"，载 http://www. cac. gov. cn/2014 – 11/16/c_1113265290. htm，最后访问日期：2015 年 10 月 1 日。

法事项得到了国家和社会的高度重视。本文旨在介绍中国个人信息保护的法治现状，梳理相关问题，并展望中国个人信息保护立法充分发挥后发优势的发展前景。

## 二、个人信息保护法治发展现状

### （一）立法现状

就法律层面而言，中国尚未出台专门的个人信息保护法，现有法律中涉及个人信息保护的条文分散在近 40 部法律之中。最高层级的立法体现在全国人大常委会的"两个决定"中，即 2000 年 12 月 28 日《关于维护互联网安全的决定》和 2012 年 12 月 28 日《关于加强网络信息保护的决定》：前者以互联网健康发展为目标，开启中国互联网法律规范进程，以刑法手段规制"非法截获、篡改、删除他人电子邮件或者其他数据"[1]的行为；后者则首次全面地规定了互联网时代个人信息保护的基本原则、适用范围、责任主体等内容，并且明确网络用户应提交真实身份信息[2]，推动个人信息法律保护。此外，2015 年 6 月 7 日全国人大常委会发布《中华人民共和国网络安全法（草案）》，向社会公开征求意见，该草案第四章专章规定了网络信息安全，规范公民个人信息保护。在刑事法律领域：2005 年 2 月 28 日颁布的《中华人民共和国刑法修正案（五）》以维护金融管理秩序为出发点，增设"窃取、收买、非法提供信用卡信息罪"[3]，为公民信用卡信息提供法律保护；2009 年 2 月 28 日颁布的《中华人民共和国刑法修正案（七）》增设"出售、非法提供公民个人信息罪"[4]和"非法获取公民个人信息罪"[5]，首次从维护公民人身

---

〔1〕《全国人大常委会关于维护互联网安全的决定》第 4 条第 2 款：为了保护个人、法人和其他组织的人身、财产等合法权利，非法截获、篡改、删除他人电子邮件或者其他数据资料，侵犯公民通信自由和通信秘密，构成犯罪的，依照刑法有关规定追究刑事责任。

〔2〕《全国人民代表大会常务委员会关于加强网络信息保护的决定》第 6 条：网络服务提供者为用户办理网站接入服务，办理固定电话、移动电话等入网手续，或者为用户提供信息发布服务，应当在与用户签订协议或者确认提供服务时，要求用户提供真实身份信息。

〔3〕《中华人民共和国刑法》第 177 条之一第 2 款：窃取、收买或者非法提供他人信用卡信息资料的，依照前款规定处罚。

〔4〕《中华人民共和国刑法》第 253 条之一第 1 款：国家机关或者金融、电信、交通、教育、医疗等单位的工作人员，违反国家规定，将本单位在履行职责或者提供服务过程中获得的公民个人信息，出售或者非法提供给他人，情节严重的，处 3 年以下有期徒刑或者拘役，并处或者单处罚金。

〔5〕《中华人民共和国刑法》第 253 条之一第 2 款：窃取或者以其他方法非法获取上述信息，情节严重的，依照前款的规定处罚。

权利的角度对社会生活中突出的个人信息被侵害问题加以刑事制裁；2015 年 8 月 29 日颁布的《中华人民共和国刑法修正案（九）》应因互联网时代公民个人信息被严重侵害的社会现实，扩张《刑法》第 253 条的犯罪主体和犯罪客体，并将"出售、非法提供公民个人信息罪"和"非法获取公民个人信息罪"二罪取消，改设"侵犯公民个人信息罪"。在民事基本法层面：2009 年 12 月 26 日颁布的《中华人民共和国侵权责任法》（以下简称《侵权责任法》）第 2 条首次明确了隐私权作为一项独立民事权利的性质；[1] 第 36 条首次对网络用户和网络服务提供者的侵权责任加以规范，为追究和认定网络侵权责任提供法律依据：第 1 款宣示性地规定了网络用户的自己侵权责任，第 2 款和第 3 款规定了网络服务提供者与网络用户的两种连带责任情形，并借鉴了"避风港规则"在第 2 款中规定了网络服务提供者的免责条件，以区别于传统媒体的严格责任。在民事特别法层面：2013 年 10 月 25 日颁布的《中华人民共和国消费者权益保护法》就消费者个人信息依法得到保护的权利、经营者收集使用消费者个人信息、经营者向消费者发送商业性信息等事项进行了明确规定。

针对信息化发展过程中的突出问题，国务院和各部门也制定了多项行政法规和部门规章加以调整。在行政法规方面，2000 年 9 月 25 日国务院发布《互联网信息服务管理办法》，以互联网信息服务提供商为切入点对网络信息加以规范，规定其应当记录上网用户的上网时间、用户账号、互联网网址或域名等信息，[2] 并不得制作、复制、发布、传播"侮辱或者诽谤他人，侵害他人合法权益"的信息。[3] 设于国务院之下的工业和信息化部（以下简称"工信部"）作为信息产业的主管部门，在国家信息化进程中，制定了多项部门规章为公民个人信息提供保护。2000 年 10 月 8 日《互联网电子公告服务管

---

[1] 《中华人民共和国侵权责任法》第 2 条第 2 款：本法所称民事权益，包括生命权、健康权、姓名权、名誉权、荣誉权、肖像权、隐私权、婚姻自主权、监护权、所有权、用益物权、担保物权、著作权、专利权、商标专用权、发现权、股权、继承权等人身、财产权益。

[2] 《互联网信息服务管理办法》第 14 条第 1 款：从事新闻、出版以及电子公告等服务项目的互联网信息服务提供商，应当记录提供的信息内容及其发布时间、互联网地址或者域名；互联网接入服务提供商应当记录上网用户的上网时间、用户账号、互联网地址或者域名、主叫电话号码等信息。

[3] 《互联网信息服务管理办法》第 15 条第 8 项：互联网信息服务提供商不得制作、复制、发布、传播含有侮辱或者诽谤他人，侵害他人合法权益的信息。

理规定》第12条、[1]2005年11月23日《互联网安全保护技术措施规定》第4条[2]规定了相应互联网服务提供商、联网单位对用户个人信息的保密义务；2006年2月20日《互联网电子邮件服务管理办法》还进一步规定了服务提供商不得非法使用用户个人信息，并明确用户对商业性广告邮件的拒绝和举报权利；2011年12月29日《规范互联网信息服务市场秩序若干规定》第11条明确网络用户对其个人信息使用的知情和同意权利。2013年7月16日发布的《电信和互联网用户个人信息保护规定》，是目前最具专门性和针对性的个人信息保护规定，从保护公民合法权益、维护网络信息安全的角度对电信业务经营者、互联网信息服务提供商的个人信息收集、使用规范和安全保障措施进行了详细、全面的规定。另外，2005年8月18日，中国人民银行发布《个人信用信息基础数据库管理暂行办法》，对个人信用信息管理库的报送、整理、查询和异议处理等加以规范，以保障个人信用信息的安全和合法使用。2012年11月5日，国家质量监督检验检疫总局、国家标准化管理委员会发布首个个人信息保护国家标准《信息安全技术、公用及商用服务信息系统个人信息保护指南》，虽然该指南不具有法律效力，但对利用信息系统处理个人信息的活动具有指导意义。2014年8月，国务院授权重新组建的国家互联网信息办公室（以下简称"国家网信办"）负责互联网信息内容管理工作，国家网信办也相继发布了《实时通信工具公众信息服务发展管理暂行规定》（2014年8月7日）、《互联网用户账号名称管理规定》（2015年2月4日）、《互联网新闻信息服务单位约谈工作规定》（2015年4月28日）对互联网信息内容加以规范。其中，于2015年3月1日实施的《互联网用户账号名称管理规定》实则是将网络用户实名制加以落实，以第5条明确了实名制采取"后台实名、前台自愿"的模式。[3]

　　此外，2013年9月5日《最高人民法院、最高人民检察院关于办理利用信息网络实施诽谤等刑事案件适用法律若干问题的解释》和2014年6月23日《最高人民法院关于审理利用信息网络侵害人身权益民事纠纷案件适用法

---

　　〔1〕《互联网电子公告服务管理规定》第12条：电子公告服务提供商应当对上网用户的个人信息保密，未经上网用户同意不得向他人泄露，但法律另有规定的除外。

　　〔2〕《互联网安全保护技术措施规定》第4条：互联网服务提供者、联网使用单位应当建立相应的管理制度。未经用户同意不得公开、泄露用户注册信息，但法律、行政法规另有规定的除外。

　　〔3〕《互联网用户账号名称管理规定》第5条第1款：互联网信息服务提供者应当按照"后台实名、前台自愿"的原则，要求互联网信息服务使用者通过真实身份信息认证后注册账号。

律若干问题的规定》两部司法解释均对互联网时代个人信息保护有所涉及。前者对公众反映强烈的利用信息网络实施诽谤、寻衅滋事、敲诈勒索、非法经营等犯罪行为的定罪量刑问题加以明确，以厘清网络言论的法律边界；后者对利用网络侵害人身权益案件的管辖、诉讼程序、《侵权责任法》第36条的适用、转载的过错认定、个人信息保护、删帖、网络水军等问题加以规范。后者第12条对个人信息保护问题进行专门规定，以第1款明确了原则上不得利用网络公开他人个人信息的立场，并逐项列举了几种通常认为不构成侵权的公开他人个人信息的情形；[1]以第2款明确"以违反社会公共利益、社会公德的方式公开个人信息或公开个人信息将侵害权利人值得保护的重大利益"，作为兜底形态认定其同样构成侵权责任，[2]试图规范互联网时代频发的人肉搜索事件，将其适用于网络用户将多个已公开个人信息拼凑汇总整理后再次公开的情形，以为被人肉搜索当事人的个人信息提供保护。

（二）司法实践现状

1. 刑事司法实践

刑法是关于犯罪与刑罚的法律，刑事司法实践严格遵循罪刑法定原则。在个人信息保护方面，现有的刑事司法实践也以《刑法修正案（五）》、《刑法修正案（七）》、两高《关于办理利用信息网络实施诽谤等刑事案件适用法律若干问题的解释》为处理依据。笔者以在中国裁判文书网的检索结果为依据，对上述个人信息保护相关的刑事司法实践状况予以分析。

截至2015年10月1日，法院共审理"窃取、收买、非法提供信用卡信息罪"相关案件40余件，从定罪量刑方面看，案件大多根据所涉信用卡信息数量判以有期徒刑并处罚金。自2005年《刑法修正案（五）》设立该罪名以来，10

---

[1]《最高人民法院关于审理利用信息网络侵害人身权益民事纠纷案件适用法律若干问题的规定》第12条第1款：网络用户或者网络服务提供者利用网络公开自然人基因信息、病历资料、健康检查资料、犯罪记录、家庭住址、私人活动等个人隐私和其他个人信息，造成他人损害，被侵权人请求其承担侵权责任的，人民法院应予支持。但下列情形除外：①经自然人书面同意且在约定范围内公开；②为促进社会公共利益且在必要范围内；③学校、科研机构等基于公共利益为学术研究或者统计的目的，经自然人书面同意，且公开的方式不足以识别特定自然人；④自然人自行在网络上公开的信息或者其他已合法公开的个人信息；⑤以合法渠道获取的个人信息；⑥法律或者行政法规另有规定。

[2]《最高人民法院关于审理利用信息网络侵害人身权益民事纠纷案件适用法律若干问题的规定》第12条第2款：网络用户或者网络服务提供者以违反社会公共利益、社会公德的方式公开前款第四项、第五项规定的个人信息，或者公开该信息侵害权利人值得保护的重大利益，权利人请求网络用户或者网络服务提供者承担侵权责任的，人民法院应予支持。

年来仅有 40 余件案件的原因在于，实践中该罪往往被信用卡诈骗罪吸收，仅以信用卡诈骗罪一罪论处。犯罪行为人之所以窃取、收买信用卡信息，通常目的在于盗刷信用卡以获取非法经济利益，如犯罪行为人盗刷信用卡金额达到信用卡诈骗罪的定罪数额时，则构成信用卡诈骗罪。

截至 2015 年 10 月 1 日，法院审理的出售、非法提供公民个人信息案件近30 件，其中以电信部门工作人员出售手机用户信息、金融机构工作人员出售客户信用信息报表、公安系统人员出售通过公安部内网查询的公民个人信息居多，此外还涉及保险、快递等行业内工作人员出售个人信息的情形。

司法实践中，非法获取公民个人信息案件的数量远远多于出售、非法提供公民个人信息案件，共计 400 余件。同时，非法获取公民个人信息的犯罪行为呈现多样化，出现通过网络交易购买、利用职务之便私自复制、通过掌握公民个人信息的单位或个人私自倒卖等途径获得公民个人信息的情形，其中以网络交易购买居多；就犯罪行为人获取个人信息的目的而言，包括从事商业推销甚至实施诈骗行为。

自 2013 年 9 月 10 日，两高《关于办理利用信息网络实施诽谤等刑事案件适用法律若干问题的解释》实施以来，共计有 10 余件案件构成网络诽谤罪。从相关判决来看，犯罪行为人所诽谤的对象多为国家公职人员或基层村委会干部，诽谤方式多为编造贪腐、作风问题等虚假事实在网站、论坛等发布；在认定是否构成情节严重时，多数案件是以该司法解释第 2 条第 1 项"同一诽谤信息实际被点击、浏览次数达到 5000 次以上，或者被转发次数达到 500 次以上的"为依据加以认定。

2. 民事司法实践

与刑事责任的追究遵循罪刑法定不同，民事侵权责任的认定中以为受害人提供救济为目标，即便在现存法律依据不足的情况下，法官也具有较大的自由裁量权。就个人信息保护的司法实践而言，目前呈现出两类典型案件：其一，以名誉权侵权为由对公民不当信用记录提供救济；其二，以隐私权侵权为由对被人肉搜索当事人个人信息不当披露和利用提供救济。

公民不当信用记录案件始于 2005 年中国人民银行个人信用信息基础数据库的建立，往往是由于商业银行在该数据库报送的客户信用信息不符合客户真实信用状况而引起。根据笔者检索到的 80 多个案件结果来看，通常以报送个人信用信息的商业银行作为被告。除极少数案件是商业银行自身记录出现差错外，更多的情形是他人冒用原告信息申领信用卡、贷款、担保等并存在失信行为，导致原告被记有不良信用记录。在具体认定中，大部分法院认为尽管该数据库的个人信用数据的查询受到一定限制，但名誉权的损害可以是在一定范围内造成不良影响，不良信用记录显然影响其社会评价，使其在从事经济往来活动时受到限制，因而，认定商业银行构成对当事人的名誉侵权；在损害赔偿方面，部分法院认可了当事人的精神损害赔偿请求，但此种赔偿更像是对当事人因不良信用记录而受的财产损失的赔偿，[1]在当事人未有相关损失时，往往仅判决商业银行消除当事人不良信用记录。但也有极少数案件中，法院作出了相反的判决，认为中国人民银行的征信系统是相对封闭的系统，只有特定人员在具备法定事由时才能够查询，并未在不特定人群中传播，未引起社会评价降低，不构成名誉权侵权。[2]

"人肉搜索"又称"人肉搜索引擎"，是一种以互联网为媒介，部分基于用人工方式对搜索引擎所提供信息逐个辨别真伪，部分又通过匿名知情人提供数据的方式搜集信息，以查找人物或者事件真相的群众运动。[3]人肉搜索发端于 2001 年微软陈自瑶事件，[4]十余年来，虽然有媒体报道或文献数据记载的人肉搜索事件多达百余起[5]，但鲜有人肉搜索事件进入司法程序[6]。

---

〔1〕 实践中，存在法院判决被告赔偿原告因不良信用记录延误其按揭贷款购房而赔偿原告贷款利率、房价之间的差价；参见"丁进宇、周桂英与中国农业银行股份有限公司罗山县支行、罗山县周党镇东峰村民委员会名誉权损害赔偿纠纷案"。

〔2〕 参见"周雅芳诉中国银行股份有限公司上海市分行名誉权纠纷案"。

〔3〕 维基百科—人肉搜索词条，http://zh.wikipedia.org/wiki/人肉搜索，最后访问日期：2015 年 10 月 1 日。

〔4〕 网友贴出一女子照片，称该女子为其女友，随后被其他网友认出该女子为微软代言人陈自瑶，陈自瑶的个人信息也随即被网友陆续公布。

〔5〕 相关学者研究显示通过查找主要媒体报道、学术专著等有关人肉搜索事件的记录，2001 年至 2012 年 7 月之间共记录 103 个人肉搜索事件；参见郝永华、周芳："人肉搜索的第一个十年（2001 - 2012）——基于集体行为理论的实证研究"，载《现代传播》（中国传媒大学学报）2013 年第 3 期。

〔6〕 根据笔者在中国裁判文书网（http://www.court.gov.cn/zgcpwsw/）、万律中国（http://www.westlawchina.com/index_cn.html）、北大法宝司法案例数据库（http://www.pkulaw.cn/case）中检索的结果显示，涉及人肉搜索的民事案件仅有：王菲与张乐奕名誉权、隐私权纠纷案，王菲与北京凌云互动信息技术有限公司名誉权、隐私权纠纷案，王菲与海南天涯在线网络科技有限公司名誉权、隐私权纠纷案；严某某与北京福瑞来文化交流中心名誉权纠纷案；蔡继明与百度公司侵害名誉权、肖像权、姓名权、隐私权纠纷案；战一与北京雷霆万钧网络科技有限责任公司名誉权、肖像权纠纷案；徐莉与北京天盈九州岛网络技术有限公司名誉权、肖像权纠纷案，徐莉与北京百度网讯科技有限公司名誉权、肖像权纠纷案，徐莉诉北京搜狐互联网信息服务有限公司名誉权、肖像权纠纷案，徐莉与深圳市腾讯计算机系统有限公司名誉权、肖像权纠纷案，徐莉与人民网股份有限公司名誉权、肖像权纠纷案，徐莉诉广州网易计算机系统有限公司名誉权、肖像权纠纷案。

2008 年"死亡博客"事件所引发的"王菲案"[1] 被称为"中国人肉搜索司法第一案"。该案诉讼阶段,《侵权责任法》尚未颁布,但法院就网络用户(张乐奕)、网络服务提供者(大旗网、天涯网)的责任认定与此后颁布的《侵权责任法》第 36 条网络侵权的责任认定大体相同。法院对"公布个人信息是否构成隐私权侵犯""网络服务提供者的监管义务及限度""不道德行为是否构成免责事由"进行了重点讨论,认定张乐奕、大旗网侵权责任成立,应采取删除措施、在网站首页刊载道歉声明,赔偿王菲精神损害赔偿金共计 8000 元;天涯网因在王菲起诉前及时删除相关内容,以履行监管义务,因而免责。司法实践中,除王菲案之外的其余几件人肉搜索案件,法院皆以《侵权责任法》第 36 条为法律适用依据。

### 三、个人信息保护法治发展面临的主要问题

#### (一)立法层面

尽管目前有大量的法律条文涉及个人信息保护问题,但整体上来看,个人信息保护立法整体水平不高。其一,从现有立法宗旨来看,整体上未能反映与信息化相伴而生的个人信息保护与利用的利益衡量之变化。如《居民身份证法》《政府信息公开条例》等大量法律法规仅规定了相关主体的个人信息保密义务,仍然处于前信息化时代仅认可个人信息消极保护需求的状态,而未从个人信息流转和处理的数字化转变考虑个人信息保护问题。其二,从现有立法适用范围来看,有关个人信息收集和处理的规范主要适用于"网络服务提供者和其他企业事业单位"而排除政府部门的适用,这不仅与政府部门作为最大的个人信息收集和利用者的现状相背离,也不符合其他国家和地区个人信息保护公私领域一体保护并以政府部门为规范重点的立法实践。其三,现有立法尚未明确个人信息保护的主管机构。全国人大常委会《两个决定》及新近的《网络安全法(草案)》均是采用诸如"有关主管部门"的用语,实际上是回避了确定包括个人信息保护主管机构在内的互联网管理主管机构的问题。而鉴于行政管理各部门职责的条块分割的现状,其他专项规范个人

---

〔1〕 王菲的婚外情致使其妻姜岩自杀,张乐奕(姜岩大学好友)将此事在其网站发布,姜岩自杀心路博客文章被转载至天涯网,大旗网对姜岩自杀事件进行专题报道,三被告均公开了部分王菲的个人信息。此后,网友依据该部分王菲个人信息对王菲展开人肉搜索,并将对王菲的批评、谴责从网络延伸至现实生活,严重影响了王菲及其家人的工作和生活。2008 年 3 月,王菲最终提起名誉权、隐私权诉讼。

信息保护的行政法规多以起草部门为相关监管机构，引发了表面多头监管，实质却监管缺位的后果。其四，现有就个人信息的收集、处理和利用进行了相对完善的规定，集中在部门规章，法律位阶较低，在民事和刑事司法裁判中，仅能作为法官裁判说理的依据，而不具有法律拘束力；[1]而高位阶的规范性文件，或者过于原则而流于形式，或者仅仅是宣示性规定，缺乏可操作的具体规则引导司法裁判，导致公民个人信息大量受侵害和较少进入司法救济之间的严重失衡。

（二）行政执法层面

完善的个人信息法律保护应当是包含民事、行政和刑事手段的综合性体系，其中民事手段旨在为个人信息受侵害的信息主体提供救济，刑事手段重在惩罚严重侵害他人个人信息的行为人，而有力的行政监管和执法对于建立个人信息保护秩序、事前预防个人信息侵害而言是不可或缺的。然而，如前所述，中国个人信息保护的规范性法律文件集中在部门规章部分，而中国行政管理各部门条块分割现状，使得不同部门的行政规章均赋予各该部门一定的执法权限，造成长久以来个人信息保护行政执法存在多头管理、职权交叉、权限不明的弊病，也导致了个人信息保护监管缺位的实质后果，这也是目前个人信息买卖黑市泛滥的重要原因。2014 年以来，国家网信办加挂"中央网络安全和信息化领导小组"（以下简称"中央网信小组"）牌子，并经国务院授权负责全国互联网信息内容管理工作和监督管理执法，这些举措表明中央已经将国家网信办作为互联网管理的主管机构看待，新近《网络安全法（草案）》中也明确了网信部门的监管主体地位。但从国家网信办相继发布的《实时通信工具公众信息服务发展管理暂行规定》《互联网用户账号名称管理规定》《互联网新闻信息服务单位约谈工作规定》等规范性文件的内容来看，国家网信办作为个人信息保护的主管机构，仍然需要进一步明确其执法措施、执法权限、中央和地方分工协作等问题，以加强其执法的规范性。

（三）社会公众意识层面

言论和表达自由空间的长久缺失使得公众缺乏广泛的政治参与途径，网

---

〔1〕 在中国民刑事案件中，法律、行政法规、司法解释是法官在审理中应当适用的具有法律拘束力的规范性文件，而行政规章属于可以参照适用作为裁判说理依据的规范性文件。参见《最高人民法院关于裁判文书引用法律、法规等规范性法律文件的规定》第 6 条：对于本规定第 3 条、第 4 条、第 5 条规定之外的规范性文件，根据审理案件的需要，经审查认定为合法有效的，可以作为裁判说理的依据。

络空间的自由和便捷极大地弥补了这一缺陷。而在网络空间中，公民在其行使言论和表达自由、批评与监督权时，往往漠视他人隐私权、名誉权等合法权益，从而造成对他人个人信息保护的侵害。人肉搜索事件即为典型。人肉搜索本身是人工与搜索引擎的结合，既可以是便利公民进行"草根监督"的有益途径，也对于诸如"虐猫"等失德行为有抑制作用，但人肉搜索中的网络暴民[1]与网络谣言，则使得诸多被搜索当事人的合法权益受到侵害。孤立的被搜索当事人与强大的网民团体处于严重失衡的地位，即便诸多被搜索当事人的合法权益受到切实侵害，但在声势浩大的道德审判面前，鲜有受害者通过司法程序寻求救济。面对网络空间言论和表达自由的两面性，一方面需要相关法律明确公民行使言论和表达自由、批评和监督权与他人隐私权、名誉权等合法权益保护的界限，以法律手段强制网民规范自身言行；另一方面更多地是需要提升网民群体整体的道德素养，引导其树立尊重他人合法权益的观念，强化其辨识能力，使其能够独立地评判和利用网络信息，而不是被传媒和网络舆论牵着走，最终导致道德审判的非理性结局。此外，网络空间的虚拟性和匿名性也是导致目前人肉搜索等网络侵权案件难以追责的原因，但公众对于实名制还存在诸多质疑和抵触，[2]除了通过科学建构实名制以实现互联网管理和公民言论自由的平衡外，还应当疏导公众正确、理性地认识当下正在推行的网络实名制规定，以提升实名制管理的实效。

（四）理论研究层面

根据笔者在"中文学术资源发现平台"[3]以"个人信息保护"为主题检索发表在北大中文核心期刊、南大 CSSCI 中文社科引文检索上的学术期刊，以"个人信息"为字段检索已出版图书得到的趋势图来看，自 2000 年以来，个人信息保护学术研究整体上呈现上升趋势，个人信息保护研究方兴未艾。

---

〔1〕 "网络暴民"一词源于 2006 年的"铜须门"事件，该事件引起外媒的关注，外媒将网友此种自发行为上升为文化现象，由此产生"网络暴民"一词。

〔2〕 调查显示，高达 83.5% 的受访者明确反对网络实名制，仅有 15.6% 的受访者表示赞同。参见"调查显示 83.5% 网友反对网络实名制"，载 http://tech.sina.com.cn/i/2007-01-08/07081322989.shtml，最后访问日期：2015 年 10 月 1 日。

〔3〕 中文学术资源发现平台（http://ss.zhizhen.com/），该平台目前收录了 1348 家图书馆的数据文献，是目前中文教学科研服务的权威专业平台。

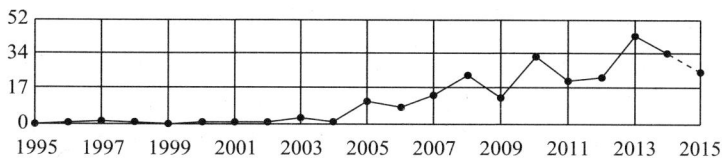

"个人信息保护"核心期刊发文量趋势图

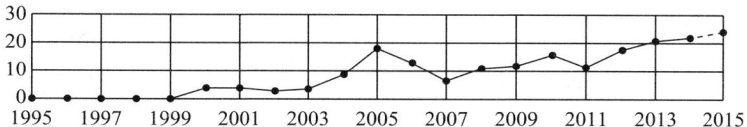

"个人信息"相关图书出版量趋势图

从研究内容来看，研究初期集中于比较法上各国个人信息保护立法和实践介绍，以欧盟和美国为两大主要研究对象，德国、日本、韩国也较多涉及。[1]随着研究的深入，学者逐渐涉及个人信息保护的基础理论，探讨个人信息保护的立法宗旨、基本原则、公民个人信息权利性质等构建中国个人信息保护法的基础理论问题，[2]并形成了两部个人信息保护法草

---

〔1〕 相关专著参见周汉华主编：《域外个人数据保护法汇编》，法律出版社 2006 年版；陈飞等译：《个人资料保护：欧盟指令及成员国法律、经合组织指导方针》，法律出版社 2006 年版；〔德〕库勒著，旷野、杨会永等译：《欧洲数据保护法：公司遵守与管制》，法律出版社 2008 年版；张民安主编：《信息性隐私权研究：信息性隐私权的产生、发展、适用范围和争议》，中山大学出版社 2014 年版；〔美〕托克音顿、艾伦著，冯建妹等编译：《美国隐私法：学说、判例与立法》，中国民主法制出版社 2004 年版；田禾主编：《亚洲信息法研究》，中国人民公安大学出版社 2007 年版。相关论文参见C. 贝内特："加拿大信息高速公路上的个人隐私保护"，载《国外社会科学》1997 年第 3 期；谢青："日本的个人信息保护法制及启示"，载《政治与法律》2006 年第 6 期；李建新："两岸四地的个人信息保护与行政信息公开"，载《法学》2013 年第 7 期等。

〔2〕 相关著作参见齐爱民：《拯救信息社会中的人格：个人信息保护法总论》，北京大学出版社 2009 年版；孔令杰：《个人资料隐私的法律保护》，武汉大学出版社 2009 年版；洪海林：《个人信息的民法保护研究》，法律出版社 2010 年版；郭瑜：《个人数据保护法研究》，北京大学出版社 2012 年版。相关论文参见梅绍祖："个人信息保护的基础性问题研究"，载《苏州大学学报》2005 年第 2 期；洪海林："个人信息保护立法理念探究——在信息保护与信息流通之间"，载《河北法学》2007 年第 1 期；齐爱民："个人信息保护法研究"，载《河北法学》2008 年第 4 期；蒋舸："论个人信息保护法立法模式的选择——以德国经验为视角"，载《法律科学》（西北政法大学学报）2011 年第 2 期；石佳友："网络环境下的个人信息保护立法"，载《苏州大学学报》（哲学社会科学版）2012 年第 6 期；王利明："论个人信息权在人格权法中的地位"，载《苏州大学学报》（哲学社会科学版）2012 年第 6 期。

案。[1]随着社会生活的发展,学者们也逐渐深入探讨个人信息保护相关的热点问题,如电子商务、个人征信信息、基因隐私、指纹隐私、网络实名制、个人信息二次利用等具体制度问题。[2]从整体上说,个人信息保护的理论研究在数量和质量上仍然落后于信息化发展实践,与国外相关理论研究还存在较大差距,尚未为中国个人信息保护法立法做好充足理论准备。[3]同时,虽然目前已有一批专注于个人信息保护法的学者,但往往局限于其以往的研究背景,未能形成综合性视角,对互联网及相关技术发展也不甚熟悉;学者们之间也未能形成有效的学术交流机制[4]。此外,就学者的学术研究成果转化来看,已有学术成果往往束之高阁,并未能助力个人信息保护立法和信息法治队伍建设。

## 四、个人信息保护法治可望的发展

信息法治的后发态势是当前中国从网络大国向网络强国转型的挑战,也是中国信息化社会发展的重要机遇。在法学学者的努力之下,中国在诸多法律中均将后发劣势扭转为优势,在充分、广泛借鉴其他国家和地区立法经验的基础的同时,又注重独立思考,设计出不少能够解决中国问题的优秀法律方案。在个人信息保护法领域,法学界也应有如此的学术魄力和自信,这主要体现在如下方面:其一,在中国法治发展的过程中,执政党及执政党政策一直发挥着重要的引领作用,十八届三中全会以来,网络安全被提升至国家安全的高度。在个人信息保护法领域,中国有望能够从维护国家安全、政治

---

〔1〕 参见周汉华:《〈中华人民共和国个人信息保护法(专家建议稿)〉及立法研究报告》,法律出版社 2006 年版;齐爱民:"中华人民共和国个人信息保护法示范法草案学者建议稿",载《河北法学》2005 年第 6 期。

〔2〕 相关论文参见吴国平:"个人信息开放与隐私权保护——我国征信立法疑难问题探析",载《法学杂志》2005 年第 3 期;孙平:"政府巨型数据库时代的公民隐私权保护",载《法学》2007 年第 7 期;张鹏:"论敏感个人信息在个人征信中的运用",载《苏州大学学报》(哲学社会科学版)2012 年第 6 期;杨晓楠:"互联网实名制管理与公民个人信息的保护",载《情报科学》2012 年第 11 期;齐恩平:"实名制政策与私权保护的博弈论",载《法学杂志》2013 年第 7 期;张红:"指纹隐私保护:公、私法二元维度",载《法学评论》2015 年第 1 期等。

〔3〕 第十一届全国人大常委会立法规划将个人信息保护法列为"由有关方面继续开展研究论证,视情况作出具体安排的项目",http://www.npc.gov.cn/wxzl/gongbao/2008-12/26/content_1467452.htm,最后访问日期:2015 年 10 月 1 日。

〔4〕 中国法学会是中国法学界的全国性学术团体,其下设信息法学研究会,但近 5 年来该研究会尚未进行相关年会交流活动,已经沦为空壳研究会。

安全的高度看待个人信息保护问题，形成统一的个人信息保护方针政策。而在统一政治核心的领导之下，诸如网络实名制等难以推行但实为有益的互联网管理制度均有可能成为现实。其二，就个人信息保护的立法宗旨来看，在大数据、云计算、物联网等信息技术推动下，中国有望结合技术发展前沿对个人信息保护与利用的综合利益衡量，不仅实现信息主体、信息业者、政府的三方利益平衡，[1]也有可能修正既往个人信息保护法以个人信息收集规范为重而不能全面应对个人信息亟待利用的问题。其三，就个人信息保护法的立法模式而言，世界范围内形成欧盟国家主导的统一立法和美国行业自律的分散立法两种模式，未来中国可能会实现对二者的超越，确立国家主导、行业自律与公民参与相结合的个人信息保护法治模式。一方面，网络大国的挑战和信息化发展不均衡的态势决定了国家主导对于确保个人信息保护水平而言是不可或缺的；另一方面，从中国 NRI 排名来看，中国信息化仍然处于发展阶段，这意味着法律的制定必须为信息产业的发展预留宽松的环境，充分的行业自律便是在互联网产业自由发展与网络秩序、公民权益保护之间平衡的重要手段。2015 年 4 月 14 日，中国首个大数据交易平台——贵阳大数据交易所挂牌成立，该数据交易中心目前便主要基于自律模式运营，通过对底层数据的清洗、分析、建模等环节，最终基于可视化的数据结果进行交易。其四，中国已有的个人信息法治实践，将会为未来中国个人信息保护立法提供有益参考；同时，个人信息保护法会充分考虑互联网对社会治理模式的变革，在相关法律政策制定、执行和救济的各个环节拓宽公民的参与途径，以加强立法的科学和民主。总之，一部兼容并包、博采众长并具有中国特色的个人信息保护法指日可待。

---

〔1〕 就中国个人信息保护法的三方利益平衡理论，参见张新宝："从隐私到个人信息：利益再衡量的理论与制度安排"，载《中国法学》2015 年第 3 期。

# 论身体健康权救济中的非财产
# 损害概念之演进

李　琳[*]

## 一、引　言

"非财产损害"这一表述方式，最早见于《德国民法典》第 351 条，指
"财产损害以外的损害"。[1]这是一个极具概括性的概念。事实上，这一概括
性的概念的主要内容——对物质性人格权及非物质性人格权的损害——早在
罗马法时期就已经成型，后经 1000 多年发展成熟。可以说，《德国民法典》
是赋予了从罗马法以来"非财产损害"的内容一个统一概括性的名字，《德国
民法典》上的"非财产损害"与罗马法上相关制度一脉相承。可见，"非财
产损害"制度的概念虽然是在近代民法典确立的，但是其内容和本质滥觞于
罗马法[2]中的私犯之债。[3]

身体健康权救济中的非财产损害，早在《十二表法》（*Leges Duodecim*

---

　　* 法国蒙彼利埃大学法学院私法博士生。
　　〔1〕 也有学者译为"非物质损害"。实际上，在《德国民法典》的语境中，"非物质损害"等同
于"非财产损害"。见陈卫佐译注：《德国民法典》，法律出版社 2010 年版，第 88 页；［德］玛克西米
利安·福克斯著，齐晓琨译：《侵权行为法》，法律出版社 2006 年版，第 224 页。
　　〔2〕 ［意］朱赛贝·瓦尔蒂达拉著，陈汉译："损害赔偿简论：从阿奎利亚法到现代法"，见
《罗马法、中国法与民法法典化（文选）——罗马法与物权法、侵权行为法及商法之研究》，中国政法
大学出版社 2008 年版。当本文讨论《德国民法典》之前的相关制度时，不得不使用"非财产损害"
等《德国民法典》之后才出现的概念来表达当时的概念。这样做并不是意味着当时已经有"非财产损
害"的概念。
　　〔3〕 罗马法上的私犯之债，主要包括四种典型的类型，包括"侵辱"（iniuria），"盗窃"（fur-
tum），"抢劫"（vi bona rapta）和"阿奎利亚法损害"（damnum iniuria datum），也叫"非法损害"。见
费安玲主编：《罗马私法学》，中国政法大学出版社 2009 年版，第 372 页以下。

Tabularum)[1]时期就被规定在了"侵辱"（iniuria）制度中[2]。罗马法侵权责任体系的最大特点之一，规定人身伤害的"侵辱"（iniuria）与规定财产损害的"阿奎利亚法损害"（damum iniuria datum）呈泾渭分明之态。[3]从时间上来看，"侵辱"在"阿奎利亚法损害"之前就已经出现在了成文法中。[4]后世的罗马法学者提出，"自由人的身体不能成为损害赔偿的衡量对象"。[5]这样的理念和制度，体现了人自为人的价值，彰显了"任何人都不能成为自己肢体的所有权人"[6]的理念。虽然因为罗马帝国的衰亡，罗马法湮没在了中世纪的黑暗中。但它具有永恒的价值，也需持续接受实践的检验和理论的反思，对于这一理念的忽视是我们遭遇一系列困境的原因。[7]

经过千年的发展，"损害"（damnum）的概念随着阿奎利亚法的扩张而获得了更丰富的内涵。到了近代，"损害"的概念已经一般化，而且包括了对人身财产等造成的不利益。在侵权法上，《德国民法典》确立了"非财产损害"的概念和对其赔偿的限制[8]。之后的一些国家民法典纷纷

---

〔1〕 "表法"二字的描述形象生动，向人们展现了该法律的古朴气息，即用"表"或曰"板子"铭刻法律这一情形。同时，它还道出了目前学术界对该法律物质载体究竟是"铜"是"木板"还是"象牙"这一问题尚无定论的事实。容易想见，在没有定论的情况下使用无争议的"表法"一词显然要比使用具有风险的"铜表法"一语更为准确和明智；或许正是出于这种考虑，笔者所见相关研究者的著述大多将其称为《十二表法》，因此本文也将采取《十二表法》的名称。见刘招静："《十二铜表法》——罗马法的起点"，载《历史教学问题》2010 年第 3 期。

〔2〕 规定于《十二表法》第八表第 2~4 条。见徐国栋、〔意〕阿尔多·贝特鲁奇、〔意〕纪尉民："《十二表法》新译本"，载《河北法学》2005 年第 11 期；周枬："罗马《十二表法》"，载《安徽大学学报》1983 年第 3 期。

〔3〕 "阿奎利亚法损害"（damum iniuria datum）在后来的发展中逐渐失去了惩罚的功能，主要强调"填补损害"。

〔4〕 早在公元前451年的《十二表法》中，"侵辱"制度就已经被规定。"阿奎利亚法损害"则在几百年后的《阿奎利亚法》中才被确立。

〔5〕 D. 9, 1, 3; D. 9, 3, 1, 5; D. 9, 3, 7.

〔6〕 D. 9, 2, 13：该片段中使用的"所有权"一词，清楚地表明了把人排除在财产性损害（danno）赔偿之外的理由，即不存在财产性的损失。

〔7〕 Cfr. S. Schipani, Orfani dell'actio iniuriarum, rileggere i Digesti: Contribut romanistici per una riflessione sulla giuridica della persona, 中文版：〔意〕桑德罗·斯奇巴尼著，翟远见、张长绵译："'侵辱之诉'的遗孤——重读《学说汇纂》：通过罗马法学家的贡献来看对人的法律保护"，见费安玲主编：《学说汇纂》（第 4 卷），元照出版公司 2012 年版。

〔8〕 1900 年《德国民法典》第 253 条规定："仅在法律所规定的情况下，才能因非财产损害而请求金钱赔偿。"见陈卫佐译注：《德国民法典》，法律出版社 2006 年版。

确立了非财产损害赔偿制度。因为人们把侵权法的功能逐渐定义为"赔偿"非"惩罚",许多国家几乎都采取了限制非财产损害赔偿的原则,[1]将人身损害财产方面的赔偿纳入到了损害赔偿的领域,将"侵辱"制度的人身性的内容交给了刑法管辖。这样的体系安排,割裂了"赔偿"与"惩罚"联系的脉络,而为了弥补由此带来的缺漏,则构建了"精神损害"这一自相矛盾的概念。[2]这样的体系无法全面地保护人的尊严和价值。随着社会经济的发展,人的尊严与价值的提高,要求法律规则作出相应的调整。

为了适应社会的发展,解决司法实践中突出的问题,欧洲国家在立法和司法实践上采取了相应的调整。如意大利、法国、德国及英国等,这些国家发展出了自己的一套体系。这些国家都认为,应该把极为严重的人格权侵害本身视为一种可赔偿性的损害——即损害本身即可诉。[3]在这些国家中,意大利将这个原则上升到了一个"当然"的高度。其宪法法院通过判例确立了"生物性损害"(danno biologico)这一革命性的制度,创立了财产损害与精神损害之外的第三种损害类型。[4]

随着中国经济社会的发展,物质财富高速积累,然而对于人的尊严、身体健康等价值的保护,却没有达到相应的高度。

首先,现行法律规定的"精神损害"的概念范围过窄,仅仅包括主观精神损害。而实际上,在人身伤害的案件中,受害人受到的非财产损害不仅仅只有主观精神损害。

其次,精神损害等赔偿普遍偏低,一般最高额为 5 万元,个别地区为 10 万元。[5]现在社会上各种恶性伤害事件、恶性工伤事件等频发。这样的赔偿数额对于抚慰受害人和预防人身损害发生,力度不足。

---

〔1〕《德国民法典》第 253 条,《意大利民法典》第 2059 条。见费安玲等译:《意大利民法典》,中国政法大学出版社 2004 年版。

〔2〕［意］桑德罗·斯奇巴尼著,阮辉玲译:"对《学说汇纂》合同外责任的重新解读及对其现代侵权法的启示",载《中外法学》2009 年第 5 期。精神损害的概念,在许多国家司法和学术研究中都有使用,法国 le domage moral,意大利 il danno morale。

〔3〕［德］克雷斯蒂安·冯·巴尔著,焦美华译,张新宝校:《欧洲比较侵权行为法》(下卷),法律出版社 2001 年版,第 24 页。

〔4〕［德］克雷斯蒂安·冯·巴尔著,焦美华译,张新宝校:《欧洲比较侵权行为法》(下卷),法律出版社 2001 年版,第 25 页。下文将对生物性损害进行深入的分析。

〔5〕王胜明主编:《中华人民共和国侵权责任法释义》,法律出版社 2010 年版,第 112 页。

再者，如残疾赔偿金的性质与公平赔偿的问题，[1]以及刑事附带民事诉讼中的精神损害赔偿问题。这些问题在理论界和实务界都还没有得到妥善的解决。

同时，在现在的中国侵权责任法制度体系下，一些特殊人群，如残障人士、植物人[2]、失业者或家庭主妇等[3]的身体健康权保护，还很不到位。如伤害婴儿、精神病人，他们甚至有时不能感到精神上的痛苦，也就很难达到"严重精神损害"的适用标准，因而难以得到救济。

另外，在《侵权责任法》生效之后，最高人民法院关于人身损害赔偿和精神损害赔偿的两个司法解释[4]之间，司法解释与《侵权责任法》之间出现了不一致情况。

总之，以上问题的出现，主要是因为"非财产损害"的概念与精神损害概念关系没有厘清，身体健康权非财产损害赔偿制度不完善造成的。

建立完善的身体健康权非财产损害赔偿制度，关键要厘清身体健康权非财产损害的内涵与外延，即如何判断身体健康权救济中的非财产损害。这是一个基本的概念问题。概念明确，是正确思维的首要条件。没有明确的概念，就不会有恰当的判断和合乎逻辑的论证。[5]因此，概念问题是研究非财产损害制度的基本问题。

相比欧洲罗马法系的一些国家，在中国"非财产损害"是舶来品，在其学术与司法界使用得并不多。对该概念，国内学者可谓众说纷纭，因此"非财产损害"的概念还处于混乱之中。只有正本清源，深刻研究"非财产损害"概念的演进、内涵及外延，才能为非财产损害制度的建立提供坚实的基础，并且参与到国际研究的潮流中去。

---

〔1〕 虽然《侵权责任法》在解决这一问题上有所努力：其第17条规定，因同一侵权行为造成多人死亡的，可以以相同数额确定死亡赔偿金。这条规定了"同命可以同价"，但是从另一个意义上来看，也是说"同命可以不同价"。而且，更重要的是，对于伤害身体健康的情况，按照现行法律法规和司法解释，还是不"同价"的。这样的规定，对于一些低收入的人来说很不公平，保护也很不完善。

〔2〕 如在事故中受害人完全失去意识，而且永远都难以恢复，但是一直保持生命，也就是常说的"植物人"。这样的受害者是否可以请求精神损害赔偿呢？

〔3〕 ［德］克雷斯蒂安·冯·巴尔著，焦美华译，张新宝校：《欧洲比较侵权行为法》（下卷），法律出版社2001年版，第19页。

〔4〕 即《最高人民法院关于确定民事侵权精神损害赔偿责任若干问题的解释》和《最高人民法院关于审理人身损害赔偿案件适用法律若干问题的解释》。

〔5〕 金岳霖主编：《形式逻辑》，人民出版社1979年版，第24页。

本文将分为两个部分进行探讨。[1]

第一部分，对《法国民法典》之前的时期进行考察。其包括三个时期：第一个时期从《十二表法》（*Leges Duodecim Tabularum*）[2]到《阿奎利亚法》（*Lex Aquilia*）制定的时期。[3]第二个时期从《阿奎利亚法》制定到优士丁尼《民法大全》（*Corpus Iuriscivilis*）中《学说汇纂》（*Digesta*）制定的前后。[4]第三个时期从第二个时期之后到《法国民法典》制定前的时期。

第二部分，对《法国民法典》制定以后现代民法典的实证法考察。

## 二、身体健康权救济中的非财产损害之渊源考察

### （一）《十二表法》中"损害"（damnum）的概念

在《十二表法》中，有一个重要的制度，即"私犯"（delictum）制度。私犯，是侵犯私人权益的违法行为，也叫非行（maleficia），区别于公犯（crimen），[5]是"债的发生原因"，与"契约"（contractus）概念相对应。[6]主要是规制侵犯私人的利益、没有侵犯国家和社会利益的行为。因此私犯的追究程序由受害人予以启动[7]。《十二表法》中共有35条规定了私犯（delictum），其中有27条集中规定在了第八表，第六表有4条，第七表和第十二表各2条。[8]

这个时期，私犯的类型并没有定型。从其条文来看，有35条。相对于其他表来说，条文数属于比较多的。这些条文规定了一些具体的个案，并没有

---

〔1〕 以下的分期可能并不准确，主要的考虑标准是，标志性的立法活动和法律，代表着立法者和法学界对于法学概念和制度的认识变化。限于能力与篇幅，本文无法对于历史发展进程做详尽的分析，因此下文主要将选取历史发展过程中具有代表性的几个点进行分析。

〔2〕 制定于公元前451~公元前450年，见周枏："罗马《十二表法》"，载《安徽大学学报》1983年第3期。

〔3〕 关于《阿奎利亚法》，国外学者还有争议，但通说认为是公元前286年制定的。Cfr. G. Valditara, Damnum Iniuria Datum, seconda edizione. Torino, 2005. p. 6.

〔4〕《学说汇纂》（Digesta）公布和生效于公元533年。

〔5〕 Cfr. F. Del Giudice, Dizionario giuridico romano, V edizione, ed. Simone, 2010, p. 158. 另见黄风编著：《罗马法词典》，法律出版社2002年版，第87页。

〔6〕 Gai 3, 88; Gai 3, 182.

〔7〕 家父（paterfamilias）是古罗马社会家长制的核心，当发生侵权行为时，双方家父或达成协议，交付罚金（poena），赔偿损失或损害投偿（noxa deditio）；或进行同态复仇（talio）。

〔8〕 周枏："《十二表法》中'私犯'规定的研究"，载《安徽大学学报》1992年第1期。

形成一个一般的原则。总体而言，它所关涉的问题有如下这四个方面：

（1）"盗窃"，如第 16 条："Si adorat furto, quod nec manifestum erit …, < duplione damnum decidito >. "[1]

（2）"侵辱"，包括对人身的伤害，如第 3 条："Manu fustive si os fregit libero, CCC < assium >, si servo, CL < assium > poenam subito si iniuriam faxsit, viginti quinque poenae < asses > sunto. "[2]同时也包括对非物质性人格的侵害。[3]

（3）"不守信义"，如第 21 条："Patronus si clienti fraudem fecerit, sacer esto. "[4]

（4）"对物侵害"，这个类型是最多的，包括第 6 条"四足动物造成的损害"（动物损害之诉 actio de pauperie），第 10 条"烧毁房屋"，第 11 条"不法砍伐他人树木"等。[5]

可见，"私犯"中已经包含了现代法上"损害"概念中的内涵，即对财产的损害和对人身及人格的侵害。

但是，这个时期的"损害"（damnum）的概念具有更狭窄的含义。在《十二表法》中，表达现代意义上的财产损害含义时，出现了 damnum[6]，pauperies, noxa 三个词，这几个词有着不同的含义。

在《十二表法》中，"damnum duplione decideto"之中出现了短语"damnum"。它涉及是对特定不法行为的处罚，并且该处罚总是多倍的（两倍）。具体有两种情况，即非现行盗窃和不正当占有。[7]这个短语是表示"处以两倍的处罚"，所以 damnum 在这里的含义，不是指受害人遭受的损害，而是指

---

〔1〕 Lex XII Tabularum, 8, 16. 实施非现行盗窃者，加倍赔偿损失。

〔2〕 Lex XII Tabularum, 8, 3. 以手或棍棒折断自由人一骨的，处 300 阿斯的罚金；折断奴隶一骨的，处 150 阿斯的罚金。另见 8.2 及 8.4。

〔3〕 Lex XII Tabularum, 8, 16. 如果某人念侮辱人或致人不名誉的歌谣，应处死刑。及 Gai 3, 220。

〔4〕 Lex XII Tabularum, 8, 21. 恩主欺诈门客的，让他做牺牲。另见 8.22。

〔5〕 Lex XII Tabularum, 8, 6; 8, 7; 8, 8; 8, 9; 8, 10; 8, 11.

〔6〕 关于 damnum 的词源，目前不明，有可能来自古冰岛语"tafn"，有可能来自希腊语"δαπάνη"（拉丁单词"daps"由此而来）；"danno"和"dare"有一定联系的推测，可信度不大。见〔意〕R. Cardilli 著，翟远见译："论罗马法'损害'的严格概念"，见费安玲主编：《学说汇纂》（第 3 卷），知识产权出版社 2011 年版。

〔7〕 〔意〕R. Cardilli 著，翟远见译："论罗马法'损害'的严格概念"，见费安玲主编：《学说汇纂》（第 3 卷），知识产权出版社 2011 年版。

加害人应当受到的惩罚。[1]这一点，在西塞罗的著作中可以证明。如其《论演说家》中有"……而过失和欺诈是以罚款（damnis），[2]耻辱，镣铐……来惩罚的"。[3]

有学者认为，"pauperies"是指四足动物造成的损害。如果某人的田地（fondo）或者牧场（pascolo）被动物损害，受害人可以向动物的主人提起动物损害之诉（actio de pauperie）[4]来请求赔偿。动物的主人可以选择将致损的动物交给受害人以免除责任。

Noxa 是 delictum（不法行为）的近义词。在《十二表法》时期，家父（paterfamilias）应当对家子（filius）和奴隶的致损行为负责。[5]因此，通说认为，noxa 主要指为他人的不法行为承担责任的情形，而且主要使用与财产损害的场合。与之相关的概念和制度是 noxae deditio（损害投偿）[6]及 actio noxalis（损害投偿之诉）。

在《十二表法》时期，"pauperies"专指四足动物造成的损害，noxa 主要指为他人的不法行为承担责任的情形，而"损害"（damnum）最初是在财产性的惩罚上来使用的。可见，"损害"（damnum）在开始具有一个非常狭窄的概念，仅指加害人应当受到的"惩罚"，但是前两者都没有发展成为现代意义上的一般性的、抽象的概念。《十二表法》之后至优士丁尼时代罗马法 900 多年的发展历史，就是"损害"概念不断扩大化与一般化的发展历史。

（二）《十二表法》中之非财产损害——侵辱（iniuria）

Iniuria 这个词出现在第八表第 4 条 "si iniuriam faxsit" 短语中，属于一个概括式的条款。从词源学上来看，iniuria 基本含义是"不法"，[7]即指一切非法的行为。在《十二表法》中，iniuria 主要包括对人格的侮辱和对人身的伤害。

---

〔1〕 黄文煌："罗马法上'损害'的概念及其变迁"，载《罗马法、中国法与民法法典化（文选）——从古代罗马法、中华法系到现代法：历史与现实的对话》，中国政法大学出版社 2011 年版。

〔2〕 "damnis"是"damnum"的夺格，表示方式。

〔3〕 ［古罗马］西塞罗著，王焕生译：《论演说家》，中国政法大学出版社 2003 年版，第 137 页。

〔4〕 Cfr. F. Del Giudice, Dizionario giuridico romano, V edizione, ed. simone, 2010, p. 25.

〔5〕 罗马法谚云：Noxa caput sequitur, 即损害赔偿责任跟随有支配权之人。

〔6〕 损害投偿，在周枏先生以及郑玉波先生等人的著作中，称为"委付"。在黄风、徐国栋等学者的译著中，则翻译成损害投偿。本文采用后者的译法。

〔7〕 在拉丁语中，iniuria 由 in + ius + ia 组成，in 表示"不"，"ius"表示法，正义。Cfr. L. Castiglioni, S. Mariotti, Vocabolario della lingua latina, 3a ed. Loesher, 1996, p. 648.

《十二表法》第八表第 1 条的两款规定了对人格侮辱的处罚。即：

1a. 念诅语致人损害者，……；（原文佚失）

1b. 如果某人念侮辱人或致人不名誉的歌谣，应处死刑。[1]

可见，现代法上所谓的"精神损害"，《十二表法》给予了救济。盖尤斯认为，"侵辱"不仅发生在"某人用拳头或棒子殴打或者进行鞭笞之时，也发生在某人受到侮辱、某人明知他人不欠自己任何东西却公开宣称该人是自己的债务人，……许多其他的情况之中"。[2]因此，"侵辱"不仅仅只是对人身的侵犯，而且已经包含了大量对非物质人格的侵犯的内容。

后世罗马法学家和裁判官在此基础上，发展出了一般意义上的"侵辱"制度，为现代"非财产损害"制度的创立打下了基础。

《十二表法》第八表第 2、3、4 条规定了三种具体的侵辱类型，这三种类型被盖尤斯写入了其《法学阶梯》中。[3]这三种类型是：[4]

（1）断肢（membrum ruptum），即对他人身体的某个部位造成了严重的功能伤害；

（2）折骨（os fractum），即折断骨骼[5]；

（3）其他侵辱（iniuria［m］alteri facere）[6]，即其他没有正当理由对他人的人身实施加害的行为，并导致他人受到伤害。

这些情况的救济方式是：第一类，如果达不成和解，则实行同态复仇

---

〔1〕　徐国栋、［意］阿尔多·贝特鲁奇、［意］纪尉民："《十二表法》新译本"，载《河北法学》2005 年第 11 期。

〔2〕　Gai. 3, 220；中文版见［古罗马］盖尤斯著，黄风译：《盖尤斯法学阶梯》，中国政法大学出版社 2008 年版，第 204 页。

〔3〕　Lex XII Tabularum, 8.2, 8.3, 8.4. Gai 3. 223. 另见［古罗马］盖尤斯著，黄风译：《盖尤斯法学阶梯》，中国政法大学出版社 2008 年版，第 206 页。

〔4〕　中文版本见徐国栋、［意］阿尔多·贝特鲁奇、［意］纪尉民："《十二表法》新译本"，载《河北法学》2005 年第 11 期；周枏："罗马《十二表法》"，载《安徽大学学报》1983 年第 3 期。

〔5〕　国内外学者对每一类不法行为的确切含义，特别是 ruptum 与 fractum 的关系的问题，颇有争议。应当认为，ruptum 指的应当是除 fractum 之外的所有的人身损害。Cfr. G. Pugliese, Studi sull'"iniuria", ed. Giuffrè, 1941, p. 30.

〔6〕　关于第三类不法行为的名称，也有争论。iniuria alteri facere, 意指"对他人不当地（ingiustamente）做了某事"。因为 iniuria alteri facere 中的 iuniura 是 iuiura, – ae 的方式夺格形式，即"没有正当理由地（意大利语 ingiustamente）"的意思。而 iniuriam alteri facere 中 iniuriam 是 iuiura, – ae 的宾格，是"不正义行为、不公平行为"的意思，因此应该译为对他人做了不正义行为、不公平行为。Cfr. S. Schipani, Responsabilità ex lege Aquilia：Criteri di imputazione e problema della culpa, Torino, 1969, p. 59.

（talio）（也就是使加害人受到与受害人同样的伤害）；第二类，如果受害人是自由人，则是 300 阿斯的罚金，如果受害人是奴隶，则是 150 阿斯的罚金；[1]第三类，是给付 25 阿斯的罚金。

《十二表法》比较详细地规定了侵害人身行为的类型，并采取了同态复仇或直接给付一笔由法律直接规定的固定数额金钱的救济方式。[2]之所以采取这样的救济方式，源于罗马人一个古老的观念：自由人的身体不能被估价（liberum corpus aestimazionem non recipiat），[3]并且这个观念一直延续到了《阿奎利亚法》时代及优士丁尼时代，成为侵辱制度之中一个基本的原则。

贯彻这个原则的方法是在人身伤害案件中，对加害人课以法律直接规定的罚金。[4]由于《十二表法》中民刑没有被严格区分，这样的罚金多少是具备刑罚的色彩。但是后来发展表明，"侵辱"制度的刑罚部分被剥离，进入了刑法。而在民法领域，则发展出了私人罚金，从此走向了民刑双法保护的轨道。

由于受所处的时代立法技术的限制，《十二表法》规定了固定的罚金。随着社会经济的发展，固定的罚金显然已经不能再满足社会要求。因此，之后由法官根据善良和公正[5]来确定罚金数额。

这样，在《十二表法》中，可以清晰地看出对人的伤害和对财产损害之间的区分。damnum, pauperies, noxa 都是表示财产损害，救济的方式是罚金、损害投偿和赔偿损失。而表示对于人身的伤害，则使用了 rupit（毁伤）、fractum（折断）和 inuria（侵辱），救济方式不是赔偿损失，因为人身尊严不能被估价，而是同态复仇或直接给付一笔由法律直接规定的固定数额罚金。

（三）"侵辱"制度与《阿奎利亚法》

《十二表法》之后，对外的扩张和经济结构的变化使罗马社会经历了重大

---

[1] 到《阿奎利亚法》生效之后，规定侵犯奴隶人身视为对于主人的财产损害。这样，这条规定也可能被《阿奎利亚法》所吸收。Cfr. M. Talamanca, Istituzioni di diritto romano, A. Giuffre, Milano, 1990, p. 630.

[2] 这种方式，也可以由一个故事佐证：罗马的一名骑士 Lucio Verazio 在大街上以对路人掴掌取乐。掴掌以后，他随身携带的奴隶立即拿出一笔金钱（该笔数额固定的金钱相对于 Lucio Verazio 拥有的财富，可以说是微不足道）支付给受害者（当时个人财富形式已发生变化，主要体现为金属币）。Cfr. A. Gellius, Notes Atticae, 20, 1, 13.

[3] D. 9, 1, 3; D. 9, 3, 1, 5; D. 9, 3, 7.

[4] 由于经济社会发展，同态复仇在《十二表法》时期实际已经很少使用。因为在生产力低下的社会，财产对于人们来说，甚至比身体更加重要。受害人一般更倾向于获得财产而放弃同态复仇。

[5] D. 47, 10, 17, 2.

的变革。到了公元前 2 世纪，《十二表法》关于人身伤害的规定已经不再适应社会需求。这一点至少可以从两个方面看出：其一，由于货币贬值，原来法律规定的固定罚金金额已经严重不足；[1]其二，同态复仇这样的救济形式已经明显过时，社会认为其已经失去了正当化的理由。因此，在裁判官的推动下，"侵辱"制度发生了一系列的变化。[2]

　　首先，"侵辱"中侵犯非物质人格的行为范围有所扩大。因为具体行为是通过裁判官的告示（edictum）认定的，因此还是采取具体个案规定的形式，但是具体的情形比《十二表法》规定的几个情形要多很多。在 D. 47. 10. 1pr. 片段中，乌尔比安把这些类型主要都归于"侮辱"（contumelia）和"蔑视"（contemnere）。[3]这些具体的类型主要有：

　　违背善良风俗，用冒犯性的语言或嘲笑性的诗歌侮辱他人；[4]

　　玷污妇女或男女青年，包括使男伴远离她们（没有男伴相随，她们不能去公众场合），或者对他（她）们说不敬的话，抑或是虚假地追求他（她）们；[5]

　　"以侮辱他人为目的"做出某事；[6]包括写作；[7]

　　违背善良风俗，鞭打或虐待他人的奴隶；[8]

　　毒打他人或鞭打他人，或以暴力进入他人的住宅；[9]

　　另外，盖尤斯著作中也确认了几种情况。[10]

　　裁判官通过不断承认新的情况，创立了侵辱之诉（actio iniuriarum）。[11]侵辱之诉具有极强的人身性，一般只能由被害人向加害人提出。其保护的是非财产方面的利益。侵辱之诉使"侵辱"制度的内涵越来越丰富，并逐渐向

---

〔1〕　A. Gellius, Notes Atticae, 20. 1. 13.

〔2〕　Cfr. M. Talamanca, Istituzioni di diritto romano, A. Giuffrè, Milano, 1990, p. 630.

〔3〕　D. 47, 10, 1 pr. 原文：Iniuria ex eo dicta est, quod non iure fiat：omne enim, quod non iure fit, iniuria fieri dicitur. hoc generaliter. specialiter autem iniuria dicitur contumelia. interdum iniuriae appellatione damnum culpa datum significatur, ut in lege aquilia dicere solemus：interdum iniquitatem iniuriam dicimus, nam cum quis inique vel iniuste sententiam dixit, iniuriam ex eo dictam, quod iure et iustitia caret, quasi non iuriam, contumeliam autem a contemnendo.

〔4〕　D. 47, 10, 15, 2.

〔5〕　D. 47, 10, 15, 19.

〔6〕　D. 47, 10, 15, 25.

〔7〕　D. 47, 10, 5, 9.

〔8〕　D. 47, 10, 15, 34.

〔9〕　D. 47, 10, 5 pr.

〔10〕　Gai 3, 220.

〔11〕　Cfr. F. Del Giudice, Dizionario giuridico romano, V edizione, ed. Simone, 2010, p. 28 e p. 251.

一般化发展。[1]

在罚金的确定方面，裁判官放弃了固定罚金的模式，采取了一种浮动的模式，即侵辱估价之诉（actio iniuriarum aestimatoria），由裁判官根据"善良和公正"（quantum aequum et bonum videbitur）和事前估计的最高的限额（taxatio）来确定应当给付的罚金。

另外，针对比较严重的侵辱，国家将出面予以追究。公元前 81 年制定的 lex cornelia de iniuriis（关于侵辱的科尔内利法）规定了侵辱的公犯，即 crimen iniuriae，把一些严重的侵辱行为列为犯罪进行惩罚。但是直到优士丁尼时代，受害人还是可以选择到底是采取公犯还是私犯的追究方式。[2]

《阿奎利亚法》制定后，侵辱与《阿奎利亚法》形成了微妙的关系。

《阿奎利亚法》中使用了 damnum，一些行为被类型化了，如 "urere, frangere, rumpere iniuria"（不法地焚烧、折断、弄碎）的行为。上文已论述，damnum 本意只是加害人应该赋予的罚金。在《阿奎利亚法》中，惩罚的性质并没有改变，但是人身性的惩罚已经基本不再适用，与侵辱类似，都是采取私人罚金的形式，而罚金（damnum）的确定一般以物的损失为标准。因此，damnum 逐渐有了财产损害的含义。[3]这样，《阿奎利亚法》主要调整财产方面的损害，称为不法损害[4]（damnum iniuria datum），与调整人身伤害的侵辱（iniuria）[5]一起被盖尤斯并列为债的发生依据。[6]

初期的《阿奎利亚法》适用范围很狭窄，仅适用于有直接因果关系造成的物的损害。而后通过事实之诉和扩用之诉，裁判官将间接因果关系纳入了《阿奎利亚法》，并且损害的概念也从物的物理损失扩大到了受害人的财产利益损失。[7]同时，人身伤害中的医疗费、劳动能力丧失所带来的财产损失，

---

〔1〕 Cfr. S. Schipani, Orfani dell'actio iniuriarum, rileggere i Digesti: Contribut romanistici per una riflessione sulla giuridica della persona. 中文版见 ［意］桑德罗·斯奇巴尼著，翟远见、张长绵译："'侵辱之诉'的遗孤——重读《学说汇纂》：通过罗马法学家的贡献来看对人的法律保护"，见费安玲主编：《学说汇纂》（第4卷），元照出版公司 2012 年版。

〔2〕 这种方式，类似于现代刑法上规定的自私罪名，包括轻微的人身伤害。

〔3〕 Cfr. G. Valditara, Damnum Iniuria Datum, seconda edizione. Torino, 2005. p. 75.

〔4〕 亦称"阿奎利亚法损害"（damnum legis aquiliae）。费安玲主编：《罗马私法学》，中国政法大学出版社 2009 年版，第387页。

〔5〕 关于 iniuria（侵辱）与 damnum iniuria datum 中的 iniuria（不法的）的关系，见 D. 9，2，5，1 中乌尔比安的论述。

〔6〕 Gai 3，89；Gai 3，182.

〔7〕 Cfr. G. Valditara, Damnum Iniuria Datum, seconda edizione. Torino, 2005. p. 71ss.

也可以按照《阿奎利亚法》获得赔偿。[1]另外，对奴隶的伤害在《十二表法》中被认为是对于主人的侵辱，而在《阿奎利亚法》中则作为主人财产的损害，因此产生了竞合。

在《学说汇纂》中，债的部分虽然还保留着盖尤斯《法学阶梯》的结构，[2]但是侵辱内容中的很大一部分被剥离，并统一到了刑法之中，[3]而阿奎利亚法损害则被单独规定在了第九卷。这样的分开规定的方式，对后世体系造成了巨大的影响。之后侵辱行为被作为犯罪进行惩罚，[4]在民事领域，契约外责任只剩下了"阿奎利亚法损害"。[5]这样的规定，直接影响了后世的民法典，如《德国民法典》和1942年的《意大利民法典》。

（四）"损害"的概括性概念之形成

在中世纪的发展中，由于注释法学派和评论法学派的阐发，沿着从古典法至优士丁尼时代以来的发展趋势，阿奎利亚法之诉得以在更广阔的范围内适用，突破了具体类型的限制，快速地走向了一般化。同时，阿奎利亚法之诉的功能也获得了明确的确认：赔偿损害和恢复原状。[6]

"损害"的概念有了本质性的发展。关于"损害"的概括性概念开始形成，并且开始占据了侵辱之诉离去后所留下的空隙，将人身伤害中的生理痛苦和精神性痛苦也纳入了进来。

格劳秀斯在这样的发展中起到了非常大的作用。他将 damnum 定义为一切

---

　　[1]　S. Schipani, Contributi romanistici al sistema della responsabilita' extracontrattuale, Torino, 2009, p. 156.

　　[2]　即债的发生原因是，盗窃、抢劫、侵辱和不法损害。

　　[3]　D. 47，10 以下。

　　[4]　在《盖尤斯法学阶梯》中，盖尤斯论述了阿奎利亚法之诉是混合诉讼（actiones mixtae），即受害人可以同时要求返还物和要求给付罚金。在这里，惩罚和赔偿的功能是并存的。并且即使在单倍赔偿的情况下（in simplum），阿奎利亚法之诉也是具有双重特性。实际上，在古典法时代，人们是可以在阿奎利亚法之诉和一个纯粹的损害赔偿之诉之间选择。阿奎利亚法损害之后就一直朝着赔偿损害功能的方向发展，逐渐与惩罚功能的侵辱分道扬镳。阿奎利亚法损害的功能经过中世纪法学家的进一步发展，成了现代侵权责任法的主要功能。Gai 4.9；I.4，6，19；Cfr. M. Talamanca, Istituzioni di diritto romano, A. Giuffre, Milano, 1990, p. 628.

　　[5]　Cfr. S. Schipani, Contributi romanistici al sistema della responsabilità extracontrattuale, Torino, 2009, pp. 155 ~ 157.

　　[6]　[意]朱赛贝·瓦尔蒂达拉著，陈汉译："损害赔偿简论：从阿奎利亚法到现代法"，见《罗马法、中国法与民法法典化（文选）——罗马法与物权法、侵权行为法及商法之研究》，中国政法大学出版社2008年版。

对于人身、名誉、尊严的伤害，[1]同时将阿奎利亚法损害（damnum iniuria datum）作为债的一般性基础，将阿奎利亚法保护的适用范围扩展到了对人的非财产性伤害的领域。之后，受害人还被赋予了以这些伤害为由获得金钱赔偿的权利。这样，债的结构就变成了契约与阿奎利亚法损害。这样的发展开辟了损害的新道路：阿奎利亚法将人身伤害纳入保护范围；相应地，受害人可以得到"生理性痛苦"和"精神性痛苦"之救济。[2]现代的民法典都是按照格劳秀斯开辟的道路去构建现代侵权法体系。这样，"损害"具有了概括性的概念，在法国法上，甚至可以包含所有类型的损害。而非财产损害也被纳入了损害赔偿的体系。最终，惩罚的理念大部分时间只停留在刑法的领域，私人罚金的概念基本从民法中消失了。非财产损害之赔偿或精神损害赔偿只能获得法律严格限制的"赔偿"，实际上，它们成了侵辱之诉在民法中的遗孤。[3]

### 三、身体健康权救济中的非财产损害之实证法考察

欧洲经过了几个世纪的罗马法复兴运动，基本已经完成了对罗马法的继受。到了18世纪，大陆法系迎来了一股法典制定与立法的高潮。古老的罗马法阿奎利亚法损害与侵辱制度，在各个法典中被继受或抛弃。到现代，欧洲几个国家立法经过200多年的发展，形成了一套非财产损害及赔偿的制度。这一套非财产损害或精神损害制度的建立，是一个从罗马法时代就开始的从

---

〔1〕 *sed damnum, ut diximus, etiam adversus honorem et famam datur, puta verberibus, contumeliis, maledictis, calumniis, irrisu, aliisque similibus modis. In quibus non minus quam in furto atque aliis criminibus vitiositas actus ab effectu discernenda est... quanquam et pecunia tale damnum rependi poterit, si laesus velit, quia pecunia communis est rerum utilium mensura.* —— "我们前面提到的损害，还包括对他人名誉和声望的伤害，比如对他人实施抨击、冒犯、诽谤、诬蔑、操弄或其他类似的行为。在这些情况中，与盗窃或其他罪行一样，行为的瑕疵应该和它的结果区分开来……如果受害人愿意，这样的损害还可以折算成金钱，因为金钱是一切有用的东西的共同衡量标准。" 见〔意〕R. Cardilli 著，翟远见译："论罗马法'损害'的严格概念"，见费安玲主编：《学说汇纂》（第3卷），知识产权出版社2011年版。

〔2〕 〔意〕朱赛贝·瓦尔蒂达拉著，陈汉译："损害赔偿简论：从阿奎利亚法到现代法"，见《罗马法、中国法与民法法典化（文选）——罗马法与物权法、侵权行为法及商法之研究》，中国政法大学出版社2008年版。

〔3〕 Cfr. S. Schipani, *Orfani dell'actio iniuriarum, rileggere i Digesti: Contribut romanistici per una riflessione sulla giuridica della persona.* 中文版见〔意〕桑德罗·斯奇巴尼著，翟远见、张长绵译："'侵辱之诉'的遗孤——重读《学说汇纂》：通过罗马法学家的贡献来看对人的法律保护"，见费安玲主编：《学说汇纂》（第4卷），元照出版公司2012年版。

"侵辱之诉"到"阿奎利亚法损害"的转变过程,这一过程持续了几个世纪。[1]

下文主要考察罗马法系几个标志性的国家——法国与德国,这两个国家的民法典及其他法律法规在身体健康权救济中的非财产损害的处理上非常具有代表性——及博取德法民法所长的意大利,其1942年《意大利民法典》,由于对罗马法传统的大量继受及活跃的判例法,开辟了不同于德法两国的道路。同时,英国作为普通法的代表,也被纳入到了考察视野。

(一)法国

1804年《法国民法典》是民法史上的里程碑,其在精神上的光辉灿烂影响力使所有之前的法典都相形见绌。[2]它直接影响了欧洲、拉丁美洲及远东的民事立法,这种影响直到《德国民法典》及之后的瑞士、荷兰民法典的颁布才有所减弱。[3]

虽然《法国民法典》是一部革命性的法典,但是与旧的制度和法律有着千丝万缕的联系。法典主要综合了法国北部的习惯法——巴利门(parlement)[4]的判例——以及南方的成文法——罗马法,其债法和合同法在法国被作为普通法。[5]

同时,几位著名学者的学说对民法典的制定有着重大的影响。其中18世纪奥尔良的教授、法官波蒂埃(Pothier)的著作直接启发了民法典的大量规定。[6]《Pothier债法条约》采用了一个适用范围更为广泛的私犯的概念:私犯是指因故意或者恶意对他人造成损害(danno)或侵辱(ingiuria)的行

---

〔1〕〔意〕朱赛贝·瓦尔蒂达拉著,陈汉译:"损害赔偿简论:从阿奎利亚法到现代法",见《罗马法、中国法与民法法典化(文选)——罗马法与物权法、侵权行为法及商法之研究》,中国政法大学出版社2008年版。

〔2〕〔德〕弗朗茨·维亚克尔著,陈爱娥、黄建辉译:《近代私法史》(上册),生活·读书·新知三联书店2006年版,第339页。

〔3〕〔法〕雅克·盖斯旦、吉勒·古博著,谢汉琪等译:《法国民法总论》,法律出版社2004年版,第100页。

〔4〕巴利门(parlement)是法国一些终审司法法院,巴黎地区的巴利门的习惯法在法国北方影响比较大。

〔5〕〔法〕雅克·盖斯旦、吉勒·古博著,谢汉琪等译:《法国民法总论》,法律出版社2004年版,第88页。

〔6〕〔法〕雅克·盖斯旦、吉勒·古博著,谢汉琪等译:《法国民法总论》,法律出版社2004年版,第89页。

为。[1]随后,《法国民法典》对此作了更一般化的表述,其第1382条规定:"任何行为致他人受到损害,因其过错致行为发生的人,应对该他人付损害赔偿之责任。"[2]在这样的表述中,我们可以看到已经扩张了的阿奎利亚法损害制度的影子。

《法国民法典》对于损害赔偿的规定可谓简短。其第1382～1386条仅规定了引起责任的原因,而对于合同的规定则更为详细,故损害赔偿的内容根据民法典第1149条确定,即应当赔偿所受损害(perte)及所失利润(gain)。

民事责任法的主要功能还是填补损害(la reparation des dommage)。[3]官方观点认为,损害赔偿不具惩罚功能。法国最高法院的判例确认,民事责任的目的是恢复因为损害而被破坏的平衡和使受害人恢复到如果没有遭受损害而应处的状态[4]。同时,判例还确认,加害人的过错程度不在损害赔偿的考虑范围内。但是,在司法实践中,损害赔偿多少具有惩罚的功能,如具有惩罚性的违约金,[5]或者是所谓的私罚(peine privée)。[6]实际上,民事责任通常已经具有了填补损害、惩罚、预防及恢复法律秩序(rétablissement de la légalité)的多重功能。[7]

近年来,随着填补损害的概念的发展,损害赔偿的目的有所扩大,从填补受害人的经济损失,扩大到了"使受害人满足(satisfaction)"。这是由于法国学者意识到了,对于非经济的损失(les préjudices non économiques)[8]来说,因为无法用金钱来对之赔偿,如疼痛和痛苦(peines et souffrances),狭义上的填补损害已经无法适用。这样,需要求助于新的概念,即"满足"

---

〔1〕 [意]朱赛贝·瓦尔蒂达拉著,陈汉译:"损害赔偿简论:从阿奎利亚法到现代法",见《罗马法、中国法与民法法典化(文选)——罗马法与物权法、侵权行为法及商法之研究》,中国政法大学出版社2008年版。

〔2〕 Tout fait quelconque de l'homme, qui cause à autrui un dommage, oblige celui par la faute duquelil est arrivé à le réparer. Cfr. Code civil, 31e éd, Lexisnexis Paris, 2012, p. 906.

〔3〕 Cfr. G. Viney, P. Joudain, Traité de droit civil: les effets de la responsabilité, 2e éd., L. G. D. J Paris, 2001, p. 1.

〔4〕 Cfr. Code civil, 31e éd, Lexisnexis Paris, 2012, p. 929.

〔5〕 Cfr. U. Magnus (ed.), Unification of tort law: damages, Kluwer London, 2001, p. 77.

〔6〕 Cfr. G. Viney, P. Joudain, Traité de droit civil: les effets de la responsabilité, 2e éd., L. G. D. J Paris, 2001, p. 4.

〔7〕 Cfr. G. Viney, P. Joudain, Traité de droit civil: les effets de la responsabilité, 2eéd., L. G. D. J Paris, 2001, p. 125.

〔8〕 "les préjudices non économiques" 在这里即指 "le dommage extra-patrimonial" (非财产损害)。

（satisfaction）和"抚慰"（consolation）。[1]

法国法上，"损害"可以用两个词来表达，即 dommage 和 préjudice。有学者认为，这两个词是有区别的。前者表示所有人身和财产上的侵犯，即不具备法律意义；后者是法律上的评价，分为合同损害和非合同损害，都是损害赔偿的对象。但是一般认为这两个词可通用。[2]实际上，还存在一个"可赔偿的损害"（dommage réparable）的概念。这就是说，并不是所有的"损害"（dommage）都是可赔偿的。因此，可以认为，dommage 指的应当是自然意义上的，即没有被法律确认的损害。可赔偿的损害具有非常广泛的定义，《法国民法典》对于损害并没有下定义。[3]损害只要满足确定的，属于个人的，直接的和有法律规定的就被认为是可赔偿的损害。这些标准，很大程度上来说并不是严格的。[4]而且，对于损害的严重程度，法律也没有限制。这就是说，任何损害都可能成为可赔偿的。因此，必须由法官来确认某一损害是否具有可赔偿性，[5]或者说，是否存在利益被侵犯。对于利益的侵犯（la lésion d'un intérêt）的衡量，法国学界采取的原则是：将现实的情况（situation）与如果不存在发生损害事实应该处于的情况比较（comparaison）。[6]可见，此处的利益是广泛的，包括经济上的利益和非经济上的利益。

非财产的利益损害，或者说非财产损害[7]的可赔偿性，引起了广泛的争论。很多学者认为，与财产损害不同，非财产损害无法证明，估价和金钱赔偿无法真正抚慰受害人，因此非财产损害不具可赔偿性。[8]因为无法赔偿所以就不赔偿，这是典型的"鸵鸟心态"。对于保护受害人利益非常不利。因此

---

〔1〕 Cfr. G. Viney, P. Joudain, Traité de droit civil: les effets de la responsabilité, 2e éd., L. G. D. J Paris, 2001, p. 3.

〔2〕 Cfr. G. Viney, P. Joudain, Traité de droit civil: les conditions de la responsabilité, 3e éd., L. G. D. J Paris, 2006, p. 4.

〔3〕 但是在 Catala 的民法典改革方案中第1343条中规定了损害的定义，即损害是对利益的侵犯。(le prejudice est la lésion d'un intérêts). Cfr. G. Viney, P. Joudain, Traité de droit civil: les conditions de la responsabilité, 3e éd., L. G. D. J Paris, 2006, p. 15.

〔4〕 Cfr. U. Magnus (ed.), Unification of tort law: damages, Kluwer London, 2001, p. 80.

〔5〕 这一点不禁让我们想起了《阿奎利亚法》颁布之后的裁判官法。裁判官不断地通过个案运用扩用之诉和事实之诉来扩张阿奎利亚法损害的适用范围。

〔6〕 Cfr. G. Viney, P. Joudain, Traité de droit civil: les conditions de la responsabilité, 3e éd., L. G. D. J Paris, 2006, pp. 15 ~ 16.

〔7〕 法国法上用 Dommage extra-patrimonial 或 dommage morale 表达，两种具有同样的含义。

〔8〕 Cfr. G. Viney, P. Joudain, Traité de droit civil: les conditions de la responsabilité, 3e éd., L. G. D. J Paris, 2006, p. 35.

民法学和行政法学最终还是在实证法上[1]明确确立了非财产损害的可赔偿性。[2]为此,学界还发展出了"使受害人满足(satisfaction)"[3]的理论,认为对于非财产损害的赔偿,具有制裁加害人和抚慰受害人的作用,这与德国法上的调整及抚慰功能比较相似。[4]实际上,现在法国最高法院认为,只要符合民法典第 1382 条的损害都可以被救济。这实际上是回到了自然法学派下的"阿奎利亚法损害之诉"。

但有些学者认为,这样的非财产损害过于宽泛,给予法官的自由裁量权过大,应当受到某种限制。

法国学者 L. Hugueney 在 20 世纪初将私罚(peine privée)理论引入法国的民事责任法,后经众多学者发展,[5]成为民事责任法中一项重要的理论。私罚的理论认为,非财产损害与财产损害有着本质的区别,这个是无法回避的。非财产损害的救济,并不是真正意义上的损害赔偿,而如一种私罚(peine privée)。[6]财产损害赔偿中,法院一般不会考虑加害人的主观过错,如果也这样处理非财产损害,就会造成一个荒谬的现象:一个因轻微过失引发了的非财产损害大于一个因恶意引发的非财产损害,但是前者的损害赔偿责任更重。而私罚理论可以很好地解决这个问题:其一,在无过错责任领域,私罚总是被排除的。其二,私罚的数额,取决于过失的程度而不是损害的大小。其三,私罚只能针对加害人本身,因此排除了加害人为非财产损害行为进行保险。其四,私罚还符合"一事不再理"(non bis in idem)的原则,如在同一行为中有多个受害人,这时只罚一次,可以减轻加害人负担。[7]

---

[1] 如《刑事诉讼法》第 3 条第 2 款规定:"任何对损害的控诉在民事诉讼法上都是可诉的,无论是财产上的还是身体或非财产上的……"。Cfr. G. Viney, P. Joudain, Traité de droit civil: les conditions de la responsabilité, 3e éd., L. G. D. J·Paris, 2006, p. 35.

[2] 其实,在法国民法典制定之前,自然法学派继受了中世纪罗马法发展的成果,认为精神痛苦应当被阿奎利亚法损害制度救济。见 [意] 朱赛贝·瓦尔蒂达拉著,陈汉译:"损害赔偿简论:从阿奎利亚法到现代法",见《罗马法、中国法与民法法典化(文选)——罗马法与物权法、侵权行为法及商法之研究》,中国政法大学出版社 2008 年版。

[3] 上文已有所阐述。

[4] 刘春梅:《人身伤害中的非财产损害赔偿研究》,法律出版社 2011 年版,第 51 页。

[5] 最近比较有影响力的著作,S. Carval, La responsabilité civile dans sa function de peine privée, L. G. D. J, 1995.

[6] Cfr. G. Viney, P. Joudain, Traité de droit civil: les conditions de la responsabilité, 3e éd., L. G. D. J Paris, 2006, p. 36.

[7] Cfr. G. Viney, P. Joudain, Traité de droit civil: les conditions de la responsabilité, 3e éd., L. G. D. J Paris, 2006, p. 37.

另外，还有学者提出，应当对非财产损害进行分类，分别判决赔偿，然后再综合。[1]而不应像法庭那样，对整个对财产损害判决一个整体的赔偿。这样的主张刚开始并没有得到实证法的采纳。但是现在，这一主张逐渐地成为欧洲几个国家学者的共识。[2]

法国法上，可赔偿的非财产损害分为三部分，一是直接对于精神性人格权（les droits de la personnalité）的侵犯；二是侵犯身体完整性（l'intégrité corporelle）产生的非经济的后果[3]；三是对环境造成的损害[4]及其他的非财产损害。

对于第二个部分，主要可以分为以下几个类别：[5]一是生理性损害（les préjudices physiologiques）；二是受害人所遭受的身体或精神痛苦（les préjudices moraux subis par la personne blessée ou malade），包括持续的身体疼痛和精神痛苦（les souffrances endurées），美感的损害（les préjudices esthétiques），生活乐趣的损害（les préjudices d'agrément）[6]及性生活的损害（les préjudices sexuels）；三是死者亲属遭受的感情损害（le préjudice d'affection）等。

生理性损害（les préjudices physiologiques）是指与金钱无关的、身体能力的减损，又可以称为，功能性损害（les préjudices fonctionnels）或生物性损害（les préjudices biologiques）。包括身体的损伤，如截肢、器官失去功能、瘫痪、失去味觉听觉等；还包括心理上的障碍和紊乱。[7]

持续的身体疼痛和精神痛苦（les souffrances endurées）包括身体的疼痛

---

〔1〕 Cfr. G. Viney, P. Joudain, Traité de droit civil：les conditions de la responsabilité, 3e éd., L. G. D. J Paris, 2006, p. 38.

〔2〕 Cfr. U. Magnus（ed.）, Unification of tort law：damages, Kluwer London, 2001, p. 196.

〔3〕 即身体健康权救济中的非财产损害。

〔4〕 Cfr. G. Viney, P. Joudain, Traité de droit civil：les conditions de la responsabilité, 3e éd., L. G. D. J Paris, 2006, p. 39.

〔5〕 不包括受害人死亡的情况。

〔6〕 有学者认为，法国法上的"les préjudices d'agrément"类似于意大利法上的"danno alla vita di relazione"，即"对社会生活关系的损害"。但本文认为，应当更接近于意大利法上的"存在性损害"（danno esistenziale）。Cfr. F. D. Busnelli, S. Patti, Danno e responsabilità civile, ed. G. Giappichelli, Torino, 1997, p. 45；陈汉："一项法律规范的历史变迁：对意大利民法典中非财产损害赔偿制度的考察"，见费安玲等：《从罗马法走来：桑德罗·斯奇巴尼教授七十寿辰贺文》，中国政法大学出版社 2010 年版；另有学者翻译为"因爱情行为的剥夺而遭受的痛苦"，见张民安：《现代法国侵权责任制度研究》，法律出版社 2007 年版，第 125 页。

〔7〕 Cfr. G. Viney, P. Joudain, Traité de droit civil：les conditions de la responsabilité, 3e éd., L. G. D. J Paris, 2006, p. 48.

(la douleur physique, pretium doloris)，包括已经明显表现出来的和将来要发生的疼痛。欧盟委员会第 75－7 号决议第 11 条规定了此种损害应得到赔偿。同时，法国 1985 年 5 月的法令明确指出，持续精神性的痛苦也应当得到赔偿，这种痛苦表现为抑郁、焦虑、恐慌和与伴随身体伤害而产生的一系列消极状态。[1]

美感的损害（les préjudices esthétiques）类似于英美法上的容貌损失。[2] 当对于身体的损害明显使受害人遭受难以参加正常社会活动的痛苦时，法官会要求加害者赔偿。

生活乐趣的损害（les préjudices d'agrément）产生之初是被设计描述对于受害者因身体健康受伤害而造成体育或艺术活动的被剥夺。而后经过几十年的发展，这个概念扩大为"因为无法或者难以继续从事正常的娱乐消遣活动，而直接造成的生活乐趣的减损"[3]。这个定义被最高法院民庭、刑庭和社会庭一致接受。

性生活的损害（les préjudices sexuels）产生于 70 年代，指不仅受害者的生殖能力的丧失而且享受性生活乐趣的能力丧失都应当得到赔偿。[4]然而，这种损害通常难以确定。现在，大部分时候，这种损害已经被纳入到了生活乐趣的损害中。

（二）德国

《德国民法典》创立了不同于法国民法典的道路。在损害赔偿的领域，采取了概括列举共存的方式，[5]限制了损害赔偿的适用范围。同时，第一次在法典中提出了"非财产损害"的概念，并设置了限制条款。因此，德国的立法是阿奎利亚法损害制度发展的另一个方向。

德国学界对于损害概念的观点与《奥地利民法典》第 1293 条的定义相似，即损害指一个人在其财产、权利和人身上遭受的一切不利。[6]但德国立

---

〔1〕 Cfr. G. Viney, P. Joudain, Traité de droit civil: les conditions de la responsabilité, 3e éd., L. G. D. J Paris, 2006, p. 51.

〔2〕 Cfr. U. Magnus (ed.), Unification of tort law: damages, Kluwer London, 2001, p. 81.

〔3〕 Cfr. G. Viney, P. Joudain, Traité de droit civil: les conditions de la responsabilité, 3e éd., L. G. D. J Paris, 2006, p. 52.

〔4〕 Cfr. G. Viney, P. Joudain, Traité de droit civil: les conditions de la responsabilité, 3e éd., L. G. D. J Paris, 2006, p. 54.

〔5〕 即《德国民法典》第 823 条和第 826 条的规定。

〔6〕 ［德］克雷斯蒂安·冯·巴尔著，焦美华译，张新宝校：《欧洲比较侵权行为法》（下卷），法律出版社 2001 年版，第 5 页以下。

法上没有对损害作出定义。但是，德国法上有一个重要的原则，即填补损害原则。民法典第 249、250、251 条对此作了规定。其中从第 249 条的表述可以看出，损害的判断标准是"假如没有发生引起损害赔偿义务的事情所会存在的状态"。[1]

《德国民法典》将侵权的损害赔偿规定于债法分则中的侵权之债中，主要是第 842 ~ 847 条[2]规定了人身损害赔偿，包括其中财产损害赔偿与非财产损害赔偿。第 848 ~ 851 规定了对财产的损害赔偿。同时，还有很多特别法上的规定，如《道路交通法》第 9 ~ 13 条、《严格责任法》第 5 ~ 10 条等。[3]

在《德国民法典》中，非财产损害[4]金钱赔偿（Schadenersatz in Geldfuer Nichtvermoegensschaeden）最主要的形式是抚慰金（Schmerzensgeld）。依照《德国民法典》原第 847 条第 1 款的规定，在侵害身体、健康以及剥夺自由的情形下，受害人可因非财产损害（非物质损害）而请求合理的金钱赔偿。[5]

虽然在最近的法律修订中，第 253 条已经取消了"抚慰金（Schmerzensgeld）"的说法，而代之以"请求合理的金钱赔偿"。然而，由于"抚慰金（Schmerzensgeld）"的说法在法学用语中已经约定俗成，因此两者没有实质的差别。[6]因此，以下还将使用"抚慰金（Schmerzensgeld）"的概念。

从新的第 253 条内容可以看出，虽然法律修订后非财产损害赔偿的范围已经有显著的扩大，但《德国民法典》对于非财产损害赔偿还是采取了严格

---

〔1〕 第 249 条内容是：损害赔偿义务人必须恢复假如没有发生引起损害赔偿义务的事情所会存在的状态。

〔2〕 第 847 条已经被第 253 条所吸收。

〔3〕 Cfr. B. S. Makersinis, H. Unberath, *The German law of torts: a comparative treatise*, Hart Oregon, 2002, p. 902.

〔4〕 在德国法上称为非物质损害。见 ［德］玛克西米利安·福克斯著，齐晓琨译：《侵权行为法》，法律出版社 2006 年版，第 223 页以下。

〔5〕 在 2002 年 8 月 1 日以后，《德国民法典》中关于抚慰金请求权的规定有了重大调整，取消了第 847 条的规定。与此同时，原第 253 条的内容修改为两款，内容为：①损害为非财产损害的，仅以法律上有规定为限，才能请求以金钱赔偿。②由于侵害身体、健康、自由或性的自我决定而须损害赔偿的，也可由于非财产损害而请求合理的金钱赔偿。由此可见，原第 253 条的内容没有任何变化地被保留在第 253 条第 1 款中，而原第 847 条第 1 款的主要内容已经转移到第 253 条第 2 款中，并形成一个新的抚慰金条款。见韩赤风："非财产损害赔偿制度的一次历史性变革——论《德国民法典》抚慰金条款的新近调整及其意义"，载《北京师范大学学报》（社会科学版）2007 年第 2 期。

〔6〕 ［德］玛克西米利安·福克斯著，齐晓琨译：《侵权行为法》，法律出版社 2006 年版，第 223 页，注释 1。

限制的态度。主要体现在以下方面：

第一，对于非财产损害适用，仅以法律上有规定为限。虽然这次修改将非财产损害赔偿的适用扩大到全民法典，但是适用的范围还有很有限。[1]

第二，非财产损害的适用前提非常狭窄，仅适用侵害身体、自由健康或性的自我决定权的情况。也就是说，生命权，一般人格权和特别人格权，都不能基于此条而得到保护。

第三，在修订法典之时，修订报告对适用条件进行了限制，那些不严重的伤害被排除在了抚慰金请求权之外，除非加害人是故意为之。[2]

第四，德国的痛苦抚慰金，在上文所述的限制之外，在制度功能和数额的确定上也有很多限制。德国最高法院确定，痛苦抚慰金具有补偿和安抚的功能，但主要功能是补偿。因此在司法实践中，非财产损害赔偿数额不能过高，否则就是一种惩罚，违背了制度功能和价值。然而在特殊情况下，如侵犯一般人格权时的非财产损害赔偿，适用第 823 条第 1 款和《基本法》第 1 条和第 2 条规定的损害赔偿权。这样的规定主要基于德国对于历史的反思。其损害赔偿本质上还是狭义的精神损害赔偿，仅仅是请求权基础不同。需要注意的是，这种损害赔偿被审判实践例外地赋予了惩罚的功能。[3]在确定赔偿金额上，德国法院采取的是"公平的方法"（Billiges Ermessen），[4]即考虑双方主观因素的同时，考虑双方特别是加害人的经济状况。同时，加害人是否购买了保险也是一个重要的考虑因素。实际上，德国法院为了达到赔偿金的稳定和统一，也会参考一些非官方的赔偿表格（table of case）。法官必须为

---

〔1〕 主要适用情形：侵权法领域，第 831 条（为事务辅助人所负责任）、第 836 条（土地占有人的责任）和第 839 条（违反职务时的责任）；合同法领域，第 618 条（对保护措施的义务）和第 651 条 f 第 1 款的责任（因不履行旅游合同而请求损害赔偿）以及对物和产品瑕疵的责任也包括非财产损害赔偿。第 538 条 a 第 1 款（由于瑕疵而产生的损害赔偿请求权和费用补偿请求权）、同第 280 条第 1 款相联系的第 311 条第 2 款和第 3 款（涉及缔约过失）、第 280 条（涉及与公法的特别联系和合同后义务的损害）、第 670 条（涉及寄托）、第 683 条（涉及无因管理）等；其他单行法，《道路交通法》第 11 条、《赔偿责任法》第 6 条、《产品责任法》第 8 条和《药品法》第 84 条。见韩赤风："非财产损害赔偿制度的一次历史性变革——论《德国民法典》抚慰金条款的新近调整及其意义"，载《北京师范大学学报》（社会科学版）2007 年第 2 期。

〔2〕 Cfr. B. S. Makersinis, H. Unberath, *The German Law of Torts: A Comparative Treatise*, Hart Oregon, 2002, pp. 915~916.

〔3〕 ［德］玛克西米利安·福克斯著，齐晓琨译：《侵权行为法》，法律出版社 2006 年版，第 229 页。

〔4〕 Cfr. BGH MDR 1993, 847.

其判决的赔偿金数目作出解释。[1]

第五，之前非财产损害的类型以狭义精神损害，即精神痛苦，加上肉体痛苦，同时在特殊情况下的"对人格的损害"，及侵犯一般人格权时的非财产损害赔偿。在 80～90 年代，德国法院还不承认或者减少无意识的受害人或者使用止痛药而缓解了痛苦的受害人应得到的赔偿金。[2]在这些判决中，无意识的受害者被剥夺了从损害赔偿金中获得"赔偿"和"抚慰"的权利，只是得到一些"象征性的补救"和"赎罪的标明"。[3]

如果一个人因人身伤害而失去了意识，那么补偿和安抚的功能就无法发挥作用。因此联邦最高普通法院最初试图将抚慰金解释为"赎罪的标明"，但是现在德国法院已经改变了这种做法。为了更全面保护受害人，德国法院将意识的丧失定义为"人格的损害"，进行单独的评估。这样的做法，事实上已经创造出德国非财产损害的新类型。

在 1993 年的一个案例中，[4]德国联邦最高普通法院认为，根据第 847 条应予赔偿的损失，不仅仅存在于肉体或心理上的痛苦，也就是说，不仅仅存在于作为健康损害反应的不适合厌倦的感受，在更大程度上，因大脑损伤所造成的人格损害及个人特质的丧失本身，就是一种应予补偿的非物质损害，并且不取决于受害人对此的感知。[5]这种情况，被作为一种单独的案件来处理。

联邦最高普通法院的这种做法，实际上创立了类似于意大利法上生物性损害的非财产损害类型，只是这种类型只适用于失去意识时的情况。事实上，联邦最高普通法院要解决的这个问题，就是狭义精神损害赔偿制度无法解决的问题。德国联邦最高普通法院只是谨慎地为特殊情况创立了特例。但是，如果失去意识时，人格损害及个人特质的丧失本身是一种应予补偿的非物质损害，那么在没有失去意识，但确实受到了严重的人身伤害的情况下（例如高位截瘫），人格损害及个人特质的丧失本身就不是一种应予补偿的非物质损

---

〔1〕 Cfr. B. S. Makersinis, H. Unberath, *The German Law of Torts: A Comparative Treatise*, Hart Oregon, 2002, p. 919.

〔2〕 Cfr. BGH NJW 1982, 2123.

〔3〕 ［德］玛克西米利安·福克斯著，齐晓琨译：《侵权行为法》，法律出版社 2006 年版，第 228 页。

〔4〕 Cfr. BGH, NJW 1993, 781.

〔5〕 ［德］玛克西米利安·福克斯著，齐晓琨译：《侵权行为法》，法律出版社 2006 年版，第 229 页。

害了吗？

在德国法上，抚慰金（Schmerzensgeld）在法典制定时，仅仅具有"主观精神损害"的内涵。然而时至今日，由于社会发展及对于人的保护的增强，很多学者都主张其扩张其内涵，包括普通法上的"pain and suffering"，"loss of amenities"，等等。同时，近几年来，德国的法院也在大幅提高抚慰金的数额，以便对受害人更好地保护。[1]

现在，德国法院一般认为，除了主观的精神损害之外，疼痛和痛苦（pain and suffering），安乐生活的丧失（loss of amenities life）已经特定情况下的"人格的损害"等，都是可赔偿的非财产损害类型。[2]

（三）意大利

意大利在 1860 年统一之后，参考《法国民法典》，制定了 1865 年的民法典。[3]这部民法典与《法国民法典》有很大的相似性。如旧民法典对于损害的规定，"任何人，只要其行为造成他人损害，都将因其过错而负损害赔偿责任"。[4]这几乎与《法国民法典》第 1382 条雷同。同时，旧法典也没对精神损害赔偿方面作出专门规定。可见，旧民法典与《法国民法典》同样采取宽泛的损害概念。任何损害，包括非财产损害，只要符合法律要件，就可以得到救济。

但是这样的情况在 1942 年的民法典中有所改变。新民法典不仅保留了从《法国民法典》和优士丁尼的《法学阶梯》得到多方面启发的 1865 年《意大利民法典》的精华，而且还吸收了相当多的体现在 1900 年《德国民法典》的法律概念和法律制度。[5]

---

〔1〕 Cfr. B. S. Makersinis, H. Unberath, *The German Law of Torts: A Comparative Treatise*, Hart Oregon, 2002, pp. 915 ~916.

〔2〕 Cfr. B. S. Makersinis, H. Unberath, *The German Law of Torts: A Comparative Treatise*, Hart Oregon, 2002, p. 921.

〔3〕 该法典由一般法律的公布、解释和施行的规定与主文共同构成。其中主文包括三编：第一编人（第 1～405 条）；第二编财产、所有权及其变更（第 406～709 条）；第三编所有权和对物的其他权利的取得与转让的形式（第 710～2147 条）。该民法典主要从古罗马的优士丁尼《法学阶梯》和 1804 年的《法国民法典》中得到多方面的启发。见费安玲："1942 年《意大利民法典》的产生及其特点"，载《比较法研究》1998 年第 1 期。

〔4〕 陈汉："一项法律规范的历史变迁：对意大利民法典中非财产损害赔偿制度的考察"，见费安玲等：《从罗马法走来：桑德罗·斯奇巴尼教授七十寿辰贺文》，中国政法大学出版社 2010 年版。

〔5〕 费安玲："1942 年《意大利民法典》的产生及其特点"，载《比较法研究》1998 年第 1 期。

意大利法对非财产损害赔偿制度的发展最重要的贡献是，由司法判例创立而后被立法所承认的非财产损害类型，即生物性损害。这个类型的出现，开辟了非财产损害赔偿制度的新道路，深刻影响了欧洲主要国家。

在侵权责任制度上，新民法典第 2043 条规定，任何故意或过失给他人造成不法损害（danno ingiusto）的行为，实施行为者要承担损害赔偿的责任。[1]这条构建的责任体系被称为民事责任（responsabilità civile）或阿奎利亚责任（responsabilità aquiliana）。[2]不同于法国和德国的规定，这一条将损害定义为了"不法损害"。在德国法中，损害被定义为对于法律规定的权益等"基础规范"（norma primaria）的侵害，损害赔偿只是作为一种"衍生规范"（norma secondaria）。而在意大利法中，损害赔偿本身就是"基础规范"。[3]这样损害赔偿就不再受到基础规范的约束。同时，这条并没有明确损害是物质的还是非物质的。这也为日后宪法法院创设新的损害类型提供了请求权基础。

对于德国借鉴，体现在了新民法典第 2059 条，即限制非财产损害赔偿的条款。[4]基于很多理由，当时的学者和一些政界人士反对精神损害赔偿制度，因此，立法者对精神损害赔偿采取了限制性肯定。其限制性体现在：其一，此条中的"非财产损害"，当时指的是所谓的"主观精神损害"（danno morale soggetivo），也就是现在狭义上的精神损害，如焦虑、恐惧等主观精神状态，并不包括其他的非财产性的利益。其二，从法律体系来看，此条中的"法律"，仅指当时的《意大利刑法典》第 185 条的规定，即任何罪行造成的财产或非财产的损害，犯罪人或根据民法需要为此罪行负责之人有义务赔偿损害。[5]这样，只有在加害行为构成犯罪之时受害人才能得到非财产损害赔偿。这样的规定产生了很多问题。其一，这无疑把很多受害者挡在了非财产损害赔偿的大门之外而得不到救济。因为一般来说犯罪以故意为构成要件。其二，

---

〔1〕 费安玲、丁玫译：《意大利民法典》，中国政法大学出版社 1997 年版，第 512 页。

〔2〕 Cfr. F. Gazzoni, *Manuale di diritto private*, XIII ed., ed. S. I., 2007, p. 709. 这样的称谓不禁使我们想起了罗马法上的 damnum iniuria datum.

〔3〕 Cfr. F. Gazzoni, *Manuale di diritto private*, XIII ed., ed. S. I., 2007, p. 710.

〔4〕《意大利民法典》第 2059 条："非财产损害应当仅在法律规定的情况下进行赔偿"。见费安玲、丁玫译：《意大利民法典》，中国政法大学出版社 1997 年版，第 512 页。Cfr. U. Carnevali (a cura di), *Commentario del codice civile: dei fatti illeciti*, UTET, 2011, p. 683.

〔5〕 Cfr. U. Carnevali (a cura di), *Commentario del codice civile: dei fatti illeciti*, UTET, 2011, pp. 684~685.

扰乱了民事诉讼和刑事诉讼的正常关系。[1]意大利学者一直在试图解决这样的问题，但并没有完全解决。

直到1986年，宪法法院的一个具有重大意义的判决，[2]创造了一个新的非财产损害的类型：生物性损害（danno biologico）。在回复热那亚地（Genova）方法院提起的违宪审查请求中，宪法法院认为，民法典第2059条规定的乃是主观精神损害，而生物性损害指身体健康本身遭受的损害。因此，生物性损害不适用第2059条的规定，而应当适用第2043条的规定。也就是说，生物性损害赔偿不受第2059条的限制。

随后，生物性损害与其他一些概念，如对社会关系的损害（danno alla vita di relazione）、存在性损害（danno esistenziale）共同发展。由于立法上始终没有一个明确的定义，这些概念的内涵与外延都很模糊，各地法院的判决也不尽相同。经过长时间的争议，在2001年3月5日的第57号法律中，立法者对生物性损害作出了明确的规定。最终，在最高法院和宪法法院2003年的一系列判决中，确立了非财产损害赔偿的三分法：生物性损害（danno biologico）、精神损害（danno morale）及存在性损害（danno esistenziale）。[3]

意大利法上，只通过立法和判例确认的可赔偿的非财产损害，如前文所述，主要分为三类，即生物性损害（danno biologico）、精神损害（danno morale）及存在性损害（danno esistenziale）、同时还存在着其他概念，如对社会关系的损害（danno alla vita di relazione），对健康的损害（danno alla salute）等。这些概念分类的内涵外延一直处于一个动态的发展过程。要准确把握实非易事，学界对此争议不断。

宪法法院"无心插柳"地创设出了生物性损害（danno biologico），[4]之后一直被各法院适用，但一直没有明确的定义。直到2001年3月5日的第57号法律将其定义为，对自然人生理或心理完整性的一种伤害，并且这种伤害

---

〔1〕 陈汉："一项法律规范的历史变迁：对意大利民法典中非财产损害赔偿制度的考察"，见费安玲等：《从罗马法走来：桑德罗·斯奇巴尼教授七十寿辰贺文》，中国政法大学出版社2010年版。

〔2〕 Cfr. Corte. cost. n. 184/1986.

〔3〕 Cfr. G. Travaglino, *Il Danno non patrimoniale nel sistema dell'illecito civile italiano*. 中文版见[意] 贾科莫·特拉瓦里诺著，章颖译："论非财产损害赔偿"，见费安玲主编：《学说汇纂》（第4卷），元照出版公司2012年版。

〔4〕 Cfr. U. Carnevali（a cura di），*Commentario del codice civile：dei fatti illeciti*, UTET, 2011, p. 687；G. Cian（a cura di），*Commentario breve al codice civile*, CEDAM, 2010, p. 2820.

是可以通过法医来确定的，这种损害与受害者的劳动能力完全无关。[1]可见，生物性损害具有三项特征：其一，人身伤害性，即仅仅涉及自然人生理或心理完整性的伤害；其二，客观性，即能够通过法医鉴定而确定存在；其三，非财产性，即与受害者的劳动能力无关。[2]对于生物性损害赔偿的确定，采取的是公平的原则，参考全国或地方统一制定的赔偿表，[3]根据个案中的情况，个性化（personalizzazione）地确定。[4]

存在性损害（danno esistenziale）一说是对生物性损害的理念的进一步发展，也是以民法典第2043条为请求权基础。其起源于80年代中期最高法院的判决，[5]判决中支持了一个因妻子身体健康被侵害而无法与之发生性行为的丈夫的赔偿请求权。之后发展成为由于身体健康受损而对从事实现自身价值的活动的阻碍。[6]最后最高法院将其定义为，不法行为对受害人的收入能力无关的一种损害，这种损害改变了当事人的习惯与其他方面，使得其在日常生活中不能再像以前那样表现或实现其人格魅力。这种损害可以通过以下方法来客观地确定：如果没有该不法行为，当事人在生活方面将有更合适的或不同的选择。[7]可以看出，存在性损害主要针对"完整人格实现"的不能，涉及了人的社会属性。

（四）英国

英国法以其独特的法律传统而区别于其他大陆法国家，是普通法系的代表。然而随着两大法系的交融，英国侵权法上很多制度和概念进入了大陆法系的语境。特别是在欧洲侵权法统一的进程中，很多概念，如"疼痛和痛苦"（pain and suffering）和"安乐生活的丧失"（loss of amenities of life）成了大陆法系大部分国家通用的概念，也被欧洲统一侵权法研究专家所吸收应用。[8]

在英国法上，损害赔偿由专门的侵权法调整。其损害赔偿可以分为普通

〔1〕 Cfr. Legge 5 Marzo 2001, n. 57.

〔2〕 陈汉："一项法律规范的历史变迁：对意大利民法典中非财产损害赔偿制度的考察"，见费安玲等：《从罗马法走来：桑德罗·斯奇巴尼教授七十寿辰贺文》，中国政法大学出版社2010年版。

〔3〕 Cfr. U. Magnus (ed.), *Unification of tort law: damages*, Kluwer London, 2001, pp. 126~127.

〔4〕 Cfr. G. Cian (a cura di), *Commentario breve al codice civile*, CEDAM, 2010, pp. 2820~2832.

〔5〕 Cfr. Cass. n. 6607/1986.

〔6〕 Cfr. U. Carnevali (a cura di), *Commentario del codice civile: dei fatti illeciti*, UTET, 2011, p. 693.

〔7〕 Cfr. Cass. n. 6572/2006.

〔8〕 Cfr. U. Magnus (ed.), *Unification of tort law: damages*, Kluwer London, 2001.

法上的补偿性损害赔偿，惩罚性损害赔偿（exemplary damages，punitive dama-ges），名义性损害赔偿（nominal damages）及衡平法上的返还盈利所得。

补偿性损害赔偿可以分为一般损害赔偿（general damages）和特别损害赔偿（special damages）。前者是针对那些主张权利时既不能精确计算也不能实际证明，因此只能通过一个总额加以赔偿，包括未来的财产损失与非财产损失；反之，后者是可以准确计算的损害赔偿。[1]

惩罚性损害赔偿并不是普通法所独有的，但却是普通法重要的部分。其主要运用于三种案件：涉及法定的授权机关；公务员故意的不当或违法的行为；被告已经计算过加害行为所得之利益很可能会大于损害赔偿的行为。惩罚性损害赔偿基础是建立在"一个明显过错，尤其是打算从中获益的过错"，[2]因为对于一个从侵权行为中获益的加害人而言，单单弥补所造成的损失也许是不够的。[3]这不禁使人想到惩罚性赔偿与不当得利的关联。或许，设计这个制度的人的想法是，获利所以要惩罚，不获利，只要赔偿损失就足够。身体健康权伤害中，加害人获利的情况极少，所以救济不能带有惩罚性。

名义性损害赔偿用以表明原告的法定权利受到了侵害，但原告没有遭受损失，或者无法证明损失，或者表明原告的起诉没有理由，法官驳回其请求。[4]

普通法中，非财产损害被称为"非金钱损失"（non-pecuniary losses）。它具有"非金钱"（非经济）的属性：一方面，对此种损害赔偿要求的提出，不以已经发生的经济损失为基础；另一方面，对它的计算也无法基于其经济上的价值而做出。尽管此种损失具有无形性和难以准确估算的特点，但是在英国乃至整个普通法系国家，法院从来都认为，对请求人所遭受的非金钱损失给予赔偿是必须的，因为这些损失都是侵权行为的"最为直接"的后果。[5]因此，非财产损害赔偿在实际运用中涉及的范围很广，不但有侵犯生命、身体、健康、自由等权利的情形，还有诬告行为、侵犯他人土地、干涉

---

〔1〕［德］克雷斯蒂安·冯·巴尔著，焦美华译，张新宝校：《欧洲比较侵权行为法》（下卷），法律出版社2001年版，第191页。

〔2〕U. Magnus (ed.), *Unification of Tort Law: Damages*, Kluwer London, 2001, p. 53; D. B. Dobbs, *The Law of Torts*, West Group, 2001, Vol. 2, p. 1065.

〔3〕［意］F. D. Busnelli著，翟远见译："威慑功能、民事责任、侵权行为、惩罚性赔偿"，见费安玲主编：《学说汇纂》（第3卷），知识产权出版社2011年版。

〔4〕U. Magnus (ed.), *Unification of Tort Law: Damages*, Kluwer London, 2001, p. 55.

〔5〕王军、刘春梅："英国人身伤害之非金钱损失赔偿制度研究——兼论对我国相关制度的构建"，载《北方法学》2009年第1期。

婚姻等情形。[1]由此可见，普通法上的非财产损害的范围极其广泛。

对身体健康造成的伤害，被称为"人身伤害"（personal injury）。人身伤害主要有两种类型，即"人身方面的损失"（personal loss）和"金钱损失"（pecuniary loss）。在发生人身伤害时，首先发生人身伤害本身，如肢体、器官受到伤害，这不仅仅包括疼痛和痛苦，还包括生活愉悦的丧失。同时，还会发生经济上的损失。[2]

人身伤害赔偿金在性质上是一种"赔偿"（compensation）。曾经有一种观点认为，人身伤害赔偿金根本不是赔偿，而是一种"抚慰金"（solatium），是因人道主义而支付的一笔金钱。这样，人身伤害赔偿金就可以为法官随意裁决。这样的看法被上议院多数否决。[3]

英国法院还确认，受害人在请求给付赔偿金时，并不以意识到其损失为必要。[4]如一个受伤而陷入无意识的受害者，他感觉不到疼痛和痛苦，但是，他仍然有权获得因疼痛和痛苦而发生的损害赔偿。

"人身方面的损失"（personal loss）指因为加害人的疏忽而造成的，除财物之外的，所有伤害和不利。其包括对身体完整性的伤害（loss or impairment of the integrity of the body）；疼痛和痛苦（pain and suffering），包括肉体和精神上的；生活乐趣的丧失（loss of the pleasure or amenities of life）；实际寿命的简短（actual shortening of life）；及在某些情况下的不便与不适（inconvenience and discomfort）。[5]

可见，"人身方面的损失"不仅仅只是指疼痛，还包括很多内容。这些内容可以分为两个方面，一个是主动的方面，即伤害给受害者造成了痛苦疼痛等；另一方面是被动的方面，即失去了本来应该拥有的享受生活的能力。[6]

因此，"人身方面的损失"可以被划分为若干个种类。在伤害造成永久性

---

〔1〕 张平："论美国侵权法上的精神损害赔偿"，载王军主编：《侵权行为法比较研究》，法律出版社 2006 年版。

〔2〕 Cfr. *Fair v. London and North Western Rly* Co. (1869) 18 WR 66.

〔3〕 Cfr. G. Exall, *Munkman on Damages for personal injuries and death*, 11th ed., LexisNexis London, 2004, p. 11.

〔4〕 Cfr. *H West & Son Ltd v. Shephard* [1964] AC 362, [1963] 2 ALL ER 625, HL.

〔5〕 Cfr. G. Exall, *Munkman on Damages for Personal Injuries and Death*, 11th ed., LexisNexis London, 2004, p. 40.

〔6〕 Cfr. G. Exall, *Munkman on Damages for Personal Injuries and Death*, 11th ed., LexisNexis London, 2004, p. 42.

伤残的情况下,可以包括以下种类:[1]

(1) 对身体整体性造成的伤害 (loss or impairment of the integrity of the body);

(2) 因受伤而造成的惊恐等,有时候表现为神经衰弱症;

(3) 受伤及接受治疗时受到的肉体疼痛,这种疼痛可能持续一生;

(4) 精神压抑;

(5) 无法自理;

(6) 因为伤疤和截肢而造成的容貌和外形的损毁;

(7) 对生活享受的失去。

当没有造成永久残疾之时,主要的类型是,"疼痛和痛苦"(pain and suffering) 和 "生活乐趣的丧失"。

对身体整体性造成的伤害 (loss or impairment of the integrity of the body) 指全部或者部分失去肢体或者器官功能。其救济方式是一种实质性赔偿金 (substantial damages)。这种赔偿与是否有劳动能力的损失或者生活乐趣的丧失无关,即使受害人并没有受到劳动能力的损害,其仍然可以获得实质性赔偿金。[2]

"疼痛和痛苦"(pain and suffering) 是一种习惯性的称谓。实际上,在英国法院中"疼痛和痛苦"通常不被区分,并在对个案的情况进行考察的基础上确定受害人遭受"疼痛和痛苦"。[3]在一些微小的人身伤害的案件中,若是受到的伤害最终完全地康复,那么受害人遭受的"人身方面的损失"主要是"疼痛和痛苦"。

"安乐生活的丧失"(loss of the pleasure or amenities of life) 与劳动能力无关可以分为永久性的与暂时性的。有学者指出,这类损害包含了除"疼痛和痛苦"以及可能导致"安乐生活的丧失"的物质的或金钱的损失之外的所有其他的损害。[4]英国法上"安乐生活的丧失"的内涵比较宽泛,包括各种在

〔1〕 Cfr. G. Exall, *Munkman on Damages for Personal Injuries and Death*, 11th ed., LexisNexis London, 2004, p. 43.

〔2〕 Cfr. G. Exall, *Munkman on Damages for Personal Injuries and Death*, 11th ed., LexisNexis London, 2004, p. 45.

〔3〕 王军、刘春梅:"英国人身伤害之非金钱损失赔偿制度研究——兼论对我国相关制度的构建",载《北方法学》2009 年第 1 期。

〔4〕 刘春梅:《人身伤害中的非财产损害赔偿研究》,法律出版社 2011 年版,第 85 页。

享受生活乐趣，实现自我价值方面的损失。法庭对此判断的标准是，受害人因为受伤，而不能再从事某些令其感到特别愉快的，或实现其自身价值的事。这种损失与受害人的情况息息相关。因此需要法庭通过个案具体情况来考察。

除上述几种类型之外，英国法上还存在以下"人身方面的损失"：[1]

"闲暇的丧失"（loss of leisure），指受害人为了弥补失去的收入，而必须更多地工作而造成的损失。

"生命的缩短"（shortening of life），指受害人因加害行为而使得其生命将会实质性缩短。

"毁容"（disfigurment），包括面貌的损毁，以及截肢等有碍身体外在形象的伤害。

英国法院会逐项分析受害人是否受到了以上的伤害，以便确保受害人能够得到完全的赔偿。法官在特殊情况下会单独计算，但更普遍的是，将所有这些类型放在一起计算，得出一个总数。[2]可见，英国法院对与身体健康权的非财产损害的赔偿并没有限制，其采取的是完全赔偿的原则。

## 四、结 论

身体健康权的救济，从《十二表法》开始就体现出了非财产性。因为在当时，身体健康权的损害不被认为是财产方面的损害，而被认为是不可估价的。侵害身体健康的行为被视为应当受到惩罚的行为，因此救济方式是一笔固定的罚金。

《十二表法》之后，从裁判官法对阿奎利亚法的扩用解释，到近代自然法学派将损害一般化，到法国民法典概括式的规定，再到意大利判例法对于损害及非财产损害限制的再解释与创造。"损害"（damnum）和非财产损害的概念一直在不断发展，不断扩大。这体现了罗马法精神的延续及社会发展对人的更全面的保护的结合。

罗马法中"人"（persona）的概念和对人的法律保护之制度，在罗马法系国家一脉相承，构成了我们对人格权法律制度的历史梳理和批判反思的基础；对罗马法体系形成阶段的考察仍然能为我们今天设计更完善的人格权保

---

〔1〕 Cfr. G. Exall, *Munkman on Damages for Personal Injuries and Death*, 11th ed. , LexisNexis London, 2004, pp. 48～51.

〔2〕 Cfr. *Heil v. Rankin*〔2000〕PIQR Q187 at Q199, CA.

护制度提供有益的启示。[1]

"所有的法律都是为了人（uomini）而制定"（Hominum causa omne ius constitutum est）[2]这一古老的罗马法原则，应当是一切民法理论和制度的出发点，也是身体健康权的救济与财产损害制度的价值基础。

在人的利益与尊严之中，身体健康权可以说是一个最基本最重要的权利，是人进行各项活动的支柱。社会经济越发展，文明程度越高的社会，对于身体健康权的保护就会越重视。从现在欧洲主要国家的学说及立法来看，身体与健康权不仅是一项民事权益，也是一项宪法性的权利。[3]《欧洲侵权法原则》明确提出了"生命、身体和精神的完整性，人的尊严和自由受最全面的保护"，因此高于对于财产的保护。[4]这一点应当是适用非财产损害救济制度中必须遵守的原则。

耶林对此作出了新的解读。[5]他认为，对于人的民法保护，法律存在漏

---

〔1〕 在罗马法中，人是其始终关注的核心。最能体现这个理念的是，在其立法体系"三分法"（即人法、物法和诉讼法）中，人是第一位的，且在物法和诉讼法中亦将其放置在核心地位上。它确立了人的中心地位，反映了古代的人文主义。尽管文艺复兴之后，"人文主义"才出现，但是在古代就具有了"人文主义"的实质。正是在这样的哲学背景下，盖尤斯的三编制体系才把人放在首要地位。Cfr. S. Schipani, *Orfani dell'actio iniuriarum, rileggere i Digesti: Contribut romanistici per una riflessione sulla giuridica della persona.* 中文版见〔意〕桑德罗·斯奇巴尼著，翟远见、张长绵译："'侵辱之诉'的遗孤——重读《学说汇纂》：通过罗马法学家的贡献来看对人的法律保护"，另见费安玲主编：《学说汇纂》（第4卷），元照出版公司2012年版；费安玲："罗马法：中国法治建设可资借鉴的思想资源"，载《中国社会科学报》2012年6月6日，第A07版。

〔2〕 D. 1, 5, 2.

〔3〕《意大利宪法》第35条规定，健康权是公民的基本权利（fondamentale diritto），国家保护公民的健康权。Cfr. c. c art. 55. 然而，对于身体健康权是否是一项权利，国内外学者还有争议。在我国，健康权从《民法通则》开始就成为一项法定的权利（《民法通则》第98条规定，公民享有生命健康权），但是直到《侵权责任法》也没有规定身体权。限于本文的主题，这个问题不再赘述。见林志强：《健康权研究》，中国法制出版社2010年版，第57页以下。

〔4〕 欧洲侵权法小组编著，于敏、谢鸿飞译：《欧洲侵权法原则——文本与评注》，法律出版社2009年版，第59页。

〔5〕 R. v. Jhering, *Rechtsschutz gegen iniuriöse Rechtsverletzungen*, in *JheringsJb.*, 23, 1885, 155 ss. 法文版本由O. de Meulenaere译出：*Actio iniuriarum*, Paris, 1888. 耶林对此的阐释和解读是这样的，首先耶林依据罗马法文献，深入研究了侵权犯人的不法行为各种类型的构成要件。从中他发现，对这些行为进行规范的内核，不仅仅在于人自身受到侵害（如人的身体、自由、尊严受到侵害）；而且还在于人与其他人或物所建立的财产性关系受到侵害。这些财产性法律关系也是人所支配的领域，耶林称之为"具体的法律领域"，这些领域的侵害，不能认为是对财产的侵害，而是对人的冒犯。进一步而言，对权利的侵犯，实质是对他人权利的蔑视。正是从这个意义上，对于财产性法律关系的侵害，与其说是对物的侵害，不如说是对人的侵害。Cfr. S. Schipani, *Orfani dell'actio iniuriarum, rileggere i Digesti: Contribut romanistici per una riflessione sulla giuridica della persona.* 中文版见〔意〕桑德罗·斯奇巴尼著，翟远见、张长绵译："'侵辱之诉'的遗孤——重读《学说汇纂》：通过罗马法学家的贡献来看对人的法律保护"，见费安玲主编：《学说汇纂》（第4卷），元照出版公司2012年版。

洞,"当代法学理论不能回避这一填补漏洞的历史任务;显然,罗马法上,针对侵犯人身的不法行为的'侵辱之诉'(actio iniuriarum)理论,为我们提供了完成这一历史使命的可能性"。故此,为应对当代问题,耶林从阐释罗马法渊源出发,逐渐得出体系性的结论,并进一步发展了这些结论。

19 世纪,耶林对于遇到的挑战,作出了上述回答。今天,我们开始反思和批判对人的法律保护,以求构建更完善的法律制度,但是我们同样遇到耶林式的挑战。一方面,我们已经发展出侵犯财产的不法行为之一般原则,以追求对财产损失的填补;另一方面,通过重新解读"侵辱之诉"(actio iniuriarum)的原始文献,我们能够发展出与侵犯财产的不法行为之一般原则相并列的、关于侵犯人的身体和精神完整性的不法行为之一般原则。根据该原则,任何侵犯人身的不法行为,即因直接、间接故意、重大过失或违背法律,侵犯他人,包括侵犯他人的尊严、精神、身体完整性的行为,其行为人须对受害人承担支付一笔根据"善良和公正"原则计算的罚金。"善良和公正"的衡量标准,需考量如下因素:加害人的主观情况、伤害的情况、加害人的综合情况等。如此能够达到惩戒加害人,抚慰被害人,同时警示社会,起到预防作用。

到了近现代民法,《法国民法典》继承了罗马法的传统,采取了一般化的损害赔偿条款。这对于非财产损害赔偿的确立和发展没有什么障碍。而德国采取限制损害赔偿体系,将非财产损害赔偿主要限于主观精神损害赔偿。英国法以其特有的制度,建立了个案公正的制度。而意大利通过判例成功地避开了民法典的对非财产损害赔偿的限制,创立了生物性损害。生物性损害的创立,打破了原来民法典两极分立的架构,为侵权责任制度的发展打开了新的大门。同时,生物性损害还体现了宪法权利在民法中的直接适用。因为身体健康权不仅是民法而且还是宪法上的基本权利。[1] 最重要的是,生物性损害吸收继承了罗马法的精髓,革命性地将对身体健康权的保护与受害人创造财富的能力,即劳动能力脱钩,开启了一个所谓"去财产化"(Depatrimonializzazione)的趋势。[2] 这使得损害及非财产损害制度内涵进一步扩大,进入了一个新的时期。而后,存在性损害制度对人的保护则提出了更高的要求,可

---

〔1〕 Cfr. G. Cian(a cura di), *Commentario breve al codice civile*, CEDAM, 2010, p. 2826.

〔2〕 陈汉:"一项法律规范的历史变迁:对意大利民法典中非财产损害赔偿制度的考察",见费安玲等:《从罗马法走来:桑德罗·斯奇巴尼教授七十寿辰贺文》,中国政法大学出版社2010年版。

以说是未来法律保护的发展方向——对人的自我价值实现的保护。

这种发展方向已经深刻地影响了欧洲大陆的非财产损害立法和实践。现在，损害本身可诉，或者说身体健康的伤害本身就是应当获得损害赔偿，而与受害人的劳动力、经济状况、精神意识状态无关，并且应当在统一司法前提下追求个案公正的理念，至少在那些极为严重的情形下，已经为欧洲大多数国家立法和司法所接受。[1]这是一个不容忽视的趋势，值得我国立法者和学者的注意和反思。

---

[1] [德] 克雷斯蒂安·冯·巴尔著，焦美华译，张新宝校：《欧洲比较侵权行为法》（下卷），法律出版社 2001 年版，第 23～24 页。

# 论以物抵债之效力

曾　嬌*

## 一、问题的提出

在商品经济不发达的年代，以物抵债有利于促进贸易顺利、高效地进行，保证买卖双方各取所需，因此为古代社会交易活动所推崇。然而，时代的车轮进入 20 世纪，世界各地商品经济越来越发达，市场中的金融交易也不断完善，因此在以货币交易和有价证券交易中，以物抵债难以再发挥原有的作用，在理论研究方面更是一度遭遇"滑铁卢"。[1]甚至可以说，在实务界，以物抵债已然成为债权人"不得不接受的无奈选择"。但也正是新时代的到来赋予了以物抵债全新的内涵，如票据、证券可以成为以物抵债的标的物，知识产权、债权等权利也可以成为以物抵债的客体。实践中，土地使用权、在建工程、房屋更是抵偿金钱之债的"热门选择"。在让与担保因涉及"流抵"不被认可时，以物抵债可以化解让与担保在理论上面临的质疑和诘问，使具有以物抵债性质的让与担保获得法律上的正当性，从而最大限度地发挥物的融资作用。同时，由于抵债物与原债履行利益很难实现价值完全相等，也时常导致以物抵债成为债务人借机侵害债权、逃避债务的"武器"，同时，因为以物抵债过程中评估制度、诚信规则、执行制度等方面的缺憾，导致以物抵债这一还债行为本身颠变成了侵害债权人权益的一种行为。因此，以物抵债并没有退出民法的历史舞台，相反，它的理论价值和实践意义有待于学者和实务工作者进一步研究、挖掘。

---

* 深圳市法制办公室工作人员，中国政法大学法学博士。

[1] 笔者在知网上检索关于以物抵债的文章时，输入主题词"以物抵债"，搜索结果显示发表在中文核心期刊上的关于以物抵债的文章仅 8 篇，笔者更换主题词为"代物清偿"，显示发表在中文核心期刊上的有关代物清偿的文章仅 3 篇。

以物抵债并不是严格意义上的法学术语，与之对应的术语是代物清偿。代物清偿肇始于罗马法，鉴于此点，我们可以说以物抵债是具有深厚的历史感的。以罗马法为蓝本而编撰的德、法民法典对代物清偿或者以正面肯定的方式加以规定，或者以反面否定的方式加以调整，受德国法影响的日本及我国台湾地区民法典也明确将代物清偿置于债的消灭一章。我国由于尚未制定民法典，更不存在所谓的债法，因此以物抵债并未在现有法律框架下占据一席之地，只是《担保法》《物权法》及其相关司法解释可能涉及对具有以物抵债性质的行为的规范。与立法的空白形成鲜明对比的是，实务界关于以物抵债的案件实属不少。[1]各地法院在处理此类纠纷时，意见不一，裁判结果南辕北辙。因此，笔者认为有必要对以物抵债的概念、性质、定位、效力等作一番界定和辨别，一是为我国民法典的制定希冀贡献一份绵薄之力，二是希望为司法上的困境提供一种可行的理论上的解决思路。

## 二、以物抵债概念之学理辨析

以物抵债，并不是一个严格意义上的法学术语，与之密切相关的术语是代物清偿。对于代物清偿，学界已达成共识，认为其是一种契约，[2]在此前提下，代物清偿的定义基本也形成通说：代物清偿是因受领他种给付，而使以原定给付为内容的债权归于消灭的契约。

根据文献记载，罗马法在公元前2~3世纪时期，开始认识到代物清偿问题，并在实践中应用，但是其对代物清偿的立法则相对较晚。而实际上，由于"代物清偿"（'datio in solutum'）虽然是通过拉丁语的形式进行命名的，但在罗马法中未曾有过此种说法。罗马法使用了更加复杂的命名形式，其内在的含义为：在得到债权人同意的情况下，通过不同的物品来偿还原有债务（aliud pro alio consentiente creditore in solutum dare）。演化到现代法律制度以后，这种偿债方式被称作"代物清偿"，意大利法中，则被称作"用给付代替

---

〔1〕 笔者在"无讼案例"上查询关于以物抵债的案例，检索出来的结果达654个。

〔2〕 参考郑玉波：《民法债编总论》，中国政法大学出版社2006年版，第367页；邱聪智：《新订民法债编通则》，中国人民大学出版社2004年版，第253页；史尚宽：《债法总论》，中国政法大学出版社2000年版，第815页；林诚二：《民法债编总论——体系化解说》，中国人民大学出版社2003年版，第537页；梅仲协：《民法要义》，中国政法大学出版社2004年版，第309~310页；〔德〕卡尔·拉伦茨：《德国民法通论》，王晓晔等译，法律出版社2013年版，第533页；江平主编：《民法学》，中国政法大学出版社2007年版，第450页；〔德〕迪特尔·梅迪库斯：《德国债法总论》，杜景林、卢谌译，法律出版社2013年版，第478页。

履行"。[1]

后来的德国学者继受了罗马法关于代物清偿的界定，很自然地，那些深受德国学说影响的日本、中国台湾地区等大陆法系学者所持的观点几乎与德国学者类似。一言以蔽之，代物清偿首先是一种契约，而且是一种要物有偿契约。[2]

实践在发展，民法理论也在更新。近些年来，对代物清偿的理解也发生了变化。有些学者不再一味主张代物清偿的要物有偿性，比如德国学者 Harder（哈德）就承认，将代物清偿一概认定为要物有偿契约是不可取的，特别是在原债权系因赠与约定而产生之时，会产生荒谬的结论：对于赠与约定的履行，债务人仅应依《德国民法典》第 523 条负责任。现在对于代物清偿而转让的其他标的物，其应该受较为严格的出卖人责任的拘束是不当的。[3]

在台湾地区，郑玉波先生早年论述代物清偿时指出："代物清偿者，债权人受领他种给付，以代原定给付，使债之关系消灭之契约。……代物清偿既为一种契约，则其性质如何？可分两点述之：代物清偿为要物契约……。代物清偿为有偿契约。"[4]事实上，郑玉波先生在理论上同意日本法律学者山中康雄先生论述的无色性契约的理论，该理论认为代物清偿即便属于契约性质，然是否存在有偿和瑕疵担保责任，还必须按照原来的债权债务关系来考量。假如原有债权债务关系属于有偿契约，那么代物清偿即为有偿契约，并存在瑕疵担保责任问题；假如原债务关系属于无偿契约，那么代物清偿也即为无偿契约，因此债务人也无需承担瑕疵担保责任。因此，代物清偿本身不具有有偿性或无偿性，因而也不能决定瑕疵担保责任的有无。史尚宽先生也主张代物清偿为契约，赞同德国通说，即代物清偿为有偿要物契约，而且是准物权契约的一种。[5]

陈自强教授在援引判例，批判德国学说的基础上提出了自己独树一帜的见解，他认为要物契约之概念陈旧过时，因依契约变更自由之原则予以扬弃。因此，陈自强教授主张将代物清偿定性为债务变更契约。

除此之外，日本学者林良平、石田喜久夫、高木多喜男、逸见俊吾采双

---

〔1〕 http://ems86.com/touzi/html/? 22810.html，最后访问日期：2015 年 12 月 1 日。

〔2〕 见上注。

〔3〕 〔德〕哈德："代物清偿"，载《民法实务档案》（第 177 卷），1976 年版，第 452 页。

〔4〕 郑玉波：《民法债编总论》，中国政法大学出版社 2004 年版，第 483～485 页。

〔5〕 史尚宽：《债法总论》，中国政法大学出版社 2000 年版，第 816 页。

务契约说；[1]德国学者 Harder 采和解契约说。法学巨擘，如 Stammler，他的观点是，代物清偿属于双务契约的范畴，应该作为买卖契约来对待；Heck 认为，代物清偿的性质为有偿的移转，债权债务关系中的给付约定性质属于双务契约范畴。[2]

到现在为止，仍然有很多大陆法系学者坚持买卖契约说和要物契约说。因此，学理上，通说认为合意是以物抵债的内核，以物抵债是以他种给付代替原定给付从而消灭债的契约。落脚点在"契约"，而不仅仅只是一种单纯的法律行为，一种清偿行为。

总而言之，学界认为以物抵债为契约之一种，因此必须要有意思表示之要件，债务人以不同于原定给付的他种给付来抵偿债务。债务人根据原有债权债务合同，所接受的给付属于原定给付，而根据现有抵债契约所接受的给付属于他种给付，原债务关系因以物抵债行为而消灭，[3]债权人的债权因而得到满足。在债务人要求他种给付时，若债权人不同意，则双方就不能达成以物抵债的契约，也就不能实现以他种给付代替原定给付消灭原债务关系的法律效果。

### 三、以物抵债之性质

探讨以物抵债的性质，实际上是探讨以物抵债契约的性质，学界将其笼统地称之为代物清偿的性质其实是不太准确的。因为根据上文的结论，二者为包含与被包含的关系，不过因为学界习惯将其表述为"代物清偿的性质"，所以在下文论述学说观点多用"代物清偿"一词。

（一）要物契约说

1. 主要观点

要物契约说是绝大多数学者秉持的观点，[4]根据传统民法观点，使用借贷、消费借贷、保管都属于要物合同的范畴。将这三种合同范畴归为要物合同，主要原因是促使合同双方当事人，在交付标的物之前，都能够谨慎评估，拥有一定的警告、警戒意义。

〔1〕 ［日］林良平等：《债权总论》（现代法律学全集8），青林书院新社1990年版，第279页。
〔2〕 陈自强：《无因债权契约论》，中国政法大学出版社2002年版，第277页。
〔3〕 下文将"原债务关系"统一简称为"原债"，产生"原债务关系"的合同简称为"原债合同"。
〔4〕 郑玉波：《民法债编总论》，中国政法大学出版社2004年版，第483~485页。

要物契约说的主要观点为：代物清偿属于要物契约，代物清偿成立的条件是，必须通过实际的他种给付，如果他种给付属于不动产时，必须要经过登记才能成立代物清偿。假如双方仅仅约定以后通过某种他种给付来代替原定给付，没有实际交付，那么这仅仅属于债之标的的变更，而不属于代物清偿的范畴。

要物契约说在我国司法实践中多有体现。如"以煤抵债案"[1]，法院在判决理由中写道："双方意在通过代物清偿（也称以物抵债）的方式了结此前的债务。代物清偿属于清偿债务的一种方式，其含义为债权人通过受领他种给付，来代替原有给付的行为，使得债权债务关系消灭的制度，在他种给付履行前，原债务依旧存在，在他种给付履行后，原债务则消失。在本案例中，债权债务双方仅仅约定代物清偿，但由于并未完全履行，因此，未履行部分涉及的 611 929.20 元金钱债务并未消灭，债务人有义务继续对债权人清偿。"

再比如"以房抵债案"[2]，法院的观点是：阳江建安公司与中房公司，双方约定通过 11 套房屋来清偿工程款，属于代物清偿的范畴。代物清偿属于债务清偿的一种方式，是通过他种给付来代替原有给付的行为，必须要以债权人受领他种给付作为代物清偿成立的要件，如果他种给付没有履行，则原债务继续存在，如他种给付履行，则原债务即告消灭。本案例中，中房公司虽然出具了《以物抵债确认书》确认"以物抵债"的代物清偿方式清偿债务，但阳江建安公司提供的证据不足以证实涉案 11 套房屋确已交付其使用，且双方至今仍未办理物权转移手续，故可认定以物抵债协议并未实际履行，不产生消灭原债务的法律后果。因此，阳江建安公司主张《以物抵债确认书》合法有效、涉案房屋归其所有及要求停止对涉案房产的执行的诉讼请求，因理由不充分，原审法院予以驳回。

在上述两案中，法院都援引了代物清偿这一术语，着眼于债之关系消灭的法律效果，认为只有现实交付或登记才能发生以物抵债的效果，否则，以物抵债不成立，原债务不消灭，当事人应继续履行原债合同。这是要物契约说在司法上的直接体现。

2. 评析

（1）要物契约本身的正当性及必要性备受质疑。诚然，要物契约说在涉

---

[1]（2015）咸中民终字第 00091 号。
[2]（2014）粤高法民二终字第 48 号。

及代物清偿是否成立并发生相应法律效果时是简单又可行的解决方案，但是
"要物合同"[1]本身存在的正当性及必要性一直被学界质疑：[2]首先，将"物
的交付"认定为合同成立的要件，一方面不能实现保护当事人的目的，还可
能约束当事人的自治空间，在某些情况下，限制了当事人根据具体案件，来
充分发挥其主观能动性，实现意思自由的可能性。[3]其次，通过私法自治，
人们可以根据理性判断去选择、参与日常生活，参与者因参与日常生活所导
致的后果，必须承担相应责任。有约必守是当下社会中人们的基本法则，只
要双方达成合意，当事人就应该全面地履行合同。但是对于要物合同，于物
之交付前，合同双方单纯的合意尚不能使得合同成立，任何一方都能够选择
不交付物，导致合同不成立。"此种制度，会使得双方当事人，漠视契约中存
在的道德约束功能"，[4]"有约必守"的契约法精神将因此受到挑战。再次，
要物合同的规则设计，其本质上是允许出让方能够有单方毁约的权利，但是
要物合同的规则前提是，将此种受益方的利益看作为无信赖利益，然而实际
情况却不是如此，要物合同的规则在本质上是欲赋予合同中利益出让方能够
拥有更大限度的合同自由，从而避免其利益受损，然而此种规则将会以牺牲
受益方可能存在的信赖利益为代价，因而，此种规则设计，一定程度上是对
双方利益状态的过度矫正。因此，要物契约说事实上压缩了代物清偿的当事
人意思自治的空间，在某种程度上可能导致其漠视契约，践踏契约自由的神
圣性，权利失衡，对守约方造成不公。

（2）要物契约说在逻辑和思维方法上不能满足逻辑的自洽。在采物权行
为理论的大陆法系国家，法律行为有负担行为和处分行为之分，物权的变动
不影响负担行为的效力，因此要物契约说逻辑和思维方法上也出现了问题。

---

〔1〕 要物合同是以交付标的物为成立要件的合同。源自罗马法，实行类型强制主义，也就是说
要物合同须有法律特别规定，而其中，"要物"的强制性亦须得以彰显，否则，其作为契约合意主义
的例外存在便不能得到法律的确认。

〔2〕 参考张金海："论要物合同的废止与改造"，载《中外法学》2014 年第 4 期；郑永宽："要
物合同之存在现状及其价值反思"，载《现代法学》2009 年第 1 期；王洪："要物合同的存与废——兼
论我国《民法典》的立法抉择"，载《上海师范大学学报》（哲学社会科学版）2007 年第 4 期；刘颖：
"论要物合同的衰落——以探寻'完成其他给付'为中心"，载《浙江社会科学》2013 年第 7 期；蒋
军洲："罗马法上要物合同的成立结构及其现代启示"，载《河北法学》2013 年第 6 期。

〔3〕 黄茂荣：《债法总论》（第 1 册），中国政法大学出版社 2003 年版，第 108 页。

〔4〕 郭锡昆："践或合同研究：一个民法立场的追问"，载梁慧星：《民商法论丛》（第 29 卷），
法律出版社 2004 年版，第 87 页。

以是否办理物权变动手续来判定契约之有效和无效显与法理不符，为什么办理了物权变动过户手续就支持当事人诉请，没有办理则予以驳回？无法对当事人产生说服力，也助长了债务人的不诚信。[1]我国不承认物权行为理论，但这并不一定意味着我国现行法上不存在负担行为与处分行为，《物权法》第20条第2款规定："预告登记后未经预告登记的权利人同意处分该不动产的，不发生物权效力"，该法第31条规定："依照本法第28条至第30条规定享有不动产物权的，处分该物权时依照法律规定需要办理登记的，未经登记不发生物权效力。"从物权法之立法解释来看，其是指处分行为。[2]

（3）要物契约说在解决实务问题上存在局限性。不仅如此，要物契约说只局限于说明何以债之关系消灭，除当事人合意外，还需要现实地为他种给付，对他种给付有瑕疵与不当得利的问题，并无法妥善解决。这么说，将代物清偿认定为要物契约，对实际问题的解决并没有以一当百的功能，因而，笔者认为要物契约说仅有理论认识的价值，以界定代物清偿与其他类似制度的区别，但于实际问题的解决，显然是该说无法胜任的工作。事实上，对代物清偿债之关系消灭法律效果的发生，以必须现实为他种给付为要件，也不是要物契约说的专利。清偿契约说与特殊变更契约说，都能圆满地解决这个问题。具体说来，在清偿契约说，代物清偿的清偿目的的决定，需经债权人同意，也就是成了代物清偿契约，除此之外，与一般清偿并没有不同，即也需要现实地为给付，才可以发生债之关系消灭的法律效果。而采陈自强先生主张的特殊债务变更契约说，又与清偿契约说不同，在于前者认为债权人受领他种给付的同时，债之标的同时变更为他种给付，故清偿系在消灭被变更债之关系，债之关系消灭的原因，仍为一般的清偿行为，换言之，非依债务本旨为清偿，无从消灭债之关系。

（4）要物契约说对非即时以物抵债并不适用。最重要的一点是，本文立论的基础是以物抵债包含两种情形，用公式来表达，第一种：以物抵债契约＋未即时转移物权＝债之消灭；第二种：代物清偿契约＋即时转移物权＝债之消灭。要物契约说明显只符合第二种情形的法律构造，即当事人合意的达成与替代物物权的转移是同时进行的，因此代物清偿契约从表现形式上来看刚好与要物契约相吻合，但对于第一种情形却是不适用的，当事人合意一

〔1〕 施建辉："以物抵债契约研究"，载《南京大学学报》2014年第6期。
〔2〕 胡康生主编：《中华人民共和国物权法释义》，法律出版社2007年版，第83页。

经达成，对双方都产生后续的约束力，在此种约束力下，若采物权行为理论，双方当事人再达成转移物权的合意，交付动产或办理不动产登记；即使不采物权行为理论，物权转移为以物抵债契约的内在效力，交付动产或办理不动产登记是全面履行合同原则的要求，否则构成违约。但无论如何，以物抵债契约的基础在于合意，并不以交付或登记为成立要件。

（二）有偿契约说

1. 主要观点

代物清偿除为要物契约外，依通说，亦为有偿契约。[1] 从法制史演变过程来看，有偿契约说系继受罗马法之类似买卖说而发展而来。德国学者大多数也认为代物清偿是一种独立的有偿合同。[2] 有偿契约说的基本含义是：债权人通过受领他种给付取代原有给付行为为代价，使得原有债权债务关系消灭，即使存在不足，原债权债务关系即以消灭，不能再请求履行，惟得基于有偿契约之性质，准用关于出卖人担保责任之规定。[3]

台湾地区实务界多持此见解，"司法院"院字第 1681 号解释[4]："因代物清偿而转移不动产所有权者，系第 347 条所规定之有偿契约，应准用买卖之规定，按照卖契投税"，依 1961 年台上字第 1460 号判决："债权人受领他种给付以代原定之给付者即所谓代物清偿，而债务人得债权人之允许以对于他人之债权让与债权人，以代清偿者，亦属代物清偿之一种，于法应认为有消灭债之关系之效力。惟因代物清偿而让与之债权有瑕疵时，由于代物清偿乃有偿契约，依第 347 条应准用出卖人责任之规定，以资救济"，亦肯认代物清偿为有偿契约，债务人应负出卖人之瑕疵担保责任。

2. 评析

（1）有偿契约说不能解决基于无偿契约所生之给付瑕疵问题。有偿契约说认为代物清偿之他种给付有瑕疵时，买卖契约关于瑕疵担保之规定，有准用余地，这在原债为有偿契约之情形没有疑义，但在原债是基于无偿契约所生时就显得十分"无力"。我们以赠与合同为例。赠与人以他种替代物赠与受赠人，转移所有权之后，受赠人随即发现替代物具有瑕疵。在这种情况下，

---

〔1〕 郑玉波：《民法债编总论》，中国政法大学出版社 2004 年版，第 483～485 页。

〔2〕 德国学界的表述是"类似买卖说"，与有偿契约说没有实质的差别。

〔3〕 史尚宽：《债法总论》，中国政法大学出版社 2000 年版，第 815 页。

〔4〕 台湾"司法院"解释汇编 3 册，1989 年版，第 1433 页。

依有偿契约说，受赠人对赠与人可以依买卖物之瑕疵担保的规定，请求赠与人减少价金或解除代物清偿契约。而若没有进行代物清偿，债务人以原定给付履行债务，当发生物的瑕疵时，根据我国《合同法》第191条[1]有关赠与瑕疵担保的规定，赠与的财产有瑕疵的，赠与人不承担责任。除赠与是附义务的合同或者赠与人故意不告知瑕疵或保证无瑕疵，赠与人须承担相应责任外，在一般情形下，赠与人都是免责的。那么问题来了，若采有偿契约说，在赠与的场合，仅仅只是因为变更了赠与物，却导致在发生瑕疵给付时，对债务人产生截然不同的两种法律效果——一般清偿时的无责任与代物清偿时的"买卖人瑕疵担保责任"。此种结果，不可谓不公平，对赠与人来说，又是情何以堪？这亦使得立法者欲减轻赠与人责任的价值判断为之落空，实质上，产生价值判断上的矛盾和冲突。

（2）有偿契约说并不符合以物抵债之清偿主旨。不仅如此，在他种给付无瑕疵之正常情形，有偿契约说也未必能自圆其说。就契约目的而言，有偿契约与代物清偿截然有别。何谓"有偿契约"，乃终局取得财产权为目的契约，所以有偿契约之目的在于标的物之获取、保有；相反，代物清偿常常是因为债务人无力以原定给付履约，债权人若一味坚持原定给付，将导致债权的实现旷日费时，缓不救急。债权人受领他种给付，一是为情势所迫，为保证债权最大程度实现，只好与债务人达成"城下之盟"，二是也能缓解债务人之窘迫，对双方来说至少是无害的，因此，代物清偿的目的，显然是针对原债之实现，重点不在于创设他种给付义务。

（3）有偿契约说违反了当事人的意义自治原则[2]。以物抵债虽然有一方债务之免除作为他种给付的对价，但它仍是依原债的旨意进行的履行。至少在原债务合同并非买卖合同的场合，通过协议商定，以物抵债的债权债务双方，未有表示买卖之意思，则相应的债权人便不能看作为买受人，债务人也不能看作为出卖人，因此债务人对出卖人没有必要承当相应瑕疵担保责任，但这并不意味着债务人不需要承担违约责任。[3]就当事人达成以物抵债契约的意图来看，债务人本质上无意转变为出卖人，所以赋予债务人之出卖人相

---

〔1〕《合同法》第191条："赠与的财产有瑕疵的，赠与人不承担责任。附义务的赠与，赠与的财产有瑕疵的，赠与人在附义务的限度内承担与出卖人相同的责任。赠与人故意不告知瑕疵或者保证无瑕疵，造成受赠人损失的，应当承担损害赔偿责任。"

〔2〕陈永强："以物抵债之处分行为论"，载《法学》2014年第11期。

〔3〕关于债务人对给付瑕疵应该负何种责任的问题，将在下文效力篇中详细探讨。

同的责任和义务，和以物抵债契约双方真实意思表示有所冲突。

（三）清偿说

1. 主要观点

清偿说是非契约说的代表，主要观点是，代物清偿和清偿具有同等法律效力。两者的目的都是消灭原有债权债务关系，两者的不同点在于，代物清偿属于清偿的客体层面，是清偿制度的"另类"，也属于清偿的方式之一，是原有债务人通过他种给付来代替原有给付的行为，以便消除原有债权债务关系。[1]也就是说，代物清偿与通常意思上的清偿有两个基本点是一致的：其一，二者都是基于物权变动的合意而产生；其二，二者的目的都是消灭债权。只不过，原债有关清偿期的约定对代物清偿具有重大的意义，能够作为其是否成立的根本性依据。当原债务清偿的期限到达，如果债务人未能履行相应债务，当事人双方随即协议，约定通过他种给付来代替原有给付，而使得原有债权债务关系消灭，根据此项给付协议所导致的物权变动便成立代物清偿。简单说来，代物清偿之目的，在直接立即满足清偿债务的需要。清偿说还认为，代物清偿契约与代物清偿是两个不同的概念，只有在意定代物清偿中才存在代物清偿契约，而法定代物清偿，由于其发生的原因是基于法律的直接规定，因而法定代物清偿只是一种纯粹的法律行为，缺少当事人的合意基础，因此不可能存在所谓的代物清偿契约。

清偿说在日本学界有个新名字："无色性契约"，即代物清偿无所谓有偿无偿之分，契约的有偿无偿和瑕疵担保责任能否成立，应该根据原有债务的性质来判断。[2]也就是说，假如原债为有偿契约，代物清偿性质上也为有偿契约；原债为无偿契约，代物清偿性质上也为无偿契约。台湾学者郑玉波早年崇尚德国之有偿契约说，但因有偿契约说存在明显的弊病，后来改采无色性契约说，后来，采用日本学说，来证明该说法的欠妥之处。"然则以物抵债契约，不问其原定给付之发生原因如何有偿抑为无偿，若一概解为有偿契约，使原无瑕疵担保者，变为有瑕疵担保责任，实为不妥，可见有偿契约说之缺点，亦逐渐为我国台湾地区及日本学者所见及，而思有以矫正之。"[3]笔者认

---

〔1〕 翟云岭、于靖文："代物清偿理论剖析"，载《大连海事大学学报》（社会科学版）2012 年第 1 期。

〔2〕 张广兴：《债法总论》，法律出版社 1997 年版，第 264 页。

〔3〕 陈自强：《无因债权契约论》，中国政法大学出版社 2002 年版，第 286 页。

为，无色性契约说法与清偿行为说实无不同，认为代物清偿为有偿契约或无偿契约之履行方法，有偿无偿乃针对原债而言，代物清偿本身无所谓有偿无偿，代物清偿既非有偿行为，亦非无偿行为。严格来说，清偿所欲消灭之债之关系，其所由发生之基础行为，方有所谓有偿与无偿之问题。

2. 评析

在发生他种给付有权利或物的瑕疵时，清偿行为说视角下的处理方法是：原债务不消灭，债权人返还其所受领之物，主张原定给付。但是此种解决途径与一般清偿行为稍作比较便能发现清偿行为说的不足。在买卖标的物发生瑕疵或种类物买卖之情形，这种处理办法根本不能满足逻辑的自洽。通说认为[1]，瑕疵担保上这两者是互相独立的，支持此种理论的学者认为，出卖人所承担的给付义务，不同于必须交付无瑕疵之物的义务，即出卖人的瑕疵担保责任义务，并不是看作为对债务人不履行给付义务的制裁，该项见解为德国民法学家拉伦茨（Larenz）教授所极力倡导。[2] 按照通说，在清偿完成后，债务即履行完毕，发生物瑕疵时，债权人只能向债务人请求其承担减价、解除合同或者赔偿损失的瑕疵担保责任。也就是说，在特定买卖中，出卖人交付瑕疵物并非构成给付义务的部分不履行，而是构成瑕疵担保义务的违反，因为债务经由清偿已经消灭。这是在一般清偿行为理论框架下的逻辑推演的结果。于代物清偿，又何独不然？清偿行为说主张一旦发生替代物的权利或物的瑕疵，原债务便可自行复活，实在于法理不通。

在种类物买卖，如出卖人给付之物有物之瑕疵而没有具备中等品质时，则其并未履行其给付义务，债务仍未消灭，债权人享有的另行交付中等品质标的物的请求权，为履行请求权，而不是独立于履行请求权以外的独立的瑕疵担保请求权。

总而言之，笔者认为债务人之给付标的物有瑕疵，给付义务是否因清偿而消灭，应以原定债之关系（如买卖契约关系）而定，这对于一般清偿即是如此，对以物抵债也是一样。无视债之关系所生之基础关系，于以物抵债他种给付有瑕疵时，一律认为给付义务消灭，未必与基础关系之利益状态相符。

---

〔1〕 还有一种学说为"不履行说"，亦被称为"履行说"，为德国民法学者布罗克斯（Brox）教授所极力主张。持该种见解的学者认为，买卖标的物无瑕疵构成出卖人的给付义务，由此决定买受人因标的物瑕疵———被视作出卖人部分不履行———而享有的请求权内容。本文不针对两说究竟孰优孰劣进行探讨，仅以通说为讨论的前提条件。

〔2〕 杜景林："现代买卖法瑕疵担保责任制度的定位"，载《法商研究》2010 年第 3 期。

更进一步说，我国实体法赋予债权人选择请求减少价金，或予以退回（解除契约），甚至可以请求损害赔偿的多种请求权，相比于清偿行为说单一的处理方式，剥夺债权人保有他种给付而请求减少价金的机会，更加有利于对债权人利益的保护。

（四）本文的观点

基于对上述学说的介绍及评价，据此提出本文的观点——特殊债务变更契约说。此说由台湾学者陈自强教授提出。陈自强教授认为，一般的债务变更契约，只要当事人的经济目的不变，则债的关系仍维持其同一性。那么，代物清偿便具有一般的债务变更契约的特点，因为在代物清偿，假如当事人一方面约定通过他种给付来替代原有给付，在债务变更契约成立并生效的同时，即时通过履行他种给付来清偿原有债务。也就是说，代物清偿是在债务变更同时即为清偿，此为代物清偿的一种"即时"情形。然而，从保护诚实信用及债权人合理预期两方面来考虑，不应严格限制实践中的代物清偿行为，因为实践中，债权人在合意达成之同时即受领他种给付是非常不现实的，特别是对于交通运输工具、生产设备、原材料和半成品等动产，还要考虑办理登记手续、搬运距离、处理过程费时费力等因素，因此这种"即时"的情形并不多见，相反，代物清偿合意的达成与现实受领之间往往存在一个时间差，即是在契约成立后才进行清偿，契约的成立和清偿不是同时发生，这刚好符合债务变更契约的特点。

然而，仅仅将代物清偿界定为债务变更契约也是有漏洞的，因为原债之给付标的，虽然已变更为他种给付，但变更后之债之关系，并没有因债务变更契约之成立而消灭，仍须有债之关系消灭原因。故而，代物清偿不是一般的债务变更契约，诚如 Gernhuber 所言，性质上为结合债务变更契约与履行行为二构成要件要素之单一法律行为，二者相对于代物清偿，有法律行为一部与全部之关系，[1]称为特殊债务变更契约。

采特殊债务变更契约说的原因有两点：

第一，在学理上，特殊债务变更说能符合本文对以物抵债的认定。不管是代物清偿契约抑或以物抵债契约，都是对原债务的一种变更，其本旨在于清偿原债务，使债权人得到满足。换言之，依债务变更契约说，原有债之关

---

〔1〕　Gernhuber, Erfullung, 1994, 10, 4a, S. 190f. 转引自陈自强：《无因债权契约论》，中国政法大学出版社 2002 年版，第 302 页。

系之同一性不因代物清偿而改变，他种给付有瑕疵时，仍适用原定给付有瑕疵之法律规定，这样不至于违反当事人之利益状态，抵触法律之价值判断。[1]笔者认为 Gernhuber 的观点与上文的分析结论不谋而合，以物抵债契约的性质与代物清偿契约的性质是一致的，只是代物清偿中合意的形成与物权转移是同时发生的，而以物抵债合意达成后，并不要求立即转移物的所有权。

第二，在实务上，特殊债务变更契约说能克服有偿契约说、要物契约说等主流学说在处理瑕疵给付问题的"力不从心"。他种给付有瑕疵时，究竟应认为债之关系消灭（清偿说的观点），但发生瑕疵担保，或者是债务仍未变更，与事物之本质无关，而为成文法的问题。《德国民法典》第 365 条的规定显然依前者为解决方法。然而，无选择性地适用该条，在原债为无偿契约的场合，却是不妥当的。因此，《德国民法典》第 365 条的规定，应该予以目的性限缩，仅适用于原债为有偿契约的场合。这样的处理结果与债务变更契约可以比较完美地衔接。因为，在原债的同一性不变，应使用原债之关系瑕疵担保的规定。换言之，若原债为有偿，比如基于买卖契约而生，可以适用买卖瑕疵担保；若原债为无偿，如基于赠与契约而生，则适用赠与瑕疵担保的规定（《合同法》第 191 条）；若赠与人解除契约，则给付应予返还，旧债之关系方能恢复。

我国没有《德国民法典》第 365 条的规定，特殊债务变更契约说融入我国现行法律体系，并没有什么障碍可言。因原债之同一性，不因债务变更契约而改变，他种给付有瑕疵之处理，依原债所生之基础法律关系而定。

综上所述，至少就解决他种给付有瑕疵的问题，特别在无类似于《德国民法典》第 365 条立法例的国家或地区，债务变更契约比较可采。

## 四、以物抵债之效力

我们在上文界定了以物抵债的含义和性质之后，实践中以物抵债产生的效力如何，与原债契约的关系如何对以物抵债的效力产生何种影响，以物抵债契约的生效与否又如何反作用于原债契约，本部分内容将重点讨论这些问题。

以物抵债契约属于无名合同的一种，其无效与否适用《合同法》的规定。结合《合同法》第 52 条关于合同无效的规定，总结出以物抵债契约无效的原

〔1〕 史尚宽：《债法总论》，中国政法大学出版社 2000 年版，第 814 页。

因有以下六种：①原债无效或依法被撤销；②一方以欺诈、胁迫的手段订立以物抵债契约，损害国家利益；③以物抵债契约系恶意串通，损害国家、集体或者第三人利益；④以物抵债契约系以合法形式掩盖非法目的；⑤以物抵债契约损害社会公共利益；⑥以物抵债契约违反法律、行政法规的强制性规定。

### （一）以物抵债契约无效时的原债效力

#### 1. 原债无效或依法被撤销

以物抵债契约之存在以原债权债务关系合法成立为前提和基础。若原债权债务关系按照《合同法》的规定被认定为无效或被撤销，以物抵债契约就成了无本之木、无源之水而失去其存在的根基和意义，最终也将使得以物抵债无法实施。

#### 2. 以物抵债契约因违反《合同法》第52条而无效

作为无名合同的一种，以物抵债契约可能会因为违反《合同法》第52条之规定而被认定为合同无效，例如，抵债物为法律所强制禁止流通的物品的情形。

笔者认为，若基于以物抵债契约成立之前的原因致使以物抵债契约无效且当事人对此存在过错的，有过错的当事人应当承担缔约过失责任。该缔约过失责任仅限于以物抵债契约，原债权债务关系依然存在，并不因为以物抵债契约的无效而受到影响。故，在此情形，以物抵债已经不能实行，债务人除应该按照原债的内容向债权人履行债务外，还应该支付因延迟履行债务而产生的损害赔偿金。延迟履行损害赔偿金应该从原债务到期之日开始起算直至以物抵债契约被认定无效之日。此外，债务人还要因缔约过失赔偿债权人基于以物抵债契约而产生的信赖利益，如债权人为以物抵债契约履行支出的必要费用。债权人信赖以物抵债契约生效对抵债物进行再处分，后因以物抵债契约无效而丧失对抵债物处分权，由此应向抵债物再处分的相对方承担违约责任。基于信赖利益保护的规则，债权人上述违约责任理应由债务人承担。

再者，原债权上同时存在物的担保和保证的情形，若债权人与债务人以抵押物折价实现所担保债权时，二者私下串通，以低价将抵押物变现，从而在事实上加大了保证人的保证责任。此时，保证人基于自身利益的考虑可以以物抵债契约损害第三人为由申请人民法院撤销以物抵债契约。以物抵债契约撤销将致使替代物的物权变动因缺乏物权变动的原因而无法产生以物抵债的效果。此时，债权人已经受领抵债物的，应当向物之所有权人返还。以物抵债契约被撤销，无法实现以物抵债的初衷，但原债权债务关系不受影响，依然存在。

在实践中，以物抵债契约在内容和效果上与担保物权中的"流担保"条款相似，经常引起混淆。"流担保"是指，在债务履行期届满之前，担保双方在合同中约定，如果债务人未如期履约，担保物的所有权直接归属担保权人。至于流质条款能不能受到法律保护，各国的规定不尽相同。在大陆法系国家中，传统民法理论对流质条款采取禁止。但是在晚近颁布的民法典却对流质条款的态度有所转变。例如埃塞俄比亚的《民法典》、蒙古的《民法典》以及阿尔及利亚《民法典》，等等，之前一概否定流质条款的效力，但目前立场开始发生转变，只要担保双方能够达成合意，立法不再一味加以限制。而在英美法系国家，对流质条款不仅不禁止，而且在法律中明确肯认流质条款的效力。比如说，极具代表性的美国《统一商法典》，该法典规定，受担保方可以"断赎担保物"以兑现其担保权益，第1条规定占有担保物的受担保方可在发生违约后保留担保物以抵偿债务。[1] 故，在承认或不禁止流质条款的国家，以物抵债契约中即使包括流质的内容，也不会因为涉嫌流质条款而认定无效。因此，讨论涉及流质条款内容的以物抵债契约的效力问题，只有在禁止流质条款的立法背景下有必要。以物抵债契约涉及流质条款的情形在实践中主要是指抵债物即为抵押权或质押权之客体，且抵押权人或质押权人为原债权债务关系中的债权人。举例来说，借款合同中的债权人与债务人约定，若债务人到期无力偿还借款便以其合法的住房抵债即借款合同中的以物抵债条款，同时债务人为担保债权人的债权将住房抵押于债权人并办理了抵押登记。此时，倘若债务人未按照约定偿还借款，那么法院能否就此认定该以物抵债条款的效力。以常理，基于物权法定原则，法院按照《物权法》关于禁止流押、流质的规定而径直认定上述以物抵债条款因违反法律法规的强制性规定而无效。在这种情形下，以物抵债条款即使被认定为无效，抵押合同的效力也并不受影响。债权人可以通过这种方式保护自己的权益：在具体实践环节，当事人可以依据《物权法》的规定合意折价清偿，此时双方达成新的协议为以物抵债契约，并且独立于之前的合同。换言之，折价清偿的合意究其本质是一个独立于原以物抵债条款的以物抵债契约，其效力为法律所认可。

〔1〕 美国法学会（ALL）、美国统一州法委员会（NCCUSL）：《美国〈统一商法典〉及其正式评述》，中国人民大学出版社2006年版，第23页。

甚而言之，同样的借款合同中，若先成立抵押合同，先在替代物上设立抵押权，而后才达成以物抵债契约，则该以物抵债契约亦如上所述因违反禁止流质条款的规定而认定为无效。但抵押合同的效力并不受影响。就此而言，以物抵债合意达成的时间点不同而效力各异。笔者认为，两种情况下的以物抵债的效力应无二致。理由在于在担保物权实现过程中折价协议之所以能够达成，是基于债权关系，而不是因为抵押合同（或者是质押合同）。从本质上来看，抵押合同也就是一种债权合同。而以物抵债契约旨在实现担保物权，欲使物权发生转移，可以以对担保物进行折价的方式处理，从而清偿债务。对此，笔者不禁提出疑问：既然如此的话，那么债权债务双方为什么不能在实现担保物权之前，就达成以物抵债契约或是具备以物抵债契约性质的折价协议？对此问题持反对意见者其理由如上所述是基于我国物权法的对流担保的相关规定，其立法精神在于，如果法律认可双方在债务履行期届满之前达成的以物抵债契约，那么债权人就可能利用其优势地位，要求债务人作出对其不公平的妥协让步，从而使双方之间的权利义务不平等。这不仅侵犯了债务人的权益，而且对于其他债权人来说，也是不公平的。这样的考虑有一定的道理。但笔者认为，法律禁止的并不是流担保契约所产生的法律效果，而是禁止以特定的方式使该法律效果得以生成。台湾的吴光明教授对此有非常精辟的论述："盖流抵契约之禁止属于方法行为之禁止，法律仅禁止以一定手段发生特定效果，如系以其他手段发生一定之效果，则不在禁止之列。流抵契约之禁止仅在以禁止设定抵押权、质权之担保手段取得抵押物所有权之效果，并非不许一概依其他方法发生相同之效果。"[1]再者，我们从"理性人"的角度来考量，有理由相信债务人能妥善处理自己的财务状况，因流担保而致其明显利益受损的情况应属特例。因此，立法者不能针对某些特殊情况而以偏概全地设立具有普遍适用性和约束力的法律条款。[2]更进一步说，若债权人逼迫债务人签订不平等的流担保合同，迫使债务人作出违背其真实意思表示的以为抵债合意，现有的民法体系已经具有完备的关于调整乘人之危、显失公平合同的效力问题，无需再予以明确规定禁止流质条款。此外，仅承认在担保物权实现过程中达成具有以物抵债内容的折价协议的效力，其目的如果仅仅满足现行法律的规定，这样的方式太过僵化。由于双方在签订债权合同

---

〔1〕 吴光明："流抵契约禁止原则之转变"，载《人大法律评论》2012 年第 1 期。
〔2〕 于靖文："代物清偿法律问题研究"，大连海事大学 2010 年硕士学位论文。

的过程中，并不排除采取折价方式来实现的担保物权，在这种情形下，当事人若想实现以物抵债的意图，在现行法律框架下只能在担保物权实现条件成就时先作出实现担保物权的意思表示，而后再将折价作为实现担保物权的一种方式来清偿债务。

实务中，债务履行期届满之前所达成的折价协议会因为在现行法律体系中被僵化地认定为流质条款而被认定为无效。除了折价以外，担保物权的实现还可以采取变卖、拍卖的形式，但这些方式需要高额的成本，给双方带来经济负担。而最便捷的实现担保物权的方式是，担保人和债权人签订以物抵债合同并予以实现。在存在保证的情况下，债权人可能会向保证人要求偿还债务余额，保证人因怀疑以物抵债的合理性往往提起担保物折价异议，主张物之担保人与债权人私下串通以物抵债并将债务的余款转移给自己。对于此类纠纷，法院往往会建议债权人，将担保人和保证人作为共同原告，通过两个判决来确定他们各自应承担的责任。判决后进入执行阶段，债权人将担保物拍卖，若所获得的价款尚不足以实现全部清偿，保证人需要承担不足部分的责任。但是这种处理方式对于债权人来说，需要花费更多的成本，使其陷入两难的境地。

综上，笔者认为应该认可流质条款的效力，充分尊重双方意思自治，从而促成交易，使债权人及早获得清偿。所以，对于当事人来说，只要达成合意，即可约定，若未如期履行债务，可以以物抵债，不管这种约定是发生在债务履行期内抑或实现担保物权之时。该合意符合法律规定且不违反合同法关于合同效力的强制性规定，皆应该认定为有效。

（二）抵债物风险转移规则下原债与以物抵债的效力

风险转移采所有人主义。[1]所谓所有人主义，亦称物权人主义，指因不可归责于债务人之事由，致履行不能，危险之负担以所有权移转之时期为标准，移转以前由债务人负担，移转以后由债权人负担，即"损失归所有人承受之原则"。[2]该结论符合以物抵债的本意。缘由在于以物抵债是对原债权的替代履行，如果合同没有办法继续履行的话，会损害债权人的利益，如果此时风险全部由债权人承担的话，实属不公，与债权人的预期产生了严重的分歧。因此，该风险应当由所有人来承担。具体来说，在物权没有转移给债权

---

〔1〕 周枏：《罗马法原论》，商务印书馆 2004 年版，第 70 页。

〔2〕 黄立：《民法债编总论》，中国政法大学出版社 2002 年版，第 550 页。

人之前，债务人需要承担风险。以物抵债合同中，由于风险而导致他人利益受损时，债权人可以要求债务人补偿相应的损失，只有这样，双方才能达成一致。[1]有的学者针对这种情况，认为该过程中会产生新的权利，并不是以前的债权。对这样的观点，笔者并不认可。首先，履行不能不代表契约一定要解除[2]，故而以物抵债契约仍有效，只是交付抵债物的义务被免除，以损害赔偿金或其他物予以代替，也即法定以物抵债形态之一。其次，即使有立法例认为，因不可抗力等原因致使标的物毁损、灭失而无法履行合同，契约得以解除。[3]但合同法以任意性规范为主，此处的合同的法定解除条件的规定也是任意性规范，倘若权利人不解除合同，法院则不能依职权解除合同。因此，发生在以物抵债履行过程中的抵债物的毁损、灭失风险，由债务人承担，当抵债物全部毁损、灭失且未取得相应的求偿权时，则致使契约履行不能，债权人不能主张债务人因以物抵债不能履行的赔偿责任。如此，原债务关系未消灭，债权人可得依据原债务关系向债务人主张违约责任。[4]

（三）抵债物有瑕疵时原债及以物抵债的效力

若抵债物缺少所应有的品质、数量不足或发生第三人对物主张权利而使得债权人受有损失，这种情况下以物抵债合同的效力如何？原债合同的效力会因给付瑕疵而自行恢复吗？为回答该问题，必须先对瑕疵履行的责任进行定性。

（1）瑕疵担保责任之定性。首先，何谓"瑕疵"？瑕疵包含两种情形：物的瑕疵和权利瑕疵。《德国民法典》第434、435条对此有非常全面的界定。瑕疵的概念被规定在"债法分则"的"买卖合同"一节中，物的风险转移时不具有约定的性质，为物的瑕疵，比如物不具备预期的性能、品质、数量过少等；权利的瑕疵是指物的风险转移时，第三人对买受人主张权利的情形。[5]如果存在上述物的瑕疵或权利的瑕疵，须承担物的瑕疵担保责任或权利瑕疵担保责任。

---

〔1〕 郑玉波：《民法债编总论》，中国政法大学出版社2004年版，第266页。

〔2〕 "台湾民法典"第256条规定："债权人于有第226条之情形时，得解除其契约。"第266条规定："因可归责于债务人之事由，致给付不能者，债权人得请求赔偿损害。"

〔3〕 《中华人民共和国合同法》第94条第1项规定："因不可抗力致使不能实现合同目的。"

〔4〕 翟云岭、于靖文："代物清偿理论剖析"，载《大连海事大学学报》（社会科学版）2012年第1期。

〔5〕 陈卫佐译：《德国民法典》，法律出版社2006年版，第150~151页。

对于瑕疵担保责任的性质，学界有两种观点：其一，担保说。此学说为德国法学大儒拉伦茨所主张。依此说之见解，瑕疵担保责任仅是一种附加担保责任，并不构成债务不履行。其二，履行说。此说为德国学者 Huber 教授之见解。采履行说的学者认为买受人支付价金的目的在于获得无瑕疵的买卖标的物，标的物无瑕疵是全面履约的题中之义，否则就应该承担赔偿责任。换句话说，瑕疵担保责任包含在债务不履行责任之中，没有独立性可言。梁慧星教授持此观点，他认为瑕疵担保责任是债务不履行责任的一种，是关于买卖的特则。[1]那么，何种学说理由更为充足、更合乎逻辑，对处理抵债物的瑕疵问题更符合中国的现状及现行立法的规定？我们可以沿着罗马法的轨道来寻找答案。

从历史渊源来看，物的瑕疵担保责任与权利瑕疵担保责任均源自罗马法的规定，具体而言，物的瑕疵担保责任发端于罗马法上的大法官告示，买卖标的物上有一定的瑕疵时，承受人得请求减少价金或是解除契约；[2]权利瑕疵担保责任则源自罗马法上的追夺担保（evictio）及与此相应的追夺诉权。[3]

从比较法上来考察，瑕疵担保责任后为法、德等国民法典承继发展成为一项成文的法律制度。《德国民法典》于第480条专门规定了适用于种类物并于第433、434、437、459、460、462条及第463条对出卖人的瑕疵担保责任作了明确规定，按照这些规定，出卖人有担保其标的物无灭失、价值减少的危险，或应具通常效用或契约预订或减少价值，或请求不履行的损害赔偿。[4]而且，修改后的《德国民法典》通过条文援引的方式，规定了买卖合同下的瑕疵履行时的救济权利。买受人的解约权除依据第440条的规定外，可适用"总则"第332条，由于未提供给付或者未按照合同提供给付而解约和第326条第5款排除给付义务时，对待给付的免除和解约的规定损害赔偿权利除适用第440条外，可适用"总则"第280、281、283条第2项，或者依据"总则"第284条要求补偿徒然支出的费用。[5]不过出卖人只有在故意不告知或保证无瑕疵的情况下，才承担不履行的损害赔偿责任。另外，《法国

〔1〕 梁慧星："论出卖人的瑕疵担保责任"，载《比较法研究》1991年第3期。
〔2〕 张伟："论买卖合同的瑕疵担保责任"，载《河北法学》2007年第2期。
〔3〕 梁慧星："论出卖人的瑕疵担保责任"，载《比较法研究》1991年第3期。
〔4〕 杜景林、卢谌：《德国新给付障碍法研究》，对外经济贸易大学出版社2006年版，第56页。
〔5〕 齐晓琨：《德国新、旧债法比较研究——观念的转变和立法技术的提升》，法律出版社2006年版，第394页。

民法典》规定，买卖标的物含有隐蔽的瑕疵，以致不适于其应有的用途或减少其效用时，出卖人应承担瑕疵担保责任。这是一种严格的瑕疵责任，《法国民法典》不区分出卖人是否恶意，在出卖人不知标的物有瑕疵的情况下仍然适用。《日本民法典》第 570 条也有类似规定，但对瑕疵担保责任承担的形式有变通，取消了价金减额和补正责任形式，扩大了损害赔偿的适用范围。[1]"台湾民法典"是在第二章"各种之债"中的买卖合同一节来对瑕疵担保责任进行系统的规定，共设计 13 个条文（第 354 ~ 366 条）对出卖人的瑕疵担保责任予以规制，对种类之债、当事人恶意下的瑕疵担保责任的承担规则及瑕疵担保责任的承担方式作出了具体的规定。由于法律传统的不同，英美法没有有瑕疵担保责任的概念，只存在着统一的违约责任制度，与瑕疵担保责任对应的概念是默示担保和明示担保。早期英国普通法规定，如果出卖人无明示担保且不构成欺诈，则其对标的物瑕疵不承担责任，即"买者担心"，后来此规则由 1893 年英国货物买卖法变更为"卖者担心"，并进一步由美国统一商法典强化。《联合国国际货物销售公约》也未规定瑕疵担保责任，仅从合同不履行的一般概念出发来考虑各种补救方式。[2]

从以上的介绍中，我们可以看出无论是年代久远的罗马法抑或近现代典型的大陆法系民法典，对瑕疵担保责任的规定都是放在买卖合同的框架下进行的，是违约责任的"特则"，其在成立要件和效果上不同于一般的违约责任，如瑕疵通知义务、质量异议期间以及特别的救济方式。具体到我国《合同法》的规定，合同法"买卖合同"一章对"权利瑕疵担保"基本上没有规定相应的法律效果，第 153 条是对物的瑕疵担保责任的处理规则，即出卖人交付的标的物不符合质量要求的，买受人可以依照第 111 条的规定要求承担违约责任。很明显，这一规定导致瑕疵担保在法律效果上实际上跟违约责任没有大的区别，也就是说《合同法》把瑕疵担保融入违约责任中来，使得瑕疵担保自身的特殊性丧失了。[3]

由此，笔者认为，当以物抵债发生瑕疵履行时，在处理瑕疵履行问题时，可以适用总则中关于违约的处理方法。具体而言，应适用《合同法》总则中

---

〔1〕《日本民法典》第 570 条："买卖标的物隐含瑕疵时，以买受人不知其情，且因之不能达到契约目的的情形为限，买受人可以解除契约并请求损害赔偿；其他情形，买受人仅能请求损害赔偿。"

〔2〕 郑玉祥："代物清偿的理论与实践问题研究"，黑龙江大学 2008 年硕士学位论文。

〔3〕 (2001) 民二终字第 179 号。

第 42 条有关"质量标准"、第 92 条关于解除合同以及第七章"违约责任"中的规定。须强调的是，虽然否认存在独立的瑕疵担保责任，但是无论是"物的瑕疵"还是"权利的瑕疵"，"瑕疵"作为一种客观事实仍然是判断瑕疵履行责任的构成要件之一。[1]

（2）物的瑕疵时的处理规则。根据我国《合同法》第 111、148、155 条的规定，总结出抵债物发生物的瑕疵时的处理规则有两条路径。第一条路径是抵债物的质量虽不符合合同的约定，但通过更换、修理、重作、减少价款或报酬尚可以实现合同目的；[2]第二条路径是抵债物的质量发生严重瑕疵，致使合同目的不能实现，买受人可以拒绝接受标的物或者解除合同。[3]也就是说，具体选择何种方式，要根据抵债物瑕疵的严重程度来决定。如果该瑕疵已经损害以物抵债契约的债权人对于该抵债物的根本期待，则可以解约。反之，只要不至于损害债权人于以物抵债契约下的根本目的，以物抵债人只需承担减价、修理、重作、更换等其他违约责任即可。当事人也可以在以物抵债合同中约定发生物的瑕疵时的损害赔偿责任。但必须明确的是，减价或者赔偿损失的数额不能超过债务人因违反原债务契约所应承担的数额，至于具体标准要结合个案的具体情况而定。

另外，瑕疵作为一种客观事实，其产生时间对瑕疵担保责任的承担主体也有一定影响。《德国民法典》第 434 条规定，物在风险移转时具有约定的性能的，即为无物的瑕疵。我们据此可以推定，物在风险移转时不具有约定的性能的，不管该瑕疵是在物产生时即存在或是嗣后出现，只要在交付时没有被排除，则该物为有瑕疵的物，那么即使所有权已经发生变动，以物抵债人仍然要对该瑕疵负担保义务。

（3）物的瑕疵时原债与以物抵债的效力。我们以上述抵债物发生物的瑕疵时的两种处理规则为前提，来继续分析物的瑕疵对原债与以物抵债效力的影响。采取不同的追究瑕疵履行责任的方式如解约、减价、修理、更换、损

〔1〕 美国法学会（ALL）、美国统一州法委员会（NCCUSL）：《美国〈统一商法典〉及其正式评述》，中国人民大学出版社 2006 年版，第 23 页。

〔2〕《合同法》第 111 条："质量不符合约定的，应当按照当事人的约定承担违约责任。对违约责任没有约定或者约定不明确，依照本法第 61 条的规定仍不能确定的，受损害方根据标的的性质以及损失的大小，可以合理选择要求对方承担修理、更换、重作、退货、减少价款或者报酬等违约责任。"

〔3〕《合同法》第 148 条："因标的物质量不符合质量要求，致使不能实现合同目的的，买受人可以拒绝接受标的物或者解除合同。买受人拒绝接受标的物或者解除合同的，标的物毁损、灭失的风险由出卖人承担。"

害赔偿等，对于以物抵债以及原债的效力的影响不同。当债权人得以主张瑕疵履行责任时，替代物的所有权已经发生相对或绝对的变动，以物抵债结果已经产生，所以原债务关系应该消灭。如果债权人行使以物抵债契约解除权，那么原债的效力能够因此自行恢复吗？笔者认为，原债的效力自行恢复，无需对其另行起诉而使之恢复。如果以物抵债人已经现实交付抵债物，受领人应返还；相应地，债权人在以物抵债契约下的负担的不得请求原债务的违约责任被消灭。进而，债权人在原债务关系下的权利，例如请求迟延履行的损害赔偿等得以恢复。有学者认为，以物抵债合同被解除的场合，该合同消灭，当事人之间发生回复原状以及损害赔偿的效力，但此等效力仅具债权的效力，债务人仅负有回复原状及损害赔偿的义务，原债务并不当然因此复活，债权人自无从就原来的债权以及原来债务的担保为任何主张。[1]这种观点在合同解除无溯及力的情况下可被中国大陆所接受，但在合同解除有溯及力的场合则需再斟酌。因为以物抵债契约解除溯及既往地消灭，债权人受领的他种交付失去保有的原因（根据），应当返还给债务人，债权人的原债权并未获得实现，不使原给付义务复活，如何保护债权人的合法权益？[2]另外，如果债权人仅主张减价、更换抵债物等违约责任，以物抵债合同的效力不会受到影响，以物抵债法律效果得以实现，原债务关系亦不需恢复。只是，如果债权人在采取上述责任方式后仍然有损失，可以依据以物抵债契约主张损害赔偿。

（四）权利瑕疵时原债与以物抵债的效力

按照上文对瑕疵担保责任定性的思路，我们接下来分析抵债物发生权利瑕疵时对原债与以物抵债效力的影响。实践中，抵债物出现权利瑕疵时可能会导致以物抵债的效果难以实现，例如，抵债物并非归以物抵债人所有或是与他人共有、抵债的房屋在以物抵债合同达成前已经出租等。前两种属于无权处分，第三种属于处分权受限制，即债权由于物权化而具有物权的效力，承租人享有优先购买权。[3]

我国法律规定，无权处分属于效力待定的法律行为，只有经权利人追认或者无处分权的人在订立合同后取得处分权的，合同才有效。对该条作反面

---

〔1〕 林诚二：《民法债编总论——体系化解说》，中国人民大学出版社2003年版，第539页；邱聪智：《新订民法债编通则》（下），中国人民大学出版社2004年版，第453页。

〔2〕 崔建远："以物抵债的理论与实践"，载《河北法学》2012年第3期。

〔3〕 美国法学会（ALL）、美国统一州法委员会（NCCUSL）：《美国〈统一商法典〉及其正式评述》，中国人民大学出版社2006年版，第23页。

解释，即未经权利人追认或者在订立合同和未取得处分权的合同无效。那么，如果以物抵债人处分他人之物，事后经权利人追认或者自己取得处分权的，以物抵债合同当然有效，以物抵债的法律效果得以实现。反之，如果权利人拒绝追认或者债务人嗣后未取得处分权的，以物抵债合同无效，当事人只能回归到原债请求履行。不过，我国《物权法》第 106 条又规定，只有受让人是善意的，才可以取得物之所有权。鉴于此，债权人在受让抵债物时，须具备善意的主观因素，才会发生以物抵债的法律效果；倘若债权人明知以物抵债人对抵债物无处分权，仍接受抵债物，法律规定不发生物权转移的效果，物的真正权利人有权向债权人请求返还抵债物。在前面一种情形之下，由于清偿行为完成后会使得原债最终消灭，而在后一情形中，由于是以物抵债并未最终完成，所以原本的债务关系还会继续存在。

即便欠缺处分权的要素，根据《物权法》第 15 条所确定的合同效力与物权效力区分原则，以物抵债契约的效力不受影响。按份共有人以其对抵债物所拥有的份额来抵偿原债时，会面临以物抵债的债权人与其他按份共有人的优先购买权的顺位问题。笔者认为，此种情形下，其他按份共有人的优先购买权优先于债权人的债权。因为按份共有人所享有的是具有物权性质的债权，学界称之为"债权物权化"，而以物抵债的债权人享有的是在无任何担保的债权，两者相比，当然按份共有人的优先权应首先得到保护，除非其他按份共有人放弃优先购买权，否则债权人可以物抵债来消灭原有债务之关系。反之，债权人在此种情形下无法获得抵债物的所有权，债权得不到清偿，可以根据以物抵债契约向债务人追究违约责任。

共同共有的形成往往是基于紧密的身份关系，如对夫妻共有、连带合伙共有、对遗产的共有，等等。共同共有人对抵债物不存在份额的区分，所以以物抵债人只有征得其他共有人的同意才可以处分抵债物，同样，根据我国《合同法》第 51 条的规定，无权处分的合同属于效力待定，因此欲使发生以物抵债的法律效果仍需要取得共同共有人的同意，否则以物抵债契约无效，债权人可以向债务人主张损害赔偿责任。赔偿的范围包括信赖利益与履行利益，至于期待利益，尚不能包含在内。

上述按份共有和共同共有之情形，不排除善意取得制度的适用。换言之，如果债权人主观上不知抵债物上的权利状态，以物抵债契约合法有效，债权人可依法取得抵债物的所有权。此时，其他按份共有人和共同共有人只能向债务人或者第三人主张责任的承担。

当抵债物上存在其他债权情况下，比如在建设工程承包合同中，对于已经完工并验收合格的工程，开发商在付清工程余款之前将该工程出租，这种情况下法律赋予承包方有优先受偿权，[1]但承包方若与开发商已事先订立了以所建工程抵偿建设款的协议，同样会产生与承包人优先购买权的顺位关系问题。笔者认为这一情形不同于按份共有及共同共有的情况，我国物权法给予这种情形下建设工程的承包者优先受偿的保护，这种优先受偿地位优于承包人，以物抵债契约有效，所以承包人取得了抵债物的所有权。

（五）第三人以物抵债发生瑕疵时原债及以物抵债的效力

以物抵债应由债务人亲自为之，但法律也允许由第三人进行。因为现代法律已不再严格遵循罗马法"任何人不得为他人缔约"之法谚，在贯彻合同相对性原则的同时允许第三人适当地参与到合同中来。[2]

第三人以物抵债有两种情形：由债务人与债权人订立以物抵债契约，第三人交付抵债物，以物抵债契约的主体仍为债权人与债务人；由第三人与债权人订立以物抵债契约，并由其交付抵债物，此时以物抵债契约的主体为债权人与第三人，是具有债务承担性质的以物抵债。在第一种情形，由于第三人并不是原债关系当事人，不受原定给付义务所束缚，所以其交付他种给付的行为实际上是一种事实行为。发生给付瑕疵时，债权人只能向债务人主张瑕疵担保责任，原债及以物抵债契约仍为有效。在第二种情形，由于第三人已经取代债务人成为以物抵债契约的主体，若发生给付瑕疵，承担瑕疵担保责任是理所当然。我们可以从重庆帕特龙智通电子科技有限公司与周某某等第三人代物清偿合同纠纷上诉案中更深入地了解第三人以物抵债的认定问题[3]：

---

〔1〕 根据我国《合同法》第286条规定："发包人未按照约定支付价款的，承包人可以催告发包人在合理期限内支付价款。发包人逾期不支付的，除按照建设工程的性质不宜折价、拍卖的以外，承包人可以与发包人协议将该工程折价，也可以申请人民法院将该工程依法拍卖。建设工程的价款就该工程折价或者拍卖的价款优先受偿。"2002年6月出台的《最高人民法院关于建设工程价款优先受偿权问题的批复》中的第1条规定，"建筑工程的承包人的优先受偿权优于抵押权和其他债权"。理论界对于此种优先受偿权的性质有争议，有三种观点，即不动产留置权、法定抵押权以及优先权。本文不涉及该项权利性质的界定，故仅以现有法律对该权利的性质所作的规定为根据进行分析。《合同法》第230条规定："出租人出卖租赁房屋的，应当在出卖之前的合理期限内通知承租人，承租人享有以同等条件优先购买的权利。"

〔2〕 郑玉祥："代物清偿的理论与实践问题研究"，黑龙江大学2008年硕士学位论文。

〔3〕 （2012）锡商终字第0391号。

2009 年期间，帕特龙公司向振环公司供应防盗器、控制器、报警器等产品，但振环公司未及时支付货款。振环公司与帕特龙公司达成协议，约定："一、振环公司共计欠帕特龙公司货款 176 000 元，因年底无法偿还帕特龙公司货款，现暂扣江淮越野车行驶证、车钥匙、车牌号；二、2010 年 3 月底车贷款还清后，振环公司跟帕特龙公司办理车辆过户手续。签订协议后，周某某向帕特龙公司交付了车辆钥匙。同年 8 月，周某某又将上述车辆以 6 万元的价格转让过户给案外人张某。帕特龙公司诉请判令振环公司支付货款 17.6 万元及逾期利息，周某某作为车主在协议上签字构成债务加入，应一并承担连带责任。"

在本案中，第三人与债权人、债务人达成三方协议，同意处分自己的财产来代替债务人原本的金钱给付，应成立第三人代物清偿合同，不构成债务加入或第三人履行。原因在于，其一，当事人约定由第三人向债权人履行债务的，第三人不履行债务或者履行债务不符合约定的，债务人应当向债权人承担违约责任。该条款背后的法理是合同相对性原理，即合同仅于缔约人之间发生效力，"无论何人不得为他人为约定"。但是，《合同法》第 65 条中的"当事人约定"是指合同当事人约定的情形，即债权人和债务人之间的约定，并不包括债权人与第三人以及债务人与第三人之间的约定，更不包括债权人、债务人、第三人之间的三方约定。后两种情形下，第三人已成为合同主体，应受合同效力约束。其二，债务加入又称并存的债务承担，是指原债务人并不脱离原债务关系，而由第三人加入到原来的债务关系中来，与原债务人共同承担对债权人的债务。债务加入成立后，第三人加入债务关系成为债务人，与原债务人共同向债权人承担债务，同时享有原债务人的相关权利。本案中，从协议内容来看，协议的主要内容是关于振环公司所欠债务的清偿（以物偿债），而不是第三人周某某加入债务从而增加债务清偿主体和责任财产范围；从订约意图观察，周某某并无成为债务人的意思，其仅仅是签字同意承担车辆抵债所产生的车辆所有权转移后果；从结果上看，周某某仅负担将车辆过户从而抵偿相应债务的义务，并不承受原债务人的法律地位，其承担的责任范围也仅仅以车辆或车辆价值为限。

因此，第三人周某某交付车辆钥匙的行为只是一种事实上的清偿行为，构成第三人代物清偿。若周某某交付的车辆存在瑕疵，帕特龙公司只能依以物抵债契约向债务人振环公司主张违约责任。只要该以物抵债契约没有因物或权利的瑕疵而解除，原债与以物抵债契约均因清偿而消灭。

# 非同居通奸行为的离婚损害赔偿问题探析

范　钰*

## 一、非同居通奸行为的定义

2001 年，全国人大会常会在对我国《婚姻法》进行修订时，将夫妻间忠实义务引入《婚姻法》[1]。学界对于夫妻间忠实义务的内涵范围存在一些争议，但是对于贞操义务属忠实义务内容之一基本可达成共识。所谓贞操义务，系指不与配偶之外的其他人发生性行为的义务。在我国，在夫妻婚姻关系存续期间与他人有不正当性关系历来被视为是对配偶不忠的行为，是对婚姻家庭关系的严重破坏，此行为不仅受到道德的谴责，亦受到法律的管辖。根据我国《婚姻法》第 32 条，在无法调解的离婚诉讼中，若夫妻中一方存在重婚或与他人同居的情况，法院应当支持当事人离婚的诉讼请求。并且第 46 条中规定，由于此种一方违反贞操义务原因导致离异的，法律赋予无过错配偶在离婚纠纷中获得金钱赔偿的权利。按照《最高人民法院关于适用〈中华人民共和国婚姻法〉若干问题的解释（一）》（以下简称为《婚姻法司法解释（一）》第 28 条的解读，此处的"损害赔偿"不单包括物质损害赔偿，还包括精神损害赔偿。通过对无过错方进行金钱赔偿的方式，对无过错配偶遭受的经济损失及精神侵害进行弥补，对违反夫妻忠实义务者进行惩戒，同时也起到社会教育与价值倡导之作用。

但是值得注意的是，《婚姻法》第 46 条列举之情形并不包括单纯的通奸行为。本文所称"非同居通奸行为"即指婚内违反夫妻间忠实义务与他人发生不正当性关系，但是未构成《婚姻法》第 46 条所述的与配偶之外第三人重

---

\* 中国政法大学民商法研究生。

〔1〕《婚姻法》第 4 条：夫妻应当互相忠实，互相尊重；家庭成员间应当敬老爱幼，互相帮助，维护平等、和睦、文明的婚姻家庭关系。

婚或同居的单纯通奸行为。实践中，由此类非同居通奸行为导致夫妻感情破裂离婚的情况屡见不鲜，无过错方也多以此为事实根据要求法院判决过错方对其进行损害赔偿，但是由于非同居通奸行为处于道德与法律管辖之交界点，《婚姻法》中也尚无明确规定，以致实务中出现相似案情不同判决的情况。本文将针对此种情况下无过错方获得损害赔偿在司法审判实践中的可能性及其法律依据进行分析。

### 二、司法审判实践观点梳理

如上文所述，在目前的司法审判实践中，法院关于无过错方是否可以就对方非同居通奸行为获得损害赔偿的问题存在不同意见。笔者以"通奸""损害赔偿"等关键字在威科现行法律信息数据库中进行案例检索，着重关注由中级人民法院进行二审的离婚案件，从中筛选出较为典型的案件共 22 例，其中有 12 例案例中法院认为在此种情况下应当对无过错方进行精神损害赔偿，剩余 10 例判决中法院则认为不应判决非同居通奸者进行赔偿。针对非同居通奸行为的损害赔偿问题，法院判决的结果及法律依据具体可分为如下几类：

（一）无过错配偶不能获得损害赔偿

在检索到的案例中，有将近一半的判例认为无过错方不能够因为对方的非同居通奸行为获得损害赔偿金。此类判例中法院一般认为，虽然当事人的非同居通奸行为违背了夫妻间忠实义务，对双方的婚姻家庭关系造成了破坏，但是此情节不构成与配偶之外他人重婚或同居，因此不能适用《婚姻法》第 46 条，无过错配偶的诉请不能得到支持。例如新疆克拉玛依市中级人民法院认为，依照《婚姻法司法解释（一）》第 2 条[1]之阐释，"陈某与异性开房间虽然具有过错，但未有证据证实其与异性构成同居关系，故陈某的行为不符合应获赔偿的情况，故不支持刘某某诉请陈某承担精神损害赔偿35 000元。"[2]绍兴市中级人民法院更进一步指出夫妻间忠实义务不是一项法律义务，认为"在当下中国，夫妻忠实义务是一项道德义务。法律也未设夫妻忠

---

〔1〕《婚姻法司法解释（一）》第 2 条："有配偶者与他人同居"的情形，是指有配偶者与婚外异性，不以夫妻名义，持续、稳定地共同居住。

〔2〕 刘某某与陈某离婚纠纷再审民事裁定书，新疆维吾尔自治区克拉玛依市中级人民法院，（2015）克中法民申字第 7 号。

实为法定之义务并对通奸行为予以制裁"[1]，并以此驳回了无过错配偶针对对方非同居通奸行为请求的金钱赔偿诉请。

（二）依据《婚姻法》第46条对无过错配偶进行赔偿

在检索到的涉及非同居通奸且判处赔偿的判例中，有相当一部分法院直接根据《婚姻法》第46条[2]之规定，判处过错方对配偶进行金钱补偿。

其中部分法院系未根据《婚姻法司法解释（一）》第2条[3]对"同居"的定义，正确地区分"非同居通奸"与"同居"。如百色市中级人民法院在"农某与黄某甲离婚纠纷案"民事判决书中认定"因农某与他人夜间到酒店开房住宿存在过错而导致离婚"，此行为明显并未构成"有配偶者与他人同居"，但法院仍依据《婚姻法》第46条判决由过错方赔偿无过错方精神损害抚慰金2万元。[4]此类判决显属未正确适用法条的结果。

但亦有法院虽是根据《婚姻法》第46条对非同居通奸者科以损害赔偿责任，但是对其法律适用之合理性进行了论证。如天津市第二中级人民法院在"杨某某与高某某离婚纠纷案"二审中认为被告在婚内长期存在婚外情，与他人通奸并生下一子，此行为虽然不在《婚姻法》第46条规定的条款中，但是"被告的所作所为同有配偶者与他人同居的行为相比，过错程度以及对无过错方、对婚姻家庭及未成年子女造成的伤害均有过之而无不及。我国自古就有'举轻以明重'的法律适用原则，为了保证法律的公平公正，维护正常的稳定的婚姻家庭关系，引导配偶之间坚守相互忠诚的道德准则，应当对被告的此种漠视配偶间忠诚义务、挑战婚姻行为准则的行为予以制裁。只有对这种行为加以制裁才能对其他婚姻家庭中的夫妻起到警示和预防的作用，从而营造一个稳定有序的和谐社会。"[5]由于此案中被告与他人通奸虽尚未构成同居，但其与他人通奸生子并蓄意隐瞒，对原告造成精神损害程度更甚于与他人同

---

〔1〕 赵某甲与俞某离婚后损害责任纠纷二审民事判决书，浙江省绍兴市中级人民法院，（2014）浙绍民终字第819号。

〔2〕《婚姻法》第46条：有下列情形之一，导致离婚的，无过错方有权请求损害赔偿：①重婚的；②有配偶者与他人同居的；③实施家庭暴力的；④虐待、遗弃家庭成员的。

〔3〕《婚姻法司法解释（一）》第2条："有配偶者与他人同居"的情形，是指有配偶者与婚外异性，不以夫妻名义，持续、稳定地共同居住。

〔4〕 农某与黄某甲离婚纠纷二审民事判决书，广西壮族自治区百色市（地区）中级人民法院，（2016）桂10民终631号。

〔5〕 杨某某与高某某离婚纠纷二审民事判决书，天津市第二中级人民法院，（2015）二中民一终字第1128号。

居，因此以"举轻以明重"之法理判定对原告进行损害赔偿有其合理之处。

（三）依据《婚姻法》第4条对无过错配偶进行赔偿

因为非同居通奸行为不包含在《婚姻法》第46条所列明的情形之中，因此部分法院越过第46条直接根据第4条关于忠实义务的概括性规定判决。例如，最高人民法院于2015年年底公布的婚姻家庭纠纷典型案例[1]中有两例涉及非同居通奸行为的离婚损害赔偿问题，此两例案例中法院均判决过错方就非同居通奸行为对另一方进行赔偿。在对该两案例进行典型意义分析时，最高院均指出夫妻间忠实义务不仅仅是超越了道德的底线，更是违反了我国法律所明确规定的夫妻之间忠实义务，无过错配偶一方可起诉离婚并请求非同居通奸方对其进行损害赔偿，法院应该对该诉讼请求予以支持。

适用《婚姻法》第4条作为法律依据，避免了生硬套用第46条的尴尬处境，但是第4条作为抽象性很强的倡导条款，并未明确违反忠实义务后应承担的法律责任，作为判决依据略显牵强。可能正是因为此种原因，法院判决以违反夫妻间忠实义务对损害赔偿合理性进行论证时，一般也将《婚姻法》第46条列为法律依据之一，作为佐证。

（四）依据侵权理论对无过错配偶进行赔偿

由于在婚姻法体系内部难以以非同居通奸行为为理由寻求离婚损害赔偿，部分当事人及法院转而从侵权理论体系内部寻找法律依据，认为当事人的非同居通奸构成对另一方的侵权，使其遭受了严重的精神损害，因此非同居通奸者应对其进行精神损害的赔偿。例如，哈尔滨市中级人民法院在"孟某某与周某某离婚纠纷案"[2]的二审时，具有非同居通奸行为的上诉人孟某某对一审法院判处其赔偿周某某5万元精神抚慰金表示不服，认为"法律对婚姻中的过错有严格的规定"，其行为不包含在《婚姻法》第46条中，是以周某某无权请求所谓的精神抚慰金。对此，周某某答辩称，一审法院支持孟某某对其给付金钱赔偿的依据并非《婚姻法》第46条，而是《民法通则》《侵权责任法》及《关于确定民事侵权精神损害赔偿责任若干问题的解释》（以下简称《民事精神赔偿司法解释》）的相关规定，最终二审法院认为，"孟某某

〔1〕 参见 http://www.court.gov.cn/fabu-xiangqing-16035.html，http://www.court.gov.cn/hudong-xiangqing-16037.html，最后访问日期：2016年9月4日。
〔2〕 孟某某与周某某离婚纠纷二审民事判决书，黑龙江省哈尔滨市中级人民法院，（2014）哈民二民终字第1101号。

在婚姻关系存续期间违反夫妻间相互忠实的法定义务，对周某某精神上造成巨大伤害"，周某某依据《民法通则》及《民事精神赔偿司法解释》请求孟某某给付精神抚慰金于法有据。

值得注意的是，在检索到的案例中，以侵权理论对非同居通奸行为判处精神损害赔偿责任的判决比例逐年增加，此类判决多以《民法通则》第106条第2款[1]；《侵权责任法》第6条第1款、第22条[2]；《民事精神赔偿司法解释》第1条、第8条第2款[3]等作为法律依据。

通过上述分类可以看出，司法判决实践中对非同居通奸行为的损害赔偿问题存在意见分歧。直接适用《婚姻法》第46条实属牵强，而适用《婚姻法》第4条判决承担赔偿责任又面临适用概括倡导性条款进行裁判的指责。其中，唯根据一般侵权理论对非同居通奸者科以损害赔偿责任，避免了适用《婚姻法》不当的尴尬，使无过错方获得赔偿有法可依。但是，在此种婚姻家庭关系纠纷中一般侵权行为理论是否得以适用，如能，应该遵循怎样的适用标准，在学界即司法实践中仍存在争议。下文就在非同居通奸损害赔偿案件中适用一般侵权理论的相关问题进行具体分析。

### 三、一般侵权理论在非同居通奸损害赔偿中的适用

#### （一）适用一般侵权理论的必要性

由于适用《婚姻法》判决非同居通奸者承担损害赔偿责任存在法理上的障碍，若一般侵权理论无法适用于此类案件，则只能以非同居通奸行为不属于法定情形为根据，驳回无过错配偶方的赔偿诉请。因此论述此类案件中适用一般侵权理论之必要性，实为论述在此类案件中对无错方进行损害赔偿之

---

[1]《民法通则》第106条第2款：公民、法人由于过错侵害国家的、集体的财产，侵害他人财产、人身的，应当承担民事责任。

[2]《侵权责任法》第6条第1款：行为人因过错侵害他人民事权益，应当承担侵权责任。第22条：侵害他人人身权益，造成他人严重精神损害的，被侵权人可以请求精神损害赔偿。

[3]《民事精神赔偿司法解释》第1条：自然人因下列人格权利遭受非法侵害，向人民法院起诉请求赔偿精神损害的，人民法院应当依法予以受理：①生命权、健康权、身体权；②姓名权、肖像权、名誉权、荣誉权；③人格尊严权、人身自由权。违反社会公共利益、社会公德侵害他人隐私或者其他人格利益，受害人以侵权为由向人民法院起诉请求赔偿精神损害的，人民法院应当依法予以受理。第8条第2款：因侵权致人精神损害，造成严重后果的，人民法院除判令侵权人承担停止侵害、恢复名誉、消除影响、赔礼道歉等民事责任外，可以根据受害人一方的请求判令其赔偿相应的精神损害抚慰金。

必要性。

有学者认为非同居通奸行为仅属伦理道德管辖，法律不应有过多干涉，划清法律与道德之界限，因此司法不应逾越该界限，合法婚姻关系之外的不正当性关系系属公民个人的私人空间，交由道德调整更为适宜。[1]既然《婚姻法》将请求损害赔偿之权利限定在与配偶之外的他人重婚及同居两种情形下，即证明立法者将道德与法律的边界划定于此，非同居通奸行为不属于法律应管辖的范围内，无需另寻其他法条依据弥补此类案件中的无过错配偶所受损失。

但是笔者认为，在涉及非同居通奸情形的离婚案件中对过错方科以损害赔偿责任尤有其必要性。首先，社会普遍价值观及司法实践中有其现实需要。由上文中案例检索的结果可以看出，倾向于对无过错方进行损害赔偿的法院占多数，且在检索到的案例中，有相当一部分法院虽支持了无过错配偶要求金钱赔偿的诉讼请求，但没有进行法理上的论证，也没有列出所依据的法条。虽然此类判决有其不妥之处，但可以看出在审判中有对无过错方进行赔偿以实现司法正义的需要。另一方面，虽然现今性观念较之前已经产生巨大变化，但是在公众普遍的价值观中，双方选择成立婚姻关系，便意味着接受婚姻的束缚，忠于另一半是婚姻生活的基本要求。通奸行为对配偶及婚姻家庭都造成极大伤害，应以损害赔偿方式对过错方进行惩戒，对无过错方进行抚慰。

其次，从法理角度来看，"同案不同判"的情况也是由于《婚姻法》第46条涵摄面过窄造成的。如果说《婚姻法》第46条的立法目的是划定在夫妻间贞操义务方面法律与道德的管辖界限，那么"重婚"及"有配偶者与他人同居"应当是比非同居通奸行为更为严重的行为。可是实际生活中，非同居通奸对无过错配偶造成的侵害或许更加严重。例如，过错方与他人通奸生子，对无过错方进行隐瞒，构成所谓的"欺诈性抚养"，此种情形下对无过错方造成的精神损害及物质损害均有甚于同居行为。如果法律仅在涉及与配偶外第三人同居的离婚诉讼中赋予无过错配偶获金钱赔偿之权利，而在涉及欺诈性抚养的离婚纠纷中不赋予，其不仅与婚姻本意背道而驰，更将使得婚姻中夫妻双方在一定感情基础上的精神互慰和物质互助、未成年子女成长所需的家庭稳定环境之功能荡然无存，因此有必要对过错方加

---

〔1〕 周安平："性爱与婚姻的困惑——'第三者'民事责任的理论与现实之探讨"，载《现代法学》2001年第1期，第69页。

以损害赔偿之责。[1]

因此，无论从司法实践还是从法理角度分析，此类案件中的无过错方应有获得损害赔偿的可能性，一般侵权理论在此类纠纷中的适用有其必要性。

（二）适用一般侵权理论的合法理性

欲将侵权理论适用于非同居通奸行为的损害赔偿案件，在法理上首先需要解决一个问题，即非同居通奸行为是否构成对无过错方的侵权，换言之，非同居通奸行为侵犯的客体为何。

一部分学者认为，非同居通奸行为系对无过错配偶一方配偶权的侵害。理论上对配偶一方基于夫妻之间的特殊身份享有的共同生活应受保护的权利，综合概括为配偶权，并得到广泛的认同。[2]无论狭义或广义概念上的配偶权的内涵均包括同居义务及贞操义务。采此种观点的学者认为违反了贞操义务的非同居通奸行为明显侵犯了另一方的配偶权。而作为相对权的配偶权，由于其在亲属法领域是一种法定权利，是在身份法上针对他人的，因此具有了某些绝对权的性质。[3]配偶权具有一定的绝对性且容易被配偶或他人侵犯，理应该属侵权法所辖保护范围内。但是该观点的主要缺陷在于，由普通法系国家缘起并发展的配偶权这一概念在中国现行法中并无明文规定，《婚姻法》第4条中对忠实义务的规定，仅系提倡，难当"配偶权"之权源，[4]实难在司法判决中作为法律依据。

既然非同居通奸行为侵犯的并非具体民事权利，有部分学者提出此时侵权的客体为人身利益。根据《民事精神赔偿司法解释》第1、2条之规定可以看出司法解释亦认同将人身利益分为人格利益及身份利益两类，而第1条第2款中提及的"其他人格利益"系指公民作为权利主体所固有的、不可剥离的利益，因其不可分离性而应受法律保护，因此从该概念界定来看，侵害婚姻关系难以划归"其他人格利益"范畴内。[5]非同居通奸行为主要是使夫妻二

---

〔1〕 张红："道德义务法律化——非同居婚外关系所导致之侵权责任"，载《中外法学》2016 年第 1 期，第 88 页。

〔2〕 冉克平："论配偶权之侵权法保护"，载《法学论坛》2010 年第 4 期，第 106 页。

〔3〕 余延满、张继承："试析配偶权的侵权行为法保护"，载《江西社会科学》2008 年第 2 期，第 154 页。

〔4〕 张红："道德义务法律化——非同居婚外关系所导致之侵权责任"，载《中外法学》2016 年第 1 期，第 98 页。

〔5〕 张红："道德义务法律化——非同居婚外关系所导致之侵权责任"，载《中外法学》2016 年第 1 期，第 93 页。

人之间的婚姻受到损害，破坏了两人夫妻之间圆满的身份关系，使另一方配偶之身份利益受损，因此非同居通奸行为侵权的对象理当为身份利益。

亦有观点认为，非同居通奸行为作为干扰婚姻关系的行为其所侵犯的客体是复合的，并不是某一项单一而具体的权利，而是多项权利的合集，并且具有人格利益。[1]正如王泽鉴教授所言，"此种权利，称为身份权，亲属权，或配偶权，均无不可。……干扰他人婚姻关系者，不但侵害被害人之身份权或亲属权，而且也侵害了被害人之人格利益，实无疑问。"[2]

笔者认为最后一种观点更加符合夫妻间婚姻关系的本质，学界对非同居通奸行为所侵犯的客体之所以存在诸多争议，正是因为婚姻关系不仅融合了身份与财产关系，也包括了人格与身份关系。非同居通奸行为对当事人可能造成精神上的打击、人格上的侮辱、造成关系的破裂甚至财产的损失，因此侵权的客体并不能简单片面地进行确认，应该根据具体案件进行具体分析。

（三）一般侵权理论的具体适用

由理论回归到司法审判中的具体适用，首先需要解决的问题是对无过错方进行赔偿的法条依据为何。由上文可知非同居通奸行为侵权之客体集合了配偶权、人格利益及身份利益，但是"配偶权"这一概念目前在我国法无明文规定，在判决中适用略显牵强，因此应当从人格利益和身份利益着手，适用《民法通则》第106条（《侵权责任法》第6条），《民事精神赔偿司法解释》第1条认定非同居通奸行为构成侵权，根据《侵权责任法》第22条、《民事精神赔偿司法解释》第8条，判处非同居通奸者承担侵权损害赔偿责任。

在构成要件上，当事人需有非同居通奸行为，该行为对配偶另一方的人身利益造成了损害，致使无过错方精神受损，且对于该行为当事人持故意的主观心态。在举证责任方面，考虑到举证难度，应减轻无过错配偶的举证责任，推定非同居通奸方具有过错，除非其举出反证推翻之。[3]

此外，由于一般侵权理论在此类案件中的适用主要是为了解决《婚姻法》第46条涵摄面过窄的问题，因此在判断非同居通奸者是否需要进行赔偿的问

---

〔1〕 卢志刚："干扰婚姻关系之精神损害赔偿"，载《河南财经政法大学学报》2012年第2期，第182页。

〔2〕 王泽鉴：《民法学说与判例研究》（第1册），中国政法大学出版社1998年版，第283页。

〔3〕 卢志刚："干扰婚姻关系之精神损害赔偿"，载《河南财经政法大学学报》2012年第2期，第184页。

题上，根据体系性解释应当注意两点：一是该种以侵权为由的金钱赔偿诉请只能在诉请离异同时提出，而不可单独起诉；二是另一方的非同居通奸行为对于另一方应当造成严重的精神侵害或是造成其他严重后果。对于严重性的要求不仅仅是考虑到《婚姻法》第46条划定的道德与法律管辖的分界线，避免法律过度干涉道德事项，还是为了与《侵权责任法》第22条中对"严重精神损害"及《民事精神赔偿司法解释》第8条中"严重后果"的要求相适应。[1]

### 四、结　论

非同居通奸行为在现实生活中屡见不鲜，系违反夫妻间忠实义务、破坏婚姻家庭关系、影响社会安定和谐之不当行为，法律对此应有所干涉。然则对于涉及非同居通奸行为的离婚案中无过错配偶方要求金钱赔偿的诉请是否应该得到支持，各地各级法院判决结果不尽一致。非同居通奸行为并非《婚姻法》第46条中列明的法定情形，无过错配偶无法以此为依据获得赔偿；且非同居通奸行为虽属违反《婚姻法》第4条夫妻忠实义务的行为，但以该倡导性条款作为判赔依据仍显不妥。因此，将一般侵权理论适用于此类案件中更有利于弥补无过错方的精神损失。

在具体适用上，应以《民法通则》第106条（《侵权责任法》第6条）、《民事精神赔偿司法解释》第1条认定非同居通奸行为构成侵权，根据《侵权责任法》第22条、《民事精神赔偿司法解释》第8条，判处非同居通奸者承担赔偿责任。并注意该赔偿请求只能在离婚纠纷中附带提出，且侵害结果应达到严重之程度，以与《婚姻法》第46条之规定相协调。

笔者认为，对于非同居通奸行为的离婚金钱赔偿问题在实践中的矛盾分歧，《婚姻法》第46条涵摄面过窄是其重要原因，在将来进行法律修订或司法解释时，可考虑将欺诈性抚养等情形较严重的非同居通奸行为纳入离婚损害赔偿法定情形中，以更好地实现《婚姻法》之立法目的。

---

〔1〕　张红："道德义务法律化　非同居婚外关系所导致之侵权责任"，载《中外法学》2016年第1期，第98页。

# 婚外同居在离婚诉讼案件中的认定与处断

陈慧佳 *

## 一、对婚外同居的界定

（一）婚外同居的概念

"概念乃是解决法律问题所必需的和必不可少的工具。没有限定严格的专门的概念我们并不能清楚地和理性地思考法律问题。"[1]因此，在探讨婚外同居的法律问题之前，我们需要对"婚外同居"的概念作一个界定。

作为一个社会现象的概念，婚外同居可以分为广义上的婚外同居和狭义上的婚外同居。

广义上的婚外同居以其字面含义来看，涉及三种情形，一为重婚，"重婚是有配偶的人再与第三人建立夫妻关系，有配偶的人和第三者如已举行结婚仪式，而两人确是以夫妻关系同居的，也足以构成重婚"[2]；二是通奸，即"一方或双方有配偶而与他人发生临时的两性关系"[3]，广义的婚外同居下的通奸尽管有同居行为但时间短暂且双方无长期共同生活在一起的合意，往往是不连续的秘密两性关系；三是姘居，即下述的狭义的婚外同居。

在法律上，婚外同居主要限定在狭义上的婚外同居。我国《婚姻法》第46条规定："有配偶者与他人同居"，以抽象概括式的立法对"婚外同居"进行了定义。法律概念中的婚外同居其主体限定为有配偶者，即一方已合法地与他人形成法律上的婚姻关系。《最高人民法院关于适用〈中华人民共和国婚姻法〉若干问题的解释（一）》（以下称为《婚姻法司法解释（一）》）第2

---

\* 中国政法大学民商法学研究生。

[1] [美] E. 博登海默：《法理学——法律哲学与法律方法》，邓正来译，中国政法大学出版社2004年版，第504页。

[2] 《最高人民法院关于如何认定重婚行为问题的批复》（1958年1月27日）。

[3] 巫昌祯主编：《中国婚姻法》，中国政法大学出版社2007年版，第47页。

条对"有配偶者与他人同居"进行了规定：婚外同居是指"有配偶者与婚外异性，不以夫妻名义，持续、稳定地共同居住"。婚外同居与重婚的主要区别为重婚须以"夫妻名义"，而婚外同居为"不以夫妻名义的共同居住"。婚外同居不同于通奸在于其具有一定的连续性和稳定性。

（二）婚外同居的认定标准

婚外同居的认定标准与其定义相关。由《婚姻法司法解释（一）》规定："婚外同居是指有配偶者与婚外异性，不以夫妻名义，持续、稳定地共同居住。"婚外同居的判定标准可归纳为：

（1）主体为至少其中一方是有配偶者；

（2）另一方为婚外的异性，不包括同性；

（3）不以夫妻名义，持续而稳定地共同居住；但对持续和稳定的判定无固定标准。

（三）我国目前对婚外同居的法律规制

对我国《婚姻法》进行纵览，婚外同居作为规制的对象主要出现在第3、32、46条。

1. 对婚外同居的原则

《婚姻法》第3条规定："禁止包办、买卖婚姻和其他干涉婚姻自由的行为。禁止借婚姻索取财物。禁止重婚。禁止有配偶者与他人同居。禁止家庭暴力。禁止家庭成员间的虐待和遗弃。"

2. 婚外同居对离婚判定的影响

《婚姻法》第32条规定：男女一方要求离婚的，可由有关部门进行调解或直接向人民法院提出离婚诉讼。人民法院审理离婚案件，应当进行调节；如感情确已破裂，调解无效，应准予离婚。有下列情形之一，调解无效的，应准予离婚：①重婚或有配偶者与他人同居的；……⑤其他导致夫妻感情破裂的情形。

1980年《婚姻法》创立了"感情破裂"标准作为诉讼离婚的离婚标准，2001年《婚姻法》沿用了这一标准，但是增加了第32条的第3、4款，通过列举和概括的组合列举，阐明了五种具体的感情破裂情节，"婚外同居"即是其中的一种，即由于这些行为一般性地对夫妻感情的破坏性，在调解无效的情形下即可判定为夫妻感情破裂、准予离婚。"婚外同居"仅仅是证明"夫妻感情破裂"的标准之一，在未满足第32条第4款的四种具体情形之下，法官可使用自由裁量权通过其他事实认定夫妻感情破裂从而判决结婚。

3. 离婚损害赔偿中的婚外同居

《婚姻法》第46条规定："有下列情形之一，导致离婚的，无过错方有权请求损害赔偿：①重婚的；②有配偶者与他人同居的；③实施家庭暴力的；④虐待、遗弃家庭成员的。"第2项的"有配偶者与他人同居的"即为本文所述的"婚外同居"。第46条将"婚外同居"作为无过错者向过错者请求离婚损害赔偿的理由之一。

## 二、离婚诉讼案件中的婚外同居问题的数据分析

（一）检索方法

本文在北大法宝（http://www.pkulaw.cn/）中"司法案例"一栏，以"婚外同居"作为全文关键词进行搜索，案由为"民事"下辖"离婚纠纷"，文书类型限定为"判决书"，共有173条案例记录，其中剔除掉重复的及无关记录，共收集了144条案例记录。本次数据收集主要集中在"感情破裂判定标准"与"离婚损害赔偿请求"内。尽管其数量有限，但包含了近年来不同审级、不同地区的相关离婚诉讼案件，因此在此基础上进行实证研究也有可行性。

（二）数据结果

| 总案件数（件） | 主张方有举证（件） | 主张方有举证占总案件 | 提出精神损害赔偿的案件数（件） | 提出精神损害赔偿的案件数（占比） | 法院支持精神损害赔偿案件数（件） | 法院支持精神损害赔偿占提出精神损害赔偿的案件数 |
|---|---|---|---|---|---|---|
| 144 | 101 | 70.14% | 97 | 67.36% | 35 | 36.08% |

从以上实证数据可以看出，约有七成在提出对方存在婚外同居的侵权行为时提出了精神损害赔偿请求，约三成仅仅作为离婚理由中证明夫妻感情确已破裂的理由提出。在提起精神损害赔偿请求的案件中，约36%的案件得到了法官的支持。通览这144件离婚诉讼，可以发现相当一部分婚外同居诉讼伴随有家庭暴力、分居等其他夫妻感情破裂事由。

## 三、离婚诉讼案件中的婚外同居问题的实践反思

（一）证据的运用及认定

在民事诉讼中，法官需要通过对经过举证、当庭质证的证据材料按照一

定的标准确认为认定案件事实的证据以作出最后的裁判。[1]因此证据对于法官在婚外同居这一事实的认定上极其重要。离婚诉讼与普通民事诉讼一样在举证责任上适用"谁主张,谁举证"的举证原则。由于离婚案件的特殊性,在证明上一向具有一定的困难,而婚外同居,作为往往存在有一定私密性的行为,当非过错方需要举证证明过错方的婚外同居,而诉请离婚或者请求离婚损害赔偿时,更是容易遭遇举证困难。关于婚外同居在离婚诉讼案件中的证据问题主要有以下几种:

**法官否认婚外同居的原因**[2]

| 否认总数（件） | 无举证（件） | 证据不足（件） | 程序问题（件） |
| --- | --- | --- | --- |
| 104 | 38 | 64 | 2 |

1. 证据不足导致诉求被否定

由上表可见,绝大部分诉讼案件法官否认婚外同居都是由于证据问题,其中,无举证的案件占到否认案件总数的约 36.5%,而证据不足占比达61.5%。为何会产生举证难问题,分析实际案件会发现,困难主要集中在两个层面:

第一个层面,为证据本身三性的问题。民事证据的三性包括真实性、合法性和关联性,需要证据被法官采纳,首先需要满足证据本身三性的要求。在相当多的案件中,证据往往包括过错方与第三人之间的 QQ 聊天记录、微信聊天记录等,而网上聊天的匿名性导致非过错方在证明聊天记录出自过错方之手上存在一定困难,因此在关联性上难以满足,最后未能被法官所采信。[3]

另外,由于婚外同居不同于重婚行为,往往具有一定的私密性,在采集证据可能导致对他人隐私权的侵犯,如在配偶与他人共同居住的场所私拍偷录等行为。根据《中华人民共和国民事诉讼法》的规定,能够成为认定案件事实的根据的证据需要"能够反映案件真实情况、与待证事实相关联、来源

---

〔1〕 廖永安:《民事证据法学的认识论与价值论基础》,中国社会科学出版社 2009 年版,第237 页。

〔2〕 其外有 5 件案件为虽承认有婚外同居现象,由于非过错方的谅解或法官认为不足以达成感情破裂的标准等原因,未判决离婚,故不算入否认总数内。

〔3〕 例如,案件（2016）皖 0881 民初 1163 号。

和形式符合法律规定",同时《最高人民法院关于适用〈中华人民共和国民事诉讼法〉的解释》第106条规定:"以严重侵害他人合法权益、违反法律禁止性规定或者严重违背公序良俗的方法形成或者获取的证据,不得作为认定案件事实的根据。"无疑,在维护非过错方合法权益和过错方隐私权之间出现了一个天生的矛盾,而其中法官需要对此进行价值的判断和处理。

第二个层面,为证据证明力的问题。根据《最高人民法院关于适用〈中华人民共和国婚姻法〉若干问题的解释(二)》(以下简称为《婚姻法司法解释(二)》)第1条,"有配偶者与他人同居",不仅需要证明配偶与他人同居,而且需要举证证明其同居行为的持续性、稳定性。一般来说,事件的存在较为容易,但证明一段时间内的持续状态则较为困难。以某一典型案件[1]为例,非过错方提交了一段录音录像作为证明过错方有婚外同居行为的证明,但判决书中法官认为"梁某二审提交的证据1即使真实,但由于拍摄的时间是从2014年4月30日至2014年5月13日,涉及的时间段不足半个月,不能充分证明徐某与其他异性的关系符合婚外同居行为的客观标准。"在实践中,最常见的证据无外乎是非过错方通过各种途径得到的过错方与第三者在一起的亲密照片或者聊天记录,但是这些证据却难以使法院认定其满足了"稳定、持续"的婚外同居的标准,仅能证明对方存在违反夫妻忠实义务、"不检点"的行为。

2. 无举证导致诉求被否定

### 无证据案件结果情况

| 无举证案件数 | 提出精神损害赔偿 | 法官支持离婚损害赔偿 | 判决离婚 |
|:---:|:---:|:---:|:---:|
| 38 | 17 | 0 | 24 |

在无举证的38个案件中,共有17个案件非过错方提出了精神损害赔偿,占38个案件的44%,但无一得到法官的支持。同时,判决离婚的案件为24件,法官以"夫妻感情尚未破裂"为理由判决不支持离婚为14件,占36.84%,在这14件中,法官均未认定婚外同居事实。由此可知,在此类案件中,法官未认定婚外同居事实是认为"夫妻感情并未破裂",而不同意双方离婚的主要原因。

---

[1] 案号为(2014)佛中法民一终字第1722号。

（二）从证据类型角度分析法官认定标准

通过上文分析可看出，"举证难"是横亘在无过错方证明"婚外同居"行为、诉求离婚和请求离婚损害赔偿过程中的一道坎。然而，在被收集的数据中，在无过错方提出离婚损害赔偿的案件中，依然有约36%的案件获得了法院的支持。下表乃分析这36%的案件的证据类型，以找到不同证据类型对法官认定离婚损害赔偿的影响因素。下表中对案件主要证据的分类并非严格的互斥型分类，而是仅仅将在案件中对审判结果起到较大作用的证据作为分类依据。

### 请求损害赔偿案件中的证据分类

| 判决类型 | 主要证据 | 数量 | 占比 |
|---|---|---|---|
| 支持婚外同居事实 | 过错方自认 | 6 | 17.14% |
| | 有视频音频、视听光盘等 | 10 | 28.57% |
| | 公权力机关的介入[1] | 4 | 11.42% |
| | 非婚生子女 | 12 | 37.14% |
| | 婚生子女非亲生 | 1 | 2.86% |
| | 证人证言 | 2 | 5.71% |

1. 非婚生子女对婚外同居行为的认定作用

由表格数据可以发现，在非过错方提出离婚损害赔偿请求的诉讼并且法院支持其诉求的案件中，37.14%的主要证据为过错方在外生育有非婚生子女，或者过错方在婚姻中所生子女与非过错方无血缘关系，高居榜首。而在总共14件主要证据为"过错方在外生育有非婚生子女"的案件中，仅有一件是由于非过错方表示了谅解，从而法院判决夫妻感情并未破裂不予离婚[2]，另一件则为仅仅提供了计划生育管理系统登记平台上记载的分娩信息报告及照片，因此法官判决证据不足不予支持[3]，其余12件均获得了法官对于离婚损害赔偿的支持。是否有非婚生子女即可满足我国法律中对婚外同居的举

---

〔1〕 公权力机关的介入，在这里指的主要为派出所出警证明、公安机关调查报告复印件、询问笔录复印件、公安局信访回复、纪委处分决定等。

〔2〕 案件号为（2014）洋民初字第01400号。

〔3〕 案件号为（2015）鄂武汉中民终字第00919号。

证证明标准，即"持续、稳定地共同居住"？无疑是不行的。无论从字面含义，还是人们的一般生活经验上看，存在非婚生子女的事实不一定能够导出存在婚外同居行为的结论。然而，在婚外同居问题普遍举证难、非过错方合法权益难以得到保障的情况下，大量证据围绕在了与同居较为紧密的事件的证明上，而在司法实践中，法官无疑对此"放了一马"，给予一定的承认，从而缓解非过错方的举证困境。

在一丈夫于外与他人生育子女的案件[1]中，非过错方对于过错方的婚外同居事实提出的证明证据为过错方与他人在婚姻存续期间生育有两个子女。在此案中，法官在判决书中如此论述："被告在与原告婚姻关系存续期间与其他妇女生育有两个子女，故被告与她人存在婚外同居关系的事实具有高度可能性。"通过此类论述，将非婚生子女作为证据证明"婚外同居"行为，认为满足"婚外同居"的构成要件，从而适用《婚姻法》第46条，未再考察是否"持续、稳定地共同居住"，直接支持了原告的离婚损害赔偿请求。

在司法实践中，对于因"非婚生子女"而提起离婚损害赔偿，除了将其纳入"婚外同居"从而适用《婚姻法》第46条外，部分法官[2]引用了《最高人民法院关于确定民事侵权精神损害赔偿责任若干问题的解释》（下称《精神损害赔偿解释》）。这一规定中，法官引用了第1条"自然人因下列人格权利遭受非法侵害，向人民法院起诉请求赔偿精神损害的，人民法院应当依法受理：……③人格尊严权、人身自由权"。第8条第2款："因侵权致人精神损害，造成严重后果的，人民法院除判令侵权人承担停止侵权、恢复名誉、消除影响、赔礼道歉等民事责任外，可以根据受害人一方的请求判令其赔偿相应的精神损害抚慰金。"在浙江兰溪的这一案件中，原告起诉被告因与他人婚外同居并生育一女孩而请求离婚精神损害赔偿10万元，其中提供的证明包括产科病历、接生记录等，以此证明其私生女的存在。本案中，法官同时引用了《婚姻法》第46条与《精神损害赔偿解释》的第1条和第8条，纵观案情，除"婚外同居"外并无其他可以适用于《婚姻法》第46条的内容，而法官在判决书中这样写道："被告在双方婚姻关系存续期间怀孕、生育的孩子与原告无生物学父女关系的事实势必会对原告的人格尊严造成损害，故对原告要求被告支付精神损害抚慰金的诉讼请求，本院予以支持。"在这一案件中，

---

[1] 案件号为（2014）榕民终字第260号。

[2] 例如，案件号为（2016）浙0781民初279号。

法官不仅仅将婚外同居的事实认定进行了扩展，在支持精神赔偿的请求权基础上从婚姻法扩展到了一般侵权的领域，即认为过错方的行为不仅涉及了婚姻法中关于离婚损害赔偿请求权，也侵害了无过错方的人格尊严权。

2. 过错方保证书、悔过书等在婚外同居问题中的认定

在本次数据收集中，总共有 11 件案件，在举证中提出了过错方的保证书、悔过书等证据，以及在诉讼之前撰写但并未生效的有过错方承认婚外同居行为的离婚协议书等。这 11 件案件中，有 8 件案件提起了离婚损害赔偿请求权，但只有一件得到了支持。[1]

非过错方能提出类似证据，无疑是对自己的权益保护有一定的意识。但纵观这些案件，可以发现在这些证据中容易出现措辞不清、论述模糊的情形，从而削弱了证据的证明效力。如在某一案例中无过错方提出了过错方所写"悔过书"作为证据，法官在判决书中如此写道："上述证据仅能证实被告与其他异性有不正当关系，但并不能证明原告的主张，不能证明被告的这一行为导致了原、被告夫妻关系破裂。"

另一方面，悔过书、保证书，以及未生效的离婚协议书，在法律上不具有法律效力，因此也无法构成过错方的自认。如在一案件中，法官在判决书中写道："双方当事人在婚姻关系存续期间达成的离婚协议，该协议是以双方到民政部门办理离婚登记为前提条件的，属于附生效条件的协议，因双方并未到婚姻登记机关办理离婚登记，原告诉至本院，被告亦未到庭，事先达成的离婚协议没有生效，对双方均不产生法律约束力，不能作为人民法院处理离婚案件的依据，故本院不予采纳。"[2]本人认为，尽管悔过书、保证书等在法律上不具有生效的法律效力，但其作为过错方曾经的真实意思表示可以作为一般的证据对"婚外同居"事实产生证明力，法官应对此纳入考量范围内。

（三）有关离婚损害赔偿的赔偿数额问题

在采集到的案例中，有 35 件法官支持了其精神损害赔偿的请求。在这 35 件中，赔偿数额最低的为浙江兰溪的案件[3]，数额为 3000 元，最高的为深圳的案件[4]，赔偿数额为 10 万元。其中大多数案件的赔偿数额集中在 1 万元

---

〔1〕 案号为（2013）鱼民初（一）字第 1653 号。

〔2〕 案号为（2014）莱州柞民初字第 196 号。

〔3〕 案号为（2016）浙 0781 民初 279 号。

〔4〕 案号为（2014）深中法民终字第 2171 号。本案中所依据的法条并非婚姻法，而是归于一般的民事侵权精神损害赔偿责任。

到 5 万元之间，以 1 万元居多。

离婚损害赔偿中涉及物质损害赔偿的计算有据可依，但对于精神损害赔偿婚姻法并无明确规定。《婚姻法司法解释（一）》规定可以适用最高人民法院出台的《关于确定民事侵权精神损害赔偿若干问题的解释》，其中第 10 条规定了确定精神损害赔偿数额的六种考量因素，包括：①侵权人的过错程度；②侵害的手段、场合、行为方式等具体情节；③侵权行为所造成的后果；④侵权人的获利情况；⑤侵权人承担责任的经济能力；⑥受诉法院所在地平均生活水平。在离婚诉讼中，对于具体数额的标准，法官的主要考量依据有过错方的过错程度（婚外同居时间长短、是否生育有非婚生子女等），当地的基本生活水平，过错方的经济负担能力等。个人认为，离婚损害赔偿相比较于一般的精神损害赔偿在婚姻层面应有其特殊的考量，如夫妻感情基础，如双方通过自由恋爱结婚、婚姻存续时间较长等。夫妻原本的感情越深，在一方出现婚外同居行为时对另一方的精神伤害越深，因此应决定更高额的精神损害赔偿数额。

（四）对于与同性婚外同居的问题

在本次数据收集中，并未收集到关于夫妻一方因与同性婚外同居从而造成婚姻破裂、被提起精神损害赔偿的情形。但随着社会风气的逐渐发展，以及人们对于保障自身权益的观念逐渐加强，这一情形亦有出现在诉讼中的可能。但纵观我国婚姻法，对于同性恋行为，一直采取回避和否认的态度。法律是调整社会关系的法律规范，当社会现实改变，社会矛盾产生时，相关婚姻家庭的立法和司法解释也应当及时跟上。

从规范角度上说，《婚姻法司法解释（一）》中对"婚外同居"的概念限定为"有配偶者与婚外异性，不以夫妻名义，持续、稳定地共同居住"。将一方与同性婚外同居从法律上排除了出去。婚外同居，作为违反夫妻忠实义务的一种行为，将其和重婚一起设计为离婚损害赔偿的赔偿事由，是为了维护一夫一妻制度和夫妻关系的稳定性。有配偶者的婚外同性恋行为无疑也是对夫妻忠实义务的违反，不因被剔除在赔偿事由之外，导致无过错方无从救济。但观察现实，有配偶者与同性的同居行为难以一律认定为违反夫妻忠实义务的"出轨"行为，再加上其私密性往往不低于与异性进行同居，且没有"私生子女"等，故而不可直接在立法层面加入与同性婚外同居的内容，而需要在证据等层面进行更精细的立法考量。

### 四、离婚诉讼案件中的婚外同居问题的建议

通过对上述案件和数据的分析，我们可以发现，"婚外同居"举证难有其天生因素，已经成为一种较为普遍的现象。"婚外同居"行为的私密性和隐私性导致其在非过错方的举证上制造了相当的困难，以及各地法院对判断"婚外同居"具有不同的标准。纵览司法实践，我们会发现，在法院内部对"婚外同居"的认定并不统一，而是极大地依赖于法官的个人裁量，导致非过错方在举证方面的无所适从，同时科以非过错方过重的举证责任。由于认定"婚外同居"往往同时伴随着支持非过错方的离婚损害赔偿请求，法官在此方面呈现出了一定的保守性，在认同过错方"有不检点行为"的同时否认"婚外同居"，反而导致了非过错方的离婚诉求一并被驳回，而非过错方的法律意识的缺失同样使得此问题缺乏应有的救济。

从这个角度上看，通过上述分析，我们发现，婚外同居在离婚诉讼案件中往往具有以下两种作用：

（1）证明夫妻感情确已破裂，以达到离婚目的。

（2）证明婚外同居行为确实存在，提出离婚损害赔偿请求。

两者所导致的法律效果不同，前者仅仅是诉求离婚，而后者在诉求离婚之外还增加了财产上的诉请。从上文的数据分析中，有约三成案件仅仅是提出了离婚诉求，但法官对其的举证要求与提起离婚损害赔偿请求的案件标准相同，即都为高度盖然性标准[1]。这是否合理？

我国的诉讼离婚标准是"夫妻感情破裂"的标准，即无过错标准。若能证明夫妻感情确已破裂，无论双方是否具有过错，皆可以判决离婚。《婚姻法》第32条规定："有下列情形之一，调解无效的，应准予离婚：①重婚或有配偶者与他人同居的；……⑤其他导致夫妻感情破裂的情形。"即如若能证明其此款中前4项具体情形，或者举证证明与夫妻感情破裂存在因果关系的事由，在调解无效的情形下法官应判决离婚。《婚姻法》第32条的如此规定，一是有助于法官以此类推，把握"夫妻感情破裂"的具体情形，二是避免法官一味地驳回初次离婚诉请，导致婚姻中的非过错方不得不继续困于这段婚姻之中，合法权益得不到保障。从此条法律，可以发现，证明"配偶者与他

---

[1]《民事诉讼法解释》第108条第1款：对负有举证证明责任的当事人提供的证据，人民法院经审查并结合相关事实，确信待证事实的存在具有高度可能性的，应当认定该事实存在。

人同居"的目的在于证明"夫妻感情破裂"。

而回看《婚姻法》第46条，规定："有下列情形之一，导致离婚的，无过错方有权请求损害赔偿：①重婚的；②有配偶者与他人同居的；……"有学者认为离婚损害赔偿是一种侵权责任，侵害的是夫妻间基于配偶关系所相互享有的身份权[1]。在这一意义上，婚外同居是过错方对夫妻忠实义务的违反，侵害了非过错方的配偶权。要支持离婚损害赔偿请求，首先其需要满足侵权法上的一般构成要件，即过错、违法行为、损害结果、因果关系。婚外同居的损害结果一般为对非过错方在精神上的摧残和创伤。由此分析可以看出，作为离婚损害赔偿事由之一的"婚外同居"，不仅需要证明其行为确实存在，还需要证明其对婚内无过错方造成了精神痛苦和感情创伤。

相比较可知，婚外同居在《婚姻法》第32条和《婚姻法》第46条所起的作用不同。在《婚姻法》第32条，婚外同居作为证明"夫妻感情破裂"的事由，而在《婚姻法》第46条中，"婚外同居"是作为离婚损害赔偿中的过错和违法行为，涉及过错方的财产问题。从以上分析可知，将婚外同居作为离婚事由和离婚损害赔偿请求权的证明标准进行分离有其现实意义与必要性。将作为离婚事由的婚外同居的证明标准适量降低，有助于法官进行裁量，避免无过错方在痛苦的婚姻中长期深陷。因此，对于诉讼目的不同的"婚外同居"，法院不妨采取不同的证明标准，在仅仅诉求离婚的案件中对婚外同居的证明标准较为宽松，以契合我国"无过错"离婚标准的精神。而对提出了离婚损害赔偿请求的诉讼，则采取普遍高度盖然性的证明标准，避免因过于宽松的标准而侵犯了另一方当事人的合法财产利益，导致滥诉的发生。

---

[1] 黄建水："离婚过错损害赔偿制度的理论与实践"，载《当代法学》2002年第8期。

# 无效抑或撤销：婚姻登记行为于行政诉讼程序中的裁判乱象与规制路径

王雅菲 *

婚姻登记行为兼具公私属性，婚姻登记行为的效力受《中华人民共和国婚姻法》（以下简称《婚姻法》）和《中华人民共和国行政诉讼法》（以下简称《行政诉讼法》）的双重调整。修改后的《行政诉讼法》第70、75条规定了行政行为判决撤销与无效的情形，婚姻登记行为是行政行为中的一种，适用该规定。但由于这两条规定适用的条件难以把握，且在婚姻登记行政诉讼实践中弱化了婚姻登记的私法属性，婚姻登记行为无效与撤销的司法认定主要是审查程序性的形式标准，再加上《婚姻法》中无效婚姻、可撤销婚姻的实质标准能否适用于婚姻登记行为在适用中存有争议，因此，不同地区法院对于婚姻登记无效与撤销行政诉讼案件裁判结果差异较大，同案不同判的问题较为突出。

本文通过对目标数据库中近5年来325件婚姻登记无效与撤销行政诉讼案件类型化分析，指出婚姻登记行为于行政诉讼程序中的裁判乱象：无效与撤销类型重合、司法审查范围不统一、无效与撤销区分的裁判说理不充分。与此同时，运用法教义学方法分析原因，并指出确立合法性、必要性、实效性的三阶层裁判原则，以及从立法方面对婚姻登记行为无效的形式标准予以细化，为婚姻登记无效与撤销诉讼提供相应的裁判路径和规则保障。

## 一、样本实证：类型化审视下的裁判乱象

在中国裁判文书网上，在行政案由项下，以"婚姻登记"为关键词搜索

---

* 顺义区人民法院法官助理。

近 5 年案例，结果为 2207 个，在所得结果中筛选掉以时效原因驳回起诉、因主体不适格不予受理等与本文不相关的裁定书后，将上述结果进行二次筛选，得到 325 件有效判决。其中判决婚姻登记无效的案例为 11%，撤销婚姻登记案例数量为 89%。通过对婚姻登记无效、撤销裁判文书进行类型化分析后，发现：

（一）无效与撤销类型重合

以"婚姻登记无效"为关键字，案例搜索结果为 38 个，以法院判决结果辅以当事人请求判决无效的事由进行分类，分类结果如下图：

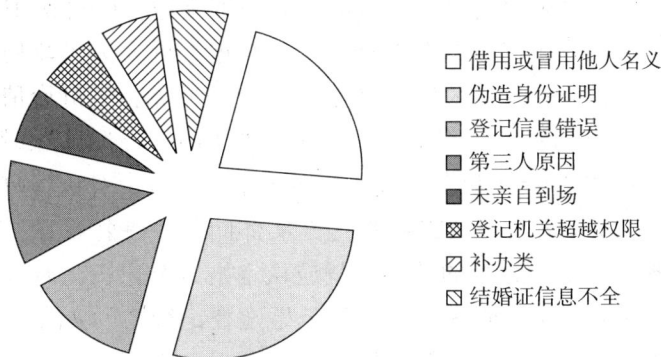

□ 借用或冒用他人名义
□ 伪造身份证明
□ 登记信息错误
■ 第三人原因
■ 未亲自到场
⊠ 登记机关超越权限
▨ 补办类
▧ 结婚证信息不全

以"撤销婚姻登记"为关键词，结果显示为 287 个，类型如下图：

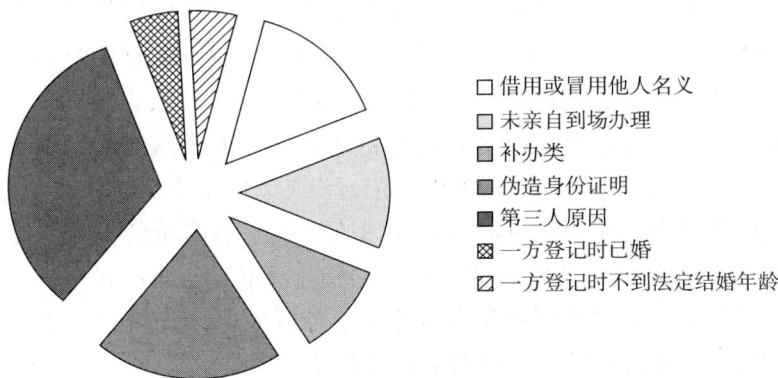

□ 借用或冒用他人名义
□ 未亲自到场办理
■ 补办类
■ 伪造身份证明
■ 第三人原因
⊠ 一方登记时已婚
▨ 一方登记时不到法定结婚年龄

通过对比婚姻登记无效与撤销案件类型后，发现重合的为：借用或冒用他人名义类、伪造身份证明类、未亲自到场办理和补办类、第三人原因类。即在上述类型案件中，法院的判决结果不统一，有的为无效，有的则是判决撤销。

（二）审查范围不统一

曾引起广大关注的郑某某诉乐清市民政局、第三人张某某不服婚姻登记行政行为案，一审乐清市人民法院认为，"只有通过双方亲自到场申请并提供必备证件和证明，接受依法审查和双方亲自签名并领取结婚证等外部行为表示才能够证实结婚合意真实"，并据此判决撤销乐清市民政局向胡某某、张某某颁发的结婚证。与一审判决侧重对结婚登记形式要件即程序性审查不同，二审判决则将对行政行为效力的评判建立在审查婚姻登记实质要件的基础之上，并据此作出了和一审截然相反的判决。[1]

同样地，在近两年的判决中，也可找到婚姻登记行政诉讼中分别采用实质审查和形式审查的案例。如在上诉人潘某与被上诉人某民政局、原审第三人付某婚姻行政登记一案[2]中，一审法院判决驳回原告的诉讼请求，上诉人要求确认婚姻登记无效，二审法院最终判决驳回上诉，维持原判，理由是："婚姻登记行为是婚姻登记机关对双方民事关系的确认，对该行政行为进行合法性审查应更注重双方是否自愿结婚这一实体问题。只要双方自愿结婚且无法律禁止结婚或者无效婚姻的情形，就应认定婚姻登记行为有效。因此，结婚登记行为程序上存在的瑕疵不足以否定婚姻登记行为的效力……结婚自愿才是衡量婚姻是否有效的实质要件，人民法院司法审查时着重把握实质要件。"

但是，在张某与某民政局一审行政判决书[3]中，法院确认涉诉的结婚证无效，理由是："被告要求张某和某女出具了相应的证件和证明材料，并作了形式上的审查。事后，经某公安局证实某女使用的户口簿、身份证均系伪造。由于某女所提供的证件及证明材料均系伪造，导致被告作出的婚姻登记行为无效，原告请求确认被告作出的婚姻登记行为无效应予支持。"

前述两个判决，前者注重对双方当事人真实意思表示的审查，即实质审查；后者主要对婚姻登记有无程序上的瑕疵进行审查，即形式审查。不同的审查范围映射出对于"婚姻登记瑕疵是否必然导致婚姻无效或撤销"这一问题的不同认识，也直接导致了裁判结果的差异。

---

〔1〕　陈晨："从形式审查到实质审查的转变——论我国婚姻登记行政诉讼的审查标准"（全国法院系统第二十二届学术讨论二等奖）。

〔2〕　（案例）详见黑龙江省鸡西市中级人民法院（2014）鸡行终字第24号行政判决书。

〔3〕　（案例）详见山东省泰安市岱岳区人民法院（2015）岱行初字第51号行政判决书。

（三）裁判说理不足

在戚某诉某民政局婚姻登记一案[1]中，原告以婚姻登记办理结婚登记时审查不严，行政行为明显不当，违反相关法律及行政法规为由，请求人民法院依法判决撤销或确认被告办理的某结婚证的结婚登记行政行为无效。法院审查认为："原告和第三人双方亲自到被告民政局申请结婚登记，并向被告提交了法定证件和相关证明材料，在监誓人当场监誓下双方签署了结婚登记声明。但第三人持虚假身份证件进行登记结婚，本身即带有欺诈行为。被告为原告和第三人办理结婚登记，未尽审慎审查注意义务，为双方颁证属于认定事实不清，主要证据不足。为实质性解决行政争议，本案适用确认行政行为无效的判决更为合理。"根据《行政诉讼法》第 70 条第 1 款第 1 项、第 75 条之规定，判决确认被告某民政局为原告戚某和第三人黄某办理的某号结婚登记行为无效。

在本案中，当事人起诉要求判决撤销涉诉婚姻登记行为或者确认其无效，即当事人的诉讼请求是不明确的，但是，法院作为裁判机关，其裁判结果必须是明确的，法院以"为实质性解决行政争议"为由，判决涉诉登记行为无效，不但简化了事实与法律的逻辑映射，并未结合案件事实论述涉诉行政行为符合行政行为的无效标准"重大且明显违法"；而且亦未充分解释为何判决无效而不是撤销，两者的区分及界限在判决书中没有体现。

综上，判决行政行为无效的依据是《行政诉讼法》第 75 条规定的"重大且明显违法"，如果法院要判决涉诉行政行为无效，应就涉诉行为存在重大且明显违法情形作充分论述，尤其是在像本案中当事人请求判决无效或者撤销，或者在原告请求撤销婚姻登记的情形下，法院如果审查认为涉诉婚姻登记无效，更应该给出充分的理由。

## 二、成因解读：由表及里聚焦三个问题

（一）制度归因：不同法律条文之间理解、适用的间隙

经过前述婚姻登记无效与撤销行政案件类型分析，可看出司法实践中原告多以登记程序违法或者瑕疵为由提起诉讼，法院裁判的依据主要为《行政

---

[1]（案例）详见河南省林州市人民法院（2015）林行初字第 28 号行政判决书。

诉讼法》第 70 条[1]、第 75 条[2]。其中，第 70 条列举了 6 种可判决撤销的情形，第 75 条确立了"重大且明显违法"的无效标准。但具体到实际案例中，第 70 条的 6 种情形与第 75 条的"重大且违法"的适用，存在较为明显的理解、适用的间隙：

1. "重大且明显违法"VS"主要证据不足"

| 类型 | 判决结果 | 判决书示例 | 裁判依据 | 案例来源 |
|------|---------|-----------|---------|---------|
| 原告的身份信息被第三人冒用 | 无效 | 第三人贺某某持有从原告方出借的身份证，系虚假材料，明显违法。因此，原告贺某某要求确认被告颁发的某号结婚证无效的主张，本院予以支持。 | 《行政诉讼法》第 34、75 条 | 湖南省桃江县人民法院（2015）桃行初字第 84 号判决书 |
| | 撤销 | 洪某甲提交了洪某乙的居民身份证与户口簿，且申明自己是洪某乙。但根据本案查明的事实，与张某某结婚的是洪某甲而非洪某乙本人，原告洪某乙并未亲自到彭水县民政局与张某某进行婚姻登记，该婚姻登记行为违背了原告洪某乙的自愿原则，不具有真实性，则被告给洪某乙与张某某办理婚姻登记的主要证据不足，依法应予撤销。 | 《行政诉讼法》第 70 条第 1 项 | 彭水苗族土家族自治县人民法院（2015）彭法行初字第 00080 号判决书 |

上表中的两个案件案情相似，可划归到"原告的身份信息被第三人冒用"同一案件类型，但是裁判结果却完全不同——"无效"与"撤销"，裁判的依据分别是"重大且违法"与"主要证据不足"。即关于同一类型案件，对于案情与现行法律之间的逻辑映射，不同的法官的理解和找寻结果是差异较大的。这一方面，可能是不同法官个体之间生活经验、阅历理解的差异导致

---

〔1〕《行政诉讼法》第 70 条：行政行为有下列情形之一的，人民法院判决撤销或者部分撤销，并可以判决被告重新作出行政行为：①主要证据不足的；②适用法律、法规错误的；③违反法定程序的；④超越职权的；⑤滥用职权的；⑥明显不当的。

〔2〕《行政诉讼法》第 75 条：行政行为有实施主体不具有行政主体资格或者没有依据等重大且明显违法情形，原告申请确认行政行为无效的，人民法院判决确认无效。

的，另一方面，也反映出现行法律条文之间的逻辑不周延，造成同案可适用不同法律条文的现象。

2. "重大且明显违法" VS "违反法定程序"

| 类型 | 判决结果 | 判决书示例 | 裁判依据 | 案例来源 |
|---|---|---|---|---|
| 登记一方伪造身份证件 | 无效 | 经四川省布托县公安局证实与原告进行婚姻登记的另一方使用的户口簿、身份证均系伪造导致被告作出的婚姻登记行为无效，原告请求确认被告作出的婚姻登记行为无效应予支持。 | 《行政诉讼法》第75条 | 山东省泰安市岱岳区（2015）岱行初字第51号判决书 |
| | 撤销 | 第三人为办理结婚登记向被告所提供的身份证和户口簿系虚假信息材料，故本案中被告办理结婚登记的行政行为……程序违法，应予撤销。 | 《行政诉讼法》第70条第3项 | 湖南省芷江侗族自治县人民法院（2015）芷行初字第7号判决书 |

同样地，就"伪造身份证件"导致的婚姻登记程序违法案件，也存在无效与撤销两种判决结果。"重大且明显违法"与"违反法定程序"在文义解释上，可能前者包含后者，违反法定程序至何种程度会进化成重大且违法，目前法律和司法解释还没有细化的规定。

3. "重大且明显违法" VS "明显不当"

| 类型 | 判决结果 | 判决书示例 | 裁判依据 | 案例来源 |
|---|---|---|---|---|
| 登记一方构成重婚，另一方起诉 | 无效 | 原告孙某和闫某于1999年10月26日在镇平县某镇民政所依法办理了结婚登记手续并领取了结婚证。2000年12月20日，被告镇平县民政局在未尽到合理审查义务、事实不清的情况下，为第三人和闫某办理了结婚登记手续，该行政行为严重违背了《中华人民共和国婚姻法》第2条"一夫一妻婚姻制度"、第10条关于重婚的规定，属于重大且明显违法，应当依法确认无效。 | 《行政诉讼法》第75条 | 河南省淅川县人民法院（2015）淅行初字第90号判决书 |

续表

| 类型 | 判决结果 | 判决书示例 | 裁判依据 | 案例来源 |
|---|---|---|---|---|
| 登记一方构成重婚，另一方起诉 | 撤销 | 第三人构成重婚，是其欺骗原告和被告的主观故意行为，且受技术条件所限，被告的婚姻系统于2012年6月才实现联网，故被告在主观上没有过错。在原告和第三人的婚姻关系属于无效的情况下，被告为原告和第三人办理结婚登记并颁发结婚证的行政行为属于明显不当，应予撤销。 | 《行政诉讼法》第70条第6项 | 河南省林州市人民法院（2015）林行初字第21号判决书 |

关于"登记一方构成重婚，另一方起诉"的情形，上述两个案例出现了截然不同的裁判结果，裁判依据分别是"重大且明显违法"与"明显不当"。但事实上，两者的内涵和外延并没有交集。"明显不当"是合理性审查，即对行政机关作出的明显不合理的行政行为，法院可判决撤销；而"重大且明显违法"是合法性审查，且是违法到一定程度才能构成。

（二）理论隔阂：对婚姻登记行为性质的差别认识

结婚与协议离婚是形成和解除身份关系的民事行为，婚姻登记是国家为了维护婚姻家庭关系的稳定，通过国家机关将登记双方当事人的身份关系的确立、改变对外进行的公示。[1]婚姻登记是一项公法行为，关于婚姻登记的法律性质，在学界及司法中仍有很大争议，主流观点认为是行政确认行为[2]，笔者亦同意该观点，根据《婚姻法》第8条，《婚姻登记条例》第5、6、7、11、13条，《婚姻法司法解释（三）》第1条第2款[3]等规定可看出，婚姻登记不是行政许可，将婚姻登记定性为行政确认，更符合婚姻登记行为所特

---

〔1〕 樊非、刘兴旺、刘佳佳："婚姻登记行政诉讼司法审查研究——以婚姻法与行政法竞合为视角"，载《法律适用》2011年第4期，第63页。

〔2〕 持这种观点的作者有：李杰："论撤销婚姻登记行为的性质及其司法审查"，载《行政法学研究》1999年第3期，第8页；宋佳瑜："论婚姻登记程序瑕疵及其救济途径"，载《研究生法学》2013年第3期，第62页；樊非、刘兴旺、刘佳佳："婚姻登记行政诉讼司法审查研究——以婚姻法与行政法竞合为视角"，载《法律适用》2011年第4期，第63页。

〔3〕《婚姻法》第8条：要求结婚的男女双方必须亲自到婚姻登记机关进行结婚登记。符合本法规定的，予以登记，发给结婚证。取得结婚证，即确立夫妻关系。未办理结婚登记的，应当补办登记。《婚姻法司法解释（三）》第1条第2款：当事人以结婚登记程序存在瑕疵为由提起民事诉讼，主张撤销结婚登记的，告知其可以依法申请行政复议或者提起行政诉讼。

有的人身性与公示性特点。

但婚姻登记行为不是一项单纯的公法行为，而是私法自治与国家干预的结合。[1] 由于婚姻登记行为兼具公法和私法的性质，《婚姻法》和《行政诉讼法》的竞合将会导致婚姻登记无效或者撤销诉讼的司法审查有别于其他行政行为。《婚姻法》第 10 条和第 11 条[2] 分别规定了无效婚姻与可撤销婚姻的情形，但并未对婚姻登记行为违法的后果进行规定。《婚姻法司法解释（三）》第 1 条第 2 款规定婚姻登记存在瑕疵的，不能提起民事诉讼，但可以走行政诉讼的途径，而根据《行政诉讼法》第 70、75 条的规定，如果行政行为有这两条规定的情形的，人民法院可以判决撤销该行政行为或者行政行为无效。那么，婚姻登记行为是不是只要出现了这两条规定的情形，人民法院就可作出撤销或者无效判决呢？

### 三、规范缺位：审查范围有待统一

前文已述，婚姻登记具有私法性质，婚姻登记的起点是依当事人的合意建立或者改变婚姻关系，其导致的结果是民事法律关系的成立和生效。[3] 其具有私法属性这一点决定了在救济途径上也应该有私法的可能，但是，《婚姻法司法解释（三）》第 1 条第 2 款明确了婚姻登记瑕疵必须通过行政诉讼或者行政复议途径解决，排除了民事途径的可能。那么在行政诉讼中，由于婚姻登记本身具有私法属性，从统一司法救济结果、促进《行政法》与《婚姻法》有效衔接的角度考虑，《婚姻法》第 2、5、10、11 条规定婚姻生效的实质要件[4] 应适用于婚姻登记行为的实质要件。[5] 因此，有必要在行政诉讼中进行婚姻实质审查。

---

〔1〕 樊非、刘兴旺、刘佳佳："婚姻登记行政诉讼司法审查研究——以婚姻法与行政法竞合为视角"，载《法律适用》2011 年第 4 期，第 63 页。

〔2〕《婚姻法》第 10 条：有下列情形之一的，婚姻无效：①重婚的；②有禁止结婚的亲属关系的；③婚前患有医学上认为不应当结婚的疾病，婚后尚未治愈的；④未到法定婚龄的。第 11 条：因胁迫结婚的，受胁迫的一方可以向婚姻登记机关或人民法院请求撤销该婚姻。受胁迫的一方撤销婚姻的请求，应当自结婚登记之日起一年内提出。被非法限制人身自由的当事人请求撤销婚姻的，应当自恢复人身自由之日起一年内提出。

〔3〕 宋佳瑜："论婚姻登记程序瑕疵及其救济途径"，载《研究生法学》2013 年第 3 期，第 63 页。

〔4〕 婚姻生效的实质要件：结婚必须男女双方自愿、达到法定结婚年龄、符合一夫一妻制、当事人一方或者双方不存在法律禁止结婚的情况。

〔5〕 樊非、刘兴旺、刘佳佳："婚姻登记行政诉讼司法审查研究——以婚姻法与行政法竞合为视角"，载《法律适用》2011 年第 4 期，第 63 页。

而且，最高人民法院《关于婚姻登记行政案件原告资格及判决方式有关问题的答复》[1]规定侧面也反映出，登记是否为当事人的真实意思表示也是婚姻登记行政诉讼中审查的范围。因此，有必要在婚姻登记行政诉讼中确立形式审查和实质审查的双范围。

### 四、规制路径：裁判原则和立法建议

（一）裁判原则的确立：婚姻登记无效与撤销认定的三阶层标准

北京高院在 2016 年 4 月 29 日公布的 2015 年十大典型行政案例中的刘甲诉北京市昌平区民政局案[2]的裁判思路为：法官首先明确了婚姻登记要建立在双方合意这一婚姻实质要件上；其次论述了错误的婚姻登记行为对当事人的影响，造成原告在法律上存在两个配偶，违反了"一夫一妻"的基本制度；

---

〔1〕 该答复规定："婚姻关系双方或一方当事人未亲自到婚姻登记机关进行婚姻登记，且不能证明婚姻系男女双方的真实意思表示，当事人对该婚姻登记不服提起诉讼的，人民法院应当依法予以撤销。"

〔2〕 （案例）详见北京市昌平区人民法院（2015）昌行初字第 59 号行政判决书，基本案情：1994 年 10 月 28 日，原昌平县西府乡人民政府为刘甲、王某某办理了京昌平字第 3007394 号结婚登记。2015 年 3 月 23 日，刘甲提起行政诉讼，称其从未与王某某办理过结婚登记，其与配偶赵某某于1997 年 6 月 10 日登记结婚，其与王某某的婚姻关系不存在，故将北京市昌平区民政局起诉至法院，请求判决昌平民政局撤销其 1994 年 10 月 28 日对刘甲、王某某颁发的京昌平字第 3007394 号结婚证。法院经审理查明，于 1994 年 10 月 28 日与王某某共同办理结婚登记的系刘甲之弟刘乙。因当时刘乙未达到法定的结婚年龄，为了与王某某登记结婚，刘乙提交了其兄刘甲的身份证、户口卡，在《结婚登记申请书》上签了"刘甲"的名字并摁手印，该份申请书上的照片系刘乙与王某某，姓名为"刘甲"的《婚前体检证明》上张贴的照片亦系刘乙的照片。法院经审理认为，根据《中华人民共和国婚姻法》的规定，结婚必须男女双方完全自愿，要求结婚的男女双方必须亲自到婚姻登记机关进行结婚登记。婚姻登记机关为当事人办理结婚手续的行为是通过登记的方式对自愿结婚的当事人的婚姻状态予以确认与公示的行为，这种确认必须建立在申请登记的乙方与另一方有结为夫妻的合意的基础上。本案中，被诉婚姻登记的双方当事人系刘甲和王某某，但刘甲并无与王某某结婚的意愿，王某某亦没有与刘甲结婚的意愿，且刘甲本人并未亲自到场办理被诉的婚姻登记，被诉婚姻登记行为明显与当事人本人的意思相悖，同时也明显不符合《中华人民共和国婚姻法》的规定，该婚姻登记实为刘乙为与王某某结婚，向婚姻登记机关隐瞒真实情况而导致的错误婚姻登记行为。而从该错误婚姻登记行为对当事人的影响来看，一方面造成原告刘甲在法律上有两个配偶，客观上违反了《中华人民共和国婚姻法》确立的"一夫一妻"的基本制度；另一方面，在当地老百姓的观念里，王某某系刘甲的弟媳，该错误婚姻登记行为的存在，也有违公序良俗。因此，被诉的婚姻登记行为当属无效的行政行为。各方当事人均要求法院对该错误的婚姻登记行为予以纠正，法院在查明事实的基础上依法予以纠正。需要指出的是，当事人申请婚姻登记应当如实向婚姻登记机关提交相关证件，并不得隐瞒真实情况，第三人刘乙对于该错误婚姻登记行为的形成存在较大过错。综上，法院依据《中华人民共和国行政诉讼法》第 75 条之规定，判决确认原昌平县西府乡人民政府于一九九四年十月二十八日为刘甲与王某某办理的结婚登记行为无效。一审宣判后，各方当事人均未上诉。

最后，阐述了错误婚姻登记行为对社会观念、秩序的影响，该错误登记行为的存在有违公序良俗。

该判决的裁判思路对婚姻登记"无效"与"撤销"的认定有一定的启示意义。司法中对婚姻登记行为效力的认定，本质是司法权介入的限度问题。婚姻登记行为兼具公私法性质，如果不当扩大或者缩小司法介入范围，可能导致婚姻登记当事人或者第三人利益受损但难以得到保护，抑或社会稳定性的破坏。为此，认定婚姻登记行为"无效"与"撤销"应从以下三个方面衡量：

| 合法性 | 必要性 | 实效性 |
|---|---|---|
| ·形式要件<br>·实质要件 | ·瑕疵程度<br>·审查形式 | ·裁判效果<br>·执行价值 |

1. 第一层标准：合法性评判

在离婚登记行政诉讼中，法院先要对婚姻登记行为的形式要件进行审查，即对婚姻登记行为的主体、程序、适用法律等方面是否合法进行审查，还应对登记的法律基础作实质性审查，即对婚姻登记行为的实质要件、是否具有最终确定性进行实质审查，这一实质审查不是针对婚姻登记机关，而是针对登记申请人的；不是对婚姻登记机关登记行为的审查，而是针对登记行为据以登记的法律基础，即《婚姻法》中规定的婚姻实质要件所作的审查。[1]

2. 第二层标准：必要性考察

司法对行政行为的审查应先在必要的限度和范围之内。具体规则包括：其一，瑕疵程度上，限于对婚姻当事人、第三人或者社会公众利益造成实际损害的情形。对于程序瑕疵显著轻微并未造成实际损害的情形，法院应当综合考量、谨慎平衡，不应绝对地否定婚姻登记的效力。其二，在审查形式上，一般只作合法审查，不作合理性审查。但是明显不合理构成"明显不当"的情形除外。

---

〔1〕 柳殿奎、杨慧文："离婚登记诉讼中法院应对据以登记的法律基础作实质性审查"，载《人民司法》2014 年第 24 期，第 63 页。

3. 第三层标准：实效性分析

司法还要兼顾正义与秩序的平衡。其一，裁判效果。婚姻这种身份关系具有特殊性，根据《婚姻法》和《行政诉讼法》规定应判决撤销的情形，还要考虑社会秩序等实际情况，如在离婚登记行政诉讼中，由于当事人离婚登记后可能与第三人重新组建家庭，产生新的社会关系，若法院在离婚登记行政诉讼中审查后决定撤销离婚登记，将造成法律上的重婚，破坏了社会秩序，因此，这种情况下需要限制判决撤销离婚登记。[1]其二，执行价值。对婚姻登记效力的裁判应有实际意义。在存在撤销情形的情况下，如果发生特定事由，比如程序瑕疵已经补正，此时，以原来的婚姻登记存在瑕疵为由否定其效力，实际已经没有执行意义。

（二）法条规定的建议——婚姻登记无效形式标准细化

新《行政诉讼法》第75条确立了"重大且明显违法"的无效标准，但对具体情形没有进一步作出规定。前文的司法审查中已经分析该标准的适用参差不齐，因此，有必要就该标准进行细化。《德国联邦行政程序法》第44条第1款规定行政行为无效的标准为行政行为具有重大瑕疵，或者根据理智的判断绝对明显的瑕疵。毛雷尔对此进一步解读说："其决定性作用的不限于瑕疵的明显性，而且包括瑕疵的严重性。"

《德国联邦行政程序法》对无效情形作了细化，[2]可资参考。结合本文统计分析的判决婚姻登记无效的案例样本，笔者认为，就婚姻登记行政诉讼中，除了《婚姻法》第10条规定的婚姻无效的实质要件[3]，对于婚姻登记行为本身"重大且违法"的形式要件可细化为：①实施登记行为的主体不具有行政主体资格；②婚姻登记行为没有依据；③婚姻登记的存续违反一夫一妻等婚姻法的基本制度；④违反公序良俗。

另外，需要说明的是，《行政诉讼法》第75条规定："……重大且明显违法情形，原告申请确认行政行为无效的，人民法院判决无效。"司法实践中，

---

〔1〕 柳殿奎、杨慧文："离婚登记诉讼中法院应对据以登记的法律基础作实质性审查"，载《人民司法》2014年第24期，第63页。

〔2〕 这些情形是：以书面方式作出，但没有注明作出机关；通过颁发证书作出，但没有遵守形式规定；违反有关地域管辖规定作出；因客观原因无法实施；要求实施构成犯罪或者宗教罪行的违法行为；违反善良风俗。参见〔德〕哈特穆特·毛雷尔：《行政法学总论》，高家伟译，法律出版社2000年版，第250页。

〔3〕 无效情形为：重婚的；有禁止结婚的亲属关系；婚前患有医学上认为不应当结婚的疾病，婚后尚未治愈；未到法定婚龄。

婚姻登记无效判决的作出并不以原告申请确认无效为前提，有些案例是申请撤销之诉，法院最终判决无效。这种做法可方便公民提起救济，因确认行政无效的"门槛"相对较高，当原告不能确信行政行为无效或可撤销时，"在法定期限要求撤销行政行为，才是明智之举"。[1]

---

〔1〕 李广宇：《新行政诉讼法逐条注释》（下），法律出版社 2015 年版，第 652 页。

# 论解决经济社会与环境协调发展的立法理论

## ——兼论中国经验对金砖国家的启发

竺　效<sup>*</sup>　丁　霖<sup>**</sup>

　　金砖国家（BRICS），又称"金砖五国"，"是指五个主要的新兴市场，分别为巴西、俄罗斯、印度、中国、南非，其人口和国土面积在全球占有重要份额，并且是世界经济增长的主要动力之一。"[1]随着金砖国家经济的高速发展，金砖国家之间在政治经济等国际舞台上的合作备受关注。同时，金砖国家也已经开始在气候变化等环境问题的应对与解决上开展合作。[2]金砖国家在环境与发展问题上的合作与调整正在不断地影响世界环境问题解决的格局，对世界环境问题的应对与社会经济发展产生着重大影响。然而，由于环境与经济的双重压力，金砖国家在处理环境问题时通常会面临环境保护与经济社会发展关系问题的困境，都试图通过环境立法对这一关系进行调整。经过25年的漫长准备，2014年，中国终于迎来了《环境保护法》的修订通过，新《环境保护法》一经面世就受到国内外的广泛关注，尤其是该法对经济社会与环境协调发展问题的立法调整新模式。由此不禁引人思考，中国新《环境保护法》所规定"经济社会发展与环境保护相协调"策略有何特点，是否与金砖国家环境立法趋势相一致，可否为发展中国家的环境立法提供经验，本文

---

　　* 中国人民大学法学院教授。
　　** 中国人民大学法学院博士研究生。

　　〔1〕 参见张远鹏："印度尼西亚：浮现中的'金砖第六国'——全球金融危机以来的印度尼西亚经济及前景展望"，载《世界经济与政治论坛》2012年第6期，第81页。

　　〔2〕 如在哥本哈根气候变化大会上，中国、印度和巴西采取共同立场，认为保护环境和减少温室气体排放必须坚持《京都议定书》规定的共同但有区别的责任原则。参见刘彤："巴西总统迪尔玛·罗塞夫：金砖国家成为推动世界多极化的主要力量"，载新华网，http://news. xinhuanet. com/2011 −04/10/c_121286417. htm，最后访问日期：2015年9月19日。

拟讨论之。

## 一、金砖国家面临的环境保护与经济社会协调发展之课题

金砖国家在经济合作与发展上都取得了世界瞩目的成就，但经济发展所带来的环境问题却同时成为金砖国家经济可持续发展的绊脚石。俄罗斯是资源大国，拥有丰富的自然资源，同时也是工业大国，需要充足的资源为其工业发展提供基础。二战后，为追求重工业和军事工业的快速发展，其自然环境和自然资源遭受了严重的污染和破坏。[1]20 世纪六七十年代巴西创造了经济奇迹，而这一时期经济突飞猛进带来了严重的环境污染和破坏，尤其是在亚马逊地区。[2]南非于 1994 正式取消了存在将近半个世纪的种族隔离制度，[3]但种族隔离时期过度狩猎，矿产资源的过度开采等，给南非带来了环境问题；在摆脱种族隔离制度后，南非谋求经济的快速发展，但同时也面临着环境问题。"2002 年印度开始执行第十个'五年计划'，2002 年到 2006 年 GDP 年均增长 7.5%。经济的强劲发展，带来新的环境问题。随着对气候变化影响认识的提高，人们发现很多环境问题与人口增加、气候变化和经济发展等形成恶性循环，环境形势严重恶化，出现难以控制的状态。"[4]而中国在改革开放 30 年来取得巨大经济成就的同时，环境污染与破坏也日益严重。2010 年，中国环境保护部发布《中国环境状况公报》指出，这一年中国将"工作重点更多地转移到调整经济结构、转变发展方式上来，妥善处理好保持经济平稳较快发展、调整经济结构和管理通胀预期的关系，有效巩固和扩大了应对国际金融危机冲击的成果，经济实现较快增长，经济结构调整步伐加快。"但"地表水污染依然较重，七大水系总体为轻度污染，湖泊富营养化问题突出，近岸海域水质总体为轻度污染"等环境问题也日益凸显。[5]而到了 2013 年，中国环境虽有局部改善，但仍面临着地表水总体为轻度污染、部分城市河段污染较重、近岸海域水质一般、城市环境空气质

---

〔1〕 参见赵旭东、黄静："俄罗斯'环境保护优先性'原则——我国环境法'协调发展'原则的反思与改进"，载《河北法学》2000 年第 6 期，第 130 页。

〔2〕 See Arlindo Daiber, "Historical Views on Environment and Environmental Law in Brazil", *The Geo. Wash. Int'l L. Rev.*, Vol. 40, 2008 ~ 2009, p. 833.

〔3〕 邹应猛："南非环境外交：措施、成绩与挑战"，载《亚非纵横》2013 年第 6 期。

〔4〕 范纯："印度环境保护法律机制评析"，载《亚非纵横》2009 年第 5 期。

〔5〕 中华人民共和国环境保护部：2010 年《中国环境状况公报》，2011 年 5 月 29 日，http://jcs.mep.gov.cn/hjzl/zkgb/2010zkgb/201106/t20110602_211570.htm，最后访问日期：2015 年 9 月 19 日。

量不容乐观等状况。[1]

由此可见，在金砖国家谋求经济快速发展的同时，都或多或少地面临着经济发展带来的环境问题。因此，如何处理经济社会发展与环境保护的关系成为金砖国家的共同课题。金砖国家都是快速发展的发展中国家，是世界经济发展的主要动力。在面临经济社会发展与环境保护的选择时，金砖国家都通过环境主要立法来对这一关系进行调整。

在金砖各国的环境主要立法中，金砖国家大多不约而同地从立法目的上对如何处理环境保护与经济社会协调发展之间的关系予以明确。如表 1 所示，巴西颁布的第 88351 号法令规定了国家环境政策，其颁布时间最早，在金砖国家中最早将"促进经济发展与环境保护和生态平衡之间的协调关系"[2]作为环境基本法的立法目的。南非在其 1998 年《南非国家环境管理法》中明确提出："在发展经济、社会的同时确保生态系统的可持续发展以及自然资源的循环利用。"[3]但印度现行有效的《印度 1986 年环境保护法》[4]并未涉及对环境与社会经济关系的调整。与印度环境法相反的是，2002 年俄罗斯通过《俄罗斯联邦环境保护法》明文规定了要"保证平衡地解决各项社会经济任务，保持良好的环境、生物多样性和自然资源"[5]。虽然从《俄罗斯联邦环境保护法》中未能直接明确"经济与环境"的关系，但从其基本原则与基本制度看，《俄罗斯联邦环境保护法》即为一部调整环境保护与经济社会发展关系的法律，如何处理经济发展与环境保护的关系贯穿着整部法律。[6]中国

---

〔1〕 中华人民共和国环境保护部：2013 年《中国环境状况公报》，2014 年 5 月 27 日，http://jcs. mep. gov. cn/hjzl/zkgb/2013zkgb/201406/t20140605_276480. htm，最后访问日期：2015 年 9 月 19 日。

〔2〕 巴西法令 1983 年 6 月 1 日第 88351 号法令第 1 条第 1 款，参见 http://www. riel. whu. edu. cn/article. asp? id = 2840，最后访问日期：2015 年 9 月 19 日。

〔3〕 See *South Africa—National Environmental Management Act 107 of 1998*, Preamble；"sustainable development requires the integration of social, economic and environmental factors in the planning, implementation and evaluation of decisions to ensure that development serves present and future generations；" " secure ecologically sustainable development and use of natural resources while promoting justifiable economic and social development；" http://www. wipo. int/wipolex/en/text. jsp? file_id = 201087，accessed：2015/4/7.

〔4〕 杨翠柏主编：《印度环境法》，四川出版集团巴蜀书社 2008 年版，第 3～16 页。

〔5〕 马骧聪译：《俄罗斯联邦环境保护法和土地法典》，中国法制出版社 2003 年版，第 1 页，前言："保证平衡地解决各项社会经济任务，保持良好的环境、生物多样性和自然资源，其目是满足当代人和未来世世代代的需求、加强环境保护领域的法律秩序和保障生态安全。"

〔6〕《俄罗斯联邦环境保护法》基本原则（第 3 条）中对环境与经济关系调整的有 9 项基本原则；该法规定的法律制度均涉及环境与经济关系的调整，或以经济手段调整环境保护，或以环境要求规范经济活动，或在环境制度制定中考虑经济社会因素；最后该法还以 2 条违法责任条款来保障环境与经济关系的实现。由此可见，对环境与经济关系的调整是贯穿于整部《俄罗斯联邦环境保护法》之中的。

2014 年修订的《环境保护法》也从其立法目的上明确了环境与经济的关系，即"推进生态文明建设，促进经济社会可持续发展。"

表 1　金砖国家环境基本法立法目的中对环境保护与经济社会关系的调整

| 环境基本法 | 时间 | 立法目的条款 | 环境与经济关系 |
|---|---|---|---|
| 巴西第 88351 号法令 | 1983 | 第 1 条第 1 款：在实施国家环境政策时，各级政府公共权力应：①保持对环境资源的持续监督，促进经济发展与环境保护和生态平衡之间的协调关系。…… | 促进经济发展与环境保护和生态平衡之间的协调关系 |
| 印度 1986 年环境保护法 | 1986 | 序言：本法旨在为保护和改善环境及相关事宜提供依据。 | 无 |
| 南非国家环境管理法 | 1998 | 序言：可持续发展需要社会、经济、环境有计划的整合与协调，实施相关的决策并对此进行评估以确保发展符合当代人和未来时代人的需要。在发展经济、社会的同时确保生态系统的可持续发展以及自然资源的循环利用。 | 社会、经济、环境有计划的整合与协调 |
| 俄罗斯联邦环境保护法 | 2002 | 序言：本联邦法确立环境保护领域国家政策的法律基础，以保证平衡地解决各项社会经济任务，保持良好的环境、生物多样性和自然资源，其目的是满足当代人和未来世世代代的需求、加强环境保护领域的法律秩序和保障生态安全。 | 保证平衡地解决各项社会经济任务 |
| 中华人民共和国环境保护法 | 2014 | 第 1 条：为保护和改善环境，防治污染和其他公害，保障公众健康，推进生态文明建设，促进经济社会可持续发展，制定本法。 | 促进经济社会可持续发展 |

　　总结而言，经济社会发展与环境保护的关系问题已经成为金砖国家共同面临的问题，已成为金砖国家需要通过环境主要立法来进行调整的问题。对于环境保护与经济发展关系的态度，各国虽不完全统一，但也大致相似，均希望通过环境立法调整，促进经济社会与环境协调发展的实现。然而，各国环境主要立法对于环境保护与经济社会发展之间关系这一问题的调整，还存在有待科学厘清的关键问题，即在处理环境保护与经济社会发展关系时，是环境利益优先还是经济利益优先。截至目前，除中国外，其他金砖国家的现

行环境主要立法对其立法目的、基本原则等的立法表述，并未能完全解答这一问题，本文以下将分析之。

### 二、经济社会发展与环境保护协调在中国的立法探索

在解决环境保护与经济发展关系的问题上，中国经历了 35 年的立法探索，最终明确了"经济社会发展与环境保护相协调"的国家环境策略，有助于尽快结束中国长期以来为经济发展牺牲环境利益，以损害环境为代价的经济发展模式，正式进入了环境保护优先，经济社会发展与环境保护相协调的新时期。中国《环境保护法》对此的立法确立过程大致经历了如下几个主要阶段。

（一）1979～1989 年：保护环境为促进经济发展的时期

1978 年 12 月，从中国共产党第十一届三中全会起，中国开始实行对内改革、对外开放的政策。在这一承前启后、开辟新发展阶段的历史节点，中国共产党的工作中心"从以阶级斗争为纲转到以发展生产力为中心，从封闭转到开放，从固守成规转到各方面的改革。"[1]中国开启了改革开放，促进经济全面发展的时代。另一方面，1978 年中国宪法修改将"保护环境和自然资源，防止污染和其他公害"（第 26 条第 1 款）写入宪法条款，将环境保护提升到了宪法的高度。而就在改革开放政策出台及宪法修改次年，即 1979 年，《中华人民共和国环境保护法（试行）》（以下简称"试行法"）出台。该法的出台"标志着中国环保法律体系开始建立"[2]。

在上述经济建设成为主旋律的背景下出台的首部环境保护立法必然是让步于经济发展的。虽然该法的通过"确立了以环境污染防治为本位的环境保护立法目标"[3]，但该法第 2 条[4]明确提出环境法的立法目的、环境保护的最终目的却是服务于"促进经济发展"。根据该法的规定，"这一时期，环境保护要为经济发展服务；在与经济发展产生冲突时，环境保护要为经济发展

---

〔1〕 中共中央文献编辑委员会编辑：《邓小平文选》（第 3 卷），人民出版社 1995 年版。

〔2〕 汪劲：《环境法学》，北京大学出版社 2011 年版。

〔3〕 汪劲：《环境法学》，北京大学出版社 2011 年版。

〔4〕 1979 年《环境保护法（试行）》第 2 条："中华人民共和国环境保护法的任务，是保证在社会主义现代化建设中，合理地利用自然环境，防治环境污染和生态破坏，为人民造成清洁适宜的生活和劳动环境，保护人民健康，促进经济发展。"

让路。"[1]因此，这一时期在试行法的指导下，保护环境、防治环境污染和生态破坏，是以促进经济发展为目的，中国环境法治进入"保护环境以促进经济发展时期"。

（二）1989~2011年：环境保护与经济社会发展相协调时期

1989年，中国社会经济体系发生重大变革，社会主义计划经济转变为有计划的商品经济，并全面转向社会主义市场经济。[2]这一时期，中国环境法进入全面调整时期。最先提上修改日程的就是1979年《环境保护法（试行）》。"然而由于国内经济立法在当时出现拥挤现象、加上改革开放初期部分高级官员对环境保护的认识存在分歧"，最终导致在修改过程中"不能因环保阻碍经济发展"的观点占了上风，[3]使得这一时期的环境法治仍然停留在以经济发展为目标的立法目的上。

上述环境保护与经济发展博弈的结果是，1989年《环境保护法》（以下简称"1989年环境法"）第1条[4]规定了"促进社会主义现代化建设的发展"的立法目的。但是，客观评价而言，与试行法相比，1989年的环境保护法具有进步意义，该法首次对"环境保护与经济社会发展的关系"问题作出了立法回应。该法第4条明确指出"国家采取有利于环境保护的经济、技术政策和措施，使环境保护工作同经济建设和社会发展相协调。"虽然该法将环境保护与经济社会发展的关系表述为"协调"关系，但此处的协调，是环境保护工作必须服从且让步于经济社会发展，"环境保护与经济社会发展相比，仍被解读为从属地位。"[5]因此，这一时期，虽然环境保护逐渐受到重视，但受制于环境立法规定以及国家发展策略，中国环境法治处于"环境保护与经济社会发展相协调时期"。

（三）2011~2014年：环境保护与经济社会发展关系的激辩时期

其实，在1989年环境法公布实施之后，中国学者们关于1989年环境保护法的立法目的的争论就从未停止过。徐祥民教授认为试行法与1989年环境法的立法目的都是支持经济发展，二者"都不加掩饰地表达了服务于经济发

---

〔1〕 信春鹰主编：《中华人民共和国环境保护法释义》，法律出版社2014年版。

〔2〕 汪劲：《环境法学》，北京大学出版社2011年版。

〔3〕 汪劲：《环境法学》，北京大学出版社2011年版。

〔4〕 1989年《环境保护法》第1条："为保护和改善生活环境与生态环境，防治污染和其他公害，保障人体健康，促进社会主义现代化建设的发展，制定本法。"

〔5〕 信春鹰主编：《中华人民共和国环境保护法释义》，法律出版社2014年版。

展的目的"。[1]蔡守秋教授则认为，1989 年环境法第 1 条将"促进经济发展"修改为"促进社会主义现代化建设的发展"，即主张环境法的实质目的是"促进经济、社会、文化、工业、农业和国防等现代化建设的发展"[2]，而不仅仅是促进经济发展。[3]也有学者认为，1989 年环境法设定了"环境保护与经济协调发展"的立法目的，但由于"社会主义现代化建设事业的发展，一切以经济建设为中心的政策导向"[4]，使得立法目的演化成了"经济优先，环境保护为经济服务"的价值观，与最初设定的"协调发展"相背离。[5]

"2011 年初，全国人大常委会宣布，将环保法修订列入 2011 年度立法计划。随后，环保部成立了环保法修改工作领导小组，并起草了修改建议初稿。"[6]中国环境保护法的修改大幕自此拉开。借此契机，环境法学者都对立法目的条款、基本原则条款等的修改提出了建议，尤其对环境保护与经济社会发展关系展开了激烈的探讨。

2012 年 8 月十一届全国人大常委会第二十八次会议对《环境保护法修正案草案》（以下简称"一审稿"）进行审议。一审稿第 4 条将环境保护与经济发展的关系修改为"使经济建设和社会发展与环境保护相协调"，是对这一关系的重大改变。从文义解释的角度来看，环境保护与经济社会发展关系中，应以环境保护为主，经济社会的发展都应与环境保护相协调，在二者产生矛盾时，应以环境保护优先。然而，由于一审稿对环境法立法目的未进行修改，也未涉及环境法的基本原则，使得"经济建设和社会发展与环境保护相协调"成了空话，即无法拔高到立法目的的层面，也无法落地实施。因此，很多环境法学者对此提出了建议，如建议将"环境优先"作

---

〔1〕 徐祥民："从立法目的看我国环境法的进一步完善"，载《晋阳学刊》2014 年第 6 期。

〔2〕 蔡守秋："析 2014 年《环境保护法》的立法目的"，载《中国政法大学学报》2014 年第 6 期。

〔3〕 参见蔡守秋："析 2014 年《环境保护法》的立法目的"，载《中国政法大学学报》2014 年第 6 期，第 41 页。

〔4〕 高利红、周勇飞："环境法的精神之维——兼评我国新《环境保护法》之立法目的"，载《郑州大学学报》（哲学社会科学版）2015 年第 1 期。

〔5〕 参见高利红、周勇飞："环境法的精神之维——兼评我国新《环境保护法》之立法目的"，载《郑州大学学报》（哲学社会科学版）2015 年第 1 期，第 54 页。

〔6〕 参见"环保法修改紧锣密鼓'有限修改'渐成新共识"，载《环境保护与循环经济》2012 年第 6 期，第 49 页。

为环境法总则的原则之一,[1]建议将"可持续发展"作为环境法的立法目的等。[2]

2013 年 6 月 21 日,二审稿提请审议前夕,全国人大常委会法制工作委员会行政法室组织在全国人大机关办公楼召开"《环境保护法》二审稿有关问题的座谈会"[3],会上与会专家提出了"保护优先"原则与原法第 4 条"环境保护工作同经济建设和社会发展相协调"修改为"经济社会发展与环境保护相协调"及拟新增的"保护环境是国家基本国策"之间的关系等相关问题。[4]由 2013 年 7 月 19 日网上公布的二审稿征求意见稿可见,二审稿第 1 条将立法目的修改为"推进生态文明建设,促进经济社会可持续发展",且在第 4 条新增第 1 款,将保护环境规定为中国的基本国策。这一立法目的与基本国策的规定使其第 4 条第 2 款所描述的"使经济社会发展与环境保护相协调"有了意识形态与国家政策层面的支撑。另外,二审稿还将"保护优先"作为基本原则写入第 5 条之中,使"经济社会发展与环境保护相协调"有了落地实施的可能。此后三审稿延续了二审稿对"环境保护与经济社会发展关系"的条款体系设计,未作改动。

(四)2015 年至今:经济社会发展与环境保护相协调时期

2014 年 4 月 24 日,《环境保护法》(以下简称"新法")修订草案在十二届全国人大常委会第八次会议上表决通过。新法全文于次日中午在网上正式公布。新法第 4 条第 2 款延续二审稿的规定,明确"使经济社会发展与环境保护相协调",并通过立法目的、基本国策、基本原则等条款予以保障实施。这一修改彻底改变了环境保护的次要地位。由于二者位置的调整,二者的地位发生颠倒,改变过去以经济发展为由而牺牲环境利益的观念,与中国共产党十八大将生态文明建设"融入经济建设、政治建设、文化建设、社会建设各方面和全过程",

---

〔1〕 参见杨朝飞主编:《通向环境法制的道路:〈环境保护法〉修改思路研究报告》,中国环境出版社 2013 年版,第 86 页。2012 年 12 月 20 日,在"《环境保护法》修改思路专家研讨会"上,王灿发教授建议《环境保护法》总则须明确突出"环境优先""风险防范"和"不得恶化"三个原则。

〔2〕 参见竺效:"论生态文明建设与《环境保护法》之立法目的完善",载《法学论坛》2013 年第 2 期,第 35 页。

〔3〕 参见竺效:"论中国环境法基本原则的立法发展与再发展",载《华东政法大学学报》2014 年第 3 期,第 8 页。

〔4〕 参见竺效:"论中国环境法基本原则的立法发展与再发展",载《华东政法大学学报》2014 年第 3 期,第 8 页。

在"五位一体"总布局中发挥基础性作用的精神相一致。[1]

从 2012 年十八大提出建设生态文明，到 2012 年一审稿对环境保护与经济社会发展关系的修改，到 2013 年二审稿将"可持续发展"作为立法目的并增加"保护优先"的基本原则，再到 2014 年新法的正式公布直至 2015 年 1 月 1 日新法的正式实施，中国在环境保护与经济社会发展关系这一问题的立法调整上，彻底由试行法规定的以"环保促发展"转变为"经济社会发展与环境保护相协调"，中国已通过环境主要立法正式开启了"经济社会发展与环境保护相协调"的新时期。

### 三、经济社会发展与环境保护协调发展的新型立法模式

通过对 2014 年新环境保护法条款的解析可见，新法对环境保护与经济社会发展的关系问题进行了全面的解答。总结中国新环境保护法关于此问题的规定，可将这一解决模式归纳为：立法目的（第 1 条）＋环境保护国家战略（第 4 条第 1 款）＋经济社会发展与环境保护相协调策略（第 4 条第 2 款）＋保护优先等原则（第 5 条）＋若干制度＋违法责任，全方位保障在经济社会发展与环境保护相协调关系中环境保护的优先地位。

（一）2014 年新环境保护法立法解决模式的解读

新法第 1 条关于"推进生态文明建设，促进经济社会可持续发展"的立法目的，"重新界定了环境资源保护法的目的和任务，把环境保护作为独立的立法本位从依附于经济社会发展中明确提升出来，成为制衡经济社会不当发展即不可持续发展的生态底线。"[2]这一立法目的是将"生态文明"与"可持续发展"理念作为环境法的价值目标，[3]决定着整个环境资源法的指导思想、法律的调整对象，也决定着环境资源法的适用效能。[4]这一既推动生态文明建设又要求促进经济社会可持续发展的立法目的，从法律价值上明确了环境

---

〔1〕　参见胡锦涛：《坚定不移沿着中国特色社会主义道路前进为全面建成小康社会而奋斗——在中国共产党第十八次全国代表大会上的报告》，2012 年 11 月 8 日。

〔2〕　蔡守秋："析 2014 年《环境保护法》的立法目的"，载《中国政法大学学报》2014 年第6 期。

〔3〕　参见竺效："论经济法之法律目的"，载《西南政法大学学报》2002 年第 3 期，第 34 页。"法律目的"特指主体在特定的法律理念的指导下，根据其对特定的法律部门和法律规范的功能的需求，从可供选择的法律价值名目体系中，为特定的法律部门和法律规范所选择并设定的价值目标。

〔4〕　高利红："环境资源法的价值理念和立法目的"，载《中国地质大学学报》（社会科学版）2005 年第 3 期。

保护与经济社会发展二者之间的关系——协调关系。

新法第 4 条第 1 款规定了环境保护国家战略,即"保护环境是国家的基本国策"。"基本国策是对国家经济建设、社会发展和人民生活具有全局性、长期性、决定性影响的基本准则。"〔1〕新法将"保护环境"的基本国策从政策〔2〕上升为法律,在环境基本法中重申"保护环境"的基本国策,即意味着保护环境是国家经济建设、社会发展中全局的、长期的、决定性的准则。以第 1 款基本国策为基础,在第 2 款中明确提出"使经济社会发展与环境保护相协调"的策略,对环境保护与经济社会发展的关系进行调整。二者的协调关系首先体现在"要以环境保护优化经济增长,推动经济全面协调可持续发展"〔3〕,另外即体现为二者协调之中的主次关系,即环境保护占主要地位。环境保护的优先地位又通过第 5 条基本原则予以明确。

新环境保护法第 5 条明确提出了五项环境法的基本原则,其中第一项原则就是"保护优先"。根据全国人大常委会法制工作委员会对保护优先原则的解读,保护优先"就是要从源头上加强生态环境保护和合理利用资源,避免生态破坏"。〔4〕通过"分析国内学者对近似概念的描述、国内已有环保政策文件和法律的表述,"〔5〕对"保护优先"原则的解读也大多是从处理环境保护与经济社会(或其某个特定的领域)发展之间的关系角度进行的使用。〔6〕这一解读也是对经济社会发展与环境保护相协调这一关系的另一层含义的回应,即在特殊保护地区,环境保护优先于经济社会活动。但是"从立法技术而言,环境基本法的立法目的、基本国策和基本原则三个条款应是紧密联系,相辅相成的。"〔7〕因此通过对新法总则条款进行系统性解读,我们认为"保护优先"原则所承载的功能是"遇到环境(生态)风险科学性不确定的情形,应

---

〔1〕 参见高云虎:"贯彻落实新环保法 推进工业绿色发展",载《中国工业报》2014 年 12 月 29 日,第 A02 版。信春鹰主编:《中华人民共和国环境保护法释义》,法律出版社 2014 年版,第12 页。

〔2〕 在 2009 年《全国人民代表大会常务委员会关于积极应对气候变化的决议》、十八大报告、《国家环境保护"十二五"规划》三个政策性文件中明确提出了"保护环境"的基本国策。

〔3〕 信春鹰主编:《中华人民共和国环境保护法释义》,法律出版社 2014 年版。

〔4〕 信春鹰主编:《中华人民共和国环境保护法释义》,法律出版社 2014 年版。

〔5〕 竺效:"论生态文明建设与《环境保护法》之立法目的的完善",载《法学论坛》2013 年第 2 期。

〔6〕 参见竺效:"论中国环境法基本原则的立法发展与再发展",载《华东政法大学学报》2014 年第 3 期,第 11 ~ 12 页。

〔7〕 竺效:"基本原则条款不能孤立解读",载《环境经济》2014 年第 7 期。

以保护环境（生态）为优先原则"，即"学理表述应为风险防范原则"。[1]
"风险防范原则"的解读更进一步体现和保障了环境保护的优先性，即某一经
济活动只要可能会遇到环境（生态）风险时，即使科学上仍不能完全确定，
也应以保护环境为由而对其进行调整，防风险于未然。

新环境保护法除了总则中对环境与经济关系进行原则性调整外，还通过相关
制度落实该"协调关系"，并通过违法责任条款保障该等"协调关系"在实
践中的顺利实现。新法中共有21个条款（详见表2），分别从对经济活动进行
环保强制性要求与采用经济措施治理环境对该"协调关系"进行调整，辅之
以5条违法责任条款对经济活动污染环境或破坏生态的行为予以规制。

**表2 中国新《环境保护法》中对环境保护与经济社会发展关系调整的条款**

| 对经济活动的环保强制性要求 | | 采用经济措施治理环境 | |
|---|---|---|---|
| 条款 | 主要内容 | 条款 | 主要内容 |
| 第16条第1款 | 根据国家环境质量标准和国家经济、技术条件制定国家污染物排放标准。 | 第7条 | 国家支持环保科技开发应用、鼓励环保产业发展。 |
| 第24条 | 现场检查时，企事业单位和其他生产经营者应当如实反映情况，提供资料。 | 第8条 | 地方政府加大环保的财政投入。 |
| 第25条 | 企事业单位和其他生产经营者违法排污造成或可能造成严重污染的，环保部门有权查封、扣押其造成污染物排放的设施、设备。 | 第21条 | 国家采取财政、税收、价格、政府采购等政策措施鼓励支持环保产业发展。 |
| 第30条 | 引进外来物种以及研究、开发、利用生物技术，应当采取措施，防止对生物多样性的破坏。 | 第22条 | 以财政、税收、价格、政府采购等政策措施鼓励支持企业减排。 |
| 第41条 | 建设项目防治污染设施适用三同时制度，污染防治设施应当符合环评文件要求，不得擅自拆除或闲置。 | 第23条 | 政府支持企事业单位和其他经营者为改善环境的转产、搬迁、关闭。 |
| 第42条 | 排污者应当采取措施防治污染和危害；排污单位应建立环保责任制度；严禁以逃避监管方式违法排污。 | 第31条 | 国家建立、健全生态保护补充制度。 |
| 第45条 | 实行排污许可管理的主体应当按许可证要求排污，无证不得排污。 | 第36条 | 绿色采购与绿色消费。 |

---

〔1〕 竺效："论中国环境法基本原则的立法发展与再发展"，载《华东政法大学学报》2014年第3期。

续表

| 对经济活动的环保强制性要求 | | 采用经济措施治理环境 | |
|---|---|---|---|
| 条款 | 主要内容 | 条款 | 主要内容 |
| 第 46 条 | 工艺、设备和产品实行淘汰制。 | 第 40 条 | 促进清洁生产和资源循环利用。 |
| 第 47 条第 2 款 | 企事业单位按规定制定突发环境事件应急预案；发生或可能发生时，企业应采取措施处理、通报可能受影响单位居民、向环保部门和有关部门报告。 | 第 43 条 | 征收排污费或环境保护税。 |
| 第 55 条 | 重污染企业环境信息公开。 | 第 50 条 | 农村污染防治资金支持。 |
|  |  | 第 52 条 | 国家鼓励投保环境污染责任险。 |

综上所述，新法通过"立法目的（第 1 条）＋环境保护国家战略（第 4 条第 1 款）＋经济社会发展与环境保护相协调策略（第 4 条第 2 款）＋保护优先等原则（第 5 条）＋若干制度＋违法责任"的立法模式，对环境保护与经济社会发展之间关系调整完整描述为经济社会发展与环境保护相协调且环境保护优先，最终实现生态文明，促进经济社会可持续发展。

（二）2014 年新环境保护法立法解决模式的评价

在立法者与环保人士为新法对环境与经济关系表述的修改感到欣喜之时，也有环境法学者认为"新《环境保护法》之立法目的仍然存在着价值缺失与不足，最终要旨仍然强调的是经济社会的发展，环境保护仅仅作为其发展过程中需要注意、协调的附属。"[1]另外，徐祥民教授进一步提出环境法的立法目的应表述为："为保护和改善环境，防治污染和其他环境损害，促进人与自然和谐，制定本法。"[2]环境法的目的应以保护环境促进人与自然和谐为最终

---

〔1〕 高利红、周勇飞："环境法的精神之维——兼评我国新《环境保护法》之立法目的"，载《郑州大学学报》（哲学社会科学版）2015 年第 1 期。

〔2〕 参见徐祥民："从立法目的看我国环境法的进一步完善"，载《晋阳学刊》2014 年第 6 期，第 117 页。徐祥民教授认为："修订后的《环境保护法》（2014）在立法目的条文中加进了'推进生态文明建设'8 个字，但这样的修改并未构成对《环境保护法》（1989）立法目的条文的实质性改变，与学界提出的修改建议存在根本性差异。从字面上来看，它大大淡化了科学发展观和生态文明观中的人与自然关系的内涵。在'推进生态文明建设'与'促进经济社会可持续发展'二者之间，按照中国立法的表达习惯，后者是最后目的，更具目的特性，而前者则是次级目的，甚至是实现后者（目的）的手段。"由此提出了以促进"人与自然和谐"的立法目的。

目的。但是，实际上"可持续发展战略旨在促进人类之间以及人类与自然之间的和谐"[1]，"可持续发展"的理念已然包含了"人与自然和谐"的内容。进一步说，"人与自然和谐"也并非排除经济、社会因素的和谐。人与自然的和谐，归根结底是人在经济社会活动中的行为要与自然和谐，而人的行为与活动的目的是生存与发展。因此，人与自然的和谐实质上是人的行为在经济社会活动中与自然和谐相处，最终也是为实现经济社会发展与环境保护相协调，促进可持续发展，最终实现人与人之间以及人与自然之间的和谐。

还有学者提出以"促进经济社会可持续发展"作为环境法的根本目的，最终可能导致环境环保工作回归到经济社会发展的重心之上，[2]这是值得深思的。但是无论从可持续发展的要求、经济与环境的关系还是从发展中国家面临的经济与环境问题来看，环境与经济是发展中国家所面临的不可忽视的两个问题，二者并非完全矛盾的关系，二者可以实现协调发展，也只有在经济社会发展与环境保护相协调的基础上，才能"推进生态文明建设，促进经济社会的可持续发展"。

首先，无论是从可持续发展的内涵，或是全人类对可持续发展思想的共识指挥而言，还是环境立法的国际发展趋势，以及我国环境单项法立法目的在环境基本法立法目的滞后状态下不断发展的怪象而言，通过可持续发展的路径实现生态文明是环境基本法立法目的中不可或缺的组成部分。[3]

其次，环境保护与经济社会发展之间是协调关系。环境问题从经济发展中产生，并通过经济发展予以解决；经济发展带来的环境问题又制约了经济的发展。[4]经济发展是以自然环境与自然资源为基础的，好的环境与资源能降低发展成本，能推动经济的持续发展。而环境问题的产生也是由经济发展带来的，人类为发展经济而滥用环境资源，消耗环境容量，最终引发环境问

〔1〕 世界环境与发展委员会：《我们共同的未来》，王之佳、柯金良等译，吉林人民出版社 1997 年版。

〔2〕 高利红、周勇飞："环境法的精神之维——兼评我国新《环境保护法》之立法目的"，载《郑州大学学报》（哲学社会科学版）2015 年第 1 期。

〔3〕 参见竺效："论生态文明建设与《环境保护法》之立法目的完善"，载《法学论坛》2013年第 2 期，第 30~35 页。本文从"以主要环境法之立法目的条款确立促进可持续发展是当代国际通例"，"可持续发展已被我国近 15 年来的环保单项立法普遍确立为法律目的"，"环境基本法的立法目的应反映可持续发展思想在中国的本土化"等方面详细论述了"修改完善《环境保护法》，都应当将通过可持续发展途径实现生态文明作为立法目的之不可或缺的组成部分"。

〔4〕 参见吴人坚主编：《生态经济持续发展的抉择——中国南方地区经济发展、人口、资源、环境综合分析及对策研究》，复旦大学出版社 1994 年版，第 32 页。

题。但经济的发展带动科学技术的进步，提高资源利用率，减少污染产生；经济发展还能为环境保护提供充足的资金支持，为环境保护提供动力与条件。[1]二者之间相互协调，互促发展。

最后，经济社会发展与环境保护是发展中国家，尤其是像金砖五国这种经济快速发展的发展中国家所共同面对的问题。"当前经济与环境的协调关系是可持续发展关注的主要内容之一，特别是对发展中国家来说，建立二者的协调关系尤为重要。"[2]在发展中国家，首先面临的挑战就是人口、贫困问题，需要通过经济的快速发展摆脱贫困。而正处于经济高速发展之中的中国，为促进经济发展，对自然资源的需求量越来越大，同时排放出大量的废弃物，破坏了生态环境的结构和功能，环境问题已然成为制约国民经济发展的瓶颈，也成为威胁公众健康的重要因素。因此，中国面临着经济发展与环境污染生态破坏的双重压力，需要正确处理环境与经济的关系，采取有力环保制度与策略，以环境保护优先，为社会公众的生存以及经济、社会发展提供良好的自然资源与生态环境。

中国作为金砖国家之一，作为经济快速发展的发展中国家，发展将是现阶段最重要的议题。而面临环境压力，处理环境与经济的关系也是在处理环境问题，防范环境污染和生态破坏的过程中所必然需要调整的。这一重大问题也是中国环境立法中所必须明确和解决的问题。环境基本法是环境领域的基本法，但并非只强调环境就能回避环境保护工作"以经济社会发展的重心"，并非只强调环境保护的重要性而不对环境与经济关系问题进行调整就能保证环境保护的绝对优先性。而且，新法对环境保护与经济社会发展关系的调整模式，已然对"可能导致环境保护工作回归到经济社会发展的重心之上"[3]的问题进行了回应，通过法律制度与违法责任保障基本国策与基本策略的实施，确保基本原则的落实，并最终实现立法目的。因此，我们认为，新法对环境保护与经济社会发展关系的调整模式，是现阶段处理环境与经济

---

〔1〕 参见冯刚："经济发展与环境保护关系研究"，载《北京林业大学学报》（社会科学版）2008 年第 4 期；韩瑞玲等："经济与环境发展关系研究进展与述评"，载《中国人口·资源与环境》2012 年第 2 期。

〔2〕 王长征、刘毅："经济与环境协调研究综述"，载《中国人口·资源与环境》2002 年第 3 期。

〔3〕 高利红、周勇飞："环境法的精神之维——兼评我国新《环境保护法》之立法目的"，载《郑州大学学报》（哲学社会科学版）2015 年第 1 期。

关系问题的最优选择，既不能为经济利益牺牲环境，也不能因保护环境而停止发展，二者必须协调。

### 四、基于中国经验的发展中国家环境立法模式

在经济高速发展的同时面临愈演愈烈的环境问题时，中国通过 2014 年新《环境保护法》对环境与经济关系问题进行调整，从以往的"环境保护与经济社会发展相协调"转变为"经济社会发展与环境保护相协调"。新环境保护法对环境保护与经济社会发展问题的调整模式，是对"可持续发展"在发展中国家立法解读。在目前的经济与环境形势下，中国环境法对经济社会与环境关系调整的立法模式是否与中国近似的发展迅速的发展中国家环境立法模式的发展趋势相一致，中国环境立法经验是否对发展迅速的发展中国家有可借鉴之处，是值得进一步思考的问题。

**表 3　金砖国家主要环境立法条款中涉及调整环境保护**

**与经济社会发展关系的条款统计**

| 主要环境法 | 立法目的 | 基本国策 | 明确环境与经济关系 | 基本原则 | 法律制度条款 | 违法责任条款 |
|---|---|---|---|---|---|---|
| 巴西 1983 年 6 月 1 日第 88351 号法令[1] | √ | | √ | | 10 | 8 |
| 印度 1986 年环境保护法[2] | | | | | 4 | 0 |

---

〔1〕 巴西 1983 年 6 月 1 日第 88351 号法令：

立法目的：第 1 条第 1 款"在实施国家环境政策时，各级政府公共权力应保持对环境资源的持续监督，促进经济发展与环境保护和生态平衡之间的协调关系"。明确提出经济发展与环境生态之间的协调关系。

相关的法律制度为：环境许可制度（第 7 条第 3、4 款，第 18、19、20 条），停止或限制财政优惠措施（第 7 条第 7 款），信息和看法提交制度（第 17 条），财政资助与鼓励制度（第 25、26 条），工程项目影响生态站必须提前征求意见（第 28 条），环保事业服务应受重视（第 34 条），环境保护区信贷与金融优先（第 35 条）。

违法责任条款均为不同程度违章行为的处罚，包括第 37、38、39、40 条。

〔2〕 印度 1986 年环境保护法的立法目的是"本法旨在为保护和改善环境及相关事宜提供依据"，并未提及保护环境和经济社会发展关系，印度环境法基本不涉及调整环境保护与经济社会发展关系的问题。但在其法律制度中对该问题有些许涉及，规定了设定工业活动限制区域制度（第 3 条第 2 款第 5 项），检查制度（第 3 条第 2 款第 10 项），发布关闭、禁止或管制任何工业、作业或工序指示制度（第 5 条），禁止和限制工厂的选址及不同地区作业和工序的开展（第 6 条第 2 款第 5 项）。这些法律制度均是以行政管控手段对经济活动进行调整。

| 主要环境法 | 立法目的 | 基本国策 | 明确环境与经济关系 | 基本原则 | 法律制度条款 | 违法责任条款 |
|---|---|---|---|---|---|---|
| 南非 1998 年国家环境管理法[1] | √ | | √ | √ | 3 | 1 |
| 俄罗斯联邦环境保护法（2002 年)[2] | √ | | √ | √ | 31 | 2 |
| 中华人民共和国环境保护法（2014 年） | √ | √ | √ | √ | 21 | 5 |

通过对金砖国家主要环境立法文本的梳理（见表 3）与上文对金砖国家立法目的的分析可知，金砖国家均对环境保护与经济社会发展问题进行了调

---

〔1〕 南非 1998 年国家环境管理法中"可持续发展需要社会、经济、环境有计划的整合与协调，实施相关的决策并对此进行评估以确保发展符合当代人和未来时代人的需要。并在发展经济、社会的同时确保生态系统的可持续发展以及自然资源的循环利用"的描述是其立法目的的一部分，明确指出了"社会、经济、环境有计划的整合与协调"的可持续发展。

基本原则（第 2 条）中明确规定了社会、经济、环境可持续发展原则（第 2 条第 3 款）与社会、环境、经济影响评价原则（第 2 条第 4 款第 9 项）。

相关法律制度包括：环境综合整治的总体目标制度（第 23 条第 2 款第 2 项），环境许可证制度（第 24 条），停止、进入和搜查车辆、船只和飞机（第 31J 条）。

在违法责任条款中明确规定了公司董事、经理、代理人或雇员的刑事责任（第 34 条第 5~9 款）。

〔2〕《俄罗斯联邦环境保护法》（2012 年）对立法目的的规定是"本联邦法确立环境保护领域国家政策的法律基础，以保证平衡地解决各项社会经济任务，保持良好的环境、生物多样性和自然资源，其目的是满足当代人和未来世代代的需求、加强环境保护领域的法律秩序和保障生态安全"。明确指出要平衡地解决社会经济任务，加强环境保护领域的法律秩序保障生态安全。

基本原则（第 3 条）中对环境与经济关系调整的有 9 项基本原则：第 3 条第 3、8、9、11、12、13、14、18 项分别规定的生态利益、经济利益和社会利益科学合理结合，经济活动生态危害推定原则，环境影响评价原则，国家生态鉴定原则，经济活动考虑自然与经济特点原则，自然保全优先原则，经济活动影响环境的容许度确定原则，减轻经济活动不良影响原则，以及经济活动禁止性规定。

相关法律制度条款包括：环境保护领域的经济调整方式（第 14 条），环境监督与监测制度（第 5 条第 7 项、第 6 条第 8 项、第 63 条第 3 款），收费制度（第 5 条第 13 项、第 16 条），限制、停止和禁止经济活动制度（第 5 条第 16 项、第 6 条第 14 项），经济活动环境影响的经济评价（第 5 条第 23 项、第 6 条第 9 项），环境保护基本方向确定及环境保护法律文件制定考虑地理、自然、社会经济等特点（第 6 条第 1、3 项），环境保护规划和环境保护措施（第 15 条），扶持环保产业（第 17 条），生态保险制度（第 18 条），环保标准制度（第 19 条第 1 款、第 20 条第 6 项、第 22 条第 3 款、第 23 条第 2 款、第 28、29 条），生态认证制度（第 31 条），环境影响评价制度（第 32 条、第 34~39 条、第 42、45、46、53 条），保护自然客体的法律制度（第 59 条），生产生态监督制度（第 67 条），环保科学研究制度（第 70 条第 1、2 款），环保生态安全培训制度（第 73 条）。

违法责任条款包括：全部赔偿环境损害（第 77 条），损害赔偿责任（第 79 条）。

整，但是对这一关系的调整方向有所区别。

巴西关于国家环境政策的法令颁布于 1983 年，其立法目的明确为"经济发展与环境生态之间的协调关系"，对环境保护与经济社会发展关系的调整表述为"协调关系"，并有相关法律制度与违法责任来保障。但是巴西环境法并未明确在二者出现冲突时环境与经济谁先谁后的问题。

《印度环境保护法》制定于 1986 年，其立法目的并未提及保护环境和经济社会发展关系，而涉及调整经济活动的法律制度也基本上是行政命令式的。纵观印度环境法，该法旨在保护和改善环境，其环境治理污染防治措施的制定也都是行政控制式的，鲜有涉及经济活动的调整。我们认为，印度环境法是较为超前的，侧重于环境问题的治理与污染防治，对环境与经济关系问题的调整是通过对环境进行单方面调整进行的。在面临环境与经济双重困境时，依据印度环境法的规定将会选择保护环境牺牲经济利益。[1] 由此可以推测，印度环境法在环境保护与经济社会发展关系的处理上是较为超前的，秉承着环境绝对优先主义。

南非《国家环境管理法》制定于 1998 年，根据其立法目的中规定的"社会、经济、环境有计划的整合与协调"的可持续发展，以及"社会环境经济可持续发展"的原则可知，南非《国家环境管理法》对环境保护与经济社会发展关系的调整也可表述为"协调关系"。与巴西环境基本法相似的是，南非环境基本法也未对环境保护与经济社会发展的优先性进行区分，但相较于巴西环境法，南非环境基本法的进步之处在于将"社会经济环境可持续发展原则"贯穿于其环境法的始终。

《俄罗斯联邦环境保护法》制定于 2002 年，其立法目的条款对环境保护与经济社会发展关系的调整，简而言之就是要以"保障平衡解决各项社会经济任务"为手段来保障生态安全。结合《俄罗斯联邦环境保护法》的条款，俄罗斯环境基本法注重对经济的调整，其基本原则、法律制度以及违法责任都涉及对环境与经济关系的调整，充分地对环境保护与经济社会发展关系进行调整，通过调整经济社会活动来达到环境保护和生态安全的目的。因此俄

---

〔1〕 本文作此推断是由于印度环境法中完全不涉及经济手段调整或环境保护措施调整经济活动的条款，另外由印度为了环境保护而发展利益放弃了萨伦河谷（Silent Valley）的水力发电厂项目的事件也可反映出印度在处理环境保护与经济社会发展关系时采取弃发展重环保的倾向。参见世界环境与发展委员会：《我们共同的未来》，王之佳、柯金良等译，吉林人民出版社 1997 年版，第 66 页。

罗斯环境基本法对环境保护与经济社会发展关系的调整可以表述为"平衡关系，环境保护优先"。由上文分析可知中国现行的环境基本法为2014年制定，其对环境保护与经济社会发展关系的调整为"协调关系，环境保护优先"。

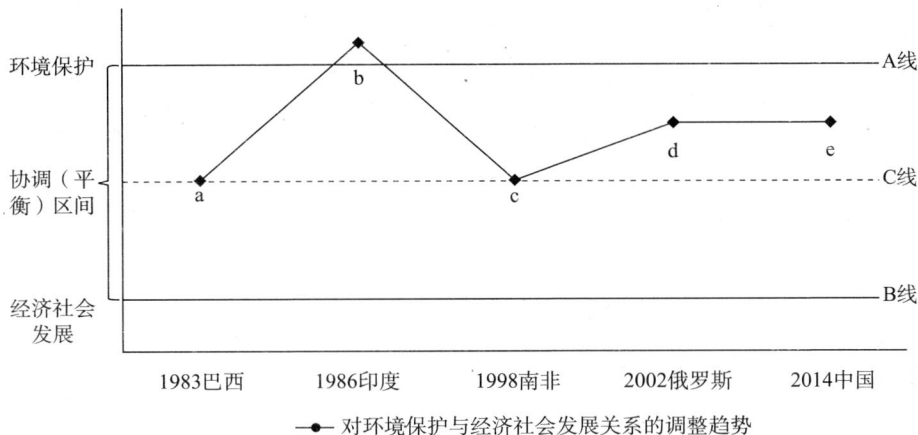

**金砖国家环境立法对环境保护与经济社会发展关系的调整趋势**[1]

因此，金砖五国不同时期制定的环境领域的基本法对环境保护与经济社会发展关系的调整依次为协调关系（a点）——环境保护绝对优先（b点）——协调关系（c点）——平衡关系，环境保护优先（d点）——协调关系，环境保护优先（e点），形成上图所示的相对位置关系。排除印度环境法超前的环境保护理念，从金砖五国环境主要立法的发展趋势可知，金砖五国环境主要立法对环境保护与经济社会发展关系的调整大体是由单纯的协调关系到协调关系结合环境优先发展的，将来也将继续在协调关系的基础上，以环境保护优先为主促进经济社会的可持续发展。

金砖国家试图通过环境立法，从立法目的、基本原则、法律制度与违法责任等方面对环境与经济问题进行调整，但较少对二者之间的关系作出更加深入的调整。而中国新《环境保护法》则进一步明确了环境保护与经济社会

---

〔1〕 图1是环境保护与经济社会发展关系的曲线图，以C线为中点，C线以上为环境保护，以下为经济社会发展，而A、B线之间的区域则为环境保护与经济社会发展相协调的区域（简称协调区间），在AC线之间的区域为经济社会发展与环境保护相协调（即协调关系，环境保护优先）；在CB之间的区域为环境保护与经济社会发展相协调（即协调关系，经济社会发展优先）；在A线以上区域为环境保护优先，不考虑经济环境协调问题；在B线以下区域为经济社会发展优先，不考虑环境问题。

发展的关系，即"协调关系"，且以基本国策、经济社会发展与环境保护相协调策略、基本原则、法律制度以及违法责任全面保障在这一协调关系中环境保护的优先性，以最终实现环境法的立法目的——推进生态文明建设，促进经济社会可持续发展。因此，中国 2014 年新《环境保护法》对环境保护与经济社会发展关系的调整是符合金砖国家立法趋势的，也是在其他金砖国家环境立法技术上的发展，对以后发展中国家的环境立法具有借鉴意义。

金砖国家作为发展迅速的发展中国家，面临着环境保护与经济社会发展的双重调整，如何调整环境保护与经济社会发展的关系成为发展中国家尤其是金砖国家的重要课题。中国作为经济体量最大、发展最快的金砖国家，更是面临着前所未有的调整。中国环境立法中对这一关系的调整也经历了促进经济发展到环境保护与经济社会发展相协调，再到经济社会发展与环境保护相协调的艰难发展历程。而纵观金砖国家现行有效的环境基本法，均对这一关系作出了调整，而且存在从单纯的协调关系到在协调关系基础上的环境保护优先关系的发展趋势。中国 2014 年新的《环境保护法》通过"立法目的（第 1 条）＋环境保护国家战略（第 4 条第 1 款）＋经济社会发展与环境保护相协调策略（第 4 条第 2 款）＋保护优先等原则（第 5 条）＋若干制度＋违法责任"的立法模式，全面保障"经济社会发展与经济社会相协调"、环境优先的实现，最终实现生态文明与经济社会的可持续发展。这一立法对策与金砖国家环境立法发展趋势相一致，为发展中国家在解决经济社会与环境协调发展问题的立法上提供了重要的立法经验。

# 2014 年中国环境司法的进展、评价和对未来的展望

胡　静<sup>*</sup>　胡曼晴<sup>**</sup>

2014 年对于中国环境司法而言是令人鼓舞的一年，其无论是在规范性文件出台方面，还是司法实践方面都有明显的进展。

## 一、2014 年环境司法的进展

（一）环境司法方面的规范性文件的进展

1. 环境司法方面的立法进展

2014 年 4 月 24 日修订的《中华人民共和国环境保护法》（以下简称为《环境保护法》）第 58 条对有关社会组织提起的环境公益诉讼加以规定。该条将有权提起环境公益诉讼的社会组织的条件设定为：①依法在设区的市级以上人民政府民政部门登记；②专门从事环境保护公益活动连续 5 年以上且无违法记录。最高人民法院于 2015 年 1 月 6 日公布的《最高人民法院关于审理环境民事公益诉讼案件适用法律若干问题的解释》的第 2、3、4、5 条分别细化了"社会组织""设区的市级以上人民政府民政部门""专门从事环境保护公益活动"和"无违法记录"的认定标准。该条也对提起诉讼的社会组织作出"不得通过诉讼牟取经济利益"的要求。

2. 环境司法解释的进展

2014 年 7 月 3 日，最高人民法院召开新闻发布会通报关于成立环境资源审判庭的有关情况，同时发布《最高人民法院关于全面加强环境资源审判工作为推进生态文明建设提供有力司法保障的意见》并公布涉及环境资源保护的 9 个典型案例。

---

\* 中国政法大学民商经济法学院副教授。

\*\* 中国政法大学民商经济法学院 2014 级环境与资源保护法学硕士研究生。

该意见除了规定推进环境民事公益诉讼的举措之外，还规定了如下内容：

（1）充分发挥环境资源审判职能作用。在审理环境刑事案件方面，要求加大对涉及环境资源保护刑事案件的审判力度，依法严惩污染环境、破坏资源犯罪；在审理环境民事案件方面，畅通司法救济渠道，完善司法便民措施，依法及时受理环境资源保护民事案件，特别要加强对污染土壤、污染水源等环境侵权案件的审理，充分发挥保全和先予执行措施的预防和减损作用，依法落实举证责任倒置原则；在审理环境资源行政案件方面，依法受理环境资源行政案件，充分保障当事人诉权，特别要加强对行政机关不履行查处违反环境资源保护法律法规行为职责案件的审理，谨慎适用协调手段结案，最大限度保护行政相对人的合法权益以及社会公众的环境健康与安全；加大环境资源案件执行力度，执行过程中积极争取环境资源保护行政执法机关的支持和配合，创新执行方式，探索建立环境资源保护案件执行回访制度，密切监督判决后责任人对污染的治理、整改措施以及生态恢复是否落实到位。依法审查环境行政非诉案件，对环境资源保护行政执法机关依法申请人民法院强制执行生效行政处罚决定，人民法院经审查裁定准予强制执行的，应当及时组织实施强制执行。

（2）建立健全环境资源司法工作机制。加强环境资源司法解释和调研工作，充分发挥专家在环境资源审判工作中的作用；加强环境资源保护职能部门之间的协调联动，推动完善环境资源司法鉴定和损害结果评估机制。

此外，还对加大环境资源司法公开和宣传力度和加强环境资源审判队伍建设进行规定。

（3）环境保护部出台有关环境损害鉴定评估推荐方法的文件。

环境保护部为配合环境司法和执法于 2014 年 10 月 24 日发布了《环境损害鉴定评估推荐方法（第Ⅱ版）》，对《环境污染损害数额计算推荐方法（第Ⅰ版）》进行了修订和细化。我国现行法律法规对环境污染损害行为的行政责任、民事责任和刑事责任都作出了原则规定，但由于种种原因，环境污染案件在审理时仍存在许多技术难题需要解决。开展环境污染损害鉴定评估工作是推进环境司法深入开展的技术保障。新形势下，该文件对于进一步开展环境损害鉴定评估工作和环境诉讼提供技术支撑。[1]

---

〔1〕 王玮："破解环境诉讼技术难题——环境损害鉴定评估工作进入新阶段"，载《中国环境报》2015 年 1 月 21 日，第 5 版。

（二）环境司法实践进展

1. 环境司法专门机构（环境法庭）建设进展

环境法庭是我国环境司法领域最近几年最热门的关键词之一。自 2007 年 11 月 20 日，贵阳市中级人民法院环境保护审判庭、清镇市人民法院环境保护法庭宣告挂牌成立开始，截止到 2014 年 7 月，全国已有 16 个省份设立了 134 个环境资源审判庭、合议庭或者巡回法庭。[1]2014 年在环境法庭建设方面的标志性事件是，2014 年 7 月 3 日最高人民法院宣布决定设立专门的环境资源审判庭，其主要职责是审理环境资源民事案件。[2]其实，该审判庭早在 2014 年 6 月已经内部挂牌成立。最高人民法院通过《意见》积极推动地方环境法庭的设立。截至 2014 年 12 月 9 日，全国共有 20 个省（市、自治区）人民法院设立了环境资源审判庭、合议庭、巡回法庭，合计 369 个。其中基层法院 291 个，中级法院 62 个，高级法院 15 个，最高法院 1 个。[3]

随着最高人民法院设立专门的环境资源审判庭，我国对环境资源审判专门化作了进一步的探索，资源环境案件审判机构专门化已初步实现。目前，我国多地法院探索实行了"三审合一"的模式，集中审理刑事、民事、行政等三类案件中全部或部分类型案件。[4]有些地方将环境案件的执行也纳入环境法庭，形成"四审合一"。

2. 环境案件审判方面的进展

2012 年到 2014 年全国法院审理环境案件数量总体呈现增长趋势。

### 全国法院审理环境案件数量

| 年份 | 刑事一审：破坏环境资源保护罪结案 | 其中：污染环境罪 | 刑事一审：环境监管失职罪结案[5] | 民事一审：环境污染损害赔偿案件结案 | 行政一审：环保案件结案 | 合计 |
|---|---|---|---|---|---|---|
| 2012 | 13 208 | 32 | 14 | 2306 | 1673 | 17 201 |

---

〔1〕 蒲晓磊、张晶鑫："十六省市设立一百多家环境法庭"，载《法制日报》2014 年 7 月 16 日。

〔2〕 边江："最高人民法院全面加强环境资源审判工作"，载中国法院网，http://www.chinacourt.org/article/detail/2014/07/id/1329715.shtml，最后访问日期：2015 年 1 月 31 日。

〔3〕 李阳："最高法院新设环资庭：让法治助力生态文明建设"，载《人民法院报》2014 年 12 月 25 日。

〔4〕 "'三审合一'怎么审？"，载《中国环境报》2014 年 10 月 15 日，第 8 版。

〔5〕 "环境监管失职罪"不在《刑法》第六章第六节"破坏环境资源保护罪"之列，属于第十章"渎职罪"。

续表

| 年份 | 刑事一审：破坏环境资源保护罪结案 | 其中：污染环境罪 | 刑事一审：环境监管失职罪结案[1] | 民事一审：环境污染损害赔偿案件结案 | 行政一审：环保案件结案 | 合计 |
|---|---|---|---|---|---|---|
| 2013 | 13 210 | 104 | 12 | 1906 | 1090 | 16 218 |
| 2014 | 15 709 | 988 | 23 | 2881 | 792 | 19 405 |
| 合计 | 42 127 | 1124 | 49 | 7093 | 3555 | 52 824 |

（1）民事案件。2014 年一审审结的环境污染损害赔偿案件数量相对于 2012 和 2013 年呈现明显上升趋势，达到 2881 件。

有必要介绍一起典型案例。该案入选 2014 年中国十大影响性诉讼备选的 30 个案例。基本案情：2010 年，福建闽侯 394 名村民向当地法院提起诉讼，要求福建省固体废物处置有限公司赔偿其 10 年来因污染对当地村民人身健康和经济财产造成的损失，同时恢复当地的自然环境。2014 年 8 月，法院认定被告在其生产过程中存在严重污染，并对村民的合法权益造成了严重损害，判定其赔偿村民各类农作物损失、人身伤害等近 600 万元。该案是近 5 年来原告人数最多，同时污染受害者获得胜诉结果且赢得较大数额损害赔偿的环境侵权案件。[2]

（2）行政案件。2014 年一审审结的环保行政案件数量相对于 2012 和 2013 年呈现逐年明显下降趋势，仅有 792 件。

2014 年 12 月 19 日，最高人民法院召开新闻通气会，公布了人民法院环境保护行政案件十大案例。[3]其中有几件案例审结于 2014 年，在公众参与、环保部门的环评审批和现场检查等方面都有一定的典型性和指导意义。

环境行政案件中影响较大的有观音山森林公园诉环保部撤销环评批复案。2013 年 12 月 3 日，广东东莞观音山森林公园向北京市第一中级人民法院提起行政诉讼，状告国家环境保护部，诉请法院撤销环保部在 2011 年 12 月 13 日

---

〔1〕"环境监管失职罪"不在《刑法》第六章第六节"破坏环境资源保护罪"之列，属于第十章"渎职罪"。

〔2〕"福建四百'环境难民'集体诉讼案"，载《南方周末》2014 年 12 月 22 日。

〔3〕"最高法首次公布环境保护案件十大行政案例"，载人民网，http://legal.people.com.cn/n/2014/1219/c42510-26240478.html，最后访问日期：2015 年 1 月 31 日。

作出的一份"批复"：该批复改变此前要求管道施工绕开观音山森林公园的方案，准许穿越森林公园施工。2014 年 5 月，北京一中院一审以超过诉讼时效为由，驳回原告的诉请。[1]该案涉及诉讼时效起算时间的争议。

（3）刑事案件。2014 年一审审结的破坏环境资源保护罪（含污染环境罪和其他罪）案件数量相对于 2012 和 2013 年呈现明显上升趋势，达到 15 709 件，其中，污染环境罪达到 988 件，同比增加 850%。2014 年一审审结的环境监管失职罪达到 23 件，同比增加 91.7%。

此外，还有一些来自各地方的环境刑事案件的数据。2014 年 1 月至 5 月，浙江省共破获环境犯罪案件 412 起。[2]湖北省法院 2014 年审结破坏环境资源犯罪案件 575 件。[3]2014 年，江苏全省检察机关共对蓄意污染环境、盗伐滥伐林木、非法猎捕等破坏资源环境的普通刑事犯罪批捕 93 件 160 人，人数同比上升 37.93%。[4]部分省份河北、天津和陕西还开展了打击环境污染犯罪专项行动。2013 年冬至 2014 年春，河北开展为期半年的打击环境污染犯罪专项行动。[5]截止到 2014 年 6 月，河北省全省立案侦办环境污染案件 1434 起，破获 1101 起，抓获犯罪嫌疑人 1494 人。[6]

被称为自 2013 年 6 月最高人民法院、最高人民检察院发布环境污染入刑司法解释以来我国规模最大的环境污染入刑案的是湖北黄石重大砷污染案。2008 年至 2013 年期间，李某某、李某、黄某某等 14 名被告人分别成立或经营了阳新县金宝矿业有限公司等 6 家企业，放任砷污染气体的排放，含砷污染物产生量共计 680 多吨，严重污染该地区环境，导致 49 名村民砷中毒，118 人被检出尿砷超标，造成公私财产损失 86 万多元，其他各项损失 740 多万元。该案在 2014 年审理，14 名被告均认罪，7 名环保局官员在此案中因犯环境监管失职罪、受贿罪被追究刑责。[7]

〔1〕 "观音山工程属重大变更应重新环评"，载《南方都市报》2014 年 6 月 6 日。

〔2〕 陈东升："浙江五个月破获四百一十二起污染环境案"，载《法制日报》2014 年 6 月 13 日。

〔3〕 朱凯："湖北：2014 年审结破坏环境资源犯罪案件 575 件"，载《武汉晨报》2015 年 1 月 30 日。

〔4〕 "江苏起诉 246 起破坏资源环境案件"，载法制网，http://js. legaldaily. com. cn/content/2015 – 01/26/content_5943093. htm? node =73138，最后访问日期：2015 年 1 月 31 日。

〔5〕 "今冬明春河北将专项打击环境污染犯罪"，载新华网，http://news. xinhuanet. com/politics/ 2013 – 10/14/c_117703703. htm，最后访问日期：2015 年 1 月 31 日。

〔6〕 "河北公布十大环境污染典型案例"，载《燕赵晚报》2014 年 6 月 26 日。

〔7〕 李鹏翔、谭元斌："湖北黄石重大砷污染案开庭　曾致 49 名村民中毒"，载中国新闻网，ht-tp://news. sohu. com/20141225/n407288522. shtml，最后访问日期：2015 年 1 月 31 日。

　　**二、对 2014 年环境司法的评价**

　　对于 2014 年环境司法的评价主要集中在以下几个方面。

　　（一）对《最高人民法院关于全面加强环境资源审判工作为推进生态文明建设提供有力司法保障的意见》的评价

　　由《人民法院报》编辑部评选的 2014 年度最高人民法院十大司法政策推出，其中包括《关于全面加强环境资源审判工作为推进生态文明建设提供有力司法保障的意见》。有学者认为，该意见首次以司法政策的方式，回应社会对环境资源审判的高度关切、顺应人民群众最强烈的司法需求，敲响了"向污染宣战"的司法鼓点。该《意见》立足于环境资源法律制度规范"人——自然——人"关系的特点，提出了环境资源审判专门化的工作目标，从加强环境资源审判机构专门化建设、审判队伍专门化建设和审判机制专门化建设等三个方面提出了具体要求。与此同时，《意见》突出环境资源审判维护社会公共利益宗旨，将推进环境公益诉讼作为全面加强环境资源审判工作的突破口和着力点，对大力推进环境民事公益诉讼作出了专门规定。《意见》既有顶层设计，准确把握总体方向；又鼓励探索，充分发挥各地法院的积极性和能动性，为迅速推进环境资源审判工作开了好头。[1]

　　（二）对以最高人民法院设立环境资源审判庭为标志的环境法庭的发展的评价

　　最高人民法院成立环境资源审判庭入选国内十大环境新闻。[2]专家学者对于最高人民法院成立环境资源审判庭普遍持积极正面评价。主要有以下几方面的评价：其一，最高人民法院成立环境资源审判庭，是环境资源审判史上的一个里程碑，是环境专业化审判的新起点，有助于提升环境司法的专业化、技术化，克服各地的环境案件审判实践中操作的随意性，对于统一司法裁判尺度，推进生态文明建设必将产生积极而深远的影响。[3]其二，环境资源审判庭的设立，可以使环境案件受理更容易，一定程度上解决诉讼难的问

---

　　〔1〕　赵沨："人民法院报评出 2014 年度最高人民法院十大司法政策"，载《人民法院报》2015年 1 月 8 日，第 1 版、第 2 版。

　　〔2〕　"2014 年国内国际十大环境新闻"，载《中国环境报》2015 年 1 月 20 日。

　　〔3〕　"参见最高人民法院环境资源审判庭成立"，载《中国矿业报》2014 年 7 月 2 日；李阳："最高法院新设环资庭：让法治助力生态文明建设"，载《人民法院报》2014 年 12 月 25 日。

题,为推动下一步的审判体制创新作出探索。[1]其三,这标志着我国的环境司法迈出了重要一步,宣示我国通过环境司法保护环境的决心。[2]

(三)对部分环境法庭"三审合一"或"四审合一"模式的评价

许多环境法庭都打破了传统的民事、刑事、行政案件分庭审理的做法,实施"三审合一"或"四审合一"模式。不少学者对此加以肯定。主要理由为:环境资源类案件是以结果为导向,与传统民事、刑事、行政审判庭设置的机理、方法、理论、原则都是不一样的,将同类案件集中管辖,有利于统一审判标准、统一裁量尺度、提高法官专业素质、提高案件质量。[3]

有学者认为,环境案件对法官的专业水平要求较高,现实情况与这一要求还存在一定差距,而且他们对于法院在诉讼主体资格、受案范围、立案审查标准和司法裁判尺度的不统一存在担忧。[4]对于现实中环境法庭无案可审或少案可审的局面,有学者认为没有必要全面推广环境法庭,主张有选择性地设立环境法庭,可以选取具有地域特点或者经济发展特点、问题特点的中级人民法院,采取指定管辖的方式设立环境法庭。[5]否则容易导致人员闲置、机构臃肿。[6]也有学者对"三审合一"模式存在扰乱现行诉讼制度、损害司法权威以及缺乏高位阶规范性文件作为依据表示担忧。[7]在三大诉讼机制各自独立,分庭审理已成常态,如何有效在环境资源审判中构建三大诉讼法的并联或融合机制,是未来环境资源审判发展的重要环节。[8]最高人民法院并未采用"三审合一"模式。这种模式打破按照法律机制设立法庭的做法,按照专业领域或者问题类别设立,是否会在兼顾环境保护专业性的同时,冲击法律的专业性,也不无疑问。

---

〔1〕 蒲晓磊、张晶鑫:"十六省市设立一百多家环境法庭",载《法制日报》2014 年 7 月 16 日。

〔2〕 王尔德、刘一罡:"最高法首设环境资源审判庭",载《21 世纪经济报道》2014 年 7 月 3 日;李莹:"环境审判必须走专业化道路",载《中国环境报》2014 年 7 月 14 日。

〔3〕 "'三审合一'怎么审?",载《中国环境报》2014 年 10 月 15 日。

〔4〕 "'三审合一'怎么审?",载《中国环境报》2014 年 10 月 15 日。

〔5〕 汪劲:"设立环保法庭很有必要",载中国法院网,http://www.chinacourt.org/article/detail/2014/06/id/1309878.shtml,最后访问日期:2015 年 1 月 31 日。

〔6〕 李新亮:"环保法庭设立遵循什么原则?",载《中国环境报》2014 年 10 月 8 日。

〔7〕 徐刚:"环保法庭审判模式的规范化反思——以三审合一模式为视角",载《中国人口·资源与环境》2014 年第 S2 期,第 112 页。

〔8〕 周珂、于鲁平:"环境资源审判理念制度的发展趋势探析",载《环境保护》2014 年第 16 期,第 21 页。

（四）对加大对环境犯罪打击力度的评价

虽然 1997 年出台的刑法典就专节规定"破坏环境资源保护罪"，但对环境犯罪的追究一直不是太得力。尤其是污染环境类的犯罪，每年被追究重大环境污染事故罪（《刑法修正案（八）》修改为污染环境罪）数量不多，2002年至 2011 年审结的重大环境污染事故罪一共只有 109 件。[1]这种状况在 2013年 6 月出台《最高人民法院、最高人民检察院关于办理环境污染刑事案件适用法律若干问题的解释》之后，明显好转。在出台之初，有学者对此给予高度肯定，认为这次解释最大的亮点就是降低入罪门槛，不仅与《刑法修正案（八）》相呼应，降低了证明犯罪事实的难度，也使起诉变得更加容易。[2]这个司法解释降低了环境污染刑事犯罪的入罪门槛，将过去的单一的"结果犯"调整为"结果犯"和"行为犯"并重的格局，增加了追究环境污染刑事责任的可操作性，真正发挥了刑法在环境保护方面应有的作用。

需要指出的是，有些地方采取的是"专项行动"的模式惩处环境犯罪。虽然这种模式有利于在短时间内集中力量打击和遏制环境犯罪，但"运动"色彩浓厚，引发两点担忧。一是"专项行动"过后，如果放松执法和司法，环境犯罪行为是否会反弹；二是"专项行动"侧重追究效率和社会效果，犯罪嫌疑人的各项合法权利是否会得到尊重，能否获得公正审判。

### 三、对环境司法前景的展望和建议

（一）对环境司法前景的展望

环境资源审判庭成立后，环境资源案件将大量涌进人民法院，环境资源审判庭将面临着重大机遇，也面临着重大挑战。[3]

1. 环境司法前景不容乐观

从国外来看，法官通过审理一些典型环境案例，对于推动环境立法、加强环境管理发挥了积极的作用。[4]在我国从长远看，环境司法应不仅起到惩

---

〔1〕 袁春湘："2002 年~2011 年全国法院审理环境案件的情况分析"，载《法制资讯》2012 年第 12 期，第 20 页。

〔2〕 "最新司法解释治污解析：部分学者认为规定太重"，载《法治周末》2013 年 6 月 26 日。

〔3〕 杨树明、周强："做好环境资源审判工作推进美丽中国建设"，载中国法院网，http://www.chinacourt. org/article/detail/2014/07/id/1334422. shtml，最后访问日期：2015 年 1 月 31 日。

〔4〕 周珂："环境资源审判现状及期许"，载中国法院网，http://www. chinacourt. org/article/detail/2014/06/id/1309884. shtml，最后访问日期：2015 年 1 月 31 日。

治环境犯罪、维护当事人合法环境权益的作用，甚至可以起到推动环境立法和环境行政的作用。

环境刑事司法在当前大力倡导生态文明建设的大背景之下，加之两高有关污染环境犯罪的司法解释的新近出台，眼下追究环境犯罪刑事责任的力度应该会保持一段时间，但能持续多久，很难预料。

有关环境民事案件的审理更不容乐观。2002 年至 2011 年全国法院共审结环境污染损害赔偿案件 19 450 件，案件数量增长平稳。[1] 在环境纠纷日益增多的情况下，诉讼案件数量并没有相应的增长，显然存在环境纠纷进入司法程序的障碍。

行政诉讼案件数量在新《行政诉讼法》实施后可望有所增加。新《行政诉讼法》为破解"立案难"，第 52 条规定"人民法院既不立案，又不作出不予立案裁定的，当事人可以向上一级人民法院起诉"。这有利于降低行政诉讼案件的立案门槛，客观上鼓励"民告官"，环境行政诉讼案件数量应该在该法生效后会有所增加。

2. 制约环境司法发展前景的因素

影响环境司法发展前景的制约因素大概有以下几个：

（1）行政机关移送案件的积极性不高。比之于行政执法，刑事司法在程序操作、证据收集等方面要求更高、标准更严，需要进行大量证据收集和现场调查，这难免增加行政执法机关的工作量，不少行政执法部门依靠罚没款来养人办事，因此偏好罚款式监管，主观上不愿意将一些案件移送司法。[2]

（2）环境民事诉讼立案门槛过高。部分法院在立案时要求污染受害者提供的证据超出其举证能力，如要求受害者提供水质监测报告和排污者排污的详细证据，有许多证据应当是诉讼过程中由法院自行调查或者要求排污者提供的。立案门槛过高的后果是将环境纠纷全面推向社会，或者导致污染受害者合法权益无法得到保护，或者诱发群体事件，影响社会稳定。

（3）环境损害评估鉴定没有提供必要的技术支持。目前我国现行法律法规对环境污染损害行为的行政责任、民事责任和刑事责任都作出了原则规定，

---

〔1〕 袁春湘："我国环境司法的现状、问题及相关建议"，载《中国审判》2013 年第 5 期，第 99 页。

〔2〕 朱国亮、晏国政："环境案'以罚代刑'现象突出 罚刑比 17839：1"，载《半月谈》2014 年第 1 期。

但由于缺乏具体可操作的环境污染损害鉴定评估技术规范和管理机制，环境损害评估鉴定成为制约环境司法发展的瓶颈。虽然近年环境保护部作出不少努力，环境保护部为配合环境司法和执法于 2014 年 10 月 24 日发布了《环境损害鉴定评估推荐方法（第 II 版）》，对《环境污染损害数额计算推荐方法（第 I 版）》进行了修订和细化；并在部分地方启动环境污染损害鉴定评估试点工作，但其作为对于消除环境司法发展的障碍并没有根本见效。

（二）关于改善环境司法的建议

（1）完善环境行政执法与司法间的衔接和协调。应对包括但不限于环境犯罪的事项制定统一的法律，主要规定行政执法机关向司法机关移送涉嫌犯罪案件的具体程序和移送案件的标准，不依法移送责任等。[1]从而做到：要不要移送，有据可依；如何移送，有章可循。[2]

（2）降低环境案件立案门槛。环境污染受害者无论在资金、专业知识和信息占有、保留证据的意识和能力等多方面和排污者相比较，无疑处于弱势地位，[3]故有必要降低立案标准。当然，作为污染受害者并非不需要提供任何证据，有关人身或者财产受损害的证据肯定是需要自己提供的，这个标准应当低于举证责任倒置和因果关系推定所要求的证据标准，立案毕竟不是实体审理过程。

（3）推动环境损害评估鉴定机构的设立和管理。环境损害评估鉴定在环境司法中作用的发挥建立在评估机构的评估报告的证据效果上，因此，应当考虑是否对环境损害评估鉴定机构设立资质，如果需要设立资质，由谁颁发资质等。

---

〔1〕 王树义、冯汝："我国环境刑事司法的困境及其对策"，载《法学评论》2014 年第 3 期，第 127～128 页。

〔2〕 朱国亮、晏国政："环境案'以罚代刑'现象突出 罚刑比 17839∶1"，载《半月谈》2014 年第 1 期。

〔3〕 浙江省温州市中级人民法院课题组："环境司法的困境、成因与出路"，载《法律适用》2014 年第 6 期，第 83 页。

# 金砖国家金融监管体制比较与中国选择

杨　震[*]

金融监管是金砖国家共同面对的问题。金砖国家作为新兴市场国家，在金融监管方面与欧美金融成熟国家有所差异。而目前在中国的法律研究环境中，人们言必称欧美，认为凡是欧美的制度均是先进的，往往忽视了两个方面的问题，一是欧美各个法律制度之间本身也存在重大差异，二是各个国家和地区与我国经济发展水平和法律环境存在鸿沟。金砖国家在经济发展状态和法律制度设计方面却有着相似的地方，比较金砖国家的金融监管体制可能具有更大的借鉴意义。目前，中国证监会与俄罗斯、巴西、南非、印度的证券（期货）监管机构签署了监管合作备忘录。中国政府也已经同俄罗斯、巴西、南非、印度签署了有关金融监管的合作文件，各国在金融监管合作的道路上大有可为。同时，中国政府提出了"一路一带"战略构想，其中俄罗斯、印度均处在该战略构想的范围之内。以上多个方面的原因促使了对于金砖国家金融监管比较的理论需求。因此，本文选取金砖国家作为比较对象，分析各国金融监管体系方面的做法，以期对中国的金融监管体制调整提供有益的参考。

## 一、当前监管体系模式

学者将全球金融监管体制分为四种类型：一是机构性监管体制，即分业监管；二是功能性监管体制，以美国为代表，功能监管的基本理念是，相似

---

* 黑龙江大学民商法学教授，中国民法学研究会副会长。

的功能应受到相同的监管，而不论这种功能由何种性质的机构行使[1]，同时美国的金融监管也呈现突出碎片化特征[2]；三是目标性监管体制或双峰型监管体制，以澳大利亚为典型；四是综合性监管体制，即由一个监管机构来监管所有的金融行业和机构。[3] 按照这样的理论框架，可将金砖国家金融监管体制分为三类。

（一）综合性监管体制

属于这一体制的国家是俄罗斯。2013 年 9 月 1 日，俄罗斯有关组建隶属于中央银行的统一大金融市场监管机构的新法案实施。根据法案，中央银行取代联邦金融市场局对证券商、保险公司、小金融组织、交易所投资和养老基金等所有金融机构的经营活动实行全权统一监管。新法案实施标志着原来的多家管理机构并存的模式宣告终结，取而代之的是统一的、综合的大金融监管模式。[4] 历史上，俄罗斯也曾经采用过分业监管的做法，银行、证券、保险曾分属不同机构监管，但后来则全部收归俄罗斯央行。在俄罗斯央行的职权中，非政府养老基金、非信用金融机构、证券发行与报告、控制与监督发行人、保险人、被保险人和受益人的权利保护全部在列。可见，俄罗斯目前银行、证券、保险全都属于央行监管。目前关于这一体制的评价，因时日尚短，尚未有定论。

（二）分业监管体制

属于这一体制的国家是印度和中国。

印度的金融监管主要由两大机构来完成，一是印度的中央银行，即印度储备银行（RBI），二是印度证券交易委员会（SEBI）。其中印度储备银行主要负责监管全印的银行体系，而证券交易委员会主要负责所有金融机构的非传统型业务，主要包括证券发行业务、政府债券交易、共同基金、信用卡业务及代理、保险、金融担保等。[5]

---

〔1〕罗培新："美国金融监管的法律与政策困局之反思——兼及对我国金融监管之启示"，载《中国法学》2009 年第 3 期。

〔2〕Lawrence A. Cunningham, David Zaring, "The Three or Four Approaches to Financial Regulation: A Cautionary Analysis against Exuberance in Crisis Response", *78 Geo. Wash. L. Rev.*, Vol. 39, 2009.

〔3〕黎四奇："对后危机时代金融监管体制创新的检讨与反思：分立与统一的视角"，载《现代法学》2013 年第 5 期。

〔4〕谭润石："统一监管金融市场　俄罗斯央行'大权在握'"，载《中国金融家》2013 年第 9 期。

〔5〕杨秀齐："简评印度金融监管体系"，载《南亚研究季刊》1999 年第 1 期。

2010 年 12 月，印度成立金融稳定和发展委员会（FSDC），负责系统性监管、监管协调和金融部门发展。财政部长为委员会主席，成员包括印度储备银行（RBI）行长以及保险监管和发展局（DRDA），印度证券交易委员会（SERI），养老金监管和发展局（PFRDA）负责人。RBI 负责 FSDC 的日常工作，下设金融稳定工作组和金融包容与金融教育工作组。[1]可见，该委员会是一个架构于现有监管机构之上的机构，由各监管机构负责人组成，在职能上更加近似于一个协调机构。

（三）牵头式监管体制

这一监管体制不属于上述四种监管体制之一，是指由某一政府机构牵头，其他政府机构配合对整个金融市场进行监管的体制。采用这一做法的国家是南非和巴西。

1. 南非

南非的金融监管由财政部牵头，并协调其他部门形成互为补充的监管架构。南非建立了以南非央行为核心，以金融服务局和金融情报中心为辅的银行监管框架。其监管特点是以经营风险为关注核心，以合规性为重点，对银行进行全覆盖、常态化和精细化监管。[2]

金融服务局是法定的南非非银行类金融服务行业监管机构，其任务包括促进金融服务或产品的消费者公平对待、促进金融机构的财务安全、促进金融服务行业的系统性稳定、促进金融市场和机构的一致性，[3]主要负责对非银行金融机构及提供证券投资、保险、基金管理等金融服务的机构进行监管，实施市场准入管理、从业资格管理等。金融情报中心则是监督金融机构执行南非反洗钱法律、法规与国际反洗钱条例的主要部门，其工作目标是帮助查找洗钱、恐怖融资以及金融犯罪等相关行为。[4]

2. 巴西

巴西实行证券业与银行业混业经营。1964 年，巴西成立国家货币委员会，

---

〔1〕 谢丹、任秋宇："巴西等五国金融监管改革情况"，载《金融发展评论》2014 年第 4 期。
〔2〕 银行外部监管与内部控制培训团："南非金融及外汇监管经验借鉴"，载《中国外汇》2013 年第 13 期。
〔3〕 https://www.fsb.co.za/aboutUs/Pages/default.aspx.
〔4〕 银行外部监管与内部控制培训团："南非金融及外汇监管经验借鉴"，载《中国外汇》2013 年第 13 期。

它是巴西金融体系中最高的管理机构，巴西证券市场的最高监管者。[1]国家货币委员会是全国金融体系的最高决策机构。该委员会由 21 名成员组成，财政部长任主席，其他成员包括计划部长，发展、工业和外贸部长，内务部长，农业部长，巴西银行行长，全国经济开发银行董事长和 7 名经总统提名、参议院批准的经济学家。[2]巴西中央银行是国家货币委员会的执行机构。[3]1976 年巴西通过《证券法案》，设立证券委员会（CVM），负责监督管理证券市场及其参与者，其发布的"指令"对证券市场来说与货币委员会的"决定"具有同等法律效力。[4]巴西证券管理委员会的权力包括：市场发展、市场效率与功能、投资者保护、适当的信息介入、监督与处罚。[5]私人保险监督局（SUSEP）监管保险业，补充养老金监督局（PREVIC）监管封闭养老基金。随着金融系统复杂度的提升，加强监管协调的重要性更加凸显，巴西政府 2006 年成立了金融、证券、保险和补充养老金监管委员会（COREMEC），以促进金融监管机构之间的协调和信息共享。[6]

南非和巴西的做法体现了金融监管的新思路，由某一机构牵头，其他监管机构相配合的架构，突破了前述监管体制的分类，表明了南非和巴西在金融监管方面并未学习美国、英国、澳大利亚等发达金融市场的做法，而是结合自身政治、法律、经济情况作出符合本国国情的安排。这一思路值得我们反思，在探寻中国金融监管道路，是否一定参考美、英、澳的做法，答案显然是否定的。

## 二、中国监管体制现状

目前中国的监管体制是"一行三会"、分业监管的体制。一行是指中国人民银行，三会则是证监会、保监会和银监会。

为了适应金融混业经营的需要，2004 年 7 月 27 日，中国银监会、中国证监会、中国保监会发布分工合作备忘录，为确保三家机构协调配合，避免监管真空和重复监督，提高监管效率，鼓励金融创新，保障金融业稳健运行和

---

〔1〕 南阳："巴丁的证券市场——现状、问题与对策"，载《拉丁美洲研究》2001 年第 2 期。
〔2〕 谢丹、任秋宇："巴西等五国金融监管改革情况"，载《金融发展评论》2014 年第 4 期。
〔3〕 谢丹、任秋宇："巴西等五国金融监管改革情况"，载《金融发展评论》2014 年第 4 期。
〔4〕 南阳："巴西的证券市场——现状、问题与对策"，载《拉丁美洲研究》2001 年第 2 期。
〔5〕 Legal Mandates of CVM.
〔6〕 谢丹、任秋宇："巴西等五国金融监管改革情况"，载《金融发展评论》2014 年第 4 期。

健康发展，监管三方达成了建立信息共享和重大事件通报以及每季度召开一次监管联席会议制度的共识。对于金融混业经营的监管，该备忘录第 8 条规定：对金融控股公司的监管应坚持分业经营、分业监管的原则，对金融控股公司内相关机构、业务的监管，按照业务性质实施分业监管。被监管对象在境外的，由其监管机构负责对外联系，并与当地监管机构建立工作关系。对产业资本投资形成的金融控股集团，在监管政策、标准和方式等方面认真研究、协调配合、加强管理。

但这一备忘录所创建的三会联席会议制度还存在诸多问题，其效果不尽如人意：一是协调机制存在不足。由于我国"三会"均属国务院直属的正部级事业单位，行政级别相同，在监管理念和措施存在争议的情况下，难以达成一致意见。同时，由于联席会议缺乏政策制定和执行权，在实施金融监管政策目标上容易陷入部门利益之争。二是将人民银行排除在外。联席会议仅将人民银行作为观察员列席会议，完全忽略了人民银行在金融宏观调控、维护金融稳定、防范和化解系统风险、监管银行间债券市场方面的重要作用，在我国不具备统一监管的情况下，仅靠"三会"力量是难以完成我国系统性风险防范的。三是确立的主监管制度存在漏洞。并未明确金融控股公司主要业务的划分和主次业务比例的计算标准，也未明确在金融控股公司监管中出现争议的解决办法等。

2008 年 8 月颁布的人民银行"三定"方案[1]要求，央行会同银监会、证监会和保监会建立金融监管协调机制，以部际联席会议制度的形式，加强货币政策与监管政策以及监管政策、法规间的协调，建立金融信息共享制度，防范、化解系统性风险，维护国家金融安全。[2]

2013 年 8 月 15 日，国务院正式批复人民银行提交的《关于金融监管协调机制工作方案的请示》，同意建立由人民银行牵头的金融监管协调部际联席会议制度。其职责和任务包括：货币政策与金融监管政策之间的协调；金融监管政策、法律法规之间的协调；维护金融稳定和防范化解区域性系统性金融风险的协调；交叉性金融产品、跨市场金融创新的协调；金融信息共享和金融业综合统计体系的协调；国务院交办的其他事项。

---

〔1〕 国务院政府机构改革的内容，定机构、定编制、定职能。
〔2〕 鲁篱、熊伟："后危机时代下国际金融监管法律规制比较研究——兼及对我国之启示"，载《现代法学》2010 年第 4 期。

　　联席会议由人民银行牵头，成员单位包括银监会、证监会、保监会、外汇局，必要时可邀请发展改革委、财政部等有关部门参加。人民银行行长担任联席会议召集人，各成员单位主要负责人为组成人员。联席会议办公室设在人民银行，承担金融监管协调日常工作。

　　但上文提到的"三会联席会议"制度存在的问题，除了央行是否参与这一点以外，并未得到有效解决。四家主要的监管机构行政级别相同，对于金融控股公司的监管也未能提出更高效的方案。目前，中国出现了一些金融控股公司，以中国平安保险（集团）股份有限公司为例，其子公司包括平安寿险、平安证券、平安银行、平安信托、平安大华基金等，尽管按照国家分业经营的需要，它们各自以一个独立的法人形式在运作，但其同处平安集团控制之下，这与混业经营模式相比，除了在法人资格这一制度外壳方面，界限已不十分明晰。混业经营、分业监管这一在巴西存在的问题，在中国也有出现之势，监管机构之间的权力重叠与监管真空将无法避免。

### 三、中国监管体制的改革

　　尽管评论认为中国监管者逐渐变得成熟和有经验，监管也变得越发清晰和对用户友好。[1]但是批评的声音也是不绝于耳。美国金融危机爆发以来，对目前我国分业监管体制的诟病主要集中在两个方面：其一，不能有效监管金融集团；其二，不能有效应对以形形色色理财产品为代表的金融创新的发展。[2]在分业经营、分业监管条件下，对于金融控股公司的监管，仅仅建立主监管制度是远远不够的。监管机构对金融控股公司运营中防止关系人交易、异业间利益冲突等弊端的监管束手无策。[3]除了监管不力的问题外，由于政府对金融监管资源的分配与金融市场对监管制度的需求相去甚远，强制性金融监管制度供给会造成不必要的监管（监管过度），即供给过剩问题，这一问题在我国现行金融法律制度体系中显得尤为突出。[4]

---

　　〔1〕　Andreas Woeller, "Private Equity Investment in the Brics", *Fordham Journal of Corporate and Financial Law*, 2012.

　　〔2〕　罗培新："美国金融监管的法律与政策困局之反思——兼及对我国金融监管之启示"，载《中国法学》2009 年第 3 期。

　　〔3〕　常健、王德玲："试论我国金融控股公司监管立法的完善——兼评《三大监管机构金融监管分工合作备忘录》的相关规定"，载《甘肃政法学院学报》2006 年第 4 期。

　　〔4〕　王煜宇："我国金融监管制度供给过剩的法经济学分析"，载《现代法学》2014 年第 5 期。

在对中国的监管体制进行了诊断之后，很多学者开出了自己的药方。有学者在对美国、英国、德国、日本等金融监管体制加以考察后认为，为了统一监管，获得监管规模效益，实现信息共享，避免监管冲突，应当设立"国家金融监管局"，直属国务院，下辖银监会、证监会、保监会。[1]也有的学者认为，对于混业监管体制的构件，不能操之过急，在分业经营制度还没有明显退出、监管的差异性还存在之时，应维持分业监管的格局。目前各监管部门尚处于如何做好各自领域的监管工作、完善分业监管体制的阶段，并不宜在缺乏足够论证和经验支持的情况下贸然启动监管整合。[2]更多的学者主张，鉴于我国金融业的现状，需要有过渡措施，先由银监会或者人民银行牵头对混业经营进行监管。毋庸置疑，不管采取哪种监管制度，尽快明确一个金融混业经营的监管机构是当务之急，这是当前混业监管要解决的首要问题。具体措施包括：一是强化监管合作机制；二是进一步明确三大金融监管机构的职责分工；三是确立有效的监管监督机制。[3]

其实，在考虑金融监管体制改革的时候，有两个中国特色的问题需要考虑，一是行政级别的问题。目前各监管机构均为正部级，为平级机构，在行政权力发挥重要作用的体制下，平级机构之间的协调并非易事。二是地方利益问题。尽管政治人物影响金融监管在世界各国多有发生，[4]但中国的表现则稍有不同，当监管触动地方利益时，地方政府往往对金融机构的工作进行行政干预，甚至对金融机构施加某种人为的压力，从而加剧了金融监管的难度。[5]

当前的中国金融监管协调机制与印度较为接近，与巴西则有所区别，主要体现在实体化问题上。联席会议不刻印章、不正式行文，其权力有效性有

---

〔1〕 这一建议主要参考的是英国金融服务局（FSA）。FSA 模式的最大特点在于是以整合和"打包"方式呈现，结构相对简化和清晰，对于借鉴者而言，在起步阶段易于操作。这也成为其最大的吸引力之所在，尤其是对急于进行金融法律制度改革的新兴市场国家而言。然而，FSA 模式事实上是为英国这样一个高度发达和集中的金融体系量身定做的，从未打算过要成为一个"国际模式"，是英国自身的特色和条件催生了 FSA，而这些特色和条件大多是新兴市场所不具备的。

〔2〕 罗培新："美国金融监管的法律与政策困局之反思——兼及对我国金融监管之启示"，载《中国法学》2009 年第 3 期。

〔3〕 黎四奇："对后危机时代金融监管体制创新的检讨与反思：分立与统一的视角"，载《现代法学》2013 年第 5 期。

〔4〕 Stavros Gadinis, "From Independence to Politics in Financial Regulation", *101 Cal. L. Rev.*, Vol. 388, 2013.

〔5〕 刘定华、郑远民："金融监管的立法原则与模式"，载《法学研究》2002 年第 5 期。

待观察，如果能将联席会议设置为一个更高级别的行政机构，由人民银行行长担任负责人，其他监管机构负责人担任委员，对于解决监管空白的问题应更为有利，同时也能更好地实现与其他金砖国家的金融监管合作，如果分别由一行三会对外开展监管合作，将无法应对混业监管的需要，同时也增加合作国家的合作成本。

## 四、结　论

金融监管是一个很国际化的话题，但同时也有着强烈的本土色彩，并不存在一个放之四海而皆准的监管体制标准。美国功能性监管的成因之一在于它是一个联邦制的国家，很多监管权力必须在联邦和州政府之间进行分配；英国集中监管之所以有效，是因为它的金融体系高度发达。无论我们照搬照抄哪一个国家的监管体制，都可能存在着水土不服的问题，只有比较与我国金融市场现状类似的国家，并结合我国的实际情况，才能设计出符合中国金融监管需要的监管体制。

# 欧洲法律传统视角下的数字化单一市场

［意］Aldo Petrucci* 著

江楚填** 译

陶 乾*** 校

## 一、《欧洲共同买卖法》的制定背景和过程

众所周知，2009 年制定并公布的《欧洲示范民法典草案》（DCFR）是《欧洲共同买卖法草案》产生的预备步骤，《欧洲示范民法典草案》代表了迄今为止协调统一欧盟成员国的部分传统私法的最重大的努力。当其为成员国自愿采纳时，其作用在于增强共同体现行法律在合同法领域的稳定性，为法律的统一适用提供支持以便促进跨国贸易，并且，为成员国立法者提供成套示范性规范用以帮助成员国在合同领域制定统一的一般性法律规定。

为了《欧洲示范民法典草案》的起草，欧盟委员会资助了一个为期 3 年的研究项目，该项目由两个既存的研究组（即欧洲民法典研究组和欧盟现行私法研究组）主持，建立 DCFR 工作关系网展开研究。在 2004 年至 2007 年期间，他们召开多次研讨会和会议。与会人员不仅包括研究人员及学者，还包括欧盟成员国和其他一些欧洲国家（如瑞士和挪威）各行业和利益集团的专家和代表。[4]

---

　* 阿尔多·贝特鲁奇，意大利比萨大学法学院教授。

　** 中国政法大学法律硕士学院硕士研究生。

　*** 中国政法大学法律硕士学院副教授。

〔4〕 C. VON BAR-E. CLIVE,《欧洲示范民法典草案：欧洲私法的原则、定义和示范规则》（全文版本），慕尼黑，2009 年，第 4 页；in Italian cf. G. ALPA-G. IUDICA-U. PERFETTI-P. ZATTI, *Il Draft Common frame of reference del diritto privato europeo*, Padova 2009; A. PETRUCCI, *Il Progetto di "Quadro comune di riferimento (DCFR)*, in G. LUCHETTI-A. PETRUCCI, *Fondamenti romanistici del diritto europeo. Le obbligazioni e i contratti dalle radici romane al Draft Common Frame of Frame of Reference*, Bologna, 2010, 9 ff.

《欧洲示范民法典草案》分为三个部分：a）十卷示范性规范、b）单列的原则部分和 c）有关定义的附录部分。对于每部分的内容我们可以参考起草者在导言部分所作的说明。[1]

在原则部分中，我们可以找到四个根本原则：自由、安全、公正及效率；而 1023 个示范性规则的条款则分布于十卷本之中，其并没有规范效力。与 1996 年至 2001 年期间由"兰多委员会"制定的《欧洲合同法原则》（PECL）一样，示范性规则仅仅只是"软法"规则。[2] 这些示范性规范不仅涉及合同、债务和相应债权的一般规定和一些具体类型的合同（如买卖合同、租赁合同、服务合同、委托合同、商事代理合同等），还涉及无因管理、侵权责任、不当得利、动产所有权的取得与丧失、动产担保物权和信托；定义部分则阐释了欧洲法律语言及术语统一的发展过程。

诚如所见，《欧洲示范民法典草案》虽然在第 1 – 1：101 条第 2 款[3]中列明了不在其适用范围内的私法问题，其适用范围仍远远超过了欧盟为《欧洲示范民法典》预设的目标。为了凸显了在"政策选择"之外"学术成果"的独立性，在预定的制定范围内增加了与非合同债务（如无因管理、不当得利和侵权责任）、动产所有权的取得与丧失、动产担保物权和信托相关的部分。[4]

由于其体系及方法上的选择和谨慎态度（几乎可以说是"倒退一步"），《欧洲示范民法典草案》受到了许多学者和专家的强烈批评[5]，尽管如此，欧盟委员会在 2010 年上半年依然做出了两个重要举动。第一个举动是在 2010 年 4 月 26 日做出，其决定成立一个独立的专家小组，人数不超过 20 人，其任

---

〔1〕 VON BAR-CLIVE,《欧洲示范民法典草案：欧洲私法的原则、定义和示范规则》导论部分第 12 页。

〔2〕 参见《欧洲合同法原则》及其注释的意大利翻译版本，C. CASTRONOVO, I principi di diritto contrattuale europeo I e II Parte, Milano, 2001, III parte, Milano, 2005.

〔3〕 自然人的法律地位和行为能力；遗嘱和继承；家庭关系，包括婚姻关系；汇票、支票、本票以及其他流通票据；雇佣关系；不动产所有权或不动产担保物权；公司以及其他法人或非法人团体的设立和内部管理；主要与程序或执行有关的事项。

〔4〕 VON BAR-CLIVE,《欧洲示范民法典草案：欧洲私法的原则、定义和示范规则》（全文版本）导论部分第 3 页。

〔5〕 从 2008 年《欧洲示范民法典草案》中期纲要版开始，参见 R. ZIMMERMAIN et al., *Der Gemeinsame Referenzrahmen fur das Europaische Privatrecht. Wertungsfragen und Kodifikationsprobleme*, in JZ, 63, 2008, 529ff. and G. ALPA-G. CONTE, *Riflessioni sul progetto di Common frame of reference e sulla revisione dell' Acquis communautaire*, in Riv. Dir. Civ., 54, 2008, 141ff.

务在于通过筛选《欧洲示范民法典草案》的相应部分并根据现有的和进一步的研究进行改进，帮助委员会筹备欧洲合同法领域的《欧洲示范民法典》（CFR）；第二个举动于 2010 年 7 月 1 日做出，其公布了关于针对消费者、企业或者专业人士适用欧洲合同法的可行性研究的绿皮书，以便征求普通民众、组织以及成员国就何为达成该目标最为适宜的一般法律文件的意见，即是通过一个直接具有约束力的条例，还是通过制定需要各国立法者协调实施的指令或建议。

最终的结果是促成了 2011 年 10 月 11 日 2011/0284 号条例提案决定的通过，该提案中包括了《欧洲共同买卖法草案》［文件名 COM（2011）635 final］。接下来简要地介绍一下它的目标、范围及内容。

**二、《欧洲共同买卖法》的目标、范围及内容**

欧盟清晰地认识到，跨境经济活动依然存在巨大的瓶颈，其阻碍着内部市场增长经济和创造就业的潜能的充分发挥。其中，最大的瓶颈在于与合同法相关的大量的贸易成本和障碍，其损害了经营者和消费者的利益。最终，跨境交易的减少导致了进口和竞争锐减。[1]

因此，《欧洲共同买卖法草案》的目标在于通过单一标准化的合同法规则，显著地减少不同地区合同当事人签订合同的成本和障碍。为此，其中一种方案是，他们能够达成合意，由《欧洲共同买卖法》这样一部在成员国之间具有相同含义和解释的统一的合同法规范来调整双方的合同关系。这种方式将协调各成员国的国内合同法，并非通过对既存的各国合同法进行修订，而是通过在各成员国之间制定针对贸易的第二套合同法制度来实现。该制度在欧盟范围内应当是统一的，并且与既存的各国国内法并存。《欧洲共同买卖法》在跨境贸易合同上的适用应当在合同当事人双方合意的基础上，通过明确的约定达成。[2]

谈及其适用的范围，《欧洲共同买卖法》旨在调整三种合同类型：买卖合同、数字内容供应合同以及涉及卖方提供与具体商品或数字内容直接紧密相关的服务合同。

买卖合同可适用于动产买卖，包括该商品的制造和生产。买卖合同是经

---

〔1〕《欧洲共同买卖法草案》说明部分的第 4 条。
〔2〕《欧洲共同买卖法草案》说明部分的第 9 条。

济发展上最为重要的合同类型，且在跨境交易尤其在电子商务上具有巨大的发展潜力。数字内容供应合同可适用于与存储、处理或接入以及重复使用的数字内容的移转相关的合同，例如音乐下载。涉及数字内容的交易依旧增速迅猛，并且未来仍有巨大的发展空间。涉及卖方提供与具体商品或数字内容直接紧密相关的服务合同，事实上通常与该商品或数字内容同时规定在同一合同或相关合同中，主要包括对该商品或数字内容的修理、技术维护和安装。

《欧洲共同买卖法》规则不调整销售货物、提供数字内容以及提供相关服务之外的合同。

只有当商品销售者或者数字内容提供者以及相关服务的提供者为经营者时，《欧洲共同买卖法》才能适用。因此，所有消费者与经营者之间的交易在其调整范围之内。若合同当事人均为经营者，仅当合同双方至少一方符合2003年5月发布的《欧盟委员会2003/361号建议书》关于微型、小型及中型企业的定义中的中小型企业的标准时，《欧洲共同买卖法》方可以适用。

由于成员国之间法律的差异性，增加了跨境交易的复杂性和额外的交易成本，阻碍了当事人之间缔结合约。为了减少其障碍，《欧洲共同买卖法》也调整跨境合同。在商事合同（business-to-business contract）中，是否跨境应根据当事人的惯常居住地进行判断。在消费者合同（business-to-consumer contract）中，跨境的标准需要符合消费者指定的通用住址、货物的交付地址或者消费者指定的账单地址位于某一成员国中，而经营者在该国境外具有惯常居住地。《欧洲共同买卖法》既可以适用于成员国之间的跨境交易，也可以适用于成员国和第三国之间的交易。

根据该法规提案的第13条，成员国可以决定《欧洲共同买卖法》适用于以下任一或全部情形：（a）双方经营者的惯常居住地，或者，在缔约方分别为经营者和消费者的情形下，经营者惯常居住地，消费者指定的地址，货物的交付地址和账单地址均位于该成员国内的合同；（b）缔约方均为经营者并且均非中小企业的合同。

最后，《欧洲共同买卖法》的内容分为八个部分，其中第四部分和第五部分与提案中所涉及的合同类型相关，分别为"买卖合同或数字内容供应合同中双方当事人的义务和救济"和"相关服务合同中双方当事人的义务和救济"，而其他六个部分包含了合同法的一般规则。

其中，第一部分"引言条款"，规定了契约自由、诚实信用和公平交易等一般原则，并对合理性、合同的形式、未经单独协商的合同条款和期间的计算等概念作出了定义。第二部分"有约束力的合同的缔结"包括了先合同信息，缔结合同的要求，在错误、欺诈、胁迫、乘人之危等情形下合同的撤销以及远程交易和异地缔结合同下消费者的撤回权等条款。第三部分"合同内容的确定"包括了合同的解释、合同的内容及效力和不公平的合同条款等规则。第六部分"损害赔偿和利息"规定了损害赔偿和迟延付款的利息等规则。而第七部分"恢复原状"则规定了合同撤销或终止后恢复原状的范围。最后，第八部分"时效"，时效经过之后权利行使的限制。

但是，甚至在第四部分和第五部分中，提及买方和卖方的义务时，也规定了合同履行的基本条款，如第三方履行和履行的方式。

如果将《欧洲共同买卖法》与《欧洲示范民法典草案》进行对比，我们可以发现，正如在法规提案的说明部分第 27 条所强调的，对于合同性质的相关事项，该法案依然没有涉及。例如，因缺乏行为能力、不合法或不道德所导致的合同无效问题、合同语言的确定问题、非区别性对待问题、多数债务人和债权人、当事人的变更（包括债权转让、债务抵销、混同）等相关事项都没有涉及。

### 三、数字化单一市场下《欧洲共同买卖法》的修改

《欧洲共同买卖法草案》同样遭到了大批学者和专家的反对。他们指出，将《欧洲共同买卖法》嵌入到一部条例中，立即使其对每个成员国都具有约束力的选择与由合同双方当事人自愿选择《欧洲共同买卖法》的适用之间存有巨大差别。还认为该提案缺乏对条款内容的评析，省略了合同法应有的重要章节，起草工作的进展过于迅速，以及对消费者造成了许多关乎其权利规则的含义的理解困难。[1]

在 2013 年，《欧洲共同买卖法》的内容由欧盟各机构进行了深入的讨论：一方面，司法委员会（Justice Commission）和法律事务委员会（Committee for Legal Affairs）希望可以不经修改即将其可向欧洲议会（European Parliament）提交；另一方面，内部市场与消费者保护委员会（Commission for the Internal Market and Consumer's Protection）更愿意将其适用范围限制在经营者和消费者

---

〔1〕 R. ZIMMERMANN et al., *Der Vorshlag fur eine Verordnung uber ein Gemeinsames Europaisches Kaufrecht. Defizite der neuesten Textstufe des Europaischen Vertragsrechts*, in JZ, 67, 2012, 269ff.

之间的买卖合同之中，而删去所有与合同的一般规则相关的部分。[1]

前者的意见似乎更为人接受，因此在 2014 年 2 月 26 日，欧洲议会一读程序通过了 P7_TA（2014）0159 号决议，接受了原条例提案的所有部分。但也附随了众多修正案，其中最重要的改变是对于说明部分第 8 条的第一修正案，它对其调整范围限制在，"合同双方当事人同意通过远程（特别是网络）进行的，与货物买卖、数字内容供应和相关服务相关的跨境交易"。但是，在这个决议也规定了，如果欧盟委员会坚持根本上修改该提案或者重新拟定文本，并要求其主席向欧盟理事会、欧盟委员会和各国国家议会申明其意见，则欧盟委员会需要将该事项重新提交欧盟议会表决。

2014 年 12 月，"为了充分激发电子商务在数字化单一市场中的潜能"，并且由于未来的工作也将朝着这个方向开展[2]，欧盟委员会在其 2015 年工作计划［COM（2014）910 final］中决定修改《欧洲共同买卖法》条例提案。

紧接着，在 2015 年 5 月 6 号，欧盟委员会公布了《数字化单一市场战略》［COM（2015）192 final］，从而履行欧盟委员会主席让 - 克洛德·容克（Jean-Claude Juncker）2014 年 7 月 15 号发布的"下届委员会的政治方针"所制定的第二要务。方针中承诺，"通过更新和简化与网络和数字化相关的消费者规则……以积极的立法步伐推动建设联接的数字化单一市场"。[3]在《数字化单一市场战略》中，甚至合同法也在于发挥促进"消费者和企业更好地获得欧洲范围内的网上货物和服务"的重要作用。这也是为何欧盟委员会在 2015 年 7 月发布关于网上购买数字内容和有形的货物的合同规则提案的"初始影响评估"，并于此概述了欧盟委员会在该事项上的态度。[4]

目前还未决定《欧盟在线销售法》以指令抑或条例的形式出现，这两种选择都在考虑范围之内。但是，其调整的范围和内容已经明确表示，其涵盖

---

〔1〕 以上步骤，参见 C. CASTRONOVO, *Aromonizzazione senza codificazione. La penetrazione asfittica del diritto europeo*, E. NAVARRETTA（ed.）, *La metafora delle fonti e il dirrito privato europeo. Giornate di studio per Umberto Breccia*, Torino, 2015, 113ff.

〔2〕 R. MANKO,《合同法和数字化单一市场——新的欧盟网络消费者买卖法?》ERPS Briefing, PE 568. 322（2015 年 9 月），3 s., 18 ss.（同样可见于 http://epthinktank.eu/2015/10/08/european-contract-law-and-the-digital-single-market-policy-hub/.）

〔3〕 ［卢森堡］让 - 克洛德·容克："欧洲的新开始：就业、公平发展以及民主变化：下届委员会的政治方针"，可见于 http://ec.europa.eu/archives/juncker-commission/, 2014 年 7 月 15 日。

〔4〕 http://ec.europa.eu/smart-regulation/roadmaps/docs/2015_just_008_contract_rules_for_digital_purchases-en.pdf.

了关于网上购买数字内容的协调统一的欧盟法规，并且允许经营者选择适用其国内法律。前提是该法律是基于对整套的关键强制性欧盟合同权利考虑之下而制定的，并且调整的是国内与跨境在线买卖有形货物问题。

### 四、《欧洲共同买卖法》的一般原则与欧洲法律传统的联系

不考虑 2014 年 2 月 26 号的欧洲议会决议之后《欧洲共同买卖法》在未来数字化单一市场的适用的影响，将《欧洲共同买卖法》中所蕴含的合同法的发展趋势与欧洲法律传统进行对比，有助于或多或少发现《欧洲共同买卖法》和欧洲法律传统之间的共性——或者至少发现两者之间的些许联系。

与《欧洲示范民法典草案》不同，对于《欧洲共同买卖法》，我们缺少对整套规范体系和单个规则的评论和注释，原本这样的评论和注释可以帮助我们了解草拟机构结构编排和条文设计的原因以及其对于各国法律系统和欧洲法律传统对比结果的解释。无论如何，由于《欧洲共同买卖法》的许多规则都取自《欧洲示范民法典草案》，并且参与后者的起草工作的成员也同样是前者起草小组的成员，我们可以将《欧洲示范民法典草案》视为工具箱。因此，我认为非常有必要从 2009 年由《欧洲示范民法典草案》的起草者在导论部分作出的明确声明来开始论述这个问题。

参与起草的学者承认，他们的工作可以从整体的法律秩序的层面上推动欧洲私法相关知识理论的发展，并在此基础上发展法律教育。尤其是通过《欧洲示范民法典草案》，"人们能看到在多大程度上各国私法间存在着相似性并相互促进、统一化发展，以及这些法律在多大程度上能够展示出欧洲共同文化传统的区域性表现。"[1]

这个作用同样为所有示范性规则的评论和注释所揭示，即其告诉我们仅在相对较少的情形下，欧洲各国法律制度对于同一问题会得出完全不同的结论。

因此，起草者自身已经意识到"共同的欧洲传统"的存在，其在众多的国内私法中得到体现，并在不同区域变化为不同形式，而这使得为合同、债务、物权撰写统一规则和原则的任务变得较为简单。即使没有指出共同的法律渊源是什么，也可以毫无疑问地确定其与罗马法、中世纪法律传统以及教

---

〔1〕 C. VON BAR-E. CLIVE，《欧洲示范民法典草案：欧洲私法的原则、定义和示范规则》（全文版本）导论部分第 4 页。

会法传承下来的规则和原则基本保持一致，多个世纪以来这些法律渊源已经代表了欧洲共同法。

《欧洲共同买卖法》的历史法律背景也必定发源于此。如果现在从这个角度审视它，我们可以概括起草者将两个合同法的基本和具有约束力的原则放置于第一部分"引言条款"中的原因。这样的方式，一方面，遵循了《欧洲示范民法典草案》的模式，在《欧洲示范民法典草案》中，四个根本原则（自由、安全、正义和效率）在示范性规则之前独立成为一部分；另一方面，遵循了欧盟立法者的实践惯例，即习惯地将基本的概念和定义放置于整套示范性规则之前。

但是，其立法选择同样不能忽略了其与《查士丁尼国法大全》的编排体系的联系以及《国法大全》在法律传统中的强力影响。不需要深入到细节，我们就可以发现：①《法学阶梯》与《学说汇纂》第一个标题，都是"正义和法"（de iustitia et iure），规定了法典汇纂的根本原则；②"原则"（principium）的概念产生于《学说汇纂》D. 1, 2, 1（Gai. 1 ad legem duodecim tabularum），其具有"起源"的意义，这对认识所有规则的历史发展以及规则的"前提"都极为重要；③在《学说汇纂》附录中，第 50 卷第 16 题"关于词语的意思"（de verborum significatione）和第 50 卷第 17 题"关于古法的各种规则"（de diversis regulis iuris antique），分别罗列了适用于整个《国法大全》（Corpus Iuris Civilis）的术语和概念的定义与一般规则。[1]因此，许多欧洲国家的民法典均有类似的基本条款，不仅包括法律规则适用的一般条款，而且包括了蕴含其中的基本原则，例如法国、奥地利、西班牙、瑞士、意大利等国的民法典。

以契约自由、诚实信用和公平交易等一般原则作为参考，我们可以发现以下特点。

《欧洲共同买卖法》的第 1 条对契约自由原则如此定义，"一、在遵守相关强制性法规的前提下，当事人可以自由地订立合同，并自由确定其内容；二、当事人可以排除适用《欧洲共同买卖法》的任何规定，也可以减损或变更其效力，但被排除适用的条文另有规定时除外。"在现时欧洲的所有法律体系中，众所周知，契约自由是合同法的一项普遍原则。契约自由的历史演变

---

〔1〕　G. LUCHETTI-A. PETRUCCI, *Fondamenti romanistici del diritto europeo. Le obbligazioni e i contratti dalle radici romane al Draft Common Frame of Frame of Reference*，博洛尼亚，2010 年，第 21 页。

十分漫长，一直可以追溯至罗马法，接着在中世纪民法、教会法和商法中得到发展，其最终的形成借助于 17 世纪的自然法学派之手，在 19 世纪得到了欧洲法律体系的完全接受，但是即便如此其适用仍需遵守相关的强制性规则（遵守法律、公共秩序和道德）。[1]《欧洲共同买卖法》也正好证实了这一发展历程。

对于诚实信用和公平交易原则，《欧洲共同买卖法》第 2 条明确规定，"一、当事人有义务遵守诚实信用与公平交易原则；二、若一方当事人违反此项义务，将可能导致其不得行使或信赖其本可以行使或信赖的权利、救济或抗辩，但不直接引起合同不履行带来的救济措施；三、当事人不得排除本条规则的适用，也不得减损或变更其效力。"第 3 条"合作"规定："合同双方在履行合同义务时，在可期待的范围内负有彼此合作的义务。"这一条也隐含着诚实信用和公平交易原则的适用。

欧洲的法律体系适用诚实信用原则和公平交易原则的情况并不完全相同。与法国和西班牙的法律体系中适用该原则的范围相比，瑞士、德国、奥地利、波兰、荷兰和意大利的法律体系中适用该原则的情形和方式更为多样。[2]清楚地了解该原则是如何在 19 世纪各国民法典之前的罗马法和欧洲法律传统中应用的，可以帮助我们了解其可能的适用范围以及为何其一直出现在协调统一欧洲合同法的法规草案之中的原因。

如果我们查看关于罗马的法律体系的文本，我们可以找到诚实信用和公平交易在合同法中的三个主要的具体功能[3]：第一个功能是合同当事人履行合同以及维持双方债务之间相互关系（双务性）的评估标准[4]；第二个功能是重构合同当事人的约定以实现最优履行（id quod actum est）[5]；第三个功

---

〔1〕 简要的分析可参见 A. PETRUCCI, *Buona fede e correttezza*, in G. LUCHETTI-A. PETRUCCI, *Fondamenti romanistici del diritto europeo*，第 49 页。

〔2〕 参见我的研究 A. PETRUCCI, *Buona fede e correttezza*, in G. LUCHETTI-A. PETRUCCI, *Fondamenti romanistici del diritto europeo cit.*, pp. 49 ff.

〔3〕 E. STOLFI, 'Bonae fidei interpretatio'. Ricerche sull'interpretazione di buona fede fra esperienza romana e tradizione romanistica, Naples 2004, 173 ff.; R. CARDILLI, "Bona fides" tra storia e sistema2, Turin 2010, 29 ff.

〔4〕 例如，D. 19.1.50 (Labeon, 4 posteriorum a Iavoleno epitomatorum); Gaius Institutes 4.61–63; 4.119; D. 16.3.31 (Tryphoninus, 9 disputationum).

〔5〕 D. 19.2.21 (Iavolenus, 11 epistularum); D. 19.1.11.1 (Ulpian, 32 ad edictum).

能是对当事人合意的内容进行整合[1]。依我看来，为了避免对诚实信用和公平交易采用在《欧洲共同买卖法》中所使用的广义概念和通常在国际贸易中所使用的具体概念之间采用过于简单甚至可能错误的定义，将其与已为后世法律习俗所接受的罗马法作比较是极为重要的。

若以通常各国法律体系中所采用的标准，国际贸易中的诚实信用和公平交易的狭义概念并不能得以适用，但是若是在国际贸易的特殊情况下，则其具有适用的余地。在不同的贸易部门之中，商事活动的标准可能存在极大的区别；即便在某一特定的贸易部门中，其标准也或多或少根据不同企业经营所处的社会经济环境、企业规模和技术能力等而变化。[2]

在诚实信用和公平交易的广义概念范围内，隐含着该原则要求的《欧洲共同买卖法》第3条"合作"的内容是保证双方履行合同约定义务需要的结果。该条款的内容，欧洲有些国家已经作出了相关规定（在民法典或在民法典之外订立），但有些国家则还没有相关规定。因而，《欧洲共同买卖法》第3条对于欧洲各国法律体系具有重要的协调作用。

### 五、《欧洲共同买卖法》的具体内容与欧洲法律传统的联系

在《欧洲共同买卖法》的第二部分"有约束力的合同的缔结"中，我们可以发现第二章的许多规则都与经营者违反先合同信息告知义务而应当承担的责任相关。在其中，有17个条文是关于经营者在与消费者或与另一经营者交易过程中的先合同信息告知内容、以电子化的方式缔结合同的额外信息告知内容、确保提供准确信息的义务以及违反信息告知义务的救济。如果我们对先合同责任范围的历史演变进行一番考察的话，先合同信息告知义务的法律制度着实令人惊讶。

在罗马法中，虽然能够零星找到一些在缔约阶段中欺诈性的虚假陈述（dolus in contrahendo）的例子，但并不存在先合同责任的概念[3]；而后，在17世纪格劳秀斯（Grotius）的学说以及19世纪耶林（Jhering）的"缔约过失责任"理论中对先合同责任作为独立的责任类别进行了概念性的阐述。众所

---

〔1〕 Gaius Institutes 3.137；D. 19.1.48（Scaevola 2 responsorum）.

〔2〕《国际商事合同通则2010》第1.7条以及对其的评论。

〔3〕 例如，《学说汇纂》D. 18.1.62.1（Modestinus, 5 regularum）；D. 19.1.13.5（Ulpian, 32 ad edictum）和《法学阶梯》3.23.5.

周知，格劳秀斯倾向于将其归入契约外责任，并且深刻影响着法国的法学学说；而耶林则认为其为契约责任的一类，成为德国法学研究的主流观点。1942 年《意大利民法典》（第 1337 条和第 1338 条）首次明确规定了先合同责任，紧接着《葡萄牙民法典》（第 227 条）也对其进行了规定。在这之后，《德国民法典》通过 2001 年《德国债法现代化法》在第 331 条第 2 款及第 3 款中也作出了规定。[1]

通过对比《欧洲合同法原则》和《欧洲示范民法典草案》，可以感受到先合同责任的重要性已经愈发明显。2001 年"兰多委员会"公布的《合同法原则》（PECL）仅有两个条款（第 2：301 条和第 2：302 条）规定先合同责任，而《欧洲示范民法典草案》第二卷第三章（共 15 个条文）有五节规定了相关内容。其中，有三节专门规定了经营者和消费者缔约的先合同信息告知义务。在第二节两个条款里保留了传统的先合同责任范围，即第 2 - 3：201 条"有悖于诚实信用与公平交易的磋商"和第 2 - 3：202 条"保密义务的违反"，其目的在于明确区分单独磋商合同和格式合同。[2]

根据《欧洲共同买卖法》第 2 条"诚实信用与公平交易"的目的，《欧洲共同买卖法》没有提及先合同磋商中的诚实信用和公平交易义务以及保密义务，这是因为统一合同法领域规则的《欧洲共同买卖法》只调整经营者与消费者、另一经营者或中小企业之间的格式合同。

《欧洲共同买卖法》的第二部分同样为我们研究自罗马法以来合同成立要件和意思表示瑕疵相关规则的历史演变提供了素材。首先，第 30 条"合同成立的要件"中第 1 款规定，"若满足以下条件，合同即成立：（a）当事人达成了合意；（b）当事人意在赋予其合意以法律效力，并且；（c）合意的内容具体确定，足以使其发生法律效力。若合意内容不确定，必要时，可通过《欧洲共同买卖法》的条文进行补充。"

本条内容与《欧洲示范民法典草案》《欧洲统一合同法原则》和《国际商事合同原则》的相关条文具有相同的实质含义，旨在简化合同成立的要件，均将成立要件概括为：①合意；②欲受合意的法律效力所拘束；③内容具体

〔1〕 A. PETRUCCI, *Responsabilita precontrattuale*: *trattative e doveri di riservatezza*, in G. LUCHETTI-A. PETRUCCI, *Fondamenti romanistici del diritto europeo*, cit. , 111 ff.

〔2〕 G. ALPA, *Presentazione in Il Draft Common Frame of Reference del diritto privato europeo*, Padova, 2009, p. VII ff. , and E. LUCCHINI GUASTALLA, *Marketing and Pre-contracual Duties nel* < Draft Common Frame of Reference > , 135 ff.

确定，足以具备法律效力。但是，其并没有规定当事人的行为能力（因为此并非《欧洲共同买卖法》的调整范围）或者其他要件（如在各国国内法中往往需要规定的原因、对价、形式、交付等要件）。[1]因此，我们可以清晰地发现统一和协调欧洲合同法等法规和草案的发展趋势。

罗马法没有合同成立要件的一般理论，这是因为在罗马法中不同的合同类型具有不同的成立要件。中世纪的法学家，如巴尔都斯（Baldus），对成立要件进行了首次归纳，而后的法国自然法学派则对其进行了体系性的发展。[2]

相对于需要从法律行为（大陆法系的 Rechtsgeschaft 或英美法系的 juridical act）或者合同的一般制度中推导其要件的立法模式（如瑞士、德国、荷兰），《欧洲共同买卖法》起草者的条文设计明显表示其更倾向于，在民法典中条文明确规定合同成立必要条件的立法模式（如法国、西班牙、意大利）。[3]

"意思表示瑕疵"规定在第五章中，包括了错误、欺诈、胁迫和乘人之危四种情形。对于前三种意思表示瑕疵，《欧洲共同买卖法》延续了从罗马法到中世纪至现代法中不断发展的法律传统。错误、欺诈和胁迫的概念基本包含了传统要素，但是我们仍然可以发现一些崭新的发展。

第48条"错误"规定了，当事人不仅可以以事实上的认识错误，而且可以以法律上的认识错误解除合同。这与大多数欧洲国家（例如《意大利民法典》第1429条）只承认事实认识错误可以解除合同的规定有所不同。若认识错误满足以下要件，当事人可请求法院撤销合同：a）错误在合同订立时已存在。b）若非存在认识错误，该当事人不会订立合同或合同内容将发生实质性的变化。c）对方当事人引起了该认识错误；或者对方当事人因未能遵守先合同信息提供义务而导致合同被错误地订立；或者对方当事人知道或应该知道该错误，却违背诚实信用与公平交易原则未披露相关信息，使当事人错误地订立了合同；或者对方当事人产生共同错误。

因此，可导致合同撤销的错误必须是：①在合同订立前已经存在的；

---

〔1〕 C. VON BAR-E. CLIVE，《欧洲示范民法典草案：欧洲私法的原则、定义和示范规则》（全文版本），第264页。

〔2〕 A. PETRUCCI, *Requisiti generali per la Formazione del contratto* in G. LUCHETTI-A. PETRUCCI, *Fondamentti romnistici del diritto europeo*, cit. , p.130.

〔3〕《法国民法典》第1108条、《西班牙民法典》第1261条和《意大利民法典》第1325条。

②对当事人的意思表示产生了重大的影响；③由对方当事人引起或是共同引起的。关于错误的这一条款揭示了，《欧洲共同买卖法》为了重组和囊括包含在欧洲各国民法典中关于相关错误的规定作出的巨大努力，其试图恢复罗马和中世纪法学家所采用的决疑式解决方式（法律行为性质的错误 error in negotio，当事人的错误 error in persona，标的物的错误 error in corpore，本质性的错误 error in substantia，质量的错误 error in qualitate 等）。[1] 欧洲各国民法典或多或少对于相关错误作出了规定，例如：《法国民法典》有 1 个条文的规定（第 1110 条）、《德国民法典》有 2 款的规定（在第 119 条和第 120 条上）、《波兰民法典》有 2 个条文的规定（第 84 条和第 85 条）、《瑞士债法》有 5 个条文的规定（第 23 ~ 27 条）以及《意大利民法典》有 6 个条文的规定（第 1428 ~ 1433 条）。因此，《欧洲共同买卖法草案》可能成为解决欧洲普通法法律系统中合同法上相关错误混乱的法律现状的里程碑。

第 49 条"欺诈"第 1 款规定，一方当事人通过言语或行为作出的欺诈性的不实陈述，或欺诈性地不披露根据诚实信用与公平交易原则以及先合同信息告知义务的要求应予披露的信息，从而诱使对方当事人订立合同的，对方当事人可以撤销合同。第 2 款对"欺诈性的虚假陈述"和"欺诈性的不披露行为"的含义进行说明，并指出其另一方当事人须因该行为造成认识错误，[2] 而第 2 款的规定与有关缔约欺诈的传统观点相一致。第 3 款则明确列举了判断是否遵守了诚实信用和公平交易原则应考虑的所有具体情形。[3]

《欧洲共同买卖法》第 49 条基本上是沿用了《欧洲示范民法典草案》第 2 - 7：205 条的文本：一方面，其完善了欧洲各国民法典中通常较为简短的规定（如《法国民法典》第 1116 条、《德国民法典》第 123 条、《瑞士债法》第 28 条及《意大利民法典》第 1439 条和第 1440 条）；另一方面，通过不区分成因欺诈（dolus causam dans）和附带欺诈（dolus incidens），其简化了

---

〔1〕 R. ZIMMERMANN, *The Law of Obligations*, Oxford, 1996, pp. 583ff. ; A. PETRUCCI, *Lezioni di diritto privato romano*, Torino, 2015, 305ff.

〔2〕 "当一方明知或者应当知道其意思表示是错误的，或者对其意思表示的真实与否不以为意，并且存在诱导对方做出错误的意思表示的意图，则构成欺诈性的虚假陈述。如果不披露信息的目的在于诱导未能获得信息的另一方发生错误，则构成欺诈性的不披露行为。"

〔3〕 判断是否属于依诚实信用和公平交易原则须披露的具体信息时，应考虑所有具体情形，包括：（a）一方是否有专门技能；（b）一方获得相关信息的成本；（c）另一方应以其他方式获得信息的难易度；（d）信息的性质；（e）对另一方而言，信息的重要性；以及（f）若为经营者间定缔结的合同，则须考虑具体情形下涉及的善良商业惯例。

"欺诈"的规定。为此，对于"欺诈"的规定，《欧洲共同买卖法》更倾向于与罗马法渊源中相同的做法。

《欧洲共同买卖法》第 50 条"胁迫"中，规定"胁迫"为一方当事人以现实且严重的不法损害或者以非法行为相威胁，从而导致对方当事人订立合同。其中包括的要素与罗马法及其传统中的胁迫（metus）概念有着密切的联系。一些欧洲国家的民法典（如《法国民法典》第 1112 ~ 1115 条、《瑞士债法》第 29 条和第 30 条及《意大利民法典》第 1434 ~ 1438 条）规定了"胁迫"的具体情形，但是某些国家的民法典并没有明确规定情形，例如《德国民法典》第 123 条。《欧洲共同买卖法》的起草者沿用了《欧洲示范民法典草案》第 2 - 7：206 条半开放式的规定模式。

谈及"乘人之危"，它的根源可以追溯至罗马法，进而通过中世纪法中的"非常损失"（laesio enormis）规则传承至现代各国体系之中（如法国、德国、瑞士、意大利）。《欧洲示范民法典草案》第 2 - 7：207 条和《欧洲共同买卖法》第 51 条中运用了相同的条文规定了"乘人之危"。其概念与其与传统概念也并无不同，因为其要求在合同订立时：一方当事人依赖于对方当事人或与之有一种信赖关系，或该当事人处于经济上窘迫或有急迫需要、不谨慎、不知情或无经验；而对方当事人知道或应当知道这一情况，且基于具体情况和合同目的，利用了对方当事人的这一情况，从而获得了额外利益或非常不公平的优势地位。可以看出，这是"乘人之危"制度在 19 世纪和 20 世纪上半叶实际适用下降之后的一种复苏的趋势。

第三部分"合同内容的确定"中，许多条款与罗马法及其传统有着明显的联系，其中第六章"解释"和第七章"内容和效力"中的条文最能体现其中的联系。下面列举两个例子。

第一个例子涉及第 61b 条和第 62 条第 1a 款，这两个条款与有利于消费者的解释和对合同条款提供者作不利解释相关。该解释规则的渊源始于对要式口约债权人作不利的解释（interpretatio contra stipulantem），后来罗马法将其进行扩展，合同条款存有疑义时即作不利于合同条款提供者的解释（interpretatio contra proferentem）[1]。通过 17、18 世纪的中世纪法和现代法的延续，这一解释规则渗透到 19 世纪欧洲的一些民法典中，如《法国民法典》（第 1162

---

　　[1]《学说汇纂》D. 2. 14. 39（Papinian, 5 quaestionum）；D. 18. 1. 21（Paul 5 ad Sabinum）；D. 45. 1. 38. 18（Ulpian, 49 ad Sabinum）.

条）和《西班牙民法典》（第 1288 条），而另外一些国家则规定根据诚实信用和公平交易原则进行合同解释（如《德国民法典》第 157 条）。[1]

1942 年《意大利民法典》第 1370 条规定了更为具体的适用规则，其规定未经单独磋商的合同条款存疑时，对提供者作不利解释。《欧洲示范民法典草案》同样规定了"疑义条款解释规则"（contra proferentem-rule），而《欧洲共同买卖法草案》将其进一步发展和完善，对消费合同和其他仅由一方当事人提供条款的合同进行了区分。对于第一种合同，第 61b 条规定："一、若经营者和消费者之间缔结的合同的某一条款存在疑义，则最有利于消费者的解释优先，但该存疑的条款由消费者提供的除外；二、当事人不能通过排除该条款的适用或者减损或变更其效力而损害消费者的利益。"对于第二种合同，第 62 条第 1a 款规定："若依据第 61b 条的规定处理后，对第 7 条规定的未进行单独磋商的合同条款仍有疑义，不利于条款提供人的解释优先。"

第二个例子与第 73、74 和第 75 条规定的"价款的确定"相关。第 73 条规定，当依合同应支付的价款通过其他方式不能确定时，"若无相反表示，应支付的价款为在类似情况下合同订立时通常收取的价款；没有此类价款的，则为合理价款。"该文本几乎是复制了《联合国国际货物销售合同公约》第 55 条、《国际商事合同通则》第 5.1.7 条和《欧洲示范民法典草案》第 2 – 9：104 条的内容。

根据第 74 条的规定，允许由当事人一方决定价款，但"若该当事人的决定非常不合理的，则应以合同订立时，在类似情况下通常收取的价款或使用的合同条款为准，没有此类价款或合同条款的，应以合理价款或合理的合同条款加以替代。"[2]第 75 条涉及由第三人决定价款或其他任何合同条款的规定，区分为两种情况进行考虑：①当第三人不能或不愿意决定的，法院可指定其他人对此进行决定，但这一指定不符合合同条款的除外；②若第三人决定的价款或其他合同条款非常不合理的，则应以合同订立时，在类似情况下通常收取的价款或使用的合同条款为准，没有此类价款或合同条款的，则应

---

〔1〕 ZIMMERMANN, *The Law of Obligations cit.*, pp. 639 ff. ; A. PETRUCCI, *Interpretazione del contratto*: *alter regole ermeneutiche*, in G. LUCHETTI-A. PETRUCCI, *Fondamenci romanistici del diritto europeo*, cit. , 348 ff.

〔2〕 "一、当价款或其他合同条款应由一方当事人决定，而该当事人的决定非常不合理时，则应以合同订立时相似情况下通常使用的价款或条款为准，若不存在前述价款或条款，则应以合理价格或条款替代。"

以合理的价款或合同条款加以替代。[1]

即便是上述的规定，我们也能在《查士丁尼国法大全》中找到根源，即参照第三方的决定或者外部环境来确定买卖合同的价款。[2]这些罗马法渊源深刻地影响着中世纪和现代的法学，但是呈现了不同的结果。例如，《法国民法典》（第1592条）允许由第三人决定价款，但是并没有规定可以根据外部客观环境确定买卖合同的价款。与之相反，19世纪德国法学则根据罗马法文本构建了一套依据外部环境或由当事人一方或第三人决定债务标的的完整理论体系。该理论体现在《德国民法典》的第315~319条，进一步简化之后，成为《欧洲示范民法典草案》和《欧洲共同买卖法》相关规定的基础。[3]

现在对《欧洲共同买卖法》第四部分关于买卖合同和数字内容供应合同规则的体系化编排作简要的评述。《欧洲共同买卖法》第四部分，按照第十章"出卖人的义务"、第十一章"买受人的救济"、第十二章"买受人的义务"、第十三章"出卖人的救济"和第十四章"风险转移"的顺序进行结构安排。

依我看来，规定一方当事人的义务之后，紧接着规定其不履行义务时对方当事人可获得的救济，并且通过合同中商品或数字内容风险和损害的分配平衡双方的权利和义务的结构安排令人感到有趣和惊讶。众所周知，债务人的义务与债权人的救济相互关联，风险本身及风险由一方当事人移转给另一方当事人所发挥的作用，这些均为典型的罗马法学家思维方式及古典法时期的显著特征。

根据欧洲共同法律传统对《欧洲共同买卖法》中的一些事项进行的思考之后，我深信欧洲共同法律传统的悠久渊源，不仅可以帮助我们了解欧洲立法者和欧洲学术界为了协调统一欧洲共同法所选择的一些"传统的"立法模式，而且可以提高对已经进入法学理论和实践的先合同信息提供义务和不公平合同条款的新的领域的认识。

---

[1] "一、如须由第三方决定价款或其他合同条款，而第三方不能或不愿决定的，法院可指定其他人对此作出决定，但指定与合同条款不符的除外。二、若第三人决定的价款或合同条款非常不合理，则应以合同订立时相似情况下通常使用的价款或条款为准，若不存在前述价款或条款，则应以合理价格或条款替代。"

[2] 《学说汇纂》D. 18.1.35.1（Gaius, 10 ad edictum provinciale）；D. 18.1.7.1-2（Ulpian, 28 ad edictum）和《法学阶梯》3.23.1。

[3] A. PETRUCCI, *Determinazione del prezzo*, in G. LUCHETTI-A. PETRUCCI, *Fondamenti di diritto contrattuale eurpeo. Dalle radici romane al Draft Frame of Reference*, cit., 122 ff.

# 意大利侵权法"损害"概念的发展

李一娴* 白 纶**

"损害"一词来源于拉丁文"*damnum*",与过错、因果关系和违法性构成大陆法系国家侵权法的核心概念。因他人的不法行为而引发的损害赔偿请求权,以受有实际损害为要件。因此,损害是民事责任存在的前提。自 20 世纪 60 年代开始,在意大利侵权法领域出现的理论革命,使侵权法的研究重点从归责原则、"违法性"内涵回归到了"损害"问题。从保护人的基本权利出发,学者们对损害的本质、类型和评估标准重新进行诠释,赋予其新的内涵和意义。

## 一、有关损害概念的争议

意大利学理上有关损害概念的争议,主要是围绕 1942 年《意大利民法典》的两条规定展开的。

《意大利民法典》第 2043 条规定:"因任何故意或过失给他人造成不法损害的,行为实施者应当承担损害赔偿责任。"该条被认为是意大利民法上对民事责任的一般规定。立法者并没有明确此处的损害是否包括非财产损害,但传统学理认为此处的损害仅指财产损害。与该条规定相对应,《意大利民法典》第 2059 条规定:"非财产损害应当仅在法律规定的情况下进行赔偿。"该条被认为是对非财产损害进行限制性赔偿的特殊规定。这意味着,意大利侵权法对损害问题实际上采取了一种"二分法"的划分:一方面,财产损害以损害赔偿为主要目的,对赔偿责任不加限制;另一方面,非财产损害兼顾赔偿和制裁的目的,其赔偿责任被限定在有法律规定的情形,实际上主要适用

* 云南大学讲师,意大利圣安娜高等大学博士。
** 云南大学讲师,意大利圣安娜高等大学博士。

于构成犯罪行为的侵权行为（《意大利刑法典》第185条）。[1]这一模式与德国法的规定十分接近。[2]

在上述二分法的基础上，意大利早期的学理认为，损害一般而言指的就是财产损害——也就是可以从经济角度评价的一种不利。非财产损害则仅仅是一种特殊情况下的例外情形。[3]对损害的这种理解可以追溯到传统的"差额说"。差额说从经济的和抽象的角度来理解损害，认为损害就是受害人"财产"的减少。随着社会经济的动态化发展和工业社会中人身伤害的增加，损害的传统定义发生了两次重要的变革。第一次变革发生在20世纪60年代，在这一时期"人身损害"的法律概念开始被学者明确提出，但主流学理仍然坚持认为人身损害赔偿的判决标准是受害者的收入状况。也就是说，人身损害的赔偿的对象被限定于"受害人因其劳动能力的减少而受到的经济损失"[4]。第二次变革发生在20世纪80年代，在热那亚和比萨地方法院司法实践的推动下，意大利最高法院和宪法法院确认了一种与财产损害、精神损害并列的人身损害概念："生物损害"（danno biologico）。[5]热那亚和比萨的法官和民法学者们的共同努力深刻地改变了意大利有关人身损害赔偿的法学理论。这一理论的影响力很快渗透到了整个欧洲大陆，尤其是法国、西班牙等罗马法系国家。

## 二、生物损害的概念

意大利法确立生物损害赔偿制度的基本出发点是：即使受害人的财产没有遭受损失，侵权人的行为也没有构成犯罪时，侵害健康权造成的损害（即生物损害）也必须得到赔偿，而且对其赔偿应当是第一位的，对其不能施加任何限制。

---

〔1〕 Cesare Salvi, La Responsabilità Civile, Milano, Giuffre, 1998, pp. 44~47.

〔2〕《德国民法典》也明确区分了财产损害和非财产损害，并规定非财产损害限于法律规定的情形才能得到赔偿（BGB第253条）。不过，由于德国学理坚决否认民事责任的惩罚性，因此德国法上的非财产损害赔偿（主要指对精神损害的"痛苦抚慰金"）只具有补偿性质。而意大利的精神损害赔偿则兼具补偿和惩罚功能，其所针对的是构成犯罪的侵权行为。

〔3〕 Cesare Salvi, La Responsabilità Civile, Milano, Giuffre, 1998, p. 47.

〔4〕 [德] U. 马格努斯主编：《侵权法的统一：损害与损害赔偿》，谢鸿飞译，法律出版社2009年版，第176页。

〔5〕 Francesco Busnelli, Francesco Busnelli, Il Danno Biologico, G. Giappichelli Editore, Torino, 2001, pp. 85~99.

（一）侵权法上的损害概念的扩张

传统上，《意大利民法典》第 2043 条的规定被理解为是关于财产损害赔偿的一般规定。因此，在适用该条法律规定确定财产损害时，法院需要关注损害发生前后受害人财产状况的变化。然而，在健康权遭受侵害的侵权案件中，受害人可能完全没有遭受财产上的损失，或者财产上的损害赔偿完全不足以弥补受害人健康受损导致的实际损害。例如，夫妻一方因受伤而不能进行性生活时，夫妻双方所遭受的损害就无法用财产的减少来评估。[1]

《意大利民法典》第 2059 条的规定具有一个重要特征：根据该条规定，与财产损害相对应的概念为"非财产损害"（danno non patrimoniale），而非"精神损害"（danno morale）。但实际上，第 2059 条规定的能够引起非财产损害赔偿的侵权行为主要指犯罪行为，因此该条规定的非财产损害赔偿实际仅指特定情况下的精神损害赔偿。这时，侵权人所承担的损害赔偿责任除了补偿受害者外，也构成了对侵权人犯罪行为的一种制裁和惩罚，而这种制裁和惩罚本身也具有抚慰受害者精神痛苦的功能。换言之，在意大利法中，精神损害赔偿是针对犯罪行为而设计的一种特殊的、具有制裁功能的损害赔偿，如果侵权行为没有严重到构成犯罪的程度，受害人是不能根据第 2059 条的规定要求损害赔偿的。

第 2059 条的规定严重地限制了受害人的非财产损害赔偿请求权的实现，无法满足社会的现实需求。随着侵权法理论的发展，越来越多的国家都认为，非财产损害赔偿的范围不仅包括传统的精神损害，还应包括诸多其他不能以经济价值来衡量的损害。在英美法系国家，非财产损害的外延不仅仅限于精神损害，还包括身体的不便与不适、社会的不信任、对名誉的伤害、死亡和健康的缺失等。[2]意大利学者也认为，非财产损失包括不法行为造成痛苦、失去健康、生理和心理的损害、不法损害他人名誉、诽谤他人使其名誉受损等情况。[3]

---

〔1〕［德］克雷斯蒂安·冯·巴尔著，焦美华译，张新宝校：《欧洲比较侵权行为法》（下卷），法律出版社 2001 年版，第 26～27 页。

〔2〕 Harvey McGregor, *McGregor on Damages*, 15th Ed, London: Sweet & Maxwell, 1988, pp. 46～50. 在英美法系国家，由于其侵权法体系是以具体侵权行为类型为研究对象的，无普遍适用的一般条款，学者对健康的非财产损害赔偿问题的研究尚未形成系统的理论。

〔3〕［意］恺撒·米拉拜利："人身损害赔偿：从收益能力到人格尊严"，丁玫、李静译，载《中外法学》2007 年第 1 期。

如前所述，由于第 2059 条实际上只规定了因犯罪行为导致的精神损害赔偿，为了使其他非财产损害的受害人也能得到完全而充分的救济，学者和法官必须在第 2059 条之外，为其他非财产损害赔偿找到法律适用的空间。于是，学者们的关注点又回到了第 2043 条的损害概念上来。越来越多的学者指出，"损害" 的定义并不是一个单纯的逻辑问题，而应基于实证法的发展而对其进行诠释；将第 2043 条规定中的 "损害" 局限于财产性损失实际上是一种政策性的解释，完全可以对其提出质疑。[1] 最终，通过多年的学理研究和实践发展，意大利侵权法上的损害概念最终扩展到包含财产损害、精神损害和生物损害这三大类型。

（二）健康权的保护与损害概念

意大利侵权法将损害概念从财产损害扩张到精神损害，再进一步扩张到包括生物损害在内的广义上的非财产损害的过程，也得到宪法价值私法化这一法学理论发展的支持。随着意大利侵权法学理与实践的不断发展，损害不再被认为仅仅是一种 "经济上的不利"[2]，更多的学者提出应将损害的概念与人的保护以及人作为个体存在的利益结合起来。例如，意大利著名法学家 Cesare Salvi 认为，应在三个不同的层次上理解损害的本质：首先，从现实的角度来看，因其引起某种现实利益状况的变化，损害即意味着对客观现实状况的改变；其次，从受害人的角度来看，损害应被视为因不法行为引起的受害人利益的损失或减少；最后，从规范的层面来看，损害的实质是对受法律保护权利的侵犯。[3] 既然损害的概念涉及对人的保护，损害赔偿法也就和宪法发生了关联。意大利学者认为，为了更充分地保障受害人的损害赔偿请求权，正确的解决方法是寻找一条超越《意大利民法典》规定的道路，从宪法原则中获取解决办法。意大利的司法实践为这条道路的实践奠定了基础。

尤其值得注意的是，作为人的基本权利之一，健康权在侵权法上的损害赔偿问题成了学术研究的重点。健康权是指自然人以其机体生理机能正常运作和功能完善发挥，以其维持人体生命活动的利益为内容的人格权。它的基

---

〔1〕 Cesare Salvi, La Responsabilità Civile, Milano, Giuffrè, 1998, p. 47.

〔2〕 ［德］U. 马格努斯主编：《侵权法的统一：损害与损害赔偿》，谢鸿飞译，法律出版社 2009 年版，第 175 页。

〔3〕 Cesare Salvi, La Responsabilità Civile, Milano, Giuffrè, 1998, p. 40.

本功能，就是维护人体机能和功能发挥的完善性。《意大利宪法》第32条[1]明确规定了对健康权这一基本权利的保护。基于该条规定，法学理论和判例依照宪法的精神和原则重新对《意大利民法典》第2043条的规定作出解释。

在这一进程中，意大利宪法法院扮演了重要的角色。作为宪法的保障机关，宪法法院被赋予了审查国家立法合宪性的职能。针对生物损害赔偿的理论和实践，意大利宪法法院认为，有必要依据宪法对《意大利民法典》第2043条有关侵权损害赔偿的规定重新作出解释，使之符合保障公民基本权的需要。为此，应当将侵权损害的概念扩大到对各种基本权的损害，即使该损害未影响受害人财产上的收益能力。[2]

（三）生物损害概念的提出

"生物损害"理论正是在这一背景下提出的。起初，意大利宪法法院的判例肯定了对健康的非财产损害的可赔偿性；随后，通过在比精神损害更广泛的意义上重新定义"非财产损害"这一概念，意大利的学者们提出了具有革新意义的"生物损害"概念，将健康损害这种新型的非财产损害类型纳入侵权法的保护范畴，使其成为与精神损害并列的非财产损害类型，实现了侵权法领域损害理论研究的重大突破。该理论的主要观点是：不法行为对健康造成的损害实质上是对人的生理机能运作与功能发挥的侵害，即对人的生理完整性的破坏。这种损害既不等同于侵害健康权所造成的财产损失，也不等同于精神损害，而是一种独立的损害。侵权法不仅应当让侵权人赔偿损害健康所引起的财产和精神损失，也应当让其赔偿不法行为对健康这一主体利益自身所造成的损害，并以衡平的方式对此类损害赔偿的数额进行计算。[3]在此，对健康权的损害专指对人的生理机能运作与功能发挥的侵害，即对人的生物学或医学意义上的生理—心理完整性的破坏，因此，意大利法学家将对生物学意义上的健康本身的损害称为"生物损害"。这一法律术语的采纳可以避免

---

〔1〕《意大利宪法》第32条规定："共和国保障作为个人基本权利和社会利益的健康权，并保障贫穷者获得免费医疗。非依法律有关规定，任何人不得被强迫接受卫生治疗。法律在任何情况下都不得侵犯为尊重人身所设定的各种限制。"

〔2〕［意］恺撒·米拉拜利："人身损害赔偿：从收益能力到人格尊严"，丁玫、李静译，载《中外法学》2007年第1期。

〔3〕作为侵权法理论前沿的最新产物，"生物损害"的意义获得了学术界的权威肯定，但对生物损害赔偿的具体范围和数额尚未形成统一的适用模式。在实务中，意大利法官一方面充分肯定受害人所承受的生物损害具有可赔偿性，另一方面沿用衡平的方式、结合具体案情对生物损害赔偿的数额进行计算。

"健康"一词的多义性可能造成的歧义。[1]

目前，意大利"生物损害"理论的影响力已经逐渐渗透到欧洲大陆的许多国家，法国、西班牙、葡萄牙的侵权法都出现了相关的法学理论和司法判例。[2]由于体系的不同，生物损害理论尚未在以德国为首的日耳曼法系国家获得普遍的认可。例如，《德国民法典》第253条规定了非财产损害赔偿，但该条只针对人身伤害规定了"痛苦抚慰金"，并未认可对健康本身的损害可作为一种独立的非财产损害获得赔偿。不过，生物损害理论已经引起德国法学界的高度重视。德国学者Chr. Von. Bar认为："生物损害理论在欧洲很多国家普遍适用，非常具有说服力"。[3]

### 三、意大利司法实践中有关损害的典型案例

（一）确定生物损害赔偿制度的宪法法院判决

在意大利司法实践中，确立生物损害赔偿制度的最重要的案例是1986年意大利宪法法院作出的第184号判决。[4]1986年，意大利宪法法院在审查民法典第2059条的合宪性问题时，对如何解决生物损害赔偿问题提出了自己的意见。该判决在意大利生物损害理论的发展中具有极为重要的地位。

在解释生物损害赔偿的问题时，意大利宪法法院采取了以下策略：

首先，宪法法院在逻辑上区分了作为不法行为内部组成部分的损害事件和作为不法行为外部最终后果的损害结果。宪法法院认为，不法行为本身是由一个动态要素（行为）和一个静态要素（事件）组成的，在这里，事件既是动态要素（行为）的自然结果，同时又是不法行为外部最终的、财产或非财产性损害的原因。也就是说，事件是联结行为和行为的最终结果之间的一个桥梁。因此，作为"事件"的损害是区别于财产损害和非财产损害的另外一种损害。在此基础上，宪法法院对生物损害的概念进行了界定。该法院认

---

〔1〕 当代残疾理论即认为，应当从社会意义上理解健康和残疾。医学角度具有残疾的人，在伦理意义上却应该被认为是完全健康的，残疾不应被认为是健康的一种缺损。如果采纳的是这样一种非医学性的健康概念，对健康的非财产损害赔偿就会出现逻辑上的混乱。显然，"生物损害"这一概念的采用，完全可以避免上述对健康概念的争议和误解。

〔2〕 ［德］克雷斯蒂安·冯·巴尔著，焦美华译，张新宝校：《欧洲比较侵权行为法》（下卷），法律出版社2001年版，第25~30页。

〔3〕 ［德］克雷斯蒂安·冯·巴尔著，焦美华译，张新宝校：《欧洲比较侵权行为法》（下卷），法律出版社2001年版，第25~30页。

〔4〕 意大利宪法法院1986年作出的第184号判决。

为，生物损害是人的生理—心理完整性的丧失，其本身是一个"自然事件"；这一损害由于侵犯了宪法第32条保障的健康这一基本权，因而在法律评价上当然是不正当的，并可以依据民法典第2043条得到赔偿。

其次，宪法法院在分析了不法行为的结构并以此为基础定义了生物损害的基础上，开始了对民法典第2043条和有关宪法规定的分析。宪法法院认为，民法典第2043条本身只是一个次级法律规范，它只规定了违法行为的法律后果（损害赔偿），其应用最终还要参引一条一级法律规范（主体行为规范）；而在生物损害问题上，这条一级法律规范则是由宪法第32条（该条规定了个人的健康权，且在私人关系上亦有效力）提供的。也就是说，民法典第2043条和宪法第32条相结合共同构成了生物损害赔偿的规范基础。

最后，在民法典第2043条的解释上，宪法法院实际上采纳了以下观点：①民法典第2043条并没有确定地要求说损害要是财产性的；②损害的"不正当性"是可赔偿性的唯一标准，这与损害是财产性还是非财产性的无关，因此可以创造一个介于财产性和非财产性之间的第三类损害。

作为结论，由于生物损害赔偿问题适用的是民法典第2043条和宪法第32条相结合构成的规范，而不适用民法典第2059条，因此民法典第2059条并没有违宪。

（二）死亡引起的生物损害问题争议

1999年，意大利最高法院针对一起死亡引起的生物损害赔偿案件作出了判决。在本案中，原告Dante Incerti死于一起交通事故，肇事汽车的司机也同时死亡。Dante Incerti的儿子及其遗孀向法院提出起诉，要求肇事汽车所有人的继承人以及保险公司承担对原告的未来损害和生物损害的赔偿责任。[1]

针对原告的诉求，最高院认为在侵权行为受害者配偶的未来财产损害赔偿问题上，由于配偶双方共同拥有家庭收入，即可合理地推断出，任何一方都对该共同财产做出了相同程度的贡献。因此，丈夫的死亡当然会引起其遗孀财产上的损害。该损害一方面体现为由于丈夫去世而导致的家庭收入的减少，另一方面也体现在家庭共同支出方面：在家庭事务的管理中，某些服务以及相关费用的数额不受到家庭成员数目的影响，家庭共同支出不会因为一个家庭成员的不在而得到相应补偿。因此，上诉法院以受害者收入为基础，参考死者生前对其家庭成员做出稳定经济贡献，通过推理及社会普遍经验，

[1] 意大利最高法院1999年作出的第491号判决。

采用了公平的准则对该损失进行了计算。而受害者儿子已经在经济上实现其独立性，拥有工作收入并即将结婚，已经做好准备离开原来的家以便组建自己的家庭。因此，他不再作为家庭成员享有其父生前所取得的经济利益。

针对死亡引起的生物损害赔偿问题，原告认为，根据《意大利宪法》第32条的规定，无论是作为继承权利还是固有权利，自己都有权获得死亡引起的生物损害赔偿。而最高院在审理案件时，认定对身体完整性的致命损害是在损害事实发生时马上出现，或者是很短暂的时间之后就出现的，因此其所遭受的损害不属于生物损害。死亡并不构成对于健康权的最大可能的侵害，而是影响到其他的生命的法律利益。此法律利益的损失，也就是主体的决定性消失，并不能转化为相应损害赔偿的权利（该权利的实现以对受害者财产进行补偿的方式进行，且可以转移至继承人）。这并不意味着对个人生命权不做出保护，对该权利的保护更多地是通过刑法的惩罚工具来进行的。基于损害赔偿的目的并不是惩罚，而是对损害的重新整合和修复，当主体不复存在时，涉及人本身固有的且只能通过自然赋予而获得的权益的损害时，损害赔偿将相应地不能发生作用。[1]原告的死亡是即时发生的，继承权马上生效，因此不能对受害者的死亡进行生物损害补偿。在丈夫之死给受害者遗孀带来的心理—生理完整性的变更是否构成生物损害这一问题上，法院认定没有任何适当的证据表明，该遗孀由于其丈夫的死亡，在法医学上遭受了一种对心理—生理完整性的真正和确定的损害，因此原告不能因其丈夫的死亡而获得生物损害赔偿。

对生命权的损害是否属于生物损害以及继承人是否可取得赔偿权的问题，在意大利的学理上还是司法实践上都颇具争议。有的法官认为，一方面，死亡带来的损害是对主体个人权利的侵害，也就是说，死亡所侵害的是一种自然权利（生命权）而非财产权，而该权利是不能由受害者之外的其他任何人所享有，因而对其损害所做出的赔偿也不能转移到其他人身上；另一方面，由于死亡的事实造成了受害者权利能力的丧失，其所对应的损害赔偿也不能进入遗产并随之转移给继承人。[2]正如该案法官所认为的："当主体不复存在时，对人本身固有的且只能通过自然赋予而获得的权益的损害赔偿将相应地

---

〔1〕 参考意大利最高法院作出的 1997 年第 1704 号、1997 年第 3592 号、1996 年第 4991 号和 1995 年第 10628 号判决。

〔2〕 参考米兰法院 1988 年 4 月 7 日判决 , in *Dir. Prat. Ass.* , 1988, 516.

不可能再发生作用"。

另一些学者则提出相反的观点，倾向于承认对死亡损害做出生物损害赔偿。[1]该观点认为，虽然主体的个人权利不能被当然继承，作为其附属和后果的赔偿权利（该权利在性质上是非自然的、财产性的）则可以被继承。同时，针对不复存在的主体如何享有生命权的损害赔偿问题，该观点强调在损害事实本身与其所带来的后果之间存在区别："在造成死亡的损害和死亡本身之间，总是存在着一个时间差，即使只是最短的一瞬间，也足以让受害者取得对其生命权的损害赔偿的权利"。[2]该损害赔偿的权利既然已在受害者死亡之前取得，其当然也可以被转移到其继承人身上了。

（三）未成年人的损害问题

除生物损害问题外，在意大利侵权法中还常常涉及财产损害计算中的确定性问题。根据侵权法原理，损害的发生应具备确定性，对损害赔偿的数额则遵守"差额说"的理论而进行计算。当侵权行为的受害者是未成年人时，法官所面临的问题是：应否对未成年人未来劳动能力的减少给予赔偿？一般来说，对未来财产造成的损害是根据预先估计的原则来计算的。受害人通过证实劳动能力在某种程度上被减少了，可以估算其未来生活收入也被相应地减少。此时的损害或者其工作能力的减少程度是可以预计的。然而，当受害者为无业学生或未成年人时，对其未来劳动损害的计算，因缺少计算的参数，难以根据预先估计的原则来进行。在欧洲大陆法系国家的很多判例中，法官都对此问题给予了肯定的回答。

2007年2月20日，意大利最高法院民事第三庭针对一个特殊案件作出了判决，支持了当事人对未成年人未来劳动能力损害赔偿的请求。在本案中，原告N.E为一名未成年人，因交通事故导致其健康受到了严重损害。根据医疗鉴定机构提供的专业鉴定，受害人自身的劳动能力减少程度为20%。在一审判决中，法官考虑到"没有证据来证明受害者工作能力实际减少的程度，因为在事故发生时该受害者并不具备工作能力"，[3]拒绝了原告的请求。

法官的判决引起了巨大的争议，原告因此提起上诉。意大利最高法院审

〔1〕 Francesco Busnelli, *Il Danno Biologico*, *G. Giappichelli Editore*, Torino, 2001, pp. 111~113; A. De Cupis, *Il danno. Teoria generale della responsabilita civile*, II, Milano, 1979, 124 s.; Cass., Sez. Un., 22 dicembre 1925, in Giur. it., 1926, I, 1, c. 224.

〔2〕 Cass., Sez. Un., 22 dicembre 1925, in Giur. it., 1926, I, 1, c. 224.

〔3〕 意大利最高法院2007年2月20日作出的第3949号判决。

理该案时，认定原判决违背了最高院判例中已经确立的原则：对于无收入的主体和由于他人不法行为而受到永久损害的人，其利益损失的财产损害是一种未来损害。虽然该损失事实尚未发生，但并不能因此否认对其进行赔偿的可能性。事实上，可通过假设的方式和盖然论准则对损害的数额进行评估。具体而言，对受到永久性损害的未成年人的利益损失做出评估时，应以其学习方向或者个人倾向为基础、结合其家庭的社会经济地位并在其未来工作活动的预先估计的基础上进行计算。当难以完成预先估计时，亦可参考其父母（之一）的工作情况，假设子女将从事和其父母相同的职业，从而对未来损害赔偿的数额作出计算。[1]因此，意大利最高院撤销了原判决，并根据上述原则对受害者的未来经济损失做出了计算。

在意大利最高院作出的判决中，法官没有贸然否认对未成年人遭受损害进行赔偿的可能性，而是根据盖然性的准则进行了计算。在诸多相似的司法判例中，当涉及对未成年人的损害赔偿时，法官采纳了具体问题具体分析的方法完成对赔偿数额的评估。首先，法官从受害者自身的情况出发进行分析，通过追溯该未成年人的学习历程，对其能力和专业爱好做出估算。一般来说，如果受害人是已在学校选修某种专业或其已拥有某种学位的学生，对其工作前景的评估将相对容易与准确，而推测一个几岁甚至十几岁的孩子将来可能从事的职业则是非常困难的，而且受害者的年龄越小，这种评估的困难程度就越大。在这种情况下，法官则会考虑其他相关因素，例如通过其家庭的社会经济状况或者其父母的工作情况来推测其未来的工作前景。最后，如果以上推测都难以适用时，法官将依据衡平原则，根据社会抚恤金数额的三倍或者独立劳动者的中等收入值来判定适当的损害赔偿数额。针对未成年人劳动能力丧失的损害赔偿问题，法官主要采纳预先估计以及衡平的原则，参考受害者个人具体情况来作出判决。而在我国侵权法的司法实践中，法官很少考虑到受害者年龄的差距问题，多采纳统一的人身损害赔偿标准对未来损害赔偿作出判决。

## 四、结　论

随着《侵权责任法》的实施，中国侵权法的理论研究和实践经验获得了迅速发展，对损害的概念、类型与判断标准等问题的研究逐渐深入和细化。

---

〔1〕　参考意大利最高法院 2003 年 10 月 2 日作出的第 14678 号判决。

到目前为止，我国侵权法理论研究中，对非财产损害的研究主要集中于精神损害领域，对精神损害之外的其他类型的非财产损害的研究尚待进一步地深入与突破。台湾地区的学者也提出非财产损害"即为生理上或心理上之痛苦"[1]，属于精神上的损害。中国的侵权法体系承袭大陆法系国家的传统，对意大利侵权法的损害概念和相关案例进行学理研究，一方面可以在理论层面丰富中国侵权法非财产损害领域的研究，在更完整的法学逻辑架构下发展中国侵权法的理论，另一方面可为法官适用《侵权责任法》处理具体的人身损害赔偿案件提供有益的参考，从而进一步加强对公民个体权利的保护。

---

[1] 曾世雄：《损害赔偿法原理》，中国政法大学出版社2001年版，第294页。

# 论合同目的之概念

章杰超 *

在合同法领域，合同目的可谓出现频率极高的概念。目的的重要性毋庸置疑，我们甚至可以下这样的结论，即"目的是所有合同的创造者"。没有目的，合同将不复存在。在现行合同制度中，合同目的可谓贯穿了合同从产生到消亡的全过程，其在合同的成立、效力、履行、解释、解除，以及救济等诸方面都有体现。就我国《合同法》而言，共有 9 个条文提到了"（合同）目的"这一概念。[1] 正如有学者所说，"合同目的被如此众多的法律条文作为不可或缺的组成元素，可见其不可忽视性。"[2] 虽然合同目的对于合同法的研究和制度的意义不言而喻，但是由于合同目的这一概念包涵了主观色彩，其表达、认定以及解读具有较大的不确定性，这也给学理研究以及司法操作带来了很大挑战。"法律概念，以是否确定为标准，可以分为两类：一类是确定概念，这类概念已约定俗成地涵盖所述对象的一切有意义的特征……二是不确定概念，又分为封闭的和开放的两种。封闭的不确定概念内涵不确定，但外延是封闭的……开放的不确定概念，内涵不确定，外延也是开放的。"按此分类，合同目的就属于开放的不确定概念，对其界定存在很大难度，对于这一概念的争论也可以说是难以避免。合同目的概念本身的合理性，合同目的的含义、性质、范围等，都尚待深入挖掘和研究。

---

* 中国人保集团再保险公司法务部，中国政法大学民商法学博士。

〔1〕 分别是总则中第 52 条第 3 项关于非法目的会导致合同无效的规定；第 60 条第 2 款关于依据合同目的履行附随义务的规定；第 62 条第 1 项和第 5 项关于合同质量、方式约定不明的，按照有利于合同目的来履行的规定；第 94 条第 1 项和第 4 项关于在符合一定条件的情形下，不能实现合同目的可解除合同的规定；第 125 条关于依据合同目的的解释合同的规定；以及分则中买卖合同和租赁合同的相关规定。

〔2〕 崔建远主编：《合同法》，法律出版社 2010 年版，第 362 页。

## 一、合同目的概念合理性之探讨

### （一）合同目的概念合理性之否定观点

合同目的可谓老生常谈，在很多国家的立法、司法实践和法学理论中均有所体现，但这并不意味着所有人都认为合同目的这一概念是天然合理的。对这一问题的解决也是我们深入探讨合同目的概念的前提。科宾教授即旗帜鲜明地否定合同目的这一概念，"合同的任何一方当事人在订立合同时，都有其各自的目的或意图。这些意图并非完全同一，因为当事人各自具有自己的目的，并不存在所谓的'合同目的'，有的仅仅是合同当事人的目的。"[1]"合同本身并不可能有目的或者有意图，只有合同当事人才有目的，而当事人各自的目的又有所不同。"[2]因此，按照科宾教授的观点，目的乃人所特有，不同的人具有不同的目的，"合同"本身并无"目的"，因此所谓的"合同目的"是不存在的。

### （二）对概念合理性否定之否定

否定合同目的概念的观点虽然逻辑上看起来非常完满，但实际上并不能够成立。理由如下：首先，关于语词的形成，有多种途径，有些语词使用是基于逻辑，有些是基于生活经验，还有些是基于习惯，因为合同本身不存在目的，就否认合同目的的说法是值得商榷的。比如，"法律行为"已经是大陆法系尤其是德国民法和参照德国民法相关国家和地区法律中的重要概念，如果按照前述逻辑，法律本身显然无法做出一定的行为，那是否意味着"法律行为"是不存在的？答案也应当是否定的，因为其已经有了普遍理解的含义。即使按照米健教授研究的结论，目前立法和理论研究中所称的"法律行为"是误译的结果，实际应为"法律交易"，[3]那法律自身也无法进行交易，进行交易的主体仍然是人，但并不能因此而否认"法律交易"的存在，合同目的亦是如此。因此，从"合同目的"这一个词语的用法本身来否定它依据并不充分。其次，目的是否必须是单一的，不同的目的是否无法融合在一个事物之中？答案仍然是否定的。因为目的与合同并非同一事物，在同一个合同中

---

〔1〕 ［美］A. L. 科宾：《科宾论合同》，王卫国等译，中国大百科全书出版社1998年版，第634页。
〔2〕 ［美］A. L. 科宾：《科宾论合同》，王卫国等译，中国大百科全书出版社1998年版，第678页。
〔3〕 关于我们通常所讨论的法律行为，其究竟应被翻译成法律行为，还是法律交易，详细可参见米健："法律交易论"，载《中国法学》2004年第2期。

包含有多项目的是可能的，甚至是一种常态。因此，以不同的当事人具有不同的目的或意图而否定"合同目的"的观点亦不能成立。

合同目的已经成为一个普遍性的概念，故对其的使用已经无法避免。当然，如果从其实质含义来讲，科宾教授的观点不无道理。因为，目的对于合同本身是没有意义的，目的的意义针对的确实是人。合同目的其实反映的就是当事人的目的，正是当事人目的的交融构成了合同目的。

### 二、探寻合同目的之内涵

在证明了合同目的概念的合理性之后，接下来首要的工作就是探究合同目的的具体内涵。合同目的概念可以拆分成两个部分，分别是"合同"和"目的"。要对合同目的概念作一个全面的分析，离不开对这两个部分的分别探讨。

（一）合同理解的一致性

合同的概念可见于诸多的法学著述，彼此之间存在理解或侧重点的不同，比如在大陆法系国家论著中合同大多被定义为是一种合意，而在英美法系国家的法学家们则更强调合同是一种允诺，本文并无意探讨它们彼此之间的联系与区别。而且事实上，虽然表面上看似理解差异巨大，但仍然无法掩盖其实质上的同一性。正如有学者所说，"在存在隔阂的不同法系，再也没有比契约法更能表现出它们之间的和谐与一致了。在合同的基本理念、合同的订立过程、合同的类型和合同所产生的效果方面，各国合同法所表现的思维，有着更多的一致性"。[1]因此，本文中对于合同的定义不再花费过多的篇幅。

（二）词典中的"目的"

"目的"非常抽象，要对其下定义很困难，正如有学者所说，"目的这个概念所具有的含混性始终都是导致人们观点分歧和冲突的根源。"[2]但作为一个普遍性的词语，很多辞书对于目的仍然有其定义。商务印书馆 1925 年出版的《辞源》认定目的的含义为："意欲所达之境，如射者之视的，故曰目的。"[3]中华书局 1981 年版的《辞海》对于目的的解释如下："意之所趋向，

---

〔1〕 张俊浩主编：《民法学原理》，中国政法大学出版社 2000 年版，第 724 页。

〔2〕 [英]弗里德利希·冯·哈耶克：《法律、立法与自由》（第 1 卷），邓正来、张守东、李静冰译，中国大百科全书出版社 2000 年版，第 177 页。

〔3〕《辞源》，商务印书馆 1925 年版，第午 125 页。

其预定欲得之结果，犹射者之视的，故云目的。"[1]汉语大词典出版社 1997 年版的《汉语大词典》认为目的应当解释为"所追求的目标；想达到的境地"。[2]上海辞书出版社 1999 年版的《辞海》对于目的的解释较为详细，具体如下："人在行动之前根据需要在观念上为自己设计的要达到的目标或结果。目的贯穿实践过程的始终。它的产生和实现都必须以客观世界为前提，同时还受一定历史条件的制约。目的是通过主体运用手段改造客体的活动来实现的。目的有正确与错误之分。只有符合客观规律和历史发展趋势的目的，才能实现。"[3]商务印书馆 2003 年版的《现代汉语词典》则认为目的是指"想要达到的地点或境地"。[4]

（三）合同目的内涵之梳理

合同目的的内涵问题可谓核心问题，一些学者在相关著述中已经有所涉及。有学者对合同目的直接进行定义，认为合同目的是"当事人订立合同时所想要得到的结果，这种结果通常表现为一种经济利益。合同目的因当事人不同而有所不同。"[5]而有的学者则认为"合同的目的是指当事人订立合同所追求的具体的经济和社会效果。"[6]有学者则把目的和意思表示联系起来进行解读。"对于民法上'目的'的理解，可以结合意思表示的构造来进行。传统上，人们基于心理学研究成果，将意思表示的形成及表达过程描述为：其一，形成某种动机，即效果意思的形成阶段，例如，拟用电脑提高工作效率。其二，基于该动机，形成发生一定法律效果的意思，即效果意思。例如，产生购买一台电脑的意思。其三，产生将效果意思向外部进行公开的意识，即表示意思。例如，拟将购买一台电脑的意思向外部进行表示。其四，向外部表示效果意思，即表示行为。例如，用口头向卖家表示拟购买一台电脑。"[7]我妻荣教授亦认为，"法律行为的目的，是指行为人想通过此达到的效果，……

〔1〕 熊钝生主编：《辞海》（中册），中华书局 1982 年版，第 3136 页。

〔2〕 罗竹风主编：《汉语大词典》（中卷），汉语大词典出版社 1997 年版，第 4544 页。

〔3〕 夏征农主编：《辞海》（1999 年版缩印本）（音序），上海辞书出版社 2002 年版，第 1201 页。

〔4〕 中国社会科学院语言研究所词典编辑室编：《现代汉语词典》（2002 年增补本），商务印书馆 2003 年版，第 904 页。

〔5〕 江平主编：《中华人民共和国合同法精解》，中国政法大学出版社 1999 年版，第 77 页。

〔6〕 王利明：《合同法研究》（第 1 卷），中国人民大学出版社 2011 年版，第 470 页。

〔7〕 梅夏英、邹启钊："法律规避行为：以合法形式掩盖非法目的——解释与评析"，载《中国社会科学院研究生院学报》2013 年第 4 期。

法律行为的目的，结果是依意思表示的目的，即效果意思的内容决定的。"[1]
依崔建远教授的观点，效果意思与合同目的有一定的一致性，但范围有别，
与效果意思相比，合同目的的范围较窄。[2]李浩培教授在解读《拿破仑法典》
时，对其中的契约一词有过较为详尽的论述，而目的占据了绝大部分的篇幅。
"契约是两个或两个以上意思表示的一致，其目的在于产生某种法律上的效
果，即或者将所有权从一人移转于他人，或者产生某些债务，或者解除当事
人先前所缔结的债务，或者只是改变已经存在的一些约定。"[3]

　　在经过一番梳理之后，我们基本上可以得出如下结论，即合同目的的内
涵是当事人期望通过合同实现某种法律效果，或者说，合同目的就是指合同
当事人所希望实现的目标，其核心即当事人的期望。

### 三、合同目的与合同动机之辩

#### （一）目的有阶段之分

　　凡事都是发展变化的，人的思维亦是一个不断发展的过程，根据合同的
订立情况，人的思维大体上可以分为合同订立前、订立时和订立后三个阶段，
那通常所称的合同目的到底是哪个阶段的目的？在对合同目的进行描述时，
不同的学者观点并不完全一致，有些学者提到是"合同订立时"，而大部分学
者提到是"订立合同"或"合同订立"所要实现的目标。虽然仅有一字之
差，但事实上区别巨大。在这几个阶段中，由于合同订立后主要针对履行问
题，即通过合同履行以实现合同目的的问题，因此可以排除在讨论范围之外，
就合同目的阶段争议的集中于是合同订立前还是合同订立时。

　　合同并非突然产生，在合同订立之前，当事人都已经有过一段时间的心
理活动，然后再决定是否订立合同。此时通常涉及的应当是为什么要订立合
同，即当事人出于什么"目的"去订立合同的问题。我们发现，在这个阶段
的"目的"并不是真正的"目的"，而通常由另外一个词来表述，即"动
机"。而在合同订立时期望实现的目标才真正被称为"合同目的"。

---

　　[1]　[日]我妻荣：《新订民法总则》，于敏译，中国法制出版社 2008 年版，第 234 页。
　　[2]　由于合同目的与效果意思的理论出发点不同，因此认为两者的含义和范围亦很难完全一致。
可参见崔建远："论合同目的及其不能实现"，载《吉林大学社会科学学报》2015 年第 3 期。
　　[3]　李浩培、吴传颐、孙鸣岗译：《拿破仑法典》（法国民法典），商务印书馆 1997 年版，第
vii 页。

（二）动机与目的有别

动机与目的，从表面上看就并非同一事物，事实也确实如此。"动机如何往往不等于意图如何。"[1]通常而言，动机是指促使人去从事某个行为的一种心理状态，在刑法上、民法上都可见对动机的分析，相比较而言，目的则更为直接。"人的积极性与人的动机有关。只有了解人的动机，才能引导人的行为，调动人们的积极性。而人的动机又同人的需要联系在一起。人不仅仅有物质方面的需要，人还有文化的需要和社会的需要。只有不断地满足人的多方面的需要，才能有效地激发人的动机，引起人的自觉行动。"[2]"合同的目的是当事人订立合同所要追求的目标，在订立合同前一般是当事人订立合同的动机，换句话说，当事人是为了这个目的而订立这个合同。"[3]动机是法律行为的缘由，这种缘由指的是给付目的，和债务目的是实现债权不同。[4]因此，合同目的和合同动机是不同阶段的事物，合同动机通常产生在合同订立之前，是促使当事人订立合同的因素。而合同目的就体现在合同当中，与合同动机存在明显的差别。

（三）动机与目的一体化之可能性

合同动机与合同目的并非同一事物，这是确定无疑的，但两者是否黑白分明，则要打上一个大大的问号。实际情况是，虽然两者可以被称为是同一事物的不同阶段，但在很多的情况下，要明确区分双方当事人的合同目的与动机并不是件容易的事。在一些案件中，确实难以确定实施法律行为的行为人的动机是构成法律行为规则的内容，还是仅停留在动机的层面上。[5]因此，动机与目的并非清晰可辨，或者说，两者之间也存在着转化的可能。正如崔建远教授所说："诚然，当事人签订合同的动机只是在大多数情况下不得作为合同目的，并非在任何情况下都不得视为合同目的。在当事人明确地将其签订合同的动机告知了对方当事人，并且作为成交的基础，或者说作为合同的

〔1〕［英］边沁：《道德与立法原理导论》，时殷弘译，商务印书馆2011年版，第145页。

〔2〕厉以宁：《体制·目标·人——经济学面临的挑战》，黑龙江人民出版社1986年版，第19页。

〔3〕张晓军："合同法上合理性术语适用之法哲学观察"，载《法学家》2002年第3期。

〔4〕实施一定的法律行为是为了实现特定的目的，而什么原因促使法律行为的实施则属于动机的领域。参见林诚二：《民法理论与问题研究》，中国政法大学出版社2000年版，第198页。

〔5〕由于动机和目的都具有主观性的特点，客观的表示又无法达到毫无争议的程度，因此，到底是属于动机还是目的尚需甄别。参见［德］维尔纳·弗卢梅：《法律行为论》，迟颖译，法律出版社2013年版，第185页。

条件；或者虽然当事人在签订合同时没有明确告知，合同中也没有将该动机条款化，但有充分且确凿的证据证明动机就是该合同（交易）成立的基础，也可以甚至应当将此类动机视为合同目的。"[1]有学者亦认为，"在明示外化之前，这些动机还仅仅是合同当事人的内心想法，并不当然构成合同目的。如果当事人希望其内心动机转化为合同的目的，则应以明示方式告知合同相对方。""缔约人心中所怀之目的规范上称之为动机。该动机原则上必须经当事人双方合意，提升为契约的生效要件或约定为契约内容，其相对人始应分担该目的之达成的风险。"[2]

合同动机与合同目的存在差别，两者在一定意义上可以说是一个事物的两个阶段，而且这两个阶段并非泾渭分明，通过一定的方式，动机就有可能转化为目的，甚至动机与目的在某种程度上就是相互融合的。当然，在一般性的意义上，如下结论仍然是成立的，即合同订立之前的心理状态属于当事人的动机范畴，而合同订立时体现的则是当事人的目的。

### 四、主观目的抑或客观目的

要对合同目的进行科学界定，还有一个问题无法回避，即合同目的到底是主观的还是客观的，这甚至可以说是合同目的性质的根本。

#### （一）主观性是本质属性

"目的被规定为主观的。因为它对于客观性的否定最初也只是抽象的，因此它与客观性最初仍只是处于对立的地位。"[3]"费尔巴哈认为，目的在开始时是一种表现为意志观念的东西。"[4]"人的具体的行为的目的往往具有主观性。"[5]这种观点无疑是正确的，目的作为人的观念范畴内的概念必然具有主观性。因此，在合同法领域，努力探究当事人的合同目的或真实意思也是很多人所追求的目标。"探求当事人真意的合同解释原则与合同自由原则是相一致的。在这一点上，合同解释与法律解释不同，合同的拘束对象主要是合同当事人，法律的规制对象却是广大公民、法人及其他社会成员；合同以实现

[1] 崔建远：《债权：借鉴与发展》，中国人民大学出版社 2012 年版，第 555 页。

[2] 王宝莅："断了线的等价交换?!——合同的伦理分析"，中国政法大学 2003 年博士学位论文，第 209 页。

[3] ［德］黑格尔：《小逻辑》，贺麟译，商务印书馆 1996 年版，第 387 页。

[4] 夏甄陶：《夏甄陶文集》（第 1 卷），中国人民大学出版社 2011 年版，第 33 页。

[5] 曾小五、曾建平："道德的目的与道德行为的目的辨析"，载《求实》2004 年第 8 期。

当事人的利益为目的，法律却要兼顾社会公共利益和保护当事人的合法权益，所以，法律解释把法的安定性、权威性放在首位，解释的标准是客观的，其目的在于探求法本身所具有的逻辑含义；而合同解释则应重视当事人间的公平，即具体案件的妥当性，解释的标准是主观的，其目的在于探求当事人的主观意思。"[1]"在大陆法上，探求当事人的真实意思表示是合同解释的基本目标，法官必须采用一切可能的方法，去寻找当事人的此种意思表示。"[2]上述学者所说的真实意思与主观目的在很大程度上是同义语。"探讨缔约目的时，不能仅拘泥于合同条款的表述，而要探讨当事人订立合同的真实目的。"[3]当事人的主观思想状态是合同的基础。从目的的性质而言，属于心理、意念的范畴，其主观性毋庸置疑，堪称本质属性。

（二）目的必须具有客观表象

主观性是目的的本质属性，但如果主观的目的没有客观的表象，则很可能无法产生对外的效力。有学者提出，那种认为合同义务仅仅建立在允诺人意图使之产生法律义务之上的观点是不完全正确的，因为这种意图仅仅是主观的。其结果是导致片面的意思自治理论。允诺人可以表现得其目的是受法律约束，以此来使受诺人期待其履行，但如果这不是其真正的主观意图，则允诺人就不受约束。这也是为何受法律约束力的目的必须是客观的，可以通过当事人的行为被证明的。允诺人主观上是否意图受约束与结果无关，就像受诺人主观上是否期望允诺人履行一样。[4]合同目的应当从当事人所表达出来的语词与行动等表象来确认，而无法从仅存在于当事人内心的意愿来认定。因此，目的要想发挥其对外部的效力，就必须具有相应的表征。

（三）意思主义与表示主义

实际上，目的的主观与客观体现在合同（意思表示）领域，就是意思表示理论中的意思主义与表示主义之别。意思主义即注重当事人的内心意思，而表示主义更看重当事人所表示的内容。[5]"在解释意思表示方面，乃有意思

〔1〕 刘永锋："论合同的解释"，载《中外法学》1997 年第 3 期。

〔2〕 徐涤宇："法律适用中的合同解释"，载《阴山学刊》2004 年第 4 期。

〔3〕 王利明：《合同法研究》（第 1 卷），中国人民大学出版社 2011 年版，第 470 页。

〔4〕 See Dena Valente, Enforcing Promises Consideration and Intention in the Law of Contract, A dissertation in partial fulfillment of the degree of Bachelor of laws（Honours）at the University of Otago, 2010, pp. 5~6.

〔5〕 意思主义和表示主义是民法学界争论很长时间的一个话题，两者均有一定的理论依据和实用价值。参见史尚宽：《民法总论》，中国政法大学出版社 2000 年版，第 377~378 页。

主义与宣示主义之争。"〔1〕也就是，从解释的角度，"作为法哲学的原则争论的意志理论和表示理论（Erklärungstheorie）之间的斗争再次产生了：法律应该在多大程度上将意志解释为是对契约义务具有决定性意义的；而又在多大程度上认为表示（Erklärung）是具有决定性意义的。"〔2〕在德国民法中，合同属于法律行为的一种，因此对合同的解释也必须符合对法律行为解释的要求。"在解释法律行为时，要考虑表意人以及表示受领人的利益。如果从表意人的利益出发进行解释，那么所得出的就是其真实意思。相反，如果从表示受领人的利益出发，那么得出的则是规范性的意思，它无需与表意人的真实意思一致。与此相对应，人们将这两种情况中的解释方法分别称为自然解释和规范解释。"〔3〕台湾地区基本参考德国制度和理论，"关于意思表示之解释，有意思主义与宣示主义之争，前者以表意人内心之意思即其真实之效果意思为依归，后者以表意人所宣示之意思即其表示行为所表达之意思为准据。理论上应探求表意人内心之意思，事实上为期社会公平，则仅能以其宣示于外部者为准，惟仍应就表示行为探求其所表达之真意，不可拘泥于所用之言语文字。"〔4〕

　　这种现象不但在大陆法系国家和地区存在，英美法系情形也大体类似。在美国，"让当事人的意图发生效力，合同法的规定系建立在对当事人意思自治的尊重基础之上。然而，合同形成与解释的客观理论却认为合同当事人的意图系通过他们的语言和行为查明，而非通过他们未曾表示的内心意图。"〔5〕涉及对各种书面文件的解释，美国法律词汇中有两个术语：interpretation 和 construction。前者指依文件的起草背景确定起草者的真实意图，即意图解释；后者指严格地按照文件的字面含义解释文件，有时也指按法律规定的意思解释文件，即书面的和法律上的解释。不过，在司法实践中，这两个术语往往被混用了。〔6〕可见，意思主义与表示主义在美国合同法领域亦是重要的争论点所在。

---

　　〔1〕 王伯琦编著：《民法总则》，中正书局 1979 年版，第 175 页。

　　〔2〕 [德]古斯塔夫·拉德布鲁赫：《法哲学》，王朴译，法律出版社 2013 年版，第 167 页。

　　〔3〕 [德]汉斯·布洛克斯、沃尔夫·迪特里希·瓦尔克：《德国民法总论》，张艳译，杨大可校，中国人民大学出版社 2014 年版，第 65 页。

　　〔4〕 董世芳：《民法概要》，三民书局 1978 年版，第 50 页。

　　〔5〕 Joseph M. Perillo, "The Origins of the Objective Theory of Contract Formation and Interpretation", *Fordham Law Review*, 69 (2), 2000, pp. 426 ~ 477.

　　〔6〕 王军、戴萍编著：《美国合同法案例选评》，对外经济贸易大学出版社 2006 年版，第 252 页。

"合同解释的目的是探求当事人的真意。对当事人真意的探求是以当事人的内心意思为标准还是以当事人表示在外的文字等可资作为证据的客观实在、以理性第三人的立场为标准来理解当事人的真意，形成了两种理论学说，即'意思说'和'表示说'。以这两种学说为理论基础形成了两种解释标准，就是合同解释的'主观标准'和'客观标准'。"[1]可以说，就意思表示解释的发展趋势而言，大体上沿着一条从重意思到重表示的脉络发展。

（四）客观为主，主观为辅

随着历史不断往前推进，社会发展节奏不断加快，价值取向亦产生很大变化。在私法领域，很明显的一个特征就是从主要保护个人，转向对社会、他人利益的更加注重，保护信赖和秩序等理念得到普遍认同。与之相应，就主观主义与客观主义两者相比而言，目前不论是理论界还是实务界，基本上都是客观主义占上风。

有学者认为，一旦一方向另一方表露了其愿意接受法律约束的意图，他就要承担相应的责任。这种政策的目的在于保护合理的信赖。一方接受约束并非因为其主观目的是受约束，而在于其表现出来是同意受约束的。[2]"关于合同的解释，通常认为，对于经合意的表示应作客观上的解释。"[3]"法律行为的本质不是行为人的内在意思，而是行为人'表示的意思'。"[4]"合同是当事人的合意，但这并不意味着他们必须在内心意思上完全一致。判断他们行为以及权利限制的标准不是内心的意思，而是外部的表现。"[5]从合同法的发展历史而言，合同解释大体上经历了一个从重意思到重表示，也就是从重主观到重客观的过程。与之相对应，对于合同当事人而言，主观目的虽然对其自身而言具有一定的意义，但在合同解释上的意义已经弱化，如果仅仅是隐藏于内心，没有相应的载体予以固化，则该目的通常无法得到法律的承认。客观目的则是体现于合同中的目的，这一目的也通常被用来作为解释合同和确定当事人的权利义务的基础。

---

〔1〕　周艳："合同解释论"，吉林大学 2006 年博士学位论文，第 77～78 页。

〔2〕　See Brian A. Blum, "Assent and Accountability in Contract: An Analysis of Objective Standards in Contemporary Contract Adjudication", *St. John's Law Review*, Vol. 59, Fall 1984, p. 17.

〔3〕　韩世远：《合同法总论》，法律出版社 2008 年版，第 523 页。

〔4〕　董安生：《民事法律行为》，中国人民大学出版社 2002 年版，第 173 页。

〔5〕　Melvin Aron Eisenberg, "The Responsive Model of Contract Law", *Stanford Law Review*, Vol. 36, 1984, p. 1117.

　　当然，我们仍然应当注意到，主观目的虽然地位有所下降，但也并非全无意义，因为"无论是契约的客观理论还是契约的主观理论他们都是解释契约现象的工具，而不是对契约现象的全部概括。……契约的客观主义与主观主义是紧密联系在一起的，从来不能将来也不会发生一方对另一方完全取代的现象。"[1]在特定的情形下，主观主义仍然有其用武之地，能够成为解释合同的依据。因此，在客观主义基本上可以称为一个原则的基础之上，主观主义仍然有一定的存在空间，用以防止出现当事人利益极度失衡的情况出现。从整体来看，在合同解释领域，形成了以客观目的为主，主观目的为辅的局面。

### 五、结　论

　　合同目的作为合同法中的一个普遍性的概念，厘清其含义有着极其重要的意义。这一工作有助于我们在理论上对合同目的进行深入的分析，亦能够为司法实践提供较为科学的指引。本文认为，"合同目的"作为一个法律概念，已经被普遍接受，因此其合理性已经不容置疑，其基本的含义是合同当事人在合同订立时所期望实现的目标或结果，这种目标或结果需要通过合同的履行才能实现。在讨论合同目的时，必须注意与合同动机的区别和联系，两者在本质上是不同的事物，但在特定情形下会产生融合和转化。至于合同目的的属性，就其本源而言是主观的，但出于保护信赖和秩序等因素考虑，通过一定形式所表现的客观目的在解释中通常具有更加重要的地位。当然，主观目的并非毫无价值，在特定的情形下仍然可能成为解释合同的依据。

---

　　[1]　孙良国、董彪："契约中的主观主义与客观主义研究"，载《法制与社会发展》2005年第4期。

# 食品安全与主管机构

## ——消费者的纵向与横向保护

［意］Elena Bellisario[*] 著

雷 佳[**] 译

### 一、行业的特殊性

与市场上其他行业相比，农业食品行业有着自身的特性，其中之一为：缺少一个独立机构在所处的行业中直接负责管理职能，即拥有核查与惩处的权力。此外，对于分析因跨国规则体系（全球和欧洲的）的扩张而产生的问题，以及核查这些规范政策（policies）对与其相关各方的影响，它也是最典型的行业之一。其中，上述相关各方有：本地立法者、公共行政机关、独立机构、经济从业者、消费者。

实际上，这涉及一个尤为复杂的主题，其中公共与私人利益彼此交错（健康、消费者与劳动者的利益、环境、商业、竞争），而其规范（横向与纵向的）也呈现出多根源的特性，在规划、组织和责任上也具有多重性。这种多重性涉及不同层级（全球、欧洲、本国的，以及在国家内部，全国、大区、本地的）的各种职责（公共主体、私人主体，以及具备说服力和科学法律依据的主体）[1]。

或许干预主义有些过度，而基于近几十年在行业内所展现的该理念，以及作为其特点的规范的复杂性，所规范的客体必定具有独特性（和复杂性），

---

\* 埃莱娜·贝利萨里奥（Elena Bellisario），意大利罗马第三大学（Università degli Studi Roma Tre）私法学副教授。

\*\* 中国政法大学外国语学院讲师，意大利罗马第三大学法学博士。

〔1〕 对这一多重性的强调与分析，见 D. BEVILACQUA, La sicurezza alimentare negli ordinamenti giuridici ultrastatali, Milano, 2012.

即一种物品——食品并不存在于消费者的外部，而是用于导入其机体的内部，形成一种物质关联，而这一关联在其他产品中并未呈现，即便在药品（并非由所有人且非天天服用）中也没有。正如有关权威学者[1]所观察到的，依据该客体的特殊性，食品相关规则的集合（国际的、欧洲的和本国的）逐渐在规范中取得了独立身份，从而产生了具有总体原则与规范的真正的法律。尽管这些原则与规范为其他行业所共有，但在此具有了某些特定的面向。此外，还确定了一种朝不同方向制定规则的模式（有时从政策到技术，有时从技术到政策）[2]，并且同时通过对各种形式下自律的促进，从而在公共与私人规范越来越紧密的交织（所谓"共同治理"）下，农业食品供应链的管治（governance）中增加了私人主体的涉入（其中产生了比立法者所确立的更为严格的标准）。

最终，出现多个主体共同参与到所谓"食品立法"的构建中，甚至确保其执行（enforcement）。这构成了整个局面的特点，且增加了其复杂性。

## 二、食品安全的欧盟政策

正如近期对此议题的研究所强调的，尽管与食品安全相关的欧盟法律制度中所采纳的规则体系并非完全缺乏重点，但其仍呈现出多元主义与救济性的特点：由欧盟决策，由各国执行（依据欧盟的共同原则，经由共同的行政机制，与其他成员国联系、合作）。

对此，只需提及共同农业政策（PAC）即可。这一政策随着时间的推移，已将行动从数量转向质量，同时在诸多目标中，不仅立足于提高生产率和减少环境的影响，还包括向欧盟消费者提供安全食品（且质量高、数量足），以及帮助他们在食品领域作出知情的选择[3]。而该政策，即为欧盟与成员国均负有职责的领域（《欧洲联盟运作条约（TFUE）》第43条）：欧盟更大程度上扮演立法者的角色（实际上，《欧洲联盟运作条约》第114条是设立内部食品市场及其运行的法律基础）；同时在救助原则的基础上，由各国行政机关负责法规的执行，即行使核查与惩处的任务。

---

[1] L. COSTATO, I principi fondanti il diritto alimentare, in Rivista di diritto alimentare, 2007, p. 1 ss.

[2] 关于食品法和技术之间错综复杂的关系，见 M. Ferrari, U. Izzo, Diritto alimentare comparato, Bologna, 2012, p. 9 ss.

[3] 参见 2010 年 11 月 18 日欧盟委员会的通报，名为《朝向 2020 年的农业共同政策（PAC）：应对未来食品、自然资源与土地的挑战》。

　　众所周知，欧盟食品安全政策力求保护消费者的健康和利益，同时保障内部市场的正常运行。为实现这一双重目标，欧盟规则的制定者设法确立监管规则及旨在保障恰当产品标识的规则。这些规则与食品卫生（在欧盟生产或从第三国进口的产品）、动物的健康与福祉、防范受外部物质感染的风险有关。

　　新立法框架从 21 世纪起开始规划。而在所谓"从农田到餐桌"的方法的旗号下，产生了大量规则[1]。本质上，这一框架由以下要素构成：确定食品立法的共同原则；设立欧洲食品安全署；在生产、制作、分销等所有领域和所有阶段中，针对政府监管系统创设科学的协调与组织网络。

　　实际上，这是一种着眼于"防范—劝导"策略的规范，从而产生了一个特殊体系：由于在规则体系中参与干预者的多样性，在新制度结构、新行使方法，以及公权力置入的新方法上呈现出特点。在内部法规方面，基于强烈

---

　　〔1〕 众所周知，食品安全的基石是 2002 年 1 月 28 日欧洲议会及理事会 2002 年第 178 号条例（CE）。它确立了食品立法的一般原则和要件，设立了欧洲食品安全署，并确定了食品安全部门的流程（见 2002 年 2 月 1 日《欧共体官方公报》第 31 号立法第 1 页以下）。该条例被视为欧盟食品安全体系的一般基础性法律。由它产生了其他所有关于食品安全（food safety）的立法干预，包括所谓"一揽子卫生计划"。该计划由 2004～2005 年颁布的一系列文件构成（而自 2006 年起，几乎所有文件又经过多次修订与整合），力求确立食品相关的卫生规则及规范监管体系，其中包括：①2004 年 4 月 29 日欧洲议会及理事会关于食品卫生的 2004 年第 852 号条例，公布于《欧盟官方公报》2004 年 5 月 20 日第 139 号立法第 1 页以下；2004 年 4 月 29 日欧洲议会及理事会 2004 年第 853 号条例，确立了与动物食品的卫生相关的特殊规则，公布于《欧盟官方公报》2004 年 5 月 30 日第 139 号立法第 55 页以下；2005 年 1 月 12 日欧洲议会及理事会 2005 年第 183 号条例，确立了饲料卫生的要件，公布于《欧盟官方公报》2005 年 2 月 8 日第 35 号立法第 1 页以下；以上均与食品与饲料的卫生相关。②2004 年 4 月 29 日欧洲议会和理事会 2004 年第 854 号条例，为用于人类消费的动物食品组织政府监管确立了特殊规则，公布于《欧盟官方公报》2004 年 4 月 30 日第 139 号立法第 206 页以下；2004 年 4 月 29 日欧洲议会及理事 2004 年第 882 号条例，关于旨在核实与饲料、食品以及动物的健康和福祉有关的法规执行的政府监管，公布于《欧盟官方公报》2004 年 4 月 30 日第 165 号立法第 1 页以下；以上均与由主管机构施行的监管有关。③2005 年 11 月 15 日欧盟委员会 2005 年第 2073 号条例，关于适用于食品的微生物准则，公布于《欧盟官方公报》2005 年 12 月 22 日第 338 号立法第 1 页及以下；2005 年 12 月 5 日欧盟委员会 2005 年第 2074 号条例，部分废除了 2004 年第 852 号及 2004 年第 854 号条例的规定，涉及其他两项条例中的产品相关的执行方式，即欧洲议会及理事会 2004 年第 853 号条例中的产品，以及依欧洲议会及理事会 2004 年第 882 号条例组织政府监管中涉及的产品，公布于《欧盟官方公报》2005 年 11 月 22 日第 338 号立法第 27 页以下；2005 年 11 月 5 日欧盟委员会 2002 年第 2075 号条例，确立了对肉类中存在旋毛虫（Trichine）相关的政府监管所适用的特殊规则，公布于《欧盟官方公报》2005 年 11 月 22 日第 338 号立法第 60 页以下；2005 年 11 月 5 日欧盟委员会 2005 年第 2076 号条例，为执行欧洲议会及理事会 2004 年第 853 号、2004 年第 882 号条例确立了临时规定，并修订了 2004 年第 853 号、2004 年第 854 号条例，公布于《欧盟官方公报》2005 年 11 月 22 日第 338 号立法第 83 页以下；以上均与微生物准则、组织监管及临时措施有关。

的反响，问题也常常出现在以下几点：

（1）在行业的跨国调控与全国总体调控之间不对称的风险（在不同的法律制度相遇之时，以及在制定了无数可变的跨国法规之时，也存在不可避免的风险）；

（2）行业内部行政管理中冲突的风险〔因牵涉利益的多样性（多属性）不便于主管及执行机构（职责）的划分，从而存在不可避免的风险〕。

### 三、意大利法律体系中的职责划分：据实定法（de iure condito）与据未定法（de iure condendo）

由欧盟规则的制定者所构建体系的复杂性反映在内部法律制度中，并使其进一步增强，同时面对欧盟不断制定的规则，也加重了立法与行政上协调工作的负担。更别提类似的作用力（也许更糟！）还会加重行业内经济从业者的负担。

毫无疑问，在国内法律制度中构建和施行一项如此宽泛和复杂的规范，困难重重，且不轻微，因而遵守该规范和令其被遵守就更为困难。实际上，该规范的客体也十分复杂（除了被不断更改之外），可证明的事实即为——为法律框架提出理由和对其简化通常是成员国最典型的需要，而在这个行业也强烈地体现在欧盟的层面[1]。

在知晓"自2002年开始采纳的（……）条例，尽管可直接在单个成员国的法律体系中适用，实际上却使得采取实施和协调措施成为必要，以及在跨国层面更大范围的法律框架下，推动核实内部有效规定达到兼容的程度成为必要"[2]的情况下，一项立法草案[3]正在批准中。该草案的第12条[4]授权政府采用（依卫生部的提案）一项或多项法令（预示着一项新的行业守则：

---

〔1〕　参见2013年5月6日欧盟委员会关于政府监管的条例提案中第16条立法依据（关于该提案，还可见第273页注释1）。

〔2〕　在共和国参议院官网可在线查阅。

〔3〕　涉及药物的临床试验、卫生职业的重新整顿、人类健康的保护以及动物福祉相关规定的立法草案（所谓"洛伦津立法草案"），经2013年7月26日议会会议通过，可于网站www. quotidianosanita. it查询。

〔4〕　第12条的规定名为"授权政府以期重新整理关于食品、饲料安全的现行规定，以及落实2002年第178号、2004年第853号、2004年第854号、2004年第882号、2004年第1935号和2005年第183号条例"，后由政府第3555号立法草案第2条所效仿，该草案涉及在卫生及食品安全方面对政府的授权，呈交于上一次立法会议期间。

食品安全守则），实现"对关于食品和饲料的现行卫生规定的完全认识，这些法令旨在经由减少数量过多的法源而显著简化现有法规，减少和消除市民与企业的负担，以及划分主体和与政府监管活动相关的特定任务，以期切实强化用于健康保护的工具和措施"[1]。

参照上述问题，可发现在风险评估上，我国[2]的法律制度与欧盟的规则之间在某些方面存在部分不对称的局面。而一个可能发生冲突的局面出现，与之相关的是：多个利益相关机构之间职责的分配及其与监管、惩处有关的权力分配。

这两个方面，尽管相互关联，仍会在下文中分别探讨。

（一）针对旨在直接保护健康财产和市民－消费者的法规，对其遵守所进行的监管

有必要指出，欧盟立法者有意在风险评估活动（对人类和动物的健康以及环境）和对该风险的管理活动之间保持严格的界分，将前者授予欧洲食品安全署（efsa），后者交由欧盟委员会。

欧洲食品安全署的职责由设立该机构的2002年第178号条例授予，分为两个方面：不仅保障对已出现或正发生的风险进行科学评估，提出最佳建议，而且向公众通报该评估（以便能够被广泛分享和接受），提供快速、可信、客观、易懂的信息。

继而，欧洲食品安全署成了技术型的中立组织：职责的高科学性、最大的透明度，尤其是绝对的独立性，成为其组织与活动的基本特色。

因此，欧洲食品安全署在性质上（*sui generis*）作为一个独立机构而存在。构成其他行业机构的制度性特点的某些权力和职责（包括监察、调控、惩处，某些还具有规范职能），它并不拥有，在此被视为可能与其科学自由相悖。换言之，与其他机构不同，欧洲食品安全署并没有"外部"权力，即外部重要性，在其所处的行业，只有单纯提出意见的权力。此外，在组织体系中，它也在许多方面与欧盟各局相脱节。

然而，其所从事的活动致力于向欧盟委员会的风险管理程序和政策的制定提供可靠的科学支持，实际上（*de facto*）最终不可避免地对欧盟食品立法的采纳与/或修订的进程，以及对某些受规范物质（如杀虫剂或者食品添加

---

[1] 所采取的步骤出自所引立法草案的报告，可于网站 www. quotidianosanita. it 查阅。
[2] 全文中所有"我国"的表述即指"意大利"，后文不再另行加注。——译者注

剂）的批准相关的决策进程产生影响，从而为食品行业规则的制定与确立做出贡献。

为了完成上述任务和职能，欧洲食品安全署"与成员国内行使与其相似职能的主管机构密切合作"（2002 年第 178 号条例第 22 条第 7 段）。各国机构受召至咨询论坛（在论坛中，每个成员国有且仅有一所机构作为代表）。该论坛代表着一项信息交换机制，旨在保障与欧洲食品安全署之间以及各组织机构之间全面密切的合作，而这些机构均为在欧盟驻地协同"网络"的一部分。

之后，2004 年第 2230 号条例尽管未规定创设一所国家机构，集中从事风险评估活动，但确立了组织原则，以便不仅能够保障"受认可的高水平科技经验"，而且确保"网络式的运行能力"。后者构成了欧洲食品安全署运行的"基本原则之一"（第 1 条立法依据）。

依据上述简要的观察，显然欧盟立法者采取的组织模式并非将职能集中于唯一的机构里，其目的既为避免负担过重，也为遵守评估风险和管理风险之间相分割的原则。

于是，行使与欧洲食品安全署"相似职能"的国家机构，也应当被划定为脱离于其他行政机关的组织，它们具有特定的规则和程序，尤其不具备指导和调控的权力，也杜绝了政治、经济和官僚等外部利益的影响。

2008 年，在意大利经过长期探讨和艰难的立法程序（*iter*）之后（最终导向与欧盟立法者预先的设计相去甚远的一个机构"版本"），利用现存结构的选择胜出：风险评估的责任交由卫生部[1]。欧洲食品安全署在其自身与各利益相关方（成员国机构、研究所和消费者等）中承担接口的职责。而依照卫生部 2007 年与其签订且每年更新的协议，两者间的所谓"焦点"（focal point），即"科技连接点"是高级卫生研究所（ISS）下属的兽医公共卫生与食品安全司。众所周知，它受卫生部的监管。

在 2002 年第 17 号条例第 36 条的名单中的诸多机构里（由成员国指定，以便单独或网络式协助欧洲食品安全署履行其职责），意大利就有整整 40 所

---

　　〔1〕　在颁布卫生部的组织条例（2011 年 3 月 11 日第 108 号总统令）后，健康保护联合组织总指挥部被指定为与欧洲食品安全署对应的国家机构（因而是咨询论坛的成员）；依 2007 年第 27799 号部长令（见第 271 页注释 1），在该部中还有国家食品安全委员会在运行。

位列其中〔1〕。

而关于未就食品安全设立一所专门的国家机构，在此对其历程不作详细回顾，〔2〕对我国法律制度中所作的选择也不予评价；此外，放眼欧洲，意大利的情况并非孤例。尽管某些成员国似乎已采纳与欧盟立法者所指定的更为协调的模式，如英国、德国、丹麦，但许多成员国都与它们不同。在这些国家里，与风险评估相关的"科学咨询者"的角色由部委和/或其下属机构来担任，而这些机构还行使其他职能。

然而，重要的是唤起对构成我国特色的某些方面（在诸多面向中）的关注，其中有的较为特殊，有的又更加普遍，确切而言为以下几点：

（1）在某些方面，其职责分配与欧盟的组织模式并不完全吻合，而其他方面又并非与其他成员国中主导的模式绝对相符：如上所述，尽管欧盟未将职能集中规定于某个单独的国家机构，但毫无疑问，这一机构的特点（首要

---

〔1〕 除了高级卫生研究所之外，还有：国家食品及营养所（INRAN），受农业、食品及林业政策部监管；农业研究及实验理事会（CRA），受农业、食品及林业政策部监管；食品储备工业试验站（SSICA），起初是公共机构，如今为帕尔马工业、手工业及农业商会的特别部门；油料油脂工业试验站（SSOG），最初是受经济发展部监管的公共机构，之后归入米兰商会的特别部门中；抗寄生虫剂及卫生防范国际中心（ICPS），是伦巴第大区支持劳动计划的公共卫生多职能中心；各大区的动物预防性试验所（II. ZZ. SS.），受卫生部监管；以及各高等院校。

〔2〕 有必要简单提及相关进程：在紧急事件（禽流感）的推动下，2005 年 10 月 1 日第 202 号关于防范禽流感的紧急措施的立法令（对 2005 年 11 月 30 日第 244 号法律修订之后转换）第 1 条第 3 款，于卫生部设立兽医公共卫生司，并于该司内部设立国家食品安全委员会。该委员会承受着公共行政部门中运行机构的取缔和合并的压力：它由 2007 年 5 月 14 日第 86 号总统令确认，并"十分少有地"（N. Longobardi, *A proposito di Autorità italiana per la sicurezza alimentare fra disciplina europea e interventi normativi nazionali*, in *Rivista di diritto alimentare*, 2009, p. 10）受 2007 年 7 月 26 日第 27799 号部长令（2007 年 10 月 4 日第 231 期《官方公报》）所规范。2007 年 12 月 24 日第 244 号法律第 2 条第 356 款规定国家食品安全委员会"取得国家食品安全署之名，并利用其在福贾市所运行的驻地（……）"，之后，很快 2007 年 12 月 31 日第 248 号立法令第 11 条规定并确立了国家食品安全署（自 2008 年 1 月 15 日起）改名为"国家食品安全局"，驻地在福贾市，受卫生部的监管。之前规定的资助不复存在，但在 2008 年 2 月 28 日第 31 号立法令第 11 条的转化期间（经修订）又出现。这一规则经历了从"委员会"到改名为"署"的变化，最终确认变更为"国家食品安全局"，驻地为福贾市。有关规定（法令中已有的）将对国家食品安全局的组织、运行和行政管理相关规则的界定任务推延给随后一项内阁总理令（依卫生部长的提案，会同农业、食品及林业政策部长），便再无变化。而实际上，该政令从未被采纳（也最终既未经传播，也未成为立法草案）。在某些意在要求政府作出解释的议会质询之后，国家食品安全局被列入无用机构的名单中，也因此要被取缔，加入了适用 2008 年 6 月 25 日第 112 号立法令第 26 条的行列，该立法令经 2008 年 8 月 6 日第 133 号法律中的修订后转化。结果，国家食品安全局的职能依然被授予卫生部，在该部以所引述的 2005 年第 244 号法律作为依据。直至 2010 年，唤起对相关问题关注的尝试以议会议事日程、动议、修正案（尤其关于食品行业的竞争性的立法草案）的方式继续进行，但均未有定论。

的是必要的独立性）与职能（基于区别对待的组织原则，一方面是风险评估、知情、向公众通报，另一方面是科学咨询及与承担该风险"管理"职能的国家机构合作，即各部委与大区政府）应与欧洲食品安全署的相似；此外，在大多数成员国，负责风险评估的国家机构（即咨询论坛的成员）是"焦点"。因而，意大利的组织结构似乎缺乏系统性：一方面，尽管与委托欧洲食品安全署的那些任务（继而针对国家层面的）相比，高级卫生研究所还从事更广泛的工作（远超食品的范围），但在保护消费者方面似乎阙如，尤其是关于风险通报[1]；另一方面，因所引述的卫生部的组织条例（2011 年第 108 号总统令），这一任务交由健康保护联合组织总指挥部来完成。后者成为主管监管与调控部门[2]的一部分，且在诸多职能中（首要的是食品安全相关的风险评估），还从事保障"和食品安全相关的消费者和生产者协会的评议会的运行"（经 2009 年 9 月 18 日部长令设立，公布于 2009 年 10 月 30 日第 253 期《官方公报》）的任务。

（2）可能重复的风险（比如，就该议题完成了更多的研究计划）：由于存在数量众多的科技组织，它们在业界提供大量信息和咨询，且很难实现相互间的充分协调。

（3）不确定性、压力，尤其是阻力（必定存在于官僚方面，也许还有政治和经济方面）：当抛出授予和分配职责的问题时，以上因素便会如期而至，而依 2007 年 11 月 6 日第 193 号立法令第 2 条（执行 2004 年第 41 号指令），对于在食品安全领域的监管有绝对职权（形式上）的机构，却在特殊情况下可能会导致其权力/义务的削弱[3]。

（二）政府监管体系与处罚权

为保障在整个欧盟协调地实施高水平的消费者保护规范，且同时拉近成员国的规定（之间的分歧可能会干扰自由竞争，并在对相关公共利益的保护

---

〔1〕 与此有关的权威观察，见 S. Cassese, *Proposte perun'Autorità italiana per la sicurezza alimentare*, in *Giornale di diritto amministrativo*, 2002, p. 801. 该观察还引起注意到，为评察来自转基因食品的风险，并非诉诸该协会，而是一所专门设立的部际评估委员会（2003 年 7 月 8 日第 224 号立法令第 6 条）；该观点还得到另一作者的肯定，见 N. Longobardi, *A proposito di Autorità italiana per la sicurezza alimentare fra disciplina europea e interventi normativi nazionali*, cit., p. 8.

〔2〕 即兽医公共卫生、食品安全和健康保护联合机构司，见第 271 页注释 2。

〔3〕 2007 年第 193 号立法令第 2 条列明"主管机构"，规定：a）为落实 2004 年第 852、853 和 882 号条例及后续修订，针对第 3 条中废除的法规所调整的客体，主管部门为卫生部、各大区、特伦多与波尔扎诺自治省及地方卫生局，以其各自的职责范围为限。

中产生不平衡，而这些利益显然包括消费者的健康与知情），欧盟立法者制定
了一个统一规则的集合，以规范在农业食品行业中政府监管的组织与执行。

显然，调控体系只能是一个庞大的系统。因而，在互助原则的基础上，
主要而非唯一地由 2004 年第 882 号条例所规划的组织系统较为松散，同时以
共同规划为基础相连，并以金字塔形的结构和自主管理为特点。而如前所述，
最近一项条例提案[1]试图替代并废除上述条例，以克服在其制定与适用中发
现的不足。

据上文可知，欧盟是"分配任务的行政机构"，它仅保留了不够繁重的任
务，即对监管者加以监管：由各国机关及私人机构从事监管活动；而指导、
协调及最终监管的调节权属于欧盟机构。

为达到确保遵守相关义务的目的，如符合与安全要件、标识、广告和溯
源性的要求，监管与惩处的任务均归于成员国指定的机构（2004 年第 882 号
条例第 4 条第 1 款）[2]。

应当强调的是，2004 年第 882 号条例的目标为确立规则以核实是否与有
关法规相符，这些法规主要力求达到两个目的：

（1）一方面，在可接受的层面为人类和动物防范、消除或减少风险，即
那些受环境影响或传播的风险；

（2）另一方面，为饲料和食物以及保护消费者的利益，保障正当商业行
为，包括饲料与食物的标识，以及消费者其他形式的知情（第 1 条）[3]。

随后，我国法律制度中的职责出现分离。以互补的眼光来看，它们分为
以下部分：

（1）与诸多下述提及的机构一起（处于核心地位的是农业、食品及林业

---

〔1〕 即 2013 年 5 月 6 日欧盟委员会的条例提案。它是一个整体方案的一部分，意在更新与动植
物卫生相关的监管体系和既存规范（*acquis*），以期创设一个固定、透明和可持续的法律框架，并共同
达成在这些领域更好地立法和发掘欧盟政策潜力的目标。

〔2〕 这些机构应符合运行准则，后者保障了其效率、效力与公正性；因而，它们应当采用恰当
的机制、充分胜任的人员，以及应急预案。假如部分监管的执行职责被授予了更多的机构，或者最终
未授予核心机构（尤其是在大区和地方层面），则需要在所有各相关机构之间确保有效和高效的协调
（2004 年第 882 号条例第 4 条第 4 款）。此外，主管机构可以在由条例严格规定的条件的限定内并依照
该条件，将与官方调控有关的特定任务委托给一家或多家调控组织（2004 年第 882 号条例第 5 条）。

〔3〕 在引述的 2013 年 5 月 6 日关于政府监管的条例提案中，目标没有实质性变化。该提案适用
于政府监管，执行"以核实与［……］法规是否相符，包括：①对在食品的生产、制作及分配等所有
环节中的食品及食品健康加以规范，包括那些旨在保障正当商业行为，保护消费者利益和知情、材料
的制作和使用，及用于和食品接触的物品的规则；［……］"（第 1 条）。

政策部和环境部），卫生部负责对部分法规的遵守加以监管，即针对那些旨在直接保护健康财产与市民－消费者的法规；

（2）竞争与市场保障署负责对另一部分法规的遵守加以监管，即针对致力于保护竞争、信息的正当透明和正当商业行为的法规（使用统一表述，则为保护市场运行以及最终仅间接保护消费者的法规）。

在政府监管中（2004 年第 882 号条例第 3 条第 3 款）当发现违法行为时，相关主管部门会兼顾违法行为及违法者的性质，采取适当措施[1]。

1. 对遵守旨在直接保护健康财产与市民－消费者的法规的监管

为执行 2002 年第 178 号条例第 17 条以及关于动物的健康与福祉的规则，2004 年第 882 号条例第 41 条授予每个成员国制定一份唯一计划的任务，即国家监管的三年整体计划（PNI），旨在为行动提供依据（通过适当考虑风险和充分协调所有涉及的机构主体）及对能够促进采取良好行为的协调方法加以推动。

卫生部下属兽医公共卫生、食品安全和健康保护联合机构司，是国家整体计划的全国联络点。它利用特定机制来协调参与三年计划的各行政机构。

三年计划涉及的主题（食品、饲料、动物健康与福祉、植物卫生）及与之密切相关的内容（如环境因素）分别归入各行政机构的职权下，在中央和大区、地方层面均如此，其中大多数是国家卫生服务系统（SSN）[2]的一部分。

依据 2011～2014 年的国家三年计划[3]，对上述机构可以作以下划分：

（1）中央机构，即（除卫生部之外）农业、食品及林业政策部下属农业食品的质量保护及抑制欺诈中央监察员（ICQRF），以及环境及地域、海域保护部；

（2）大区机构，如大区环境保护局（ARPA）、大区植物卫生服务部门（SFR）、公共卫生实验室（LSP）；

（3）警察部队及其他机构，如宪兵、国家林业部队、税警、海警、海关。

---

〔1〕 主要可适用行政措施（退出市场、销毁产品、停业、对设立身份批准的撤回等）或者处罚。这些措施和处罚应"有效、恰当和有导向性"（2004 年第 882 号条例第 55 条；2002 年第 178 号条例第 17 条）。还应指出，假如有证据某成员国的监管体系呈现严重缺失（第 56 条），除 2002 年第 178 号条例的规定之外，2004 年第 882 号条例允许欧盟委员采取进一步的措施（比如暂停营销某些饲料或食品，或者为其分销确立特殊条件）。

〔2〕 众所周知，基于宪法中的互助原则，国家卫生服务系统依据不同层面的责任与各级政府（中央和大区）而构成，那些与国家整体计划相关的主要有：卫生部（核心机构）、高等卫生研究所以及动物预防性试验所（国家层级的机构和组织）、各大区与自治省和地方卫生局（地区机构和组织）。

〔3〕 可于网站 www. salute. gov. it 查阅。

在这些主体与职权的相互交错中[1]，还加入了食品、饲料及动物卫生的国家基准实验室（LNR），它受 2004 年第 882 号条例第 33 条规定的中央机构指派。而为了证实各相关主体间可能存在的重复，国家三年计划详细说明了在划分这些基准实验室时，除考虑功能的相似、议题的对应之外，还应注意于动物预防性试验所可能有国家咨询中心（CRN）的存在。

简言之，由上述机构在生产、制作、分配、仓储、运输、销售和供应等任何阶段所从事的监管活动，存在于以下一项或多项执行中：检查、监察、提取样品、对提取样品进行实验分析、人员的卫生检查、对纸质材料与各类文件的考核，以及对由企业采取的核查体系及其结果加以考核。

值得重申的是，政府监管有确认和保障食品与有关规定相符的目的。这些规定旨在防范公共健康的风险，及保护消费者的利益（除保障交易的正当性之外）。因而，它既与意大利的产品或在本国投放的其他来源的产品有关，也与发往另一成员国或者出口至第三国的产品有关。

从卫生、食品安全及营养总指挥署[2]撰写的"意大利食品及饮品的监管"报告中与 2012 年度相关的数据，或者从农业食品的质量保护及抑制欺诈中央监察员（ICQRF)[3]指挥署关于 2012 年度从事活动的报告中的数据，简单观察即可发现，在本国所执行的监管效力毋庸置疑，而上述主管机构为保障我国的食品安全所完成的工作也紧张密集和值得赞赏。

2. 对遵守保护市场运转的法规的监管

在上述政府对食品的基本监管活动之外，如前所述，还有竞争及市场保障署的监管活动，在行使及履行其机构职能时，对经济从业者的活动加以监管，并对不正当商业行为加以惩处。

尤其应当指出，在竞争及市场保障署关于广告及产品标识（包括食品）的监管权力之外，2012 年第 27 号法律第 62 条（由 2012 年第 179 号法令第 36 - bis 条修订，针对农业食品行业的主体之间的商业关系制定了一项特别规范）还赋

---

〔1〕　与各行政机关的职权范围相关，正如卫生部网站（www. salute. gov. it/portale/temi/p2_6. jsp? lingua = italiano&id = 1142&area = sicurezzaAlimentare&menu = piani）所详细说明的那样，卫生部被主要授予规划、指导和协调的职能。在中央层面，该部与卫生、食品安全及营养总指挥署协同工作；在地方层面，与其地方办公室，即海洋、航空及边境健康办公室（USMAF）和兽医分支办公室，包含边境检查站（PIF）和市政执行兽医办公室（UVAC）等协同工作。

〔2〕　在网页 www. salute. gov. it/portale/documentazione 可查阅。

〔3〕　在网页 www. politicheagricole. it/flex/cm/pages/ServeBLOB. php /L/IT/IDPagina/394 可查阅。

予该机构在依需求缔结合同令供应商受损的情形下，惩处不恰当行使议价力的行为。因此，这是一项附加职能，补充了已有的规定，使得竞争及市场保障署依职权或申请进行干预，以便当大型零售商（GDO）与供应商之间的纵向商业关系（不足以构成纵向协议或滥用优势地位）在这一结构中间接产生"重大"消极影响时，对与食品市场的正当竞争秩序相关的公共利益加以保护。

因而，对行业内的纵向关系（及其构成方式）所具有的重要性有给予关注的必要，从这一点也可以看出其具有复杂性的典型特点。这些错综复杂的关联以相互交错的多重面向为特点，从中还发现，即便着眼于微观，问题也并未得到缓解，反而更加扩大。关于这一点，可由 2012 年第 27 号法律第 62 条所引入的上述规范颇为艰难和具有争议的适用加以印证，更何况竞争及市场保障署为了对经济发展部与农业政策部所持的不同立场有所确定，曾于 2013 年 5 月 8 日请求国家理事会（Consiglio di Stato）作出指示[1]。

总之，问题众多且复杂，尤其是最终在各方面引起了强烈反响（如其他行业一样，涉及总体与特殊的关系）。尽管如此，在监管形式上，仍应突出监管权的行使者所采取行动的效力，这体现在：近几年他们针对在食品行业运营的企业开展了地毯式的调查，依情况的严重性，同时采取了罚款（常常数额巨大）与道义劝告（*moral suasion*）[2]两种方式；为在食品行业有效保护消费者，对共同原则与方向的发展做出了贡献；以及对大型零售商市场权力的增加（通过加强采购组的作用）和对消费者受损的可能反响进行了关注[3]。

---

〔1〕 实际上，经济发展部（回应由工业家联合会呈交的请示）已通过 2013 年 3 月 26 日第 5401 号批示陈述了观点，其中确认了针对支付的期限和行政处罚的 2012 年第 1 号法令第 62 条第 3 款应不再适用，因为随后的 2012 年第 192 号立法令已将其"含蓄地废除"，该立法令为落实 2011 年 2 月 16 日欧洲议会及理事会关于打击在商业交易中的延迟付款的 2011 年第 7 号指令。于是，关于那些不可违背的支付期限的规定便不应再有效，同时失效的还有上述规定中引入的处罚。而农业、食品与林业政策部在 2013 年 4 月 2 日的批示中，重申 2012 年第 1 号法令第 62 条"并非以某种方式受到 2012 年第 192 号立法令生效之后的影响，也并非受到欧盟 2011 年第 7 号指令的影响"，因为"在一项特别法规中所含的原则（……）不会由一项总规则默默或含蓄地废除"。此外，国家理事会在开会期间之于 2013 年 7 月 31 日的批示里赞成了农业、食品与林业政策部的解释，并肯定了规则的特殊性。
〔2〕 对竞争与市场保障署所从事活动的简述，尤其在对所谓"投诉条例"中所含标准缺乏遵守方面，见竞争与市场保障署 2013 年 9 月 18 日关于在食品方面提供的营养与健康说明的惩罚规范：见 www. agcm. it/segnalazioni/segnalazioniepareri/open/C12563290035806C/E-512ED79CCC669F1C1257BFE003B6DB8. html.
〔3〕 参见大型零售商的行业了解性调查（2013 年 7 月 24 日第 25565 号措施）：www. agcm. it/stampa/news/6547 – agroalimentare-antitrust-piu-forte-il-potere-di-mercato-della-gdo-rapporti-conflittuali-con-i-fornitori-e-effetti-incerti-sui-consumatori. html.

# 环境领域的行政与诉讼保护

[意] Erminio Ferrari* 著

李 媚** 译

## 一、作为公共财产和公共利益的环境

随着环境被看作是一个财产（或说一系列特定的财产），或是被看作是社会管理者们有义务去维护的一种利益，有关环境保护的规范和法律手段发生了相当大的变化。

如果将环境视为一个财产，那么，首先应该将其看作是一个物，对人类而言其具有有用性，因此，其可以被主体享有、使用、消耗和收益。"环境的"这一形容词随后用来指称一系列与环境相关的财产。因此，在对环境的诸多定义中，有一种是将环境定义为有益的生活和工作条件。但由于环境所涉及的是在社会整体中所呈现的生活条件，因此，其也可以从另一个角度被看作是超越各种财产门类的环境财产的集合体。环境不仅仅是其所包含的单个财产，也是这些财产之间的特殊关系，是通过特定的调节方式必须保护和维持的一种平衡。也就是说，要为人们规定某种义务和禁令，因为人们的活动会影响这一平衡。在这一意义上，环境变成了社会的管理者们有义务去保障和不断完善的一种状态。

基于这两种不同的定义，会产生不同的环境保护方式和体系。但它们之间并不是相互取代的关系，相反，它们时常相互配合以确保环境可以获得完

---

* 埃米尼奥·法拉利，米兰大学教授。

** 中国政法大学比较法学研究院讲师，意大利罗马第二大学法学博士。

整的保护。

为了论述分析的方便，值得对这两个不同的定义方向进行分别考察。

## 二、环境财产的保护

哪些物是环境财产的范畴，那么，自然就是这里我们所讨论的对象。当说到这一定义时，我们可以说尚且缺乏有关"环境财产"的普遍被接受的法律定义，至少有两派经济学家对此下过定义。早期的带有经济性特征的定义认为环境财产是公共财产，即非专有性的和非竞争性的财产：通过这一表述，这些经济学家们想要表明的是，一方面，这些财产不属于任何特定的人，另一方面，不能限制他人对环境财产的使用。另一个对"环境财产"的定义是指：那些需要预防其污染、减少污染和消除污染的事物就是环境财产。

这是两个非常不同的概念，因为，基于前一个"环境财产"的概念，并不存在需要界定的市场。但是基于第二个概念，环境财产可以在如今迅猛发展的市场中进行交易，这也是 WTO 和欧盟谈判的重要内容。

而且对于环境财产的具体认定也存在不确定性。在此，一个被普遍接受的观念认为，环境财产最核心的要素包括：空气、水、土地、光照和黑暗、寂静或安静、风景。依照这一观点人们时常认为还应包括山峰、海洋、公园和自然保护区，等等。

随后提出一个问题——这尤其是意大利的法学家们所热衷讨论的——是否环境在整体上也被看作是一个法定的财产，而与其所包含的单个环境财产是相区分的。事实上，环境并不是水、空气和土地等的简单总和，而是它们之间特定的平衡。可以确定的是：环境是一个"无形的财产整体"，是属于作为意大利的国家的，而国家是作为意大利社会的代表。

从保护的角度来看，对环境财产的保护主要侧重于对财产权的保护。任何环境"财产"都有"所有权人"，这一所有权人拥有保护其所有权的法律手段：可以对未经授权或是以不正确方式利用环境财产者发布禁止令，也可以对相关环境财产的损害要求赔偿。

这当然是基本的情况，这些法律保护手段也可以根据财产的类型，特别是财产所有权人的不同而不同。事实上，由于环境财产的多样性和差异，其"所有权人"经常不同。环境财产，比如，一个公园或某个特定的自然保护区，也可能是私人所有权的客体。但是绝大部分环境财产是由公共机构（国家、大区、城市）享有所有权。在这种情况下，所谓的国有财产（比如，水）

通常都是属于意大利国家的，对于国家财产，立法者总是为了整体的利益而试图减少私人对该财产的处置。

但也存在一些环境财产是很难作出界定的，因此现今国家的立法都没有为其规定"所有权人"，比如，空气、昼夜的交替，等等。为了确保这类"财产"也能有所有权人，如今人们正在讨论引入"公共所有权"的概念，但是实现这一理想并非易事。在意大利，也像其他大部分的欧洲国家一样，集体所有权的概念产生于好几个世纪之前，但是在资产阶级革命过程中，随着个人所有权概念的确定，集体所有权的概念遭受了毁灭性的打击：重走回头路似乎也并不容易。

保护"环境财产"所有权的方式最重要的是请求赔偿损失，且要求进一步采取环境修复措施。例如，从过去经典的一般过错责任过渡到严格责任（如对废物制造者而言要求其承担严格责任）。

此外，针对由于某些"环境财产"缺乏所有权人，以致可能没有主体来启动环境保护程序以追究环保责任的担忧：在这一情况下，是由制定该特定财产保护条件的主体来负责启动环保程序。例如，自然保护区、水资源、土地（2004 年 4 月 21 日所颁布的欧盟第 2004＼35 号指令）。如果缺乏告发污染者的主体，那么，公共行政部门必须进行干预。这一环境财产的类别要求非常严格，但不可否认的是以这一方式获得保护的自然资源的列表并不是很长，且其中尚未规定空气也受到这一保护。这一规范和其他的所有规范一样，都是不同需求相互妥协的结果，且基于此而达到的平衡对环境而言并非一定是十分有利的。

### 三、环境公共利益的保护

在"环境财产"这一概念下来谈环境保护是有其局限性的：所有权人可能并不积极主动，因为所有权人对这一特定环境财产并不关心。因此，基于所有权而获得的保障通常都通过"事后"赔偿来实现：也就是在污染发生之后，在损害已经产生之后来获得赔偿。

相对于责任追究本身和环境损害赔偿而言，更重要的是采取积极的修复措施，以重建适宜的生态环境。事实上，应该由污染者采取环境修复行为；如果污染者没有完成环境修复，那么，公共管理部门有义务去实现这一环境修复，相应的费用支出由污染者来承担。在此，不能仅规定简单的赔偿责任，而应规定具体的行政管理行为如何开展：这一应当被消除的污染情况涉及的是社会的整体利益。也就是说环境保护是公共利益。

当然，这并非唯一可以彰显环境是公共利益的规范。所有的授权和许可行为都应该从环境的角度来考察其可接受性。特定的环保举措会得到经济援助，相反其他对环境产生不利影响的行为会被要求缴纳环境税。这样的例子随时可以举出很多。

适用该规范所规定的保护手段也应该遵循基本规则，这一规则是，针对行政行为相关主体也可以获得保护：相关主体如果认为其由于行政机关没有正确地适用或根本未适用保护环境公共利益的规范而受到了损害，那么，其可以提起诉讼。我们可以看到，一个农民可以就其认为有害的工业废水排放的行政许可提出反对意见；房屋的租客可以抱怨工厂的噪音过大；人们可以就大气污染物超标进行投诉；等等。

在这些情形下所采取的保障措施不仅仅是损害赔偿的问题。当法院撤销这一许可时，这一行为就会被认定为是污染行为。缺乏许可文书的相关行为就变成非法的了，并且可能会受到刑事处罚。可以这么说，这一体系在意大利运行得非常有效，虽然不能说在所有的情况下都是有效的，但在必要的情形下它是有效的。需要说明的是，出于保障就业和其他公共目的，意大利的立法者有时会以法律手段使得法官的判决不生效力，法律可能也会规定特定活动可以继续开展，即使它们是违反环境保护的。

除了这些立法干预的例外情况，这一保护机制运行的最大问题是，针对环境污染的情形，不存在相关主体或相关主体并没有提起环境诉讼。面对这一问题，意大利立法者对环境保护组织进行了专门的授权规定（1986 年 7 月 8 日所颁布的第 349 号法令的第 13 条的规定）。环境保护组织具有连续性、职能性和民主性等特征，它们可以要求在环境保护部所持有的名册中进行登记注册。一旦注册就可以针对任何环境领域的行政行为提起诉讼。环保组织正是以这样的方式承担起监督和审查环境保护法律法规适用情况的义务。

# 环境领域中的"行政局"组织模式

## ——环境保护中的一种新型国家体系

［意］Danilo Pappano<sup>*</sup>　著

贾婉婷<sup>**</sup>　译

### 一、前言：环境利益和组织形式

由公共行政机关实施的对公共利益的保护取决于这些机关如何组织。这涉及一种来自法学的认识并且已经超越了"行政组织是公共行政的内部事务，与法律无关"的观点。因此法学研究也把关注点不仅放在行政活动上，而且也放在行政组织上。其中最主要的问题包括为了实现公共利益公共行政的组织方式、不同公共机构之间职责的划分以及不同机构之间的关系。

随着公共领域的扩张以及需要行政机关保护的公共利益的增加，以前统一的公权力组织现在被分解为许多不同的组织形式和主体形象。除了以有权机关和法律的许可为特征的"授权性"活动之外（例如，征收的法律以及行政制裁等），行政机关还要进行一些具有活动特征的"给付性"行为，这些行为与私人之间实施的行为相类似（例如，医院里的医疗门诊、学校里的老师上课等）。然而这种区别的界限并不很清晰，因为同一行政主体既可能实施授权行为，又可能实施实际给付行为。[1]此外，行政机关的有些行为不具有经济意义，甚至会带来损失；另一些行为则具有显著的经济特征，其目的决定涵盖全部或大部分成本；还有一些行为则直接产生经济效用并在竞争领域中

---

 \* 达尼罗·帕帕诺，意大利卡拉布里亚大学教授，意大利罗马圣马力亚自由大学教授。

\*\* 北京师范大学法学院讲师，意大利罗马第二大学法学博士。

〔1〕 例如，大学要保证教学和考试的顺利进行，同时在教学结束后还会颁发具有法律效力的毕业证。

进行。[1]

在任何一种法律制度中，行政机关实施的不同活动都与不同的组织形式相对应，这些形式的目的在于缓和确保行政行为遵守法律规定的要求与行政机关实际活动的开展要以一定的弹性为必要这二者之间的矛盾。

在这一问题之上还存在另一问题，即由国家的领土组织以及中心与周边之间的关系所导致的问题。任何法律通常都力图包含相互对立但都必要的两种要求，即与国家利益相关的法律秩序统一的要求和尊重地方自治的区分化要求。在这二者的对立之中不存在任何先决的解决方案，这种对立在每个法律制度中都有独特表现并且随时代的发展而变化。然而，对于中心和周边的职权的非统一的定义可以成为职权混同、双重结构和无效率的根源。

相比于其他领域，环境领域更多地体现了与前述两种要求相对应的不同组织形式的试验。

一方面，环境领域的职责主要以具有"技术－运行"特征的任务为前提，因此要求在实行中具有一定的自主性。人们试图通过在中央和地方层面的"代理处"这一组织形式来满足该要求。另一方面，环境问题涉及国家和大区的共同利益以及自治地方的利益，因此就要求组织形式必须同时包含制度上的统一性需要和区分化需要。

这一问题在意大利非常敏感，因为宪法并未明确规定在环境领域国家和大区的角色和职权划分。[2]

为了实现确保在不同地方实现法律制度的统一和均等发展，人们还是创立一种"环境保护网络国家制度"，该制度融合了大部分的中央行政和大区行政局。

## 二、意大利的"行政局"组织模式

首先我们需要确定准确的术语。在意大利，"行政局"是一种特殊的组织

〔1〕 例如，意大利宪法规定义务教育至少要实施 8 年（第 33 条第 1 款），该规定并不意味着国家教育系统范围内的学校要以企业形式实施其活动。相反，有些公共服务（例如邮政、铁路等）由于能够产生经济效益，一直以来都以企业的方式运作，并且近年来还引入了竞争机制（在 20 世纪末自由化与私有化过程之后）。

〔2〕 2001 年的宪法改革在没有明确规定国家和大区的权力范围的前提下加强了地方自治，这一改革导致了国家和大区在界定各自权力范围时的困难和冲突，这一现象也发生在环境领域。目前议会已经通过了新的宪法改革，但这一改革要想生效还要经过 2016 年 12 月 4 日的全民公决。这一改革在包括本文所述问题的很多地方都修改了宪法规定，其宗旨在于减小大区自治的空间。

模式，它与英美法中的代理人不同，和"部"也不是同义语。

意大利的行政局是一种独立机构，不是部或大区的办公机构。从1980年开始，这种组织形式开始用于环境领域以外的其他领域。随后从1999年起人们引入了一般性规定。

1999年第300号法律规定行政局的职能是实施"由各部或其他公共主体施行的与国家利益相关的具有技术－运行特征的活动"，以及"服务于包括大区和地方层面在内的公共管理"（第8条第1款）。

这些机构表现为部的组织机构，受到部的指导和控制并且在组织、管理、财务上具有一定程度的独立性。在有些情况下它们还有独立于部或大区的法人资格。

有关行政局的规定来自由政府规定所采纳的一项法规以及由部通过的内部规定。行政局有自己的领导机关（包括一个总负责人和一个辅助他的执行负责人）和内部控制（监察会议）。该机构的运行以一项协议为基础（该协议由部和机构总负责人订立），协议规定了该机构应当实现的目标、所能运用的资源以及对已实施的行为的确认方式。

除了1999年第300号法律作出的有关行政局一般模式的规定之外，还存在一些与一般模式不同的特殊规定，例如，赋予其独立于部的法人资格或规定一些其他职能。

根据一般模式行政局是具有独立性的部的组织，属于"独立行政主体"，即在组织（有自己的机构和预算）和职能（开展特定活动、具有自己的合法程序）上具有独立性，但没有独立法人资格。

相反，根据特别规定设立的行政局则具有独立法人资格，属于意大利法上的"非经济性公共实体"。[1]

除了在中央部的层面之外，这种模式也在地方层面适用。各大区在履行自己职责时为了实施一些手段性活动也设立了各自的行政局。

在履行职能过程中，全国性的部的行政局在地方层面表现出了自己的运行结构，正如经济部的行政局的情况（例如，税收行政局、公产行政局等）。而在运行中这些机构则没有偏好的运行结构，而是利用了大区或地方实体的

---

〔1〕 但也存在一些特殊情形，例如，负责国有不动产管理的公产机构则被规定为经济性公主体（2003年第173号法律），这种独立的法律主体在公共管理领域内运行，并且为了实现其目标也会借鉴私主体的组织和结构方式。

结构。

### 三、环境领域中"行政局制度"的产生

在环境领域，根据 1994 年第 61 号法律，在国家环境部的层面为了保护环境和国土而设立了专门的行政局，在经历了组织机构的重组之后，该机构已具有一个不同的名称——环境保护和研究最高机构，简称 ISPRA。[1]

1994 年第 61 号法律授权各大区为保护其境内的环境而建立行政局。在之后的 10 年内产生了大区内的行政局，与此同时各大区也设立了专门保护环境的行政局。

在像环境保护这样牵涉到国家和大区利益的领域，不同层级政府之间的合作与融合的需要是非常明显的。

环境的流动性决定了它涉及的利益保护职能不仅仅在国家层面，也不仅仅在大区层面，而是两者都要涉及。环境利益的重要性不能不牵涉到大区的各种职能，既包括保护环境利益的直接职能，也包括保护其他可对环境产生消极影响的利益的间接职能（例如利用土地、发展经济等）。

为了避免在全国范围内环境保护职能履行的非组织化和非均质化以及多重活动导致的成本的增加，有必要采取一些协调方式，这些方式不仅包括技术性协调，而且还应当形成一种逻辑体系。

这样在机构层面就建立了连接国家和大区职能履行的机构——信用理事会，其主席由 ISPRA 的主席担任，成员包括各大区代理机构的代表。

在行动层面，人们制定了"环境保护全国三年行动计划"并建立了全国环境信息系统，该系统的目的是使行动合理化并在更加广泛的欧洲范围内实现环境信息的管理。

但行政局制度"网络"也存在一种局限，因为该制度首先关注的是环境信息以及采集数据在支撑环境政策方面的作用，而缺乏对大区行政局和其他重要的环保部门在行动（例如具体的控制和授权行为）上的真正协调。

这样在大区职权的行使方式上就产生了混乱和发展的不均衡并经常导致相互冲突的结果，例如，对环境污染活动的控制模式各大区即不相同。

---

〔1〕 根据现行规定该机构是公法人，并在科技、研究、组织、财务、管理、财产方面具有独立性，受到环境与国土海洋保护部的监督（2016 年第 132 号法律第 4 条第 1 款）。

### 四、新的"环境保护国家体系"

面对上述问题，立法者最近通过 2016 年 6 月 28 日第 132 号法律重新规划了"环境保护国家体系"。该法律规定了实质性的组织和运行创新，其目的在于更好地整合和协调国家和大区在环境方面的职责的履行。

该法的目标是"确保有认识的行动的实施和对环境质量的公共控制的均衡化和有效化，以支持有关环境可持续和保护公共健康的卫生防疫的政策"（第 1 条）。

新的环境保护国家体系被赋予了一系列特定职能，其中包括引导、技术协调、控制、研究、提供技术和信息意见等，它不再像过去一样局限于与信息、采集数据和为环境政策提供支持相关的活动。

对与这些新职能相关的活动的规划体现在"国家体系三年行动计划"，该计划确定了环境保护行为的主要路线并建立了记录，以便明确各大区代理机构的行动计划。

为了保证各大区行政局行动的统一化和均衡化，该法还确立了"提供环境技术的实质层次"，这些层次代表着为了确保以同一方式保护全国领土而进行的环境保护活动的数量和质量标准。它在实质上涉及由国家确认的大区行政局的运作和执行标准。各大区根据这些层次，同时结合国家体系三年行动计划的规定，规定了行政局的环境保护活动。最终这些机构开展具体的技术活动和必要的控制以保证上述技术层次在其各自的职责领域得以实现。国家的统一界定应当允许超越当前的现状，这些现状包括在环保领域中的不同控制机制或授权行为各大区彼此不同。

该法还授予了作为国家体系支柱的 ISPRA 一项协调职能，并将由各大区机构代表组成的体系会议作为联系机构。

该会议主席由 ISPRA 主席担任，由各大区行政局的法定代表人组成，其职责包括颁布意见（根据三年行动计划这些意见具有约束力）和促进国家体系的协调发展。

新法规定的一整套制度的目的就是给在统一性要求和区分化要求之间寻求平衡这一问题提供一个具体回答，这一问题在环境领域非常微妙，因为环境利益同时具有全球性和地方性。

新法规定的垂直整合体系并非一种"金字塔"式的体系，而是在大部分的环境职责上将国家和地方联合起来。

它涉及一种缓和对统一秩序的要求和尊重地方自治要求二者之间的对立的一种特别选择，其他选择也是可能的。不存在最优的组织方案，每一种方案都不能不反映某一特定秩序的独特性。

然而，不论是使体系统一要求最大化的方案，还是使区分化要求最大化的方案，都存在错误的可能。

这一整套新的系统都将自 2017 年起在意大利确定生效。只有在其生效以后才能作出具体评价。

# 体系和问题视角下的环境公法

[意] Giampaolo Rossi [*]    著

贾婉婷 [**]    译

## 一、环境法法律规制的多元性

环境问题涉及很多不同的法律门类。首先，国际法的地位很突出，因为环境法最初的渊源就是国际条约，并且它们始终是环境法的主要渊源。此外较为明显的就是私法，因为环境损害表现为对人的主观权利的损害，因而可以要求赔偿。在环境保护的形式中，那些来自被合理管理的市场并产生了虚拟市场的手段（例如绿色认证）也具有非常独特的重要性。除此以外，还有许多其他法律门类也牵涉其中，例如财税法、商法以及诉讼法，其中诉讼法把以保护环境为宗旨的团体新增加为合法的原告。

在许多国家，公法也起到了很特别的作用。首先是宪法：环境保护并未被写入过去的宪法中。因此，意大利宪法在近来修改有关国家和大区的分权规定时就发现了一些缺漏。这并不是说法律对这类问题缺乏敏感性，实际上，一些类似的问题已经体现在 1948 年的《意大利宪法》之中，例如其中第 9 条就规定了对自然景观的保护。有关环境保护规定的缺乏只是来源于环境保护问题仅在近几十年才出现这一事实。实际上一些较为年轻的宪法（例如法国宪法和所有拉美国家宪法）都包含了不同的环境保护规定。宪法学者仅将研究视角限制在宪法文本规定的做法是错误的，正确的做法是还要关注宪法通过的时间。

在刑法中最近几年也规定了一些新型犯罪，例如环境犯罪，其目的是为

---

  * 詹保罗·罗西，罗马第三大学教授。
  ** 北京师范大学讲师，意大利罗马第二大学法学博士。

环境提供比前述法律规定的保护手段更为强硬的保护方法。

但在大多数国家，环境法最为显著的发展都体现在行政法领域。国际条约的规定主要涉及国家和公共管理机关的义务；新兴的市场手段则主要包含了规制行为、对标准的确定以及对补贴的控制和发放。而赔偿保护仅能解决部分环境损害问题，因为按照一般观点，这里优先采用使受到破坏的环境得以恢复的措施，例如一些改良措施。

预防原则是环境法中一项极为重要的原则，根据该原则，保护手段应当尽可能在损害尚未发生时就发挥作用，尽量避免损害的实际发生。但在贯彻该原则方面，民事保护的效果很有限。因为取得该保护要经过一系列的程序和行政授权和控制。

因此，每个国家都开始设立专门的行政机构（部、大区办公室、社团等）并向其分配特定的职权和职责。这些问题在下文中会进一步深入阐述。

## 二、体系和问题的视角

像任何一个法律门类一样，环境法也体现为一种体系，其中包括渊源、专门机构的组织、行动（即可运用的法律手段）、受保护的主观权利状态。

每一法律门类都有其独有的特征，而环境法的特征相比其他法律门类而言则更为显著。其原因首先在于环境法具有桥梁作用。国家公权力的作用范围始终在不断扩张，国家的传统功能只包括保障公共秩序、公共安全、保卫国防、处理与其他国家的关系，而现在还包括满足民众需要以及发展经济。这些新的功能要求设立新的行政机构以及从属于这些机构的公共团体。

在环境保护上并不表现为一个新的部门附加到原有部门之上。环境保护涉及生产和消费方式和对国土的规划，所有活动都对应着专门机构的管理、规制和控制。

由环境急剧恶化所导致的危机决定了一些行政组织的设立，这些组织中集中了一些已经由其他组织行使的职责（其中包括对污染的控制和对垃圾的清理），它们还被赋予了在其他机构的程序中发挥作用的职责，其目的在于对环境的监督能体现在所有涉及生产活动、消费过程、国土治理的决策过程中。

对环境问题关注的提升导致的后果之一就是涉及显著环境利益的行政行为（例如与水资源相关的领域）被从一般的行政机构中剥离出来（一般只是部分剥离），并被赋予给新设立的专门以环境保护为职能的机构。

不同国家的情况不尽相同并且变化很快。环境利益相对于其他利益被授予的法律层级的变化也很大。

环境利益的突出地位导致了以下后果，即其他机关在采取措施时必须要考虑环境机关的意见，并且在作出决定时，即使是多数人的意见也不能压倒环境机关的意见。同样，在其他机关采取措施时适用的"沉默表示同意"的做法在环境措施上不能适用。

然而，最近几年，由于经济危机的影响，不对经济活动造成过分限制的必要性已经在政府决策中引入了对环境问题无可争议的突出地位的限制。

涉及环境利益与其他利益关系的同样的必要性也得到了意大利宪法法院的肯定（2013 年第 85 号判决），该案涉及对一家重要的钢铁企业的关闭决定，判决指出在评价包括环境利益在内的所有利益时都应当考虑这一利益与其他利益（本案中特指劳动利益）的关系。

环境机关新的功能与职责来源于对环境保护理解方式的最新发展。

在经历了忽视环境保护的时代和环境保护与经济发展相对立并且环境保护被认为可以限制经济发展的时代之后，人们达成了新的共识，这一共识产生了不仅与环境友好而且把保护环境作为自身基础的新的经济价值。这样，被认为是污染废物的垃圾逐渐成了原材料，可再生能源创立了新的市场，自然的生物价值取得了更高的经济价值，在判定公共机构时，治理环境的能力被认为是具有显著影响的要素，"环境成本的可计算性"成了企业预算中的核心内容，国土规划包括了将环境要求置于首位的新的模式。

每个以环境保护为职责的机构的变化都涉及经济发展的新方式。

环境法的新特征不仅只具有量的意义，而且还是一种质上的创新，这些创新应当被法学所容纳。

环境法的桥梁性、新型权利和新型财产的产生（这些财产不专属于个人或团体，任何个人或团体都可作为这些财产的使用者）、环境法门类以及该门类对其他法律门类的后果的持续变化，这些都要求法学要不断接受新现象中的活跃要素。这样才能有助于在快速变化中确定一个社会的法律制度的一般法学理论的不断丰富。

# 污染者付费原则

—— 如何使环境损害内部化

［意］Miliam Allena* 著

贾婉婷** 译

## 一、污染者付费原则：一般污染

污染者付费原则有非常清楚的经济理由，那就是对环境造成特定损害的成本应当由引起该损害的人承担。

在国际层面上，该原则最早的表现之一是意大利欧洲经济合作与发展组织（OCSE）1972年5月26日颁布的第128号决议，该决议明确规定有必要使"以维护环境的可承受状态为目的针对已被公共机构确定的污染而采取的预防和行动所花费的成本"由污染者承担。在1973年，该原则就已经与预防原则、预防行动原则以及对环境损害的纠正原则一起被写入环境领域行动的第一草案，后来该草案被并入《欧共体条约》，即今天的《关于欧盟运作的条约》（第191~193条）。

该原则首先表现在那些损害已经实际造成的情况中，在这些情形中预防和防止措施没有阻止损害的最终发生。

然而，如果与环境行动中的其他原则以及环境政治的绝对性（即尽可能避免或减少对环境的改变）相联系，这一原则看上去首先旨在吸引人们对以下问题的关注，即对自然资源的消费和污染现象暗含着对环境产生影响的行为的行为人所内部化的成本应当被实施。这样，这一原则的最终目标是降低对可能损害环境的行为和活动的鼓励。

---

\* 米利安·阿伦娜，米兰波科尼大学副教授。

\*\* 北京师范大学讲师，意大利罗马第二大学法学博士。

下文主要论述的是本原则实施中的一些具体措施。

## 二、污染者付费原则和非法行为

污染者付费原则适用的最典型情况就是，环境损害要求为了修复已经实际产生的损害所花费的成本应当由该损害的责任人承担，按照这一理解，该原则似乎就是简单地以使环境损害行为的成本由污染责任人承担为目的。然而，经过仔细分析可以看出责任是一种引导行为人内部化其成本的工具，也就是说知道其行为伴随着环境损害赔偿责任风险（即消极外部性）的行为人，被引导采取最有效的手段来使其行为所具有的损害风险降低到最小。换句话说，如果环境违法行为的预期成本超过了行为人通过该行为所能获得的利益，那么行为人就会被引导采取措施降低该活动对环境的影响。因此，从这个意义上讲，对于采取将来对环境资源具有潜在损害的行为，赔偿机制发挥了一种制约作用。

就环境问题而言，典型的赔偿模式表现出一些内在限制，这些限制首先源于环境损害诉讼要在一位法官面前进行这一事实（唯一的例外情况是根据意大利环境部的规定，由环境主管机关采取措施或由该机关命令行为人采取措施来恢复环境状态的原貌）。这些限制的表现除了费时过长和成本高昂之外，司法措施要由受害人启动，如果这些人不积极或者不能积极启动诉讼（比如他们无力承担通常很巨大的诉讼启动成本），则环境问题就根本不可能得到解决。此外，法官并不总是掌握解决环境争议所必要的全部信息，这些争议可能涉及在技术层面很复杂的问题，并且争议问题在有些情况下一应由受害人掌握的信息证明或者这些问题无论如何都不被作出决定的人所了解。最后，一国领域内法官的多数性使得对责任规则的统一适用变得很复杂，也就是说不同的法官可能会提出完全不同的解释方案（这一问题通过最高法院的上诉机制只能得到部分解决）。

其次，即使不考虑司法干预的必要性，环境问题自身的特征也决定了损害赔偿也并不总是解决这些问题的适当方式。

首先考虑一下行为与损害结果之间的因果关系确定问题，这是环境责任构成中的一项不可或缺的要素，在环境案件中，甚至可能难以确定某一情况是一项特定行为的结果，因为这一方面科学还没有发展到能给出绝对确定性答案的地步。此外，环境问题通常是多种原因共同作用的结果，如果单独进行分析，一项行为似乎是不能归责的，例如全球气候变暖问题，毫无疑问人们日常生活中的很多行为，比如开车、乘坐飞机等都是导致这一问题的因素，且每个人从事这些行为都是完全合法的。另一方面，某些环境损害也可能部分由不可控现象所导致，例如地震。

此外，即使不考虑因果关系问题，在环境损害中也很难对责任进行划分，这一方面由于在很多案件中环境损害具有广泛性的特征，另一方面因为我们所承受的行为后果与他人在时间上不同，在地点上也可能相距甚远（同样，我们的行为也可能在将来对后代造成损害），全球变暖问题就是这一方面的一个新的例证。

接下来，在对损害的量化上，可能难以确定一座冰山的融化和一片海滩的污染在经济上究竟"值"多少。

正是基于上述原因，欧洲和意大利的一些规定采取了一些应对措施：

意大利环境部规定了环境损害诉讼的原告资格问题（2006年第152号规定第311条）；

关于职业行为人承担的客观责任（2004年第35号欧盟指令第3条，2006年第152号规定第311条第2款）；

在判决内容上采取恢复性手段优先原则；

司法部最终承认可用推定的方式证明因果关系，并且明确了无过错的责任人只在限定为赔偿范围内进行赔偿（2010年3月9日，C－378/08）。

### 三、污染者付费原则与合法行为

污染者付费原则也可通过其他手段进行适用，这些手段并非在事后对已造成的损害寻求救济，而是根据法律规定，通过事先确定总体标准来允许对环境的一定损害。

例如，环境税的目的在于使环境损害成本内部化，通过这一途径，可促使行为人尽量减少损害（例如，对进入城市中心区域的汽车征收碳排放税，可以引导人们降低对私人机动车的使用，因为这样一来他们除了要承担燃料和车辆管理费用，还要承担对环境的负面外部成本）。

另一种情形是设立以保护环境为目的的经济机制，即人为设立一种新的市场，就像《京都议定书》规定的排放指标交易系统那样。该议定书签订于1997年，旨在实现1992年联合国关于气候变化的公约，其目标是在2012年之前实现温室气体排放量比1990年的水平降低5.2%。排放交易是该协议的重要手段（它只在工业化国家中实施并且实际只在特定的生产领域运行），其前提是每一家企业都被免费授予一定数量的许可排放量或者"许可污染量"，这些企业可以自己使用它们，也可以在自己排放较小的情况下将剩余的排放量拿到市场上进行交易。根据这一机制，环境的负面外部化价值形成了一种具体且活跃的市场；除此以外，企业将污染最小化的能力产生了双重好处，它不仅可以避免承担环境外部化的负担，而且可以通过出售自己剩余的排放指标来获得收益。环境效用可以成为创造企业效益的一种手段。

在有些国家，例如荷兰，近年来对于环境保护的担忧促使其政府指定比欧盟执行《京都议定书》协议规定的标准更高的污染排放标准。例如，根据有关国家对公民的"照顾义务"的原则产生了一项判决 Aja, *Urgenda Foundation v. Government of the Netherlands*, del 24 giugno 2015。这一司法裁决激起了对于公权力决策原则和对作出环境政治决定机关的民主合法性的批评，但它无疑反映了对气候变化问题更加重视的一般问题。具有重要意义的是，在该判决作出之后，许多欧洲国家的环境组织都宣称要针对各自国家的政府启动类似的司法进程（此即所谓"通过司法遏制气候变化"）。

在此问题上还有 2015 年《巴黎气候协议》，该协议由 195 个国家签署，它将遏制气候变暖规定为一项各国的政治义务，其目标是全球气温上升程度不得超过前工业水平以上 2 度，同时力争努力使这一目标能够限制在 1.5 度以内。对于那些主要关心这一问题的人而言，该文件进一步拓展了市场手段，具体而言，它引入了可持续发展机制（SDM），该机制取代了《京都议定书》规定的其他两种机制，即清洁发展机制和联合贯彻机制，前者允许工业化国家在资助并实施减少对发展中国家的排放计划的前提下继续排放，而后者则允许工业化国家在其他工业化国家实现同一目标，但在这些国家该目标可以在经济上更为有利地实施。根据巴黎会议的精神，工业化国家与非工业化国家之间区别的消灭导致了对新的可持续发展机制的制定，该机制可在任何国家被政府、公共主体和企业所利用，以实现合作和减少排放总量或通过政治手段提高能源利用效率以及资助引进和发展可再生能源的计划。

当人们希望规划更为一般的发展路线时，他们就会发现，相比个人一旦被认定负有责任就必须对已造成的损害进行填补的赔偿机制，这些新型手段（例如，环境税、排放交易或其他排放额度交易机制等）可以使私人在其行为没有超越违法界限的前提下更加自由地决定污染还是不污染、减少还是不减少对大气的排放。

例如，在环境税案中，法律在认为某些行为可被环境容忍的同时承认其在特定限度内是不被鼓励的。同样,《京都议定书》规定的排放额度交易机制通过"往下"这一表述改变了行为人的选择空间,即行为人必须服从法律确立的规则(也就是说他们不能选择同意与否),但他们可以通过不同的方式实现这些规定(例如污染行为不能超过分配给他们的额度)。例如,根据对成本和收益的分析,某一行为人可能决定通过技术革新来减少排放,但他也可以决定通过购买他人的排放额度来继续进行超过法律允许的排放行为。而如果行为人的气体排放量低于法律规定的限额,他可以决定将多余的额度转让或将其留到以后使用。

另一方面,赔偿机制只有在环境污染被有关行政机关确认之后才能发挥作用,因此它只能通过威慑对将来发生影响,而在行为人能够从经济上判断其污染损害范围的前提下,新型机制能够更容易和更有效地引导行为人的行为与环境友好,因为这些措施都是建立在行为人自主和承包的基础之上。此外,这一将决定环境损害的机制予以简化的做法可以降低公共执法部门实施污染者付费原则的执行成本。

实际上,在存在对合法行为的支出义务的情况下,没有必要设计一套司法或行政程序来确保对环境保护相关行为人的法律的遵守。

# 生产者与环境协会间的康采恩的公共角色

[意] Andrea Fari<sup>*</sup> 著

李 媚<sup>**</sup> 译

### 一、导言：焦点从手段转移到主体

我所作的这一简短报告的主题似乎很难定义。依照这一议题的关键点，涉及最为先进的环境法概念中的核心问题，我想谈一谈力求实现对环境利益进行一定程度切实有效的保护的公主体和私主体的定位问题。

现在，众所周知且讨论得最为热烈的是对行政手段的分析（"命令与控制"），以及通过所谓的"市场手段"对行政手段进行补充。

对于上述问题的研究已经很成熟了，并且也很有价值，其中最新的观点认为，管理像环境这般复杂多变的事物，最有效的方式是采用混合手段，而不能预先确定说某一种方式相对于另一种而言是更可取的，这跟经济学理论中对所谓的公共财产的管理是一致的。

到目前为止，毫无疑问的是，在历史上最为先进的体制中，行政手段和市场手段仍然是相结合的，行政手段对应的是环境保护的初始阶段，在这一阶段中通过公法手段来达到减少污染的要求，在随后的阶段中依靠的就是更成熟先进的经济体制和更复杂的产业格局，即通过市场手段来取得环境保护的良好效果。

然而，至今为止，学者们对于主体问题还没有引起足够的重视。

事实足以证明，在对环境利益进行法律保障的初期阶段，由于环境利益本身来自社会，因此，公主体尤其是国家必须采取相应手段来保障这一利益。

---

\* 安德烈·法利，意大利罗马第三大学教授，意大利罗马圣马力亚自由大学教授。

\*\* 中国政法大学比较法学研究院讲师，意大利罗马第二大学法学博士。

然而，除了公主体外，对环境保护而言最重要还应该包括私主体。

一个重要的方面是，一般情况下，环境可持续发展目标的达成需要社会文化中个体行为的改变，例如，个体消费选择偏好的改变。但对法学家而言，更有意思的是分析另一个重要的方面，即私主体在力求实现公共利益的环境保护中扮演什么样的角色。试图弄清楚对于私主体而言，在法律规范或是国家的监督和引导之下，其是否可以为了保护环境的目的而承担起"公共的"角色。从最后这一角度看，我们所感兴趣的这两类主体都是非常典型的，虽然它们产生于社会的两端。

## 二、环境协会：认可和特性

首先，环境协会作为广泛利益的代表主体，诞生于环境法发展的第一阶段。

在欧洲法律体系中，这类环境协会总能获得很多机会参与到环境领域的行政诉讼中，提起诉讼和参与案件审判。环境协会自诞生之初就履行着对公共管理进行控诉监督和推动的功能。

考虑到环境协会所具有的干预特性，立法者作出规定对其进行公共控制。在意大利的法律体系中，对环境协会进行公共控制采取的是"认可"模式，即由意大利环保部来核查其是否符合所要求的条件。1986年颁布的第349号法律第13条第1款规定了对环境保护组织进行一系列必要条件的审查而使其获得认可的程序。

这些条件是：该组织应该具有全国性的特点或是有一定的地域覆盖性（至少5个大区），应该具有民主制度，并且章程中规定的目的是环境保护；此外，也要对该组织所开展的活动进行行政审查，具体审查其所开展活动的连续性和外部关联性的情况。

需要特别指出的是，以上只有第一个条件是客观性条件，而对是否满足其他条件的判断基本上取决于行政机关的自由裁量性评估。

如果政府的"认可"仍然作为对这些民间组织进行公共控制手段的话，那么，更应该由法律来确认这些组织的特性和功能。

当说到已获得认可的环境协会的程序性和诉讼性权利时，这涉及其享有针对已造成损害或极有可能造成损害的情况进行投诉的权利，也有参与环境损害案件审理的权利，有在行政诉讼中提出上诉以便撤销违法行为的权利，包括在环境损害事件中针对环保部的消极不作为提起诉讼的权利。

除了对可能的环境损害直接进行保护的行为外，更常见的是程序性和诉讼性的行为。在意大利法律体系中，这是已获得认可的环境协会在环境资源保护领域中所展现的不同功能。

事实上，法律规定了环境协会行使其提案权的情形（1991 年第 394 号法律，依照这一法律规定，已获认可的环境协会可以提议建立新的海洋保护区或是将原有的海洋保护区扩大）。在自然保护领域中，已获认可的环境协会基于其与环保部和其他主管部门的协议也可以成为海洋保护区的管理者。

对于自然保护区而言，也规定说环境协会的代表可以被任命进入到保护区的管理组织内部，享有提案权和咨询权。最后，实际上，这些规定了环境协会对是否采取相关行动具有咨询作用的规范，也具有部门规章的性质。

迄今为止，已获法律认可的环境协会已经具有了各种功能，即使有很多原本是其特性的功能最近被立法者赋予给了环境领域的"任何人"，这是由于确定环境利益的实际代表主体是没有意义的，因为这一利益本身就是毫无差别地属于任何人。例如，可以考虑以立法形式赋予任何人都可以合法地获得环境信息，或参与到环境影响评估或环境许可授权的过程中。毫无疑问的是，如今法律已经认可这些主体具有"公共的"角色，以便于积极地支持他们去履行相关行政机构的职能。

### 三、新的复杂类型：生产者的康采恩

第二个主体类型是由生产者的康采恩构成的。这一主体类型来源于义务性的法律规定，在欧洲法中是通过产品生产者的"延伸责任"原则来规定的。

简而言之，某类产品的生产者的义务包括要承担采取必要措施对产品消耗所产生的废物进行回收的费用，并且要确保达到高回收率的定量和定性标准。

这一责任之所以是"延伸"的责任，因为其不停留在产品的生产环节，而是延伸到对产品消耗的管理。私主体并不能通过其个体制度来确保对这一责任原则的遵守，而都应该遵守统一的制度。

这是欧盟成员国正在适用的原则，尽管适用的方式非常不同，但都取得了很好的效果。以至于在最近正在讨论通过的一个有关废物回收的法令中，这一原则被进一步地细化，其适用范围也被进一步扩大。

从这一原则在确保废物回收方面获得的极大成功开始，其在更高层次的所谓循环经济中也非常重要，而循环经济是未来 20 年欧洲制定有关自然资源

节约政策的目标。

这一延伸责任原则在意大利法中的具体适用是全欧洲做得最好的，特别是规定了集体性主体承担这一责任，即在国家监管之下的私营企业的康采恩。而且其所涉及的工业领域的生产商的类别非常多。首先是包装类的生产商（塑料、纸、玻璃、木材、铝），其次是各类工业油和植物油、电子设备、电池、轮胎、报废汽车等的生产商。

事实上，法律对于私营生产商规定了一系列义务，以便于其对自身产品所产生废物的回收能符合环境标准。这些标准既是定性的（即要求采用先进技术以便于获得高质量的回收材料）也是定量的（例如，规定对全国范围内所产生的废物都要进行回收）。

鉴于单独面对这些目标的困难性，几乎所有的生产商都选择加入到一个集体组织中，在意大利依照法律这一组织必须是一个非营利的康采恩。这一集体组织的财政资金来自各方环境利益相关主体的交纳。

对法学家，以及对整个法学界而言，非常有趣的是关于这些康采恩的性质及其所进行活动的性质的争论。尤其，也涉及确定哪一方式才是对它们最有效的公共控制手段的争论。

虽然还存在一些相互矛盾的理解，但法学界主流观点还是明确认为这些康采恩具有完全的私属性，因为它们是由私主体所组成的。但对这些康采恩所开展的活动的特征进行分析，可以发现其具有法律的强制性，并且是在全国范围内开展的，目的是力求实现公共利益，其活动资金一部分是通过法律规定的环境税的方式而获得的。所以，对这些康采恩所进行的活动的纯私法性质产生怀疑是可以理解的。

为此，意大利现在正在讨论国家可以对这些康采恩进行控制的程度，以确保虽然它们在市场上是私主体，并且它们之间还存在相互的竞争，但它们能为了实现法律规定的目的而联合开展活动。

意大利总理府在最近的一个判决中提出建议，认为应该"倾向于对私权利主体的组织机构及其活动确定一般的规则，……以限制它们只能为了在实现法律所规定的整体利益有必要时，才能对公法性的模式进行矫正。当然，在此追求的目的仍然是扩展相关康采恩主体的活动，这些康采恩相互自治，并且也遵守相互辅助的原则。"

事实上，基于此，环保部对这些组织进行监管，一方面是对其组织成立进行监管（例如，批准其章程），另一方面是对其管理运行进行监管（审核其预算，并对环境目标的实现进行审查）。

### 四、结论：发展动态和法学家的任务

鉴于篇幅原因，在此不能展开论述，最后我仅将关注点放在正在发展中的动态上。这不仅涉及环境保护的手段，也涉及力争实现保护环境目标的主体的情况，可以综合采取各种解决方式。

在这之中，传统的公主体继续代表着最重要的因素，但是其必须面对需要处理的环境事件显著增加的现实情况，因此，其总是需要以更为复杂的方式使出各种手段并且尽最大的能力来解决这些问题。如此，正如市场手段的出现就是为了填补行政控制机制所留下来的空白一样，如今也可以对公主体在这一领域中的地位进行改革。但两种私主体类型的特点似乎也有所不同。一个是环境协会，它们在社会中诞生，并且在制度中获得承认。另一个是康采恩，它们是基于法律规定的义务而成立的，它们在意大利和欧洲的经济结构中迅速获得承认。虽然两者本质上都是私人性质的，但两者都是以保障公共利益为目的，可以说，如今的环境保护已经变成了这样的格局。

针对这两类主体类型，公权力主体一方面为它们分配任务，设立应达标的目标和义务；另一方面，也为所述目标的达成设定相应的限制和进行监管。这可能是最有效的方式。学者们，尤其是公法学者们的任务是要针对不同环境、地域、经济和社会领域的特性，来找到最适合的解决方式。

# 命令与控制权：市场的监管

[意] Fabrizio Fracchia<sup>*</sup> 著

李 媚<sup>**</sup> 译

## 一、处于命令与控制和市场机制间的"环境保护"

公共管理机关会以各种方式干预到环境保护中，不论是在针对破坏自然环境的行为中公共管理机关作为"执法者"，还是由公共管理机关负责监管私主体的活动，也就是说对该行为与环境公共利益保障的协调性进行审查，以便于为私主体提供行为合法性证明。

因此，公共管理机关干预环境保护的方式是多样的，主要可归纳为两类。

第一类方式，通常被称之为"命令与控制"模式，行政机关通过行使一系列权力来确定标准、限制或一般性禁令，以使得个体活动的开展符合授权性规定（通常都是与某个计划相一致的）；授权相关公共机关履行监管（进行限制和授权）和处罚职责；依照相关条例规定来处理意外的情况；为私人的行为确立秩序和禁令。

第二类方式，被称之为"市场手段"。相反，这一方式是利用市场动态而采取的一系列策略，是基于市场本身的调节机能和基于对经营者良性行为的强化而实现的。在某些情况下，公共管理机关只采取简单的措施对已经存在的市场进行调节，即对固有的需求或是供给进行调节。但在另一些情况下，公共管理机关甚至需要开创新的需求和新的市场：在这样的情况下，环境保护目标的实现并不能完全托付给市场机制。公共权力在此总是试图使得每个私营企业都能够获取盈利，其利用市场机制使得私人企业能够内化相关的环

---

** 中国政法大学比较法学研究院讲师，意大利罗马第二大学法学博士。

境成本（或利益）。

换句话说，尽管公共管理机关在此试图掩盖其作为执法机关的一面，但其仍然保持了一定的执法者的角色，采用了不同的手段对市场进行干预。

不可否认的是，这两种方式如今并不是只能择一而行，相反，它们之间是互补的，这反映出环境保护方针的独特属性。"市场手段"是在后期发展和丰富起来的，即其是针对公共权力的影响逐渐改变而采取的措施，目的是想要克服传统"命令控制"式的手段所带来的局限和困难。

### 二、主要的命令和控制权

我们首先从"命令和控制"的概念开始，在这一模式中所运用的各项行政权力中最为重要的是许可权，这一权力充分体现出预防为主的原则。这意味着进行提前干预以避免出现环境问题。事实上，许可权是有优势的，其可以事先审查私人行为相对于公共利益（例如，环保利益）而言是否相协调。基本上，行政许可是以事先同意的形式作出的：也就是说，其应当防止破坏环境的行为发生，在这一意义上而言，如果缺乏合法性的授权，相关私主体的行为就是非法的。

而且，在环境保护权领域，这一权力还表现出某些特性：

首先，通常情况下，行政许可除了对已存在的有益的情形允许其继续存在外，也会进一步对已获得许可的行为进行监督检查，因为其要求私主体所开展的活动必须符合相应要求。

其次，有时可以在某一程序结束时才做出行政许可。在这一程序中，行政机关和投资了新技术创新的申请者之间存在一个真正的有关是否许可的争议。

再次，由于环境利益的显著特征和在这一领域科学技术不断发展的事实，行政许可一般是在特定时期做出的，但将来有被修正的可能性。

不仅许可到期可以被修正，依照"行政反省"理念，某些情况下在到期之前也有可能被修正。也就是说，针对有关环境问题认识的不断发展演变，行政机关可以不断地修正自己的行为，这些决定并非不可逆转或不可更改的。

最后，在环境保护领域，通常行政许可必须明确地表达出来，所以不允许进行默示许可（除非是特殊情况下，被许可的行为对环境的影响较低），也不允许采取其他行政管理的简化形式来许可私主体开展活动，应当事先为私主体确定准确的履行措施，而不能只是随后对履行情况再进行干预。

在命令与控制模式中，问题又会回到规划权上，其目的是在时间和空间上对人类未来的活动作出安排：环境法律规定了许许多多的规划方案，通常规划之间也可能存在冲突（很难决定到底是哪一个具有优先性），它们都有可能对环境产生显著影响，所以，这些规划将会受到战略性环境影响的评估，即会在立法阶段以及具体适用阶段来检验其对环境因素的影响性，以确保对环境更高层次的保护。

如果私主体违反了环境保护的法律或行政法规（依照授权而制定）的规定，构成行政违法，那么行政机关可以行使其处罚权，对违法主体进行一定限度的处罚：通常是罚金性质的，但也可以进行撤销其资格的处罚，这会对企业的活动产生直接影响（如撤销之前已获得的授权）。

处罚的前提条件是已经完成了监管，也就是说已证实特定行为符合特定处罚标准。监管的进行通常意味着检查和监督功能的行使，意味着要进入被监管活动的运行地点以便于开展取证等活动。这是一个需要非常谨慎细致的行为，通常行政机关如果只基于事实情况是很难应对环境问题的，这并不是由于"许可"或是"规划"的不充分，而是由于在各种监管形式之间缺乏协调，或由于缺乏有效的程序、标准和统一性。另一方面，也必须避免过度对被监管企业的侵入和干预，这可能导致严重的后果，有时甚至对企业造成损害。

最后，有必要再讨论一下命令权：其在环境损害领域中非常重要（如果被证实是违法行为，那么，就需要命令该私主体采取环境修复措施），并且这一命令权在应对法律没有规定的紧急情况下也很重要，在这一情况下，行政机关有自由裁量权。

从简要的论述中可以看出，命令和控制模式明显带有预防功能，能够确保某一地区的所有主体都获得同等对待；此外，这一模式确立了一般的标准，以至于在紧急情况下也能发挥良好作用，起到很好的预防作用。命令和控制手段能够对广大可能遭受损害的区域提供很好的保护，因为这一保护并不依赖于受害者的起诉，也不是对已经发生的损害进行补偿时才出现的。

但同时这一模式也具有一些局限性，可以归纳如下：

首先，在制定标准、进行规划或设置限制时，要求行政机关必须对具体情形有充分了解：事实上，确立一个错误的标准可能造成严重损害（如果标准不严格，则毫无用处；相反标准太严格的话，则可能带来限制竞争的风险，会对市场造成不合理的抑制），但通常情况下，详细信息仅掌握在那些受行政行为监管的主体手上，也就是掌握在相关企业和一般个体手上（因此人们常说"信息不对称"会击垮行政机关）。

其次，这一命令与控制模式非常死板严格，其所确定的绝对限制性条件基本上对全国都是平等的，其本身预设的就是广泛适用性，但这在面对错综复杂的环境保护问题时很难达到满意的效果。

再次，由于这一机制的严格性和普遍适用性，所以，落实的费用非常高：事实上，必须对全国的所有活动都进行监管，其可能涉及人员、设备、资源供给等问题。

最后（也是最重要的），这一体系并不能够促使潜在的侵害人去采取良性行为。也就是说这一模式只要求他们遵守一般的标准和限制，但对达到更高层次的保护环境水平而言，这明显是毫无用处的（因为其并不鼓励多付出相关努力）。从企业的角度来看（处于不同情况下拥有不同"环境道德标准"的企业），这些标准看起来要么太过宽松，要么太过严格，虽然从法律上而言都必须绝对无差别地遵守。

### 三、市场机制

如上所言，正是由于对上述所提到的困难需要采取不同的环境保护方式，这就使得可以充分利用市场和市场动态来对自然环境进行更好的保护。在这一模式中，环境和市场间的关系显然跟之前的不同，即环境不再被看作是市场的障碍，二者是趋同的，其共同目标都是确保环境保护能达到较高的水平。

正如上文所提到的，被归为市场机制的手段可以区分为两类：一类是对现存的市场供求进行调整干预，以便于可以引导生产和消费方式；另一类是通过公共权力来创造一个新的市场。

我们先来看第一类，首先，涉及的是所谓的污染排放"税"，虽然没有禁止污染排放，但收税的目的是不鼓励排放，因为确实对环境有危害。税收能起作用的关键在于纳税总额应当超过治理污染的花费。经济和财政手段中的逻辑也相似，相关制度要能起到鼓励的功能（如通过减税手段干预到对现存建筑物的能源改造中）。在这一情况下，企业家在改造成本比所获补贴少的情况下会被激励而采取良性举措，因此对环境也产生了积极的外化效果（在此，环境税被内化为企业成本）。

在这一类型的干预手段中，时常会提到所谓的"绿色公共采购"，其目的是通过合同引导公共开支（即当行政机关作为相关物品或服务的购买人时），以使得市场能够对环境产生作用。换句话说，行政机关在选择其合同相对方时，应当选择那些重视环境保护的私主体。通过这样的方法，这些私主体会被激励来进行投资以完善其自身产品的环保性能，由此对整个环境体系都产生积极影响。另一方面，公共机构作为产品"消费者"而占领的市场也是相当大的（占整个欧盟的国内生产总值约16%）。

"绿色公共采购"既体现了可持续发展原则（这应该使得经济和环境相协调），也体现了一体化发展原则（即环境保护需求应该融入欧盟相关政策和行动的制定和执行中），并且，"绿色公共采购"所包含的原则应该可以适用于所有政府公共合同，不仅在选择合同相对方阶段（公开招标方式），也在合同履行阶段。例如，在评价标准的管理中应考虑到环境因素，且应该考虑降低这一特定产品或服务对能源和环境资源的消耗。或者在签订承包合同时，要求在合同履行时尊重特定的保护环境的条件（例如，要求其使用废物回收的材料）。

最后，还有一些手段是对纠正影响消费者的信息缺陷起作用（这些信息缺陷有碍于消费者作出正确的购买选择），同时允许市场对环境保护积极效果的达成进行指导。我们会利用这一旨在面对市场"绿色议题"的机制而提出绿色优惠，即优先考虑对环境影响最小的产品：实质上，生产商谁使得其特定行为符合法律所规定的更高标准（这并非生产商的自身义务，是在"命令和控制"范围之外的），谁获得产品的环境质量"认证书"，那么，这些产品就更容易获得环境敏感类产品的市场占有份额。在这种情况下，政府部门起到了对已经存在的市场进行调整的功能，以"官方的"方式管理特定产品的环境质量信息，这些产品通常都用绿色商标标注，以证明该产品生产是符合特定的环境要求的。

然而，在某些情况下，认证也可以由私主体认证机构颁发，但这些私人认证机构必须此前获得过公权力机构的授权，方可以从事这一认证活动。

正如前文所提到的，与之前通过市场进行环境保护的方式不同的是，公共机构的介入也可以创造一个新的市场，在这一市场中交换的并非是传统的物（比如，能源），而是各种凭证（认证或是排污份额）。在以上所说的各种激励自发自觉性的手段中，鼓励私主体参与其中，但其没有参与义务。但在这一方式中，相关主体的选择空间正逐步缩小，这意味着他们都有保护环境的义务，而不能从法律规定的体系中"要求退出"。

最有名的例子是有关《京都议定书》所规定的温室气体排放配额的制度，

其目的是减少特别是石化燃料燃烧所产生的污染物排放到大气中，防止大气中的能量辐射，引起全球变暖（被称之为排放贸易）：其确定了一个总的排放限额，以使得每个国家都可以在这一市场上购买和转让其排放权，但必须符合其所分配的总的限额。并且，每个国家自身都应该设立一个排放份额分配的国家计划，确立分配总额，并为每个主体都确定一个具体的排放份额。

基本的理念是"总量控制和交易"，也就是说确定排放的最高上限以促使交易市场活跃。然而这一系统的特点，至少一定程度上仍然是传统纳税大国占优势地位（它们负责确定目标和分配份额），它们同样也是控制者和处罚者。事实上，涉及温室气体排放的行为不能在缺乏特定授权的情形下进行，谁违反义务谁就应该受到惩罚，甚至可以撤销相应的授权排放的份额。

保护方式的多样性及其复杂性，这使得环境法达到极其精细的高度。同样，环境法原本作为国际规范所产生的重要结果，如今各个国家的规范包括了各种各样旨在解决所有现实的环境问题的法律手段，意大利也是如此。

尽管如此，还存在很多的问题，这与环境规范的适用较为复杂和繁琐有关，与负责适用规范的行政机关的软弱无能有关，也与资源的缺乏有关，更不用说环境保护只在一定程度上取决于法律制定的质量，更为重要的是要进行文化的变革和要求所有主体都承担起各自的责任。

# 稿 约

学术刊物《罗马法与学说汇纂》（原名：《学说汇纂》）是由中国政法大学罗马法与意大利法研究中心主办的法学类连续出版的年刊。本刊物希望以其一册小小的刊物，能够从一个侧面支撑起一种使命与职责，那就是为我国法学界尤私法学术界、司法界的同仁对罗马法及以罗马法传统为基础或受到罗马法传统影响的欧陆、拉美及亚洲国家的法律制度、法学思想、法律文化的认识、思考与研究提供一个展示、分析与争鸣的平台。其追求的目标是：将作者的思考与争论尽可能全方位地展示在人们面前。不以权威为标准、不轻视非权威之见解，观点独到、阐释清晰、理论成立者均可采刊。

本刊物设有两个基本栏目：理论研究、法学教义。同时每期亦将根据需要增加一些栏目。

我们欢迎各位法学界和其他学界的同仁不吝赐稿。稿件的体例请参阅已经出版的学术刊物《学说汇纂》。作者的稿件每篇以不超过1.5万字为宜。请赐稿者勿一稿多投，编辑部均会在收到稿件后2个月内通知作者。

来稿请发至：diritto_romano2015@163.com。

同时请发告知赐稿信息的短信至手机18911196058。

学术刊物《学说汇纂》编辑部

声　　明　　1. 版权所有，侵权必究。

2. 如有缺页、倒装问题，由出版社负责退换。

**图书在版编目（ＣＩＰ）数据**

罗马法与学说汇纂. 第八卷/费安玲主编. —北京：中国政法大学出版社，2017.11

ISBN 978-7-5620-7823-4

Ⅰ.①罗…　Ⅱ.①费…　Ⅲ.①罗马法－文集　Ⅳ.D904.1-53

中国版本图书馆CIP数据核字(2017)第267949号

------------------------------------------------------------------------------------------------

出　版　者　　中国政法大学出版社

地　　　址　　北京市海淀区西土城路 25 号

邮寄地址　　北京 100088 信箱 8034 分箱　邮编 100088

网　　　址　　http://www.cuplpress.com（网络实名：中国政法大学出版社）

电　　　话　　010-58908285（总编室）　　58908334（邮购部）

承　　　印　　固安华明印业有限公司

开　　　本　　720mm×960mm　1/16

印　　　张　　19.75

字　　　数　　324 千字

版　　　次　　2017 年 11 月第 1 版

印　　　次　　2017 年 11 月第 1 次印刷

定　　　价　　59.00 元